戦国大名大友氏の館と権力

鹿毛敏夫
坪根伸也 編

吉川弘文館

目次

序論　大友氏研究の軌跡と論点　鹿毛敏夫……一

Ⅰ　戦国大名居館論

第一章　守護大名大友親繁の館　鹿毛敏夫……一〇
はじめに　一〇
一　「寡欲」政治と「茅茨」葺き館　三
二　木割書『木砕之注文』の可能性　一四
三　大友家「御一家御祝儀」の主殿造営　一八
四　東山文化の守護大名館　二〇
おわりに　二四

第二章　戦国大名居館の庭
――一六世紀後半の大友館に築かれた庭の特色――　五十川雄也……三〇
はじめに　三〇
一　研究略史と問題の所在　三一
二　大友館とそのほかの戦国大名居館の庭　三三
三　戦国大名居館における庭および関連建物の分類試論　四四
四　大友館の庭の特色　四七
おわりに　四八

第三章　大友氏館跡出土中国陶瓷の研究　柴田圭子……五三
はじめに　五三
一　各遺物説明　五四
二　出土地と層位、年代　六三
三　元様式青花瓷梅瓶・青瓷器台の評価　六五
おわりに　七一

第四章　大友氏領国における茶の湯文化　荒木和憲……七三
はじめに　七三
一　大友宗麟の名物収集　七六
二　大友氏領国の茶の湯サロン　八五
三　大友氏領国の動揺と茶の湯サロン　九三
おわりに　九六

第五章　推定第四南北街路と上町・中町・下町沿いの変遷　佐藤道文……一〇一
はじめに　一〇一
一　第四南北街路の歴史環境　一〇一
二　時期区分　一〇四
三　遺構変遷　一〇四
四　第四南北街路の構造　一一六
おわりに　一一七

補論　府内のまちに「権力」を読む　坪根伸也……一二〇
1　都市遺跡と権力　一二〇
2　都市「豊後府内」の特質　一二一
3　都市構造の特徴と出土遺物の特性　一二二
4　都市内の道路遺構に「権力」を読む　一二四
5　府内のまちに垣間見る「権力」の形　一二七

II　戦国大名権力論

第一章　戦国大名大友氏の判物発給手続からみる権力構造　林田崇……一三三
——「雑務」の分析を中心に——
はじめに　一三三
一　「雑務」についての基本的理解——宗麟期を事例に　一三四
二　「雑務」の整備とその背景　一三六
三　「雑務」の実態　一三八
四　「雑務」の変質　一四一

おわりに――戦国大名大友氏の権力構造　一四六
第二章　大友氏館跡出土の土器と権力
――その様相と特質――　長直信……一五三
はじめに　一五三
一　大友氏館跡の土器様相　一五五
二　土器生産からみた土器様相の特質　一六三
三　土器変遷の画期と意義　一六四
四　比　較　一六六
おわりに――土器からみた大友氏の権力形成過程　一七一
第三章　発掘調査からみた「称名寺」の位置づけ　越智淳平……一七六
はじめに　一七六
一　豊後国における時宗と称名寺　一七七
二　称名寺に関する研究史　一七八
三　府内古図にみる称名寺　一七九
四　発掘調査からみる称名寺　一八一

五　称名寺と中世大友府内町跡の他の施設との比較　一八七
おわりに　一九二

第四章　大友義統の家督相続時期について　八木直樹……一九五
はじめに　一九五
一　家督相続に関する研究　一九六
二　「横岳文書」の検討　一九九
三　義統花押の使用時期　二〇三
四　家督相続の時期　二〇九
おわりに　二一二

補論　「大友由緒姓名記」からみる吉統除国後の豊後国と大友氏　松原勝也……二一七
1　「大友由緒姓名記」とは　二一七
2　「姓名記」の作成とその背景　二一九
3　「姓名記」の伝来と中世への追憶　二二三

4　新たな大友氏研究の視点と可能性　二二四

Ⅲ　戦国大名領国論

第一章　大友氏の在京代官・在京雑掌
——対幕府政策（関係）の担い手の検出——　山田貴司……二三八
はじめに　二三八
一　南北朝時代から室町時代前期にかけて　二三九
二　三聖門派禅僧の在京雑掌への起用　二三三
おわりに　二四四

第二章　大友氏の日明・日朝交流　橋本雄……二四九
はじめに　二四九
一　大友氏の朝鮮通交と博多支配　二五〇
二　大友氏の遣明船参加と博多の情況　二五四
三　一六世紀、大友氏の日朝・日明通交　二六〇
おわりに　二六五

第三章　豊後府内「唐人町」を考古学する　吉田寛……二七一
はじめに——豊後府内「唐人町」とは？　二七一
一　中世大友府内町跡における「唐人町」とその周辺の発掘調査　二七三
二　中国系住民がいた!!——考古学からの傍証　二七五
三　唐人町に住んだ人たちの生業　二七九
おわりに　二八五
第四章　使者としてのイエズス会士——戦国期九州情勢と布教活動——　窪田頌……二九〇
はじめに　二九〇
一　イエズス会士の使者活動　二九三
二　イエズス会と九州諸領主　二九八
おわりに　三〇三
補論　豊後府内における非鉄金属生産　沓名貴彦……三〇九
1　金属生産の工程と豊後府内における金属生産　三〇九

2　金属生産関連遺物からみた豊後府内　三一
3　金属製品と豊後府内　三三
4　金属製品から南蛮貿易を探る　三五
終論　本書の狙いと今後の展望　坪根伸也……三三
あとがき　鹿毛敏夫　坪根伸也……三九

序論　大友氏研究の軌跡と論点

鹿毛敏夫

今から二〇年前の平成十（一九九八）年十一月二十七日、新聞各紙に以下のような見出しが並んだ。「大友庭園遺構を確認—居館の存在裏付け—」（読売新聞）、「大友氏の庭園遺構発見—室町将軍邸モデルか—」（朝日新聞）、「南蛮貿易示す陶磁器片—大友氏の館跡発掘—」（西日本新聞）。また、大分県の地元紙にも、「壮麗な造りの「大友館」」「最上級の武家館—出土品も国際色豊か—」（大分合同新聞）の見出しが躍り、翌月には五回シリーズで「姿を現した大友館」の特集が組まれた。

九州の大分市で戦国大名大友氏の館の遺構が発見されて、二〇年が経過した。本書は、この新聞各紙による大規模報道がなされて以来の、中世の武家大友氏の館とその権力構造に関する考古学、文献史学、その他関連諸分野による学際的研究の成果と現在までの到達点を示す共同研究論文集である。

大友氏とは、元来、相模国大友郷（神奈川県小田原市）に拠点を有した鎌倉御家人であり、源頼朝庶子説をもつ初代能直から豊臣政権による改易を受けた二二代義統まで、一二世紀末から一六世紀末まで中世四〇〇年にわたって在地領主制を展開した武家である。関東武士である大友氏が豊後国（大分県）の守護職に補任された年代には、能直の建暦元（一二一一）年説(1)と三代頼泰の仁治三（一二四二）年説(2)があるが、実際に大友氏惣領が豊後に下向したのは一三世

図　大友氏略系図

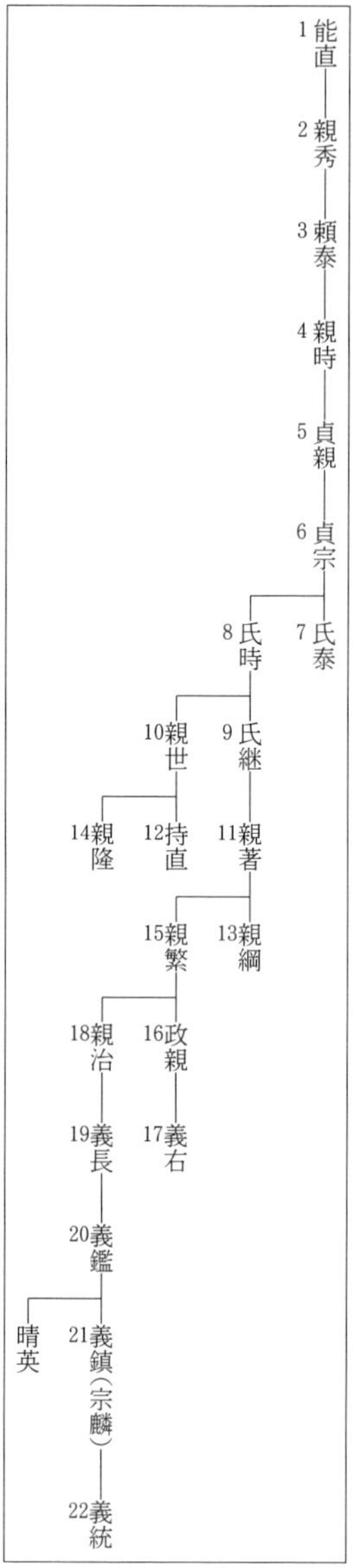

紀後半の文永年間（一二六四〜七五年）、蒙古襲来に備える幕府の北部九州防衛策が契機である。以後、鎌倉・南北朝・室町・戦国・織豊の各時代を一貫して豊後に本拠を構え、いわゆる守護大名から戦国大名へと成長を遂げたのである。

　大友氏の研究は、二一代義鎮（宗麟）の史料六〇一通を採録して昭和十二（一九三七）年に自費出版した『大友史料』から、その続編、編年編を経て、『増補訂正編年大友史料』全三三巻および別巻上下（一九六二〜七九年）を完結した田北学氏の重厚な古文書研究が、その文献史料的基礎になっている。以来、一〇〇年弱にわたる研究史は、田北氏によるこの「先駆的研究期」（第一段階）から、主に宗麟の人物評価に傾倒した「個別人物研究期」[3]（第二段階）、一九七〇〜八〇年代の大名領国研究の全国的隆盛に伴う「大名領国制総合研究期」[4]（第三段階）と発展してきた。[5]この三段階にわたる研究の蓄積によって、豊後における大友氏の在地領主制の展開過程や領国支配の仕組みなどが明らかになり、その成果が日本中世史研究の進展に大きく寄与してきたことは、あらためていうまでもないであろう。

しかしながら、これまでの先学が積み上げてきた歴史研究の成果には、当時としてはやむをえないことであるが、単一の学問分野のみの考察成果の積み重ねという大きな弱みがあった。第三段階までの二〇世紀の研究は、古文書などの文献史料の記録を分析して立論の根拠とした文献史学の世界のみの歴史研究成果なのである。

前述した平成十年の大友氏館跡の発見以降、その文献史学研究の独壇場に、多くの考古学研究者が異なった視角からの新たなデータを持して参入することとなり、以後の歴史研究では、単一学問分野の枠を超越した学際的分析の必要性が増幅した。二一世紀に入った現在のこの研究環境は、「文献・考古融合研究期」(第四段階)として位置づけることができよう。(6) 本共同研究論文集の刊行意義は、この第四段階の冒頭二〇年間の到達点を示すことにある。

この二〇年間の文献・考古融合研究で、どんな課題が取り上げられ、何をどこまで明らかにすることができたのか。本共同研究では、二〇名弱のメンバーで研究会を組織した。

第一回共同研究会は、平成二十八年八月二十・二十一日に大友氏遺跡体験学習館、大友氏館跡発掘現場および大分県教育庁埋蔵文化財センターで開催した。

林田崇「戦国大名大友氏の判物発給手続に関する考察―大友氏の権力構造をめぐって―」
越智淳平「考古学的に見た称名寺の位置づけ」
五十川雄也「戦国時代庭園の中の大友氏館庭園」
長直信「大友氏館跡出土のかわらけ―その様相と特質―」
柴田圭子「大友館跡出土の中国陶瓷―元青花を中心に―」
吉田寛「豊後府内「唐人町」を考古学する―発掘調査成果からみた「唐人」(中国系住民)居住の可能性とその生業―」

荒木和憲「大友宗麟と茶の湯文化」
の各課題について分野を超えた議論を行い、翌日には実際の発掘現場と遺物を視察した。
続く第二回共同研究会は、平成二十九年二月十八・十九日に大友氏遺跡体験学習館および大分市歴史資料館で行った。ここでも、
窪田頌「使者としてのイェズス会士」
中牟田寛也「筑前国志摩郡における大友氏の地域支配機構」
山田貴司「大友氏「在京代官」「在京雑掌」考―中世後期における政治的都鄙関係の担い手をめぐって―」
マリア・ペトルッチ「大友のCORSAIRSと時代の変化」
鹿毛敏夫「西国大名権力の特質―「地域国家」外交権の確立と変遷―」
沓名貴彦「豊後府内の金属精錬―中世大友府内町跡出土金属生産関連遺物への科学調査からみえること―」
佐藤道文「一四〜一五世紀代の大友氏館跡と周辺地」
松原勝也「吉統除国後の豊後国と大友氏」
坪根伸也「出土陶磁器の廃棄様相から都市「豊後府内」の実像を考える」
の各テーマにそった議論を行い、数種類が伝存する豊後府内古図現物を閲覧した。
本書では、こうした研究会の議論から浮かび上がってきた論点を三つに集約し、その個別課題について問題提起をしたうえで、これまでの分析成果を論じてもらうこととした。
まず、第一の論点は、「戦国大名居館論」である。平成十年にその存在が考古学的に確認された大友氏館に関して、その後の文献・考古融合研究は、何をどこまで明らかにできたのか。第Ⅰ部では、大名館そのものとその付随施設を

とりあげて、その存在と機能について論じていく。まず、鹿毛敏夫「守護大名大友親繁の館」では、新出文献史料から明らかになる守護大名期（一五世紀）の大友氏館の建設契機とその構造・様式を論じる。次に、一六世紀後半に二町四方の規模として確認される館内部における庭園の構造とその特質を五十川雄也「戦国大名居館の庭」が、館から出土する元様式青花瓷の特殊性についてを柴田圭子「大友氏館跡出土中国陶瓷の研究」が、主に二〇代義鑑や二一代義鎮（宗麟）が館内に集めた名物茶器と茶の湯サロンの実態を荒木和憲「大友氏領国における茶の湯文化」が考察する。そして、佐藤道文「推定第四南北街路と上町・中町・下町沿いの変遷」では、館背後の街路空間の存在意義についても検討する。大名館そのものの空間構造と、その権威空間に集められたモノ、そして、そのモノを介して大名権力が取り交わす人的行為、これらを総合的に検討することで中世大名権力が拠った「居館」の歴史的意義があぶり出されるものと思われる。また、最後に配置した坪根伸也「府内のまちに「権力」を読む」では、館を中心として敷設された道路の遺構調査についてまとめ、その特徴から読み取れる大名権力の姿に触れることで、第二論点に結びたい。

その第二の論点とは、「戦国大名権力論」である。文献史学の世界では、中世のみならず古代から近世、近代までの各時代を通して古くからのテーマとして追究されてきた権力論であるが、第Ⅱ部では、考古遺物の分析から描き出される大名権力の姿との整合性にも留意したい。まず、林田崇「戦国大名大友氏の判物発給手続からみる権力構造」と長直信「大友氏館跡出土の土器と権力」において、大名権力が判物を発給するさいの当主と重臣による合議過程の実態と変遷、および大名が武家儀礼のさいに使用した土器の年代的変遷と地域比較から判明する権力の性質について論じる。また、考古学分野からはもう一件、越智淳平「発掘調査からみた「称名寺」の位置づけ」と題して、豊後府内のなかで大名館の北東部に隣接する大規模寺院敷地の発掘状況を分析し、都市中心部の土地政策から大名権力の指向を検討する。大名権力論は、前述した研究史の第三段階「大名領国制総合研究期」の一九七〇～八〇年代において文献史学の分野で活発に議論されたが、四〇年近くが経過した今、その基礎的考察に修正を迫る案件も少なくない。その一つとして権力移譲の問題があり、八木直樹「大友義統の家督相続時期について」では、二一代義鎮（宗麟）から二二代義統への家督相続の時期に関する従来説の再検討を行う。大友氏の最後の当主となった義統（吉統）の権力構造に関しては、いまだ不分明な点が多く、評価が確立されているとは言いがたい。松原勝也「『大友由緒姓名記』からみる吉統除国後の豊後国と大友氏」は、当主改易後の近世後期に作成された旧家臣団一七〇〇名の記録の存在とその意識に言及する。全盛期を創出した義鎮（宗麟）のみに傾きがちな議論を修正し、歴代各当主の権力形成過程に幅広く目配りしたバランス感あふれる「権力」評価が必要なことを、あらためて指摘しておきたい。

第三の論点には、「戦国大名領国論」を設定した。この論点は、前述研究史の第三段階の成果に負う部分がきわめて多いが、この二〇年間でかつては想定できなかった新たな課題と成果が続出した分野でもある。第Ⅲ部として、まず、山田貴司「大友氏の在京代官・在京雑掌」で、在国の大名権力が京都に設置した実務担当レベルの代官・雑掌を検出し、中央政権の動向把握や交渉の実態を検討する。一方、東アジアの対外交渉史分野における一五〜一六世紀の大友氏の活動の特徴については、橋本雄「大友氏の日明・日朝交流」で論じる。中世後期のとくに西国大名領国が有した国際性については、文献・考古の双方向から議論することが可能なレベルに成熟してきており、吉田寛「豊後府内『唐人町』を考古学する」では、文献史料の記述と考古遺物の分析から、豊後府内の中心部における中国系住民の存在とその生業を明らかにする。また、世界的規模の人的交流の波が日本にも到来した一六世紀後半に、大名領主間の使者として活動し交渉介入することで布教拡大を目指したイエズス会士の動向については、窪田頌「使者としてのイエズス会士」で考察する。そして最後には、近年発達した物質の蛍光エックス線調査などの理化学分析学の世界から、沓名貴彦「豊後府内における非鉄金属生産」として、鍵や錠前、目貫、指輪、メダイなどの金属製品の科学分析の成果を報告する。この二〇年間の大友氏研究は、豊後国内とその政治・軍事的影響下の周辺諸地域のみを「領国」ととらえて分析するかつての文献史学の枠組みを乗り越え、東アジア史および東南アジアからヨーロッパを視野に入れた世界史の文脈のなかで、真の歴史科学としての史的位置づけを要請されているといえよう。

大友氏研究においては、実は一〇年前に、文献、考古、城郭などの異分野の研究者一三名からなる共同研究活動の成果を、鹿毛敏夫編『戦国大名大友氏と豊後府内』（高志書院、二〇〇八年）として刊行した。これは、館の発掘一〇周年を意識してまとめたものであるが、冒頭に触れた新聞報道以降続く遺跡の発掘が全国的に注目されたのに比して、その研究従事者の大半は地元大分県もしくは九州の範囲にとどまっていた。(7) 一方、発掘二〇周年の今回、本共同論文集の論者は、大分県のみならず北海道・茨城・千葉・愛知・京都・愛媛・長崎・熊本の各地から参集して、貴重な論考の筆を執った。論者の空間的広がりは、大友氏研究がもはや九州の一地域の歴史研究テーマにとどまらないものになってきたことを示すとともに、「戦国大名大友氏の館と権力」に関連する諸分野での研究活動が、全国的規模で進展しつつあることの証左と考えたい。

平成十年に発見された館の大規模庭園は、その後二二年間におよぶ調査・研究・整備を経て、近々復元公開されると聞く。今後も数十年スパンで継続するであろう学際的研究の、まずは二〇年目の道標の意味も込めて、本書を上梓する。

註

（1）伊藤邦彦『鎌倉幕府守護の基礎的研究』国別考証編（岩田書院、二〇一〇年）。
（2）佐藤進一『増訂 鎌倉幕府守護制度の研究』（東京大学出版会、一九七一年。初出は一九四八年）。
（3）久多羅木儀一郎『大友宗麟公』（北海部郡教育会、一九三六年）、松田毅一『きりしたん大名大友宗麟』（中央出版社、一九四七年)、外山幹夫『大友宗麟』(吉川弘文館、一九七五年)などがあげられる。

(4) 個別論文は枚挙に暇がないが、研究書としては、芥川龍男『豊後大友氏』(新人物往来社、一九七二年)、同『豊後大友一族』(新人物往来社、一九九〇年)、渡辺澄夫『増訂 豊後大友氏の研究』(第一法規出版、一九八二年)、外山幹夫『大名領国形成過程の研究—豊後大友氏の場合—』(雄山閣出版、一九八三年)がある。

(5) 近年までの研究史の流れは、八木直樹「豊後大友氏研究の成果」(同編『シリーズ・中世西国武士の研究 二 豊後大友氏』戎光祥出版、二〇一四年)に詳しい。

(6) この「文献・考古融合研究期」(第四段階)の研究課題とその展望については、鹿毛敏夫「西国大名領国比較研究の方向性—大内と大友—」(『博多研究会誌』一四、二〇一七年)を参照されたい。

(7) 執筆一三名中の一二名が九州在住、うち一〇名が大分県在住の研究者構成となっている。

Ⅰ　戦国大名居館論

第一章　守護大名大友親繁の館

鹿毛敏夫

はじめに

中世の大名権力の館がいかなる様式の建造物であったのかという研究課題は、その権力構造の性格や特質と密接に結びつくテーマである。日本国内においては、近年とくに、旧来の文献史学に考古学研究の成果を加味して、越前一乗谷や周防山口、阿波勝瑞、豊後府内などの中世都市・戦国城下町における大名館の実態究明が精力的に進められてきた(1)。

本書の課題となる豊後大友氏の大名館に関しては、平成十（一九九八）年より開始された府内の館跡の発掘調査の成果と、関連古文書などの文献史料の博捜とその分析の結果を総合することにより、とくに一六世紀の戦国大名期〈第二〇代義鑑・二一代義鎮〈宗麟〉・二二代義統〉の状況が解明されている。

ここではまず、前稿(2)の考察で明らかになった一六世紀中〜後期の大名館の建設事業とその機能分化の実態について、再確認しておこう。

一六世紀中〜後期の豊後府内における大友氏の都市政策は、その中心部に位置する館と蔵場という、大名権力の二つの中核施設の建設事業と密接に関連したものであった。「蔵場」は大友義鑑が天文十三（一五四四）年末から翌年にかけて建設し、また「乾屋敷」「遠侍」「役所」「台所」「女中屋」などの大名館内の諸施設も同じく義鑑が天文十六年に建設したものであった。その後、義鑑の跡を継いだ義鎮は、天正元（一五七三）年に館の大規模拡張工事に着手し、館の敷地を拡大・整地（発掘で確認された第二期整地事業）して諸施設を建て直し、その四方を「土囲廻屏」と称する築地塀や土塀で取り囲み、古図に描かれた二町四方の大名館を完成させた。義鎮による「土囲廻屏」の建設工事は、単なる館の整備拡張工事に止まらず、四方の塀面を基軸とした府内の町割り事業として天正二年以降に順次実施されていった。とくに、義鎮の政策を引き継いだ義統は、この町割り事業を府内の伝統的町屋群が軒を連ねる大分川沿いの街路筋でも推進していき、天正三〜六年の間には、川沿いに形成されていた祇園神領町屋敷の町割り直しも実施したのである。

一方、一六世紀段階の大友氏の大名館は、古図に描かれた府内中心部（現大分市顕徳町）の平地に位置する館と、府内南端の上野丘の丘陵上（標高約三〇メートル、現大分市上野丘西）に位置する「上原屋敷」(3)の二カ所が府内に存在していた。前者は、一五世紀からの対明貿易や一六世紀の対東南アジア・対ポルトガル南蛮貿易などの利益で繁栄した府内を大名権力として経済的に抑え、都市の行財政を統括する拠点として建設・整備された大名施設であった。一方、後者は、豊後国守護職である大友氏の武家の棟梁としての館であり、当主を頂点とした豊後の武士団の主従制支配の中枢施設として機能し、その館を見上げる上町から中町、下町にかけての町筋に家臣団の武家屋敷が形成されていた。戦国期の都市府内は、中心部の平地と南端部の台地という、自然地形の異なる位置に立地する二つの大名館によって、機能分化して統治されていたのであり、やがて一六世紀末の大友氏改易により、武家屋敷を中心とした主従制支配の町組織は解体・消滅し、経済的町組織のみが近世の新しい大名権力による城下町機構に再編成されていったのである。

一六世紀の戦国大名期の館の機能的実態がこのように明らかになったのに対して、依然として文献史学的にも考古学的にも不分明な課題として残されているのが、その前世紀の館の様相である。一五世紀の守護大名期の大名館は、果たしてどのような様式の建造物で、何を契機として建立されたのか。また、その守護大名館とのちの戦国大名館とでは、機能的にどう異なるのか。

本章では、近年、建築史学界で注目されている室町・戦国期の木割書の内容を、文献史学の立場から本格的に分析・考察することを通して、一五世紀の守護大名館の実態を明らかにしていきたい。

一　「寡欲」政治と「茅茨」葺き館

大友氏の第一五代当主である親繁（一四一一〜九三年）は、守護大名期の同氏において、領域支配体制を着実に進展させた人物である。かつて、田北学氏は、「親繁は大友歴代中にても能書家也」と評した。(4) また、外山幹夫氏の分析によると、文安元（一四四四）年から寛正三（一四六二）年までの一八年間豊後国守護職にあった親繁のもとで、知行給与件数が著しく増大し、年寄機構の整備、守護代・郡代・社家奉行などの設置もみられ、守護大名権力としての支配体制の拡充強化と司法権の進展がうかがわれるとされた。(5)

さらに、近年の研究においては、守護大名大友親繁の性質に関する次の二点の特徴も明らかになってきた。

まず一つ目は、親繁が、明から帰国して間もない時期の雪舟等楊を豊後府内に受け入れてアトリエとなる「小楼」を提供し、「水墨画家の理想とする作画環境を実現しうる庇護者」として芸術文化面でも貢献していた点である。(6) 文明八（一四七六）年前後の時期に府内に居住した雪舟は、その東西南北に、大分川の「二水」・大友氏の高崎山「孤城」・大分平野南部の「群峰」・別府湾の「滄海」を望むこの景勝の「小楼」を「天開図画楼」と名付け、芸術家としての制作活動に没頭したのである。

二つ目は、親繁が、室町幕府による宝徳三（一四五一）年の遣明船団のなかで「六号船」を艤装し、船団中最大量となる九万二〇〇〇斤もの硫黄を中国へ輸出できた点である。大友氏は、初参入したこの遣明船経営で大きな利益をあげたのであるが、その前提となったのは、九艘からなる船団の派遣主体のなかで、「唯一、自領国内に硫黄鉱山を領有する大友氏の優越性」であった(7)。

このように、一五世紀半ばの大友親繁の治世期は、九州の守護大名権力としての政治力や経済力が充実するとともに、自らも「能書家」である親繁の文化的理解のもと、その本拠地豊後府内では、室町期を代表する芸術文化が花開いた時期と評されよう。

そして、この九州の守護大名大友親繁の居館に関しては、次の史料のように、当該期京都の五山僧界隈で評判になっている。

旦那大友、国中之政、有可称道者、去歳入唐船帰、各出抽分光、命諸商定物価、令出十分一、然可出一貫者減三百、可出十貫者減三貫、余可例知也、此亦寡欲之至矣、（中略）又曰、大友宅、葺以茅茨、敷以竹、淳朴可嘉也、予謂、凡政道為人所猒者、皆出於多欲也、若塞利欲之源、則天下豈難治哉、所庶諸州守護、皆如大友、四海晏清、万民和楽矣(8)、

史料の『臥雲日件録』は、京都五山相国寺の僧瑞渓周鳳の日記で、その内容は文安三年から文明五年におよぶものであったが、その原本は散逸し、永禄五（一五六二）年に惟高妙安が抄出した『抜尤』のみが伝わっている。

享徳四（一四五五）年正月五日条のこの部分で、瑞渓周鳳は、まず、前年に明から帰朝した遣明船に賦課する抽分銭について、通常、帰朝商人の輸入品にかける「十分一」（税率一〇％）の関税を、大友親繁が三割差し引いて税率七％として徴収したことを「寡欲之至」と評する。そして、そもそも九州の「大友宅」（親繁の居館）が、屋根を「茅」（チガヤ）や「茨」（イバラ）で葺き、床を「竹」敷きとした質素な邸宅であることを称賛している。『韓非子』に「茅茨不翦、采椽不斲」（中国古代の聖帝堯が、宮殿の屋根を葺いた茅や茨の端を切りそろえず丸太のままの垂木を削らなかった）という故事があるように、京都の五山僧の間でも、茅茨葺き・竹敷きの「大友宅」の「淳朴」さは評判だったようである。以下、瑞渓周鳳は、「政道」で人心を飽かせる原因は「多欲」であり、欲の根源を塞ぐことで天下は治めやすくなることを説き、諸国の守護がみな大友親繁のような「寡欲」政治を行えば、「四海晏清、万民和楽」の世の中になると述べている。

ここでは、一五世紀半ば享徳四年の大友親繁治世前期（当時親繁は四四歳）の守護大名館が、茅茨葺き・竹敷きであった事実を確認しておこう。[9]

二　木割書『木砕之注文』の可能性

さて、一五世紀から一六世紀にかけての大友氏の館に関して、近年、建築史学の観点から注目されているのが、『木砕之注文』と名付けられた室町・戦国期の木割書（図1）である。

同史料は、淡路地域の地方史研究者である新見貫次氏の旧蔵で、同氏没後に洲本市立淡路文化史料館に寄託された。和本・地図・書冊・文書あわせて計三四九九件の寄託史料群は、その後、同館によって目録が作成され、当該史料は、

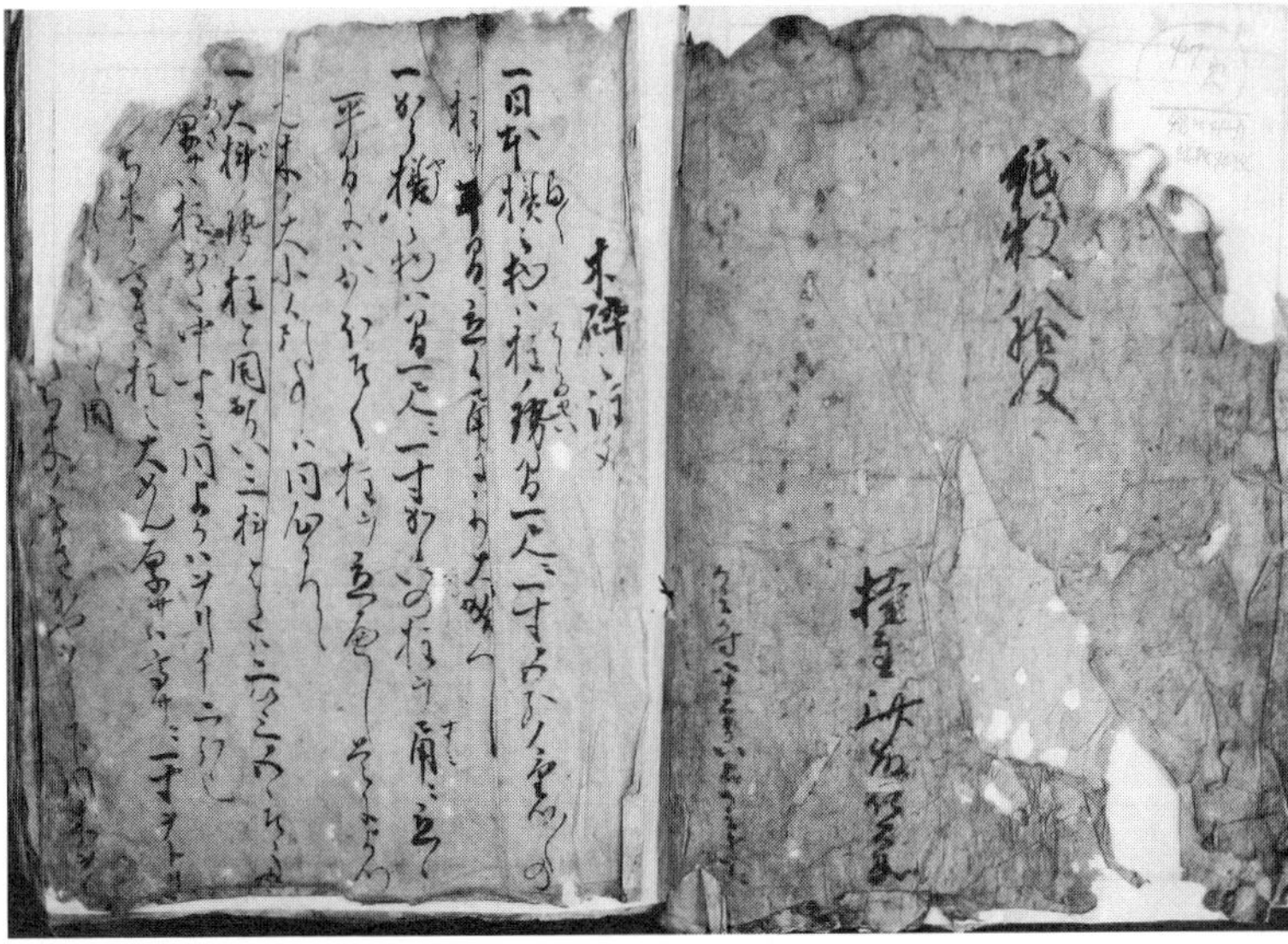

図1　『木砕之注文』（洲本市立淡路文化史料館寄託，以下同）

「斎藤家」書冊のなかの三〇―一「斎藤家祖先の記録」（年代「応永元年より天正十二年迄」、作成者「大工左ヱ門太夫、同仁右ヱ門入道玄盛、同斎藤仁兵衛」、判「美濃半」、枚数「八十二」）と表記されている[10]。

そもそも、同史料の存在を最初に報告したのは旧蔵者の新見氏であるが、その内容を分析して建築史系の学界に広めるきっかけとなったのが、新見貫次・永井規男「洲本御大工斎藤家旧蔵の木割書について」[11]である。この論考によって、同史料は、豊後大友氏に仕える大工家の惣大工「寿彭」が永禄五（一五六二）年もしくは天正二（一五七四）年に筆録した、「原本としては、おそらく最古に属する木割書であるというだけでなく、守護・戦国大名下の御大工の問題に関しても、また戦国期の豊後地方史に関しても貴重な史料」と評された[12]。

その後も、建築史の分野では、史料中の木割が「古代いらいの伝統的な技術の背景を濃厚に持つ体系」であり、「現在判明するもののうちで最も遡るもの」[13]との評価がなされるなど、『木砕之注文』の史料的価値は学界に広く周知されることになり、同史料を分析する個別研究も増加した[14]。そして、平成二十（二〇〇八）年度からは、科学研究費補助金による「初期大工技術書に関する研究―「木砕之注文」にみる前近世的思想と技術について―」と題する共同研究が三カ年間で行われ、その成果として、同史料八四丁の影印と釈文を刊行、現代語訳・解題・解説・図も施された[15]。こうした考察により、建築史学の分野における『木砕之注文』は、首尾一貫した木割技法を示す目的で編纂されたものではなく、「実践された技法を素直に反映した技術書としての素朴さを示している」とされ、「中世に遡る希少な史料であるばかりか、我が国の建築設計技術の発達と変遷の過程を解明する上でも、本資料の価値は計り知れない」との価値付けがなされることとなった[16]。

　建築史学界におけるこうした組織的考察が進む一方、歴史学の分野において、同史料はいまだ有効な考察がなされているとはいえない。すでに筆者は、四国・瀬戸内地域の文書調査を行ったさいに新見貫次氏収集文書に触れる機会があり、平成十九年十二月に淡路文化史料館の許可を得て『木砕之注文』全丁の閲覧・カラー撮影を行ったが、内容の歴史学的考察には至らなかった。その後、上野淳也・八木直樹両氏の論考[17]で、同史料に部分的に触れたものがあるものの、大名館の歴史構造の総合的考察という観点ではない。

『木砕之注文』の特徴は、建築物の木割書であるのみでなく、「御長持之寸法」や「しやうきはん《（将棋盤）》ノ寸」「御硯箱ノ寸」などの、大友氏館の内部で使用されたであろう多くの道具類についても、その寸法が明記され、復原が可能な点にもある。なかでもとくに注目したいのが、「舛ノ寸」あるいは「御ふんとう《（分銅）》箱ノ寸」として、枡や分銅箱という度量衡に関わる木割が明らかなことである。

　前者の枡については、『木砕之注文』に記載のある「二合舛」以下六種類の枡の寸法が、伝統的規矩術による割り出し図上でほぼ同一線上に並ぶことや、『木砕之注文』の「二合舛」の容積が近世の「新京斗」の二合の約一・六倍に相当することが、建築史学界で指摘されている。[18] また、「さぬき」（讃岐斗）の寸法が併記されており、この項目が記された明応五（一四九六）年当時のいわゆる地域枡が有する多規格性の実態も明らかである。これらのことは、文献史学において明らかになっている、一六世紀半ばの豊後府内の豪商仲屋顕通が、容積規格の異なる「豊後斗」と「肥後斗」の容積比の換算（「豊後斗七合まハしニ算用」＝「肥後斗」の一升を「豊後斗」の七合で計算。「豊後斗」の容積は「肥後斗」の約一・四三倍）過程を通して、隣国肥後豊田荘で請け負った年貢米から収益をあげていた実態とも深く関連しよう。[19]

また、後者については、『木砕之注文』の「御ふんとう《分銅》箱ノ寸」項目から、大友氏のもとにあった分銅箱が、たて九寸×よこ一尺二寸×高さ八寸で、深さ二寸五分の「かけこ《掛け子》」（内箱）を有する構造だったことが判明する。実際に、府内の発掘現場からは、繭形分銅・太鼓形分銅や天秤皿などの秤量器具の遺物が多数出土しており、また、分銅の大半には、大友家定紋の三木紋を示す「三」の印が陽刻されていたことが、考古学的に明らかにされている。[20] 一方、文献史学においても、交易の拠点となった各地の都市や町、市、港などの一六世紀の史料に、天秤での秤量を生業とする「計屋」商人が営業していた事実が紹介されるとともに、とくに大友氏や豊臣氏が、権力膝下の都市や町の「計屋」に同一規格の秤や分銅を使用させることで、公権力としての計量標準の創出をめざしたことが指摘されている。[21]

このように、室町・戦国期の木割書『木砕之注文』については、先行する建築史学に加え、今後、考古学や文献史学などの関連他分野からの分析を総合した学際的考察を進めることで、その歴史資料としての価値がさらに高まっていくであろうことはいうまでもない。以下、次節では、同史料の守護大名館に関する記述の考証に入っていこう。

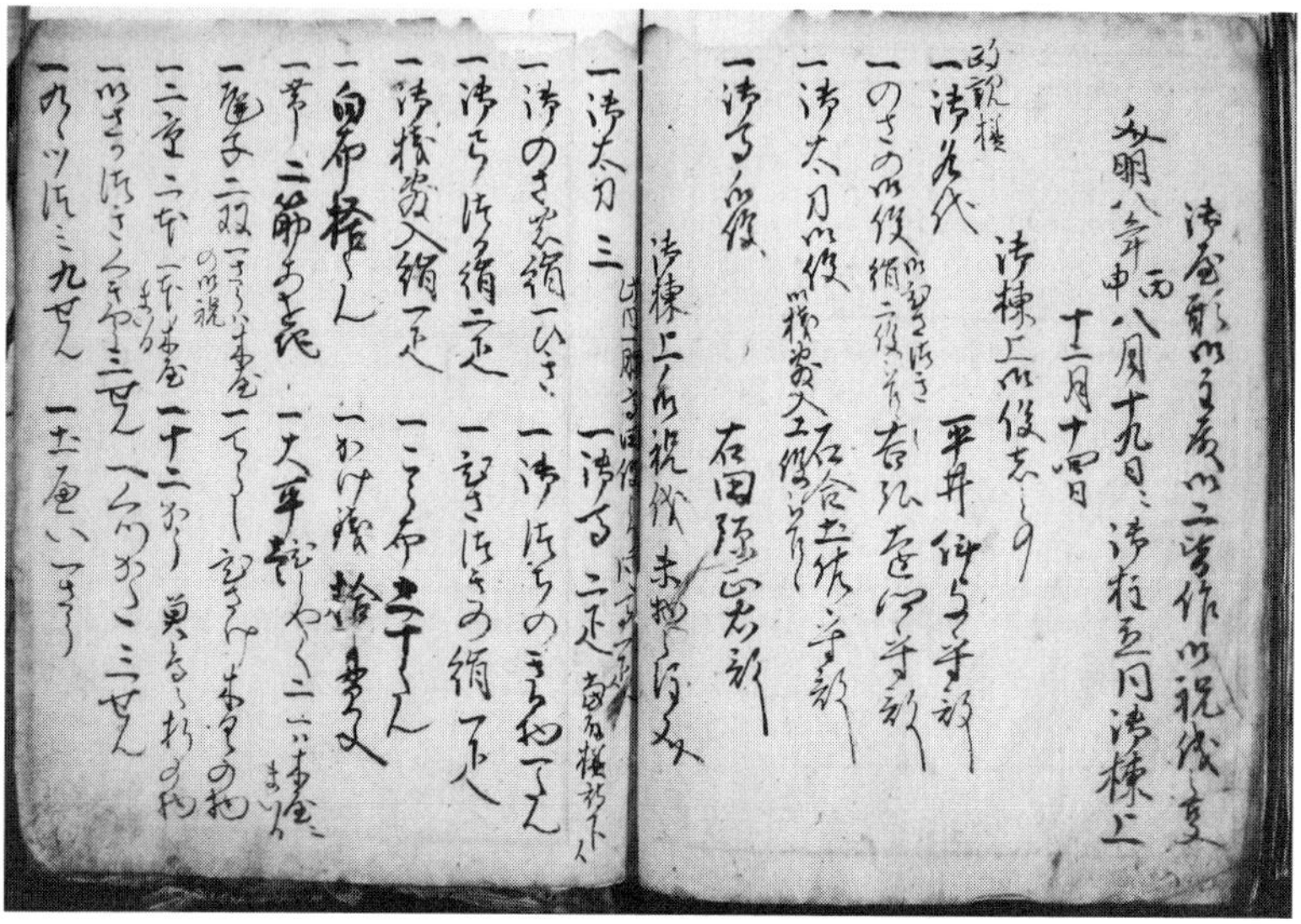

図2　『木砕之注文』69丁裏〜70丁表

三　大友家「御一家御祝儀」の主殿造営

『木砕之注文』の六九丁裏から七〇丁裏にかけて、「御屋形御主殿御二皆作御祝儀之事」「御棟上御役者之事」「御棟上ノ御祝儀未物之注文」と題した三項目がある（図2）。館の主殿の棟上儀式とその祝儀の品々について大友氏に仕えた惣大工の寿彭が記したもので、その年代は「文明八年丙申八月十九日ニ御柱立、同御棟上十二月十四日」とある。『木砕之注文』を筆録した永禄五（一五六二）年もしくは天正二（一五七四）年に、惣大工寿彭は「生年八十四」と記しており、文明八（一四七六）年のこの棟上は自身が関わったものではなく、過去の木割書を書写したものとわかる。

文明八年八月および十二月当時の大友氏当主は、前述親繁の跡を継いだ第一六代政親（一四四四〜九六年）であるが、では、この時期の館主殿の柱立と棟上は、守護大名大友氏にとっていかなる意義を有するものであったのだろうか。

そもそも、守護大名期の大友家においては、第九代氏継とその弟の第一〇代親世以降、それぞれの系統から交互に家督継承者を出す両統迭立期が、貞治年間（一三六二〜六八年）から八〇年近く続いていた。この間に家督は、氏継系の一一代親著・一三代親綱、親世系の一二代持直・一四代親隆が継承したが、個人的に「優れた資質と手腕」を有して前後四五年間の治世を担った親世を除いて、数年ごとの短期間で家督が交替する「大友氏権力が不安定」な時期である。(22)

そうしたなか、氏継系から出た一五代親繁は、文安元（一四四四）年の家督継承以降、前述のように政治・経済的に充実した治世を行った。親繁は、親世系の親隆の娘を妻に迎えるなどして支持を取りつけ、両統の融和を図った。そして、寛正三（一四六二）年十月、一八歳の嫡子政親に対し、まずは豊後国守護職および筑後半国守護職を譲った。(23)その後も親繁は、若い政親の後見として実権を振るい続け、そして遂に文明八年四月、七代一〇〇年にわたる両統迭立の慣例をやぶり、政親を大友家第一六代の家督に据えたのである。

新たに家督を継承した政親は、「（文明）八年丙申四月、政親以嗣家督、遣使」(24)とあるように、室町幕府の承認を得るべく、同年四月に、将軍義尚の後見として実権を握り続ける足利義政をはじめとする幕府要人に祝儀の使者を送った。これに対して、義政は、次の御内書を政親に発給している。

為父家督与奪祝儀、太刀一腰・鵞眼弐万疋到来候訖、悦喜候、仍太刀一振国俊・腹巻一領浅黄糸・馬一疋遣之候也、

（文明八年）九月廿九日　（足利義政）御判

大友豊前守（政親）とのへ(25)

史料冒頭の「父家督与奪祝儀」とは、氏継系出身の父親繁が保有していた家督を、慣例に従って親世系に譲り与えることなく、政親が無事に継承できた事態を示しており、親繁・政親父子にとってこの家督引き継ぎの成功は、過去一〇〇年にわたって続いた両統迭立を終焉させたこの上ない「祝儀」だったことがわかる。

親繁・政親父子は、文明八年四月の家督継承後すぐ、新当主の政親名義で祝儀の品を携えた使者を京都に派遣したのであるが、注目されるのはその進物の量である。前掲史料から、義政には「太刀一腰」と「鵞眼弐万疋」（銭二〇〇貫文＝二〇万枚）を贈ったことがわかるが、「大友家文書録」によると、このときの贈答品に対する幕府側からの返書礼状が八月から翌年閏正月にかけて一七通届いている。[27]それらを総合すると、家督祝儀進物の贈与先は、義政のほか、足利義尚・足利義視・伊勢貞宗・斯波義良・甲斐良盛・畠山政長・遊佐長直・細川政国・赤松政則・浦上則宗・飯尾元連・飯尾任連・小笠原政清の面々におよび、その進物総量は、「太刀」一一本と、「鵞眼」「鳥目」が六万一〇〇〇疋（銭六一〇貫文＝六一万枚）であったことが判明する。まさに、この親繁から政親への家督継承が、莫大な費用を費やしてでも祝うべき大友家の慶事だったことを示す数値であり、進物を受け取った一人の幕府奉公衆小笠原政清は、「為御一家御祝儀、御礼御申候、寔以千秋万歳珍重候」と述べている。[28]

このように、文明八年という年は、守護大名家大友氏にとって、一四世紀後半の南北朝時代から七代にわたって続いた両統迭立時代を脱し、父親繁から子政親へと、家督の直系継承をおよそ一〇〇年ぶりに実現できた、大友家「御一家御祝儀」の年であった。『木砕之注文』が示す「文明八年丙申八月十九日ニ御柱立、同御棟上十二月十四日」の館主殿の普請は、まさに、この家督継承実現による「御一家御祝儀」最中の造営事業であり、直系新当主の就任を祝すとともに、父から子への家督継承を具現・象徴化させる建造物として建設されたものと評価できよう。

四　東山文化の守護大名館

さらに、親繁・政親父子によるこの家督祝儀の造営事業は、通常の主殿普請ではなかった。『木砕之注文』には、

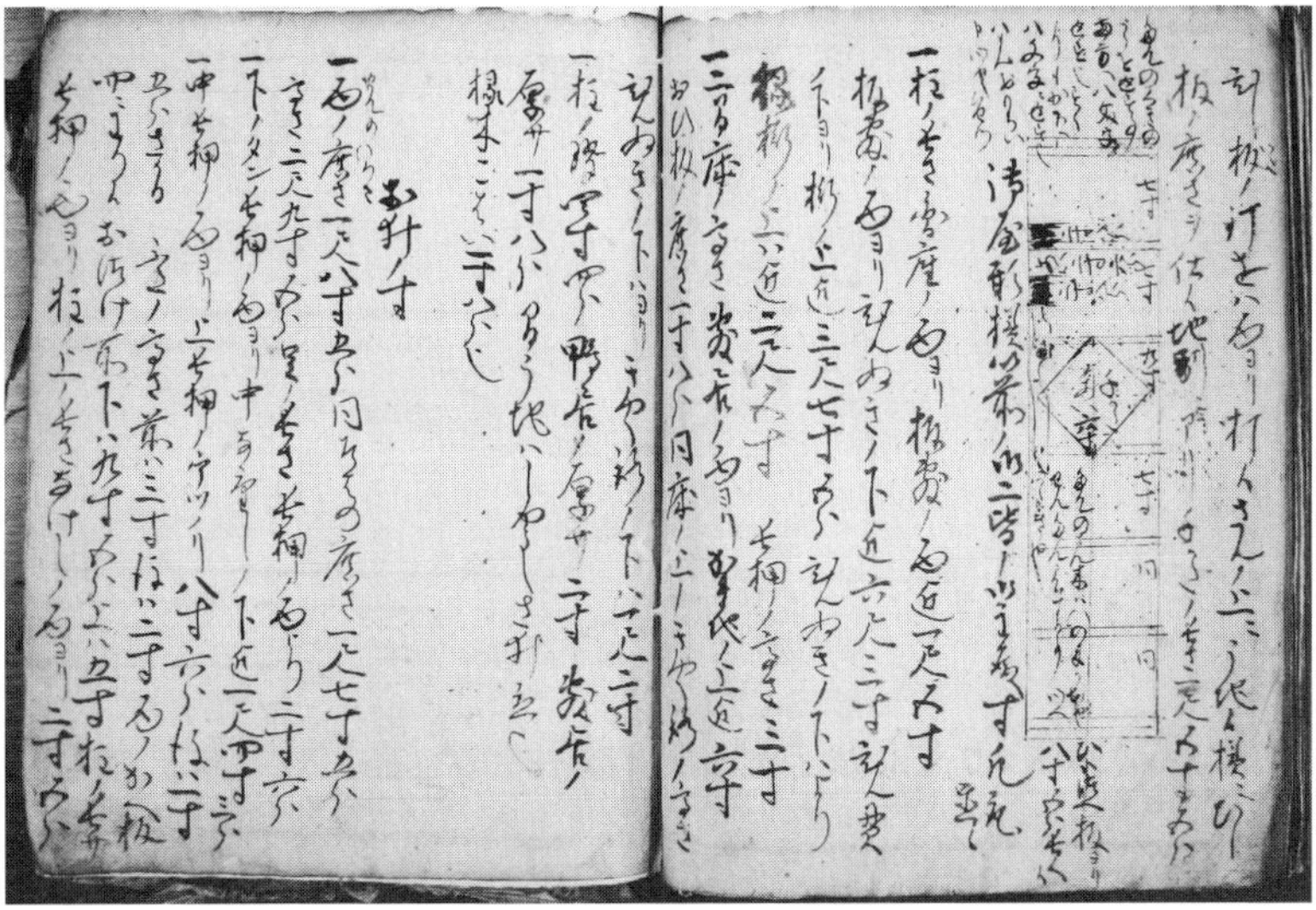

図3　『木砕之注文』66丁裏〜67丁表

この祝儀は「御屋形御主殿御二皆作」と記されている。
　この「御主殿御二皆作」に関しては、同史料六六丁裏から六七丁表にかけて、次のような興味深い記録がある（図3）。

　　御屋形様以前ノ御二皆ノ御主殿寸凡取置候
一、柱ノ長さ円座ノ面ヨリ板敷ノ面迄一尺五寸、板敷ノ面ヨリひんぬき（飛貫）ノ下迄六尺三寸、ひん貫ノ下ヨリ桁ノ上迄三尺七寸五分、ひんぬきノ下ハより縁桁ノ上ハ迄二尺五寸、長押ノ高さ三寸、
一、二間床ノ高さ敷居ノ面ヨリかまち（框）ノ上迄六寸、おひ板（帯板）ノ広さ一寸八分、同床ノ上ノきやくろ（客櫓）ノ高さ、ひんぬきノ下ハヨリきやくろノ下ハ一尺二寸、
一、柱ノ勢四寸四分、鴨居ノ厚サ二寸、敷居ノ厚サ一寸八分、間うちハしやうし（障子）さい立也、椽木こはい（勾配）一寸八分也、

　記録されているのは、「御屋形様以前」（惣大工寿彭が仕えた大友氏二〇代義鑑・二一代義鎮以前）の「御主殿寸」（主殿の寸法）である。ただし、前述同様、寿彭が仕える以前の主殿の記録であるため、建物全体の記録は入手できず、「凡取置候」

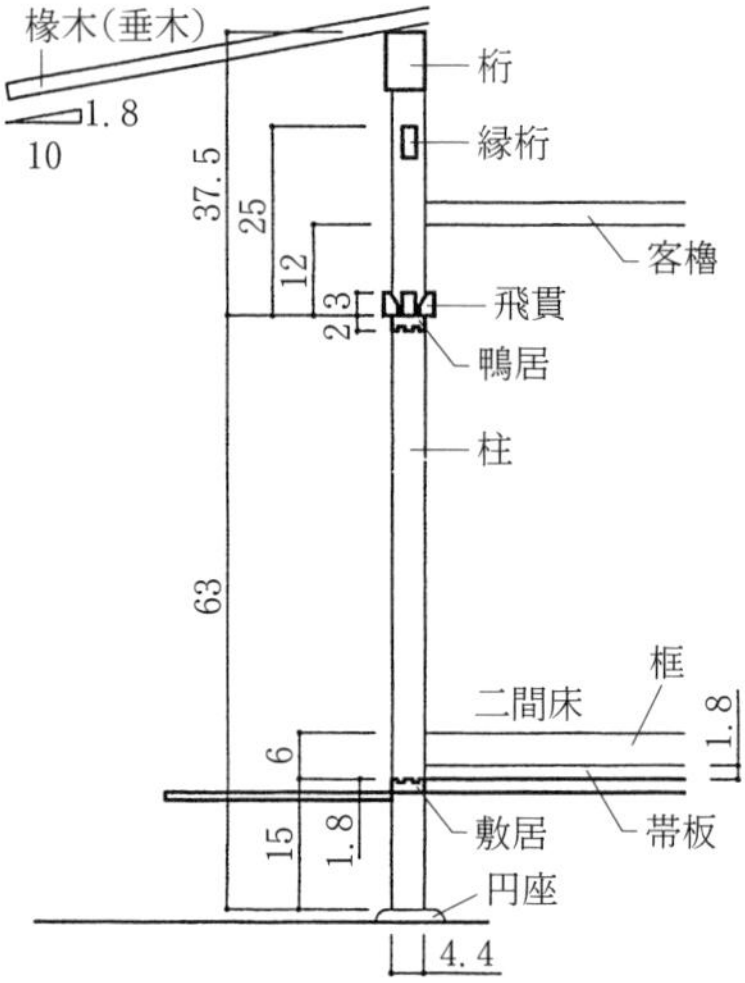

図4　文明8（1476）年12月14日棟上の大友親繁館「主殿」初層（1階）一部分の木割図（木砕之注文研究会編『木砕之注文』解題・現代語訳篇161頁図73に加筆）（数字の単位は寸）

（主殿木割の一部概略を写し置いた）という。

　この三条にわたる守護大名館主殿の木割記録が残存している事実は画期的であり、『木砕之注文』が「中世に遡る希少な史料」と評されるゆえんのひとつでもある。主殿の柱は、地面に据えた円座（礎石）面から床の板敷面、板敷面から飛貫の下部、飛貫下部から桁の上部の三部に分けて寸法を記しており、合計すると柱の長さは一一尺五寸五分（約三・五メートル）、幅は四寸四分（約一三・三センチ）だったことがわかる。前述の木砕之注文研究会では、この木割記録から復原できる主殿の一部分を図面化しており（図4）[29]、当時の建物の状況を視覚的に認知しうる情報として、きわめて興味深い。

　そして、注目されるのは、惣大工寿彭が記した「御屋形御主殿御二皆作」「御二皆ノ御主殿寸」の表現から、文明八（一四七六）年に大友親繁・政親父子が建てたこの主殿が「御二皆作」（二層構造）だったとわかることである。残念ながら、寿彭が書き置きした「御主殿寸」は、そのうちの初層（一階）の一部分のみであり、これは、自身がその普請に携わった物件ではないため、初層から上層（二階）までの全体図を入手できなかったのであろう。

　一五世紀後半の守護大名館の主殿が二層構造（二階建て）だった事例は、管見のところ比類がないが、しかしながら、大友親繁・政親父子が莫大な祝儀進物を贈って密接な関係を維持した前将軍足利義政の手になる二層構造建築物、慈照寺観音殿（銀閣）（図5）の上棟は長享三（一四八九）年で、大友館主殿上棟の一三年後にあたる。床面は「板敷」

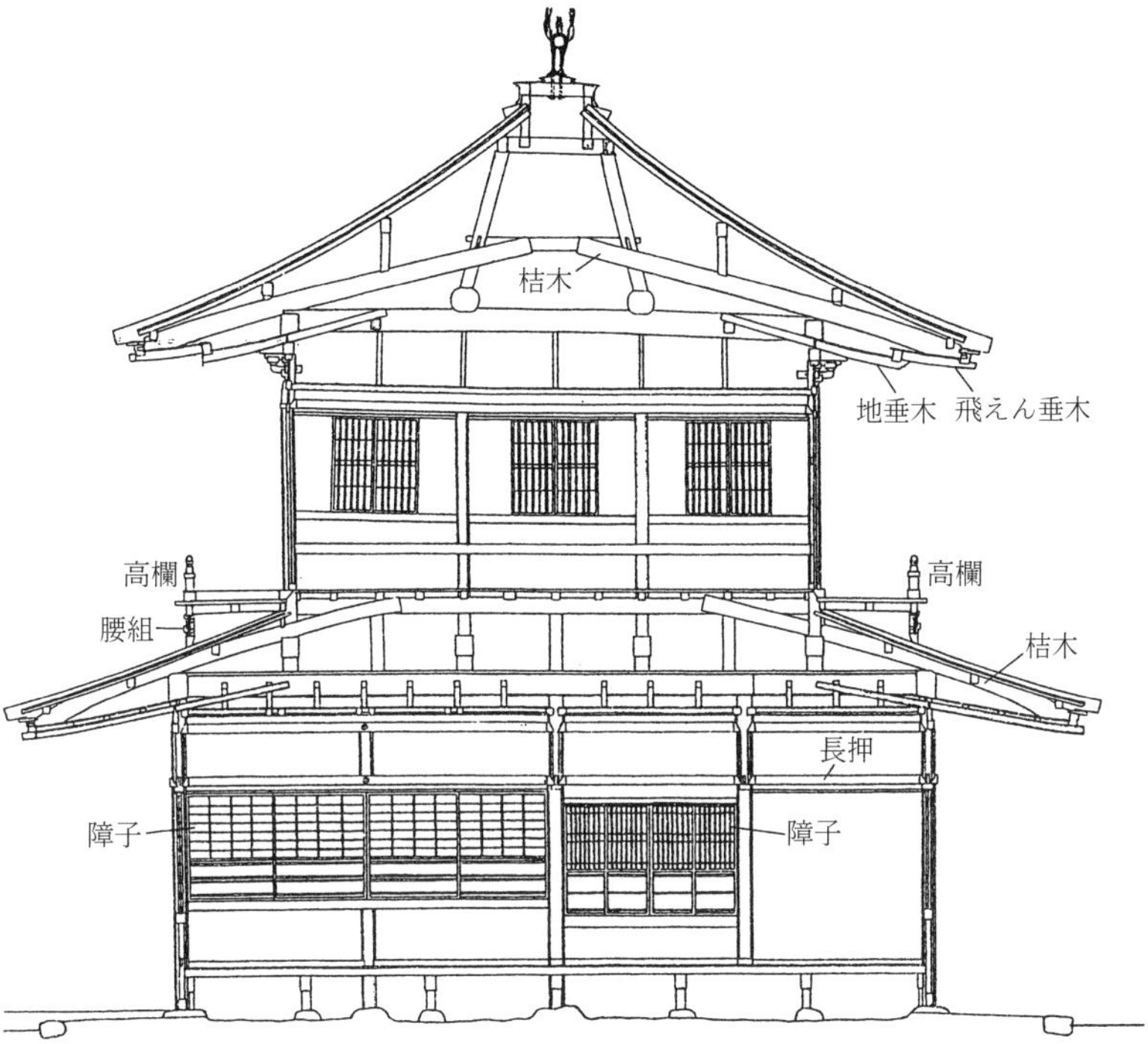

図5　長享3（1489）年建立の慈照寺観音堂（銀閣）の木割図（鶉功『図解 社寺建築』社寺図例編〈オーム社，2016年〉より）

で、「しやうし《（障子）》さい立」（敷居の溝の両縁に「さい」〈付樋端〉と呼ぶ細木を造り付けて明障子をはめ込んだ仕組み）の間仕切りを有した大友館主殿の構造は、東山文化の書院造の様式を取り込む二層楼閣建築として、のちの銀閣に先立って建立されたと推測することも可能であろう。むろん、その造営を可能たらしめたのは、領内産出の硫黄鉱石資源を輸出原資として遣明船貿易を手がけ、幕府中枢に六一〇貫文もの献上をしても余りある中国銭を保有していた大友親繁の莫大な財力に他ならない。『木砕之注文』が証する文明八年の大名館主殿の二層楼閣普請は、この政権円熟期を迎えた六五歳の親繁から、三二歳の直系嫡男政親への、家督継承を寿ぐ「御一家御祝儀」として催行された造営事業であり、それは日明貿易で得た潤沢な資産を背景に東山文化の建築様式を具現化する守護大名館の建設だったといえよう。

おわりに

本章では、研究が進んでいる戦国期（一六世紀）の大友氏館に比して、これまでほとんど考察が進んでいなかった守護大名期（一五世紀）の館の実態を、主に文献史料を総合して考察してきた。最後に、明らかになった事実をまとめ、若干の課題と展望を述べておこう。

守護大名期の代表的な当主である大友親繁のもと、その治世当初の一五世紀半ばまでの館は、茅茨葺き・竹敷きの質素な邸宅として、その淳朴さが京都の五山僧にまで知れ渡っていた。その後、南北朝時代以来七代・一〇〇年にわたって続く両統迭立による不安定な家督相続慣例を脱した親繁は、文明八（一四七六）年四月に家督を直系嫡男の政親に継承させることに成功した。時に政権円熟期を迎えていた親繁は、この「御一家御祝儀」を機に、政親名義の新しい守護大名館の建設に取りかかったのである。足利将軍家との密接なつながりを背景とする卓抜した政治手腕と、手がけた日明貿易で得た潤沢な経済力をもとに、親繁・政親父子が造営したのは、二層楼閣構造の主殿であった。その建造物には、自ら能書家で、かつ画聖雪舟をも招いて庇護するなど、芸術文化面での造詣も深かった親繁の趣向が取り入れられた。そこにできあがった守護大名館は、明障子を採用するなど、のちの慈照寺観音殿（銀閣）にも通じる東山文化書院造風の建築様式を具現化した建物だったのである。

一方、本章においては、こうした守護大名期の館の建設場所までは明らかにならなかった。大友親繁の茅茨葺き・竹敷きの邸宅、および文明八年の館主殿は、その後の戦国期の豊後府内に併存する二つの大名館のどちらの前身となる建物なのか。その解明については、今後も進展するであろう館跡地での考古学的調査の成果との厳密な整合作業に期待を込めたい。

また、天文十九（一五五〇）年二月に第二〇代当主大友義鑑が家臣により殺害された事件を「二階崩之変」[30]と呼ぶことと結び付けて、その事件が親繁建造のこの「御二皆作」主殿で起きたかのように理解する説がある。しかしながら、親繁が二層構造主殿を造作した文明八年から「二階崩之変」までは七四年もの時間差がある。とくに、『木砕之注文』七四丁裏から七七丁表には、天文十五年十一月十一日を棟上式日とする義鑑の「御主殿御造作」の記事があることから、義鑑が横死したのは自らが四年前に造作した新しい主殿だったと判断するのが適切である。同じ二層構造の大名館であるが、一五世紀後半の親繁期の守護大名館と、一六世紀半ば義鑑期の拡張された戦国大名館[31]とでは、その建築様式や規模、そして機能に大きな隔たりがあったものと考えられよう。

註

（1）それらの代表的成果として、以下がある。小野正敏『戦国城下町の考古学―一乗谷からのメッセージ―』（講談社、一九九七年）、古賀信幸「大内氏館」（『山口県史』資料編考古二、二〇〇四年）、鹿毛敏夫編『戦国大名大友氏と豊後府内』（高志書院、二〇〇八年）、玉永光洋・坂本嘉弘『シリーズ「遺跡を学ぶ」五六　大友宗麟の戦国都市・豊後府内』（新泉社、二〇〇九年）、増野晋次「中世の山口」（鹿毛敏夫編『大内と大友―中世西日本の二大大名―』勉誠出版、二〇一三年）、福井県立一乗谷朝倉氏遺跡資料館編『一乗谷―戦国城下町の栄華―』（二〇一五年）、石井伸夫・仁木宏編『守護所・戦国城下町の構造と社会―阿波国勝瑞―』（思文閣出版、二〇一七年）。

（2）鹿毛敏夫「戦国大名館の建設と都市―大友氏と豊後府内―」『日本歴史』六六六、二〇〇三年。のち、同『戦国大名の外交と都市・流通―豊後大友氏と東アジア世界―』（思文閣出版、二〇〇六年）収載。

（3）「平林文書」六―一（『西国武士団関係史料集』二九、文献出版）。天文二～十九（一五三三～五〇）年に比定される書状において、大友義鑑が「上原屋敷」の「取誘」を家臣に命じている。

（4）田北学編『増補訂正編年大友史料』（一九六四年）一一、一五五頁。

（5）外山幹夫『大名領国形成過程の研究』（雄山閣出版、一九八三年）二六九頁。

（6）鹿毛敏夫「雪舟・狩野永徳と豊後大友氏─絵師からみた「大友文化」─」『大分県地方史』一九四、二〇〇五年。のち、前掲註(2)同『戦国大名の外交と都市・流通』収載。

（7）鹿毛敏夫「遣明船と相良・大内・大友氏」『日本史研究』六一〇、二〇一三年。

（8）『臥雲日件録抜尤』享徳四（一四五五）年正月五日条。

（9）住居の茅茨葺きについては容易に推測できるが、竹敷きの床については、現代日本では全くみられなくなったため想像が困難であろう。しかしながら、例えば東南アジアのタイ北部のChiang Dao地方の伝統的住居では、現代でも竹敷きの床が一般的である（図6）。また、ラオスでも、北部のHouaykot村や南東部のSavet村で、たたいて平たく伸ばした「ひしぎ竹」を床材として敷き詰め、屋根を茅で葺いた住居が使用されている。なお、住居学の観点からラオスの伝統的家屋を調査した及川清昭・藤井明・槻橋修・橋本憲一郎・ボンパスート タヌーソン「ラオスにおける民族固有の居住文化に関する比較形態学的研究」（『住宅総合研究財団研究論文集』三六、二〇〇九年）を参照されたい。ラオスでも近代化に伴って、トタン板や製材木が普及し、外装に工業化材料を用いた住居も少なくないという。

図6　竹敷きの床（タイ Chiang Dao 地方）

（10）『淡路文化史料館収蔵史料目録　五　新見貫次氏収集文書』（一九九一年）四五頁。

(11)『日本建築学会近畿支部研究報告集』（一九八一年）。

(12) なお、同論考によって当該史料は『木砕之注文』と呼ばれることになったが、「木砕之注文」は複数項目から成る史料群の最初の項目名に過ぎず、『斎藤家木割書』との名称がより適切である。

(13) 渡辺勝彦・岡本真理子・内藤昌「いわゆる『木砕之注文』（『寿彭覚書』）における堂・社・門の木割体系」（『日本建築学会計画系論文報告集』三六二、一九八六年）・同「いわゆる『木砕之注文』（『寿彭覚書』）における木割体系の特質」（『日本建築学会計画系論文報告集』三七八、一九八七年）。

(14)『木砕之注文』中の、「筑後高良ノ御社之注文」「御内陳之御造作之事」の項目から室町中期の高良大社本殿の平面復原案を提示した米澤貴紀他八名「『木砕之注文』を通してみた室町中期高良大社本殿平面形式の復原」（『二〇〇九年度日本建築学会関東支部研究報告集』）をはじめ、「他《（多）》宝塔之注文」「上ノりんまわり之事」から多宝塔の上重組物の割付方法を検討した小岩正樹他八名「『木砕之注文』における多宝塔上重の枝割」、「御由原切籠之御輿ノ寸之事」など大友氏関連の輿の四項目から近世以前の輿の実寸を考察した米澤貴紀他八名「『木砕之注文』における輿について」（ともに『日本建築学会大会学術講演梗概集（北陸）』二〇一〇年）など。

(15) 木砕之注文研究会編『木砕之注文』（中央公論美術出版、二〇一三年）。同書による釈文や現代語訳の刊行により、本木割書は、古文書を読めない者でも理解が可能な史料となり、今後も多方面からの分析が進むものと期待される。しかしながら、同書の釈文を利用するさいには、影印との正確な校合が不可欠であることはいうまでもない。

　例えば、「御作事御奉行衆」の項目の三条目について、同書では「一、鍛冶奉行多ゝ御座候、鍛冶衆　高田、赤地、井田、府内ハ不為申候」と翻刻（「釈文」三三七〜

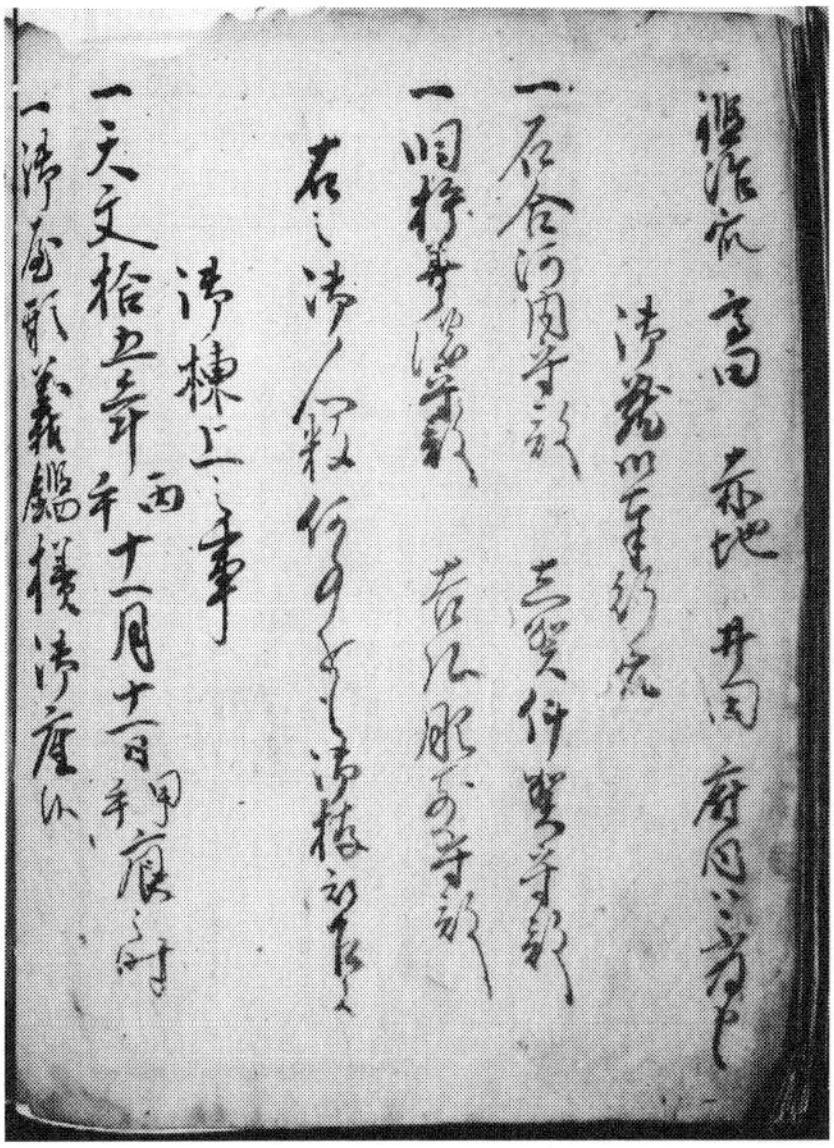

図7『木砕之注文』74丁裏

三三八頁）し、「一、鍛冶奉行は多々おられる。鍛冶衆　高田、赤地、井田。府内のものは用いていない」と訳している（「現代語訳」一〇六頁）。しかしながら、同書「影印」一五七～一五八頁および淡路文化史料館蔵の原史料七四丁（図7）を確認すると、「府内ハ不為申候」部分は誤読で、正しくは「府内ハ不及申候」であることが判明した。文意も、「鍛冶奉行は多々おられる。鍛冶衆は高田、赤地、井田。府内の鍛冶衆は申し上げるまでもない」となる。わずか一文字、「及」を「為」と読み違えただけで、文意が正反対になってしまった一例であり、注意が必要である。なお、同様の誤読は、「厩ノ注文之事」項目にもみられ、「釈文」二九二頁一二行の「更ニ分別不有候」は、「更ニ分別不及候」が正しい。

(16) 溝口明則「木割の解説」（前掲註(15)『木砕之注文』）。

(17) 上野淳也「豊後府内の成立過程—府中から府内へ—」（別府大学文化財研究所他編『キリシタン大名の考古学』思文閣出版、二〇〇九年）、八木直樹「戦国大名大友氏の普請命令と免除特権」（稲葉継陽・花岡興史・三澤純編『中近世の領主支配と民間社会』（熊本出版文化会館、二〇一四年）。前者は、大友氏の本拠である豊後府内の史的変遷を考古資料に文献史料を交えてたどろうとした論考、後者は、諸役免除特権のあり方から大友氏の建造物普請命令の性格を考察した論考である。

(18) 佐々木昌孝・永井規男他七名「『木砕之注文』における枡の寸法について」『日本建築学会大会学術講演梗概集（北陸）』（二〇一〇年）。

(19) 鹿毛敏夫「一六世紀九州における豪商の成長と貿易商人化」同編『大内と大友—中世西日本の二大大名—』勉誠出版、二〇一三年。

(20) 豊後府内の考古学的調査の成果をまとめた一般書としては、前掲註(1)玉永光洋・坂本嘉弘『シリーズ「遺跡を学ぶ」五六　大友宗麟の戦国都市・豊後府内』、および『豊後府内を掘る—明らかになった戦国時代の都市—』（大分県教育庁埋蔵文化財センター、二〇一六年）を参照されたい。

(21) 鹿毛敏夫「分銅と計屋—中世末期九州の衡量制—」日本史攷究会編『日本史攷究と歴史教育の視座』早稲田大学メディアミックス、二〇〇四年。のち、前掲註(2)同『戦国大名の外交と都市・流通』収載。

(22) 外山幹夫『大名領国形成過程の研究』（雄山閣出版、一九八三年）本論第二章「守護大名中期の大友氏—親世～親隆期—」。

(23) 寛正三年十月二十五日付足利義政袖判御教書（「大友文書」三—一一〈『大分県史料』二六〉）。

(24) 「大友家文書録」三六三「綱文」（『大分県史料』三一）。

(25)「大友家文書録」三六六(『大分県史料』三一)。
(26)文明九年閏正月十三日付小笠原政清書状によると、大友政親からの家督祝儀の進物と書状は、文明八年四月二十七日に到着している(「大友家文書録」三八四〈『大分県史料』三一〉)。
(27)「大友家文書録」三六六〜三七七および三八〇〜三八四(『大分県史料』三一)。
(28)前掲註(26)小笠原政清書状。
(29)前掲註(15)木砕之注文研究会編『木砕之注文』解題・現代語訳篇一六一頁図七三。
(30)「大友家文書録」別記録(『増補訂正編年大友史料』一九、五)。
(31)大友義鑑による天文十五年の新主殿造営は、単なる主殿造替ではなく、同十三年末から十四年にかけて建設した蔵場や、十六年に建立した乾屋敷、遠侍、役所、台所、女中屋などの諸施設を含めた、前後数年間におよぶ戦国大名館の物理的・機能的拡張工事の一環としてとらえることが適切であろう。

第二章　戦国大名居館の庭
——一六世紀後半の大友館に築かれた庭の特色——

五十川雄也

はじめに

現代の生活のなかで、「庭」は、一般的に池庭や平庭など観賞用の庭を指すことが多い。その他に学校内には校庭や中庭などと呼ばれる「庭」空間が存在するが、筆者の経験からすると池や大きな石はほとんどない空間を指していた。ここで「庭」を辞書で引くと、これらを含む意味があることがわかる(1)。

研究における庭の定義について、小野健吉氏は「祭祀・儀式・饗宴・逍遥・接遇などの場として、あるいは観賞の対象として、一定の空間的・時間的美意識のもとに造形される屋外空間。おもに土・石・植物・水などの自然材料を用いて作られる。建築に付随、あるいは建築を包含することが一般的」とし(2)、本中眞氏は「庭園」を「芸術空間と生活空間の二つの側面をもつ」とした(3)。

本章では、近年発掘調査の進む戦国大名居館に築かれた「庭」について、庭と関連する建物との関連も踏まえながら、とくに大友館の空間を構成する庭の特色について探っていきたい。ちなみに本章の中で使用する「庭」という語句については、小野氏や本中氏のいう定義で扱うものとする。

一　研究略史と問題の所在

1　研究略史

現在戦国大名クラスの居館や、それよりも下位クラスの居館、とくに庭に関する発掘調査事例は、多数報告されているが、(4)二〇〇〇年代に入る前までは、戦国大名居館の調査件数は福井市朝倉館跡や山口市大内館跡などに限られており、積極的に比較検討するまでには至っていなかった。しかし二〇〇〇年代以降は調査件数が増加傾向にあり、藍住町勝瑞館や大分市大友館跡、小田原市小田原城跡、岐阜市岐阜城跡西麓などで庭を含めた発掘調査が進んでいる。それと同時に、庭を主対象とした研究会も活発に行われるようになってきている。(5)最近では、各地の戦国大名居館の調査が進む中で、各地域での調査成果だけでは、庭を含めた館内全体の空間構造の把握などが追いつかない状況が出てきた。このため、全国の戦国大名居館の調査成果を持ち寄って、比較検討する場が設けられたのが、平成二十七(二〇一五)年小田原市(6)や同二十八年藍住町(7)でのシンポジウムなどである。遺構や遺物からの検討が盛んに議論されたのはいうまでもないが、その中で、村木二郎氏は戦国大名居館の構造解明が進み、大名居館にはそれぞれ個性がみられることに言及し、これまで用いられてきた「朝倉館モデル」などの意味について見直し、将来における戦国大名居館の実態解明に向けて正しく向き合えるよう提言した。(8)さらに、小野正敏氏は全国の戦国大名居館を遺物と遺構の両面から検討し、構造を比較検討するなかで、庭の構造などに言及しながら、戦国大名居館内の構造は一様ではないこ

とを改めて示している。(9)

2　問題の所在

近年、戦国大名居館の調査と検討は、前述のとおり、盛んになりつつあるが、「庭」にスポットをあてて考えた場合、考古学的な研究は進展していない。最近では、小野正敏氏が、勝瑞館や大友館などについて、庭と建物との関係性について考察しているように、(10)戦国大名居館内での庭や関連する建物のプランは一様ではないことがいえそうである。そこで本章では、戦国大名居館における庭と建物との関係について分類を試み、大友館の「庭空間」の特質を導き出したい。

二　大友館とそのほかの戦国大名居館の庭

この節では、大友館およびその他の戦国大名クラスの居館で発掘調査された庭についてみていき、分類の足掛かりにしたい。

1　豊後国、大友館跡

大友館は、大分県大分市に所在し、鎌倉時代から豊後国守護職である大友氏の拠点である。発掘調査によると、大友館跡は一四世紀後半から一六世紀後半にかけての館関連遺構が確認されており、一六世紀後半には、一辺二〇〇㍍四方の館であったことが、判明している（図1）。池を伴う庭（池庭）が館内南東部に築かれたのは一五世紀末葉頃で

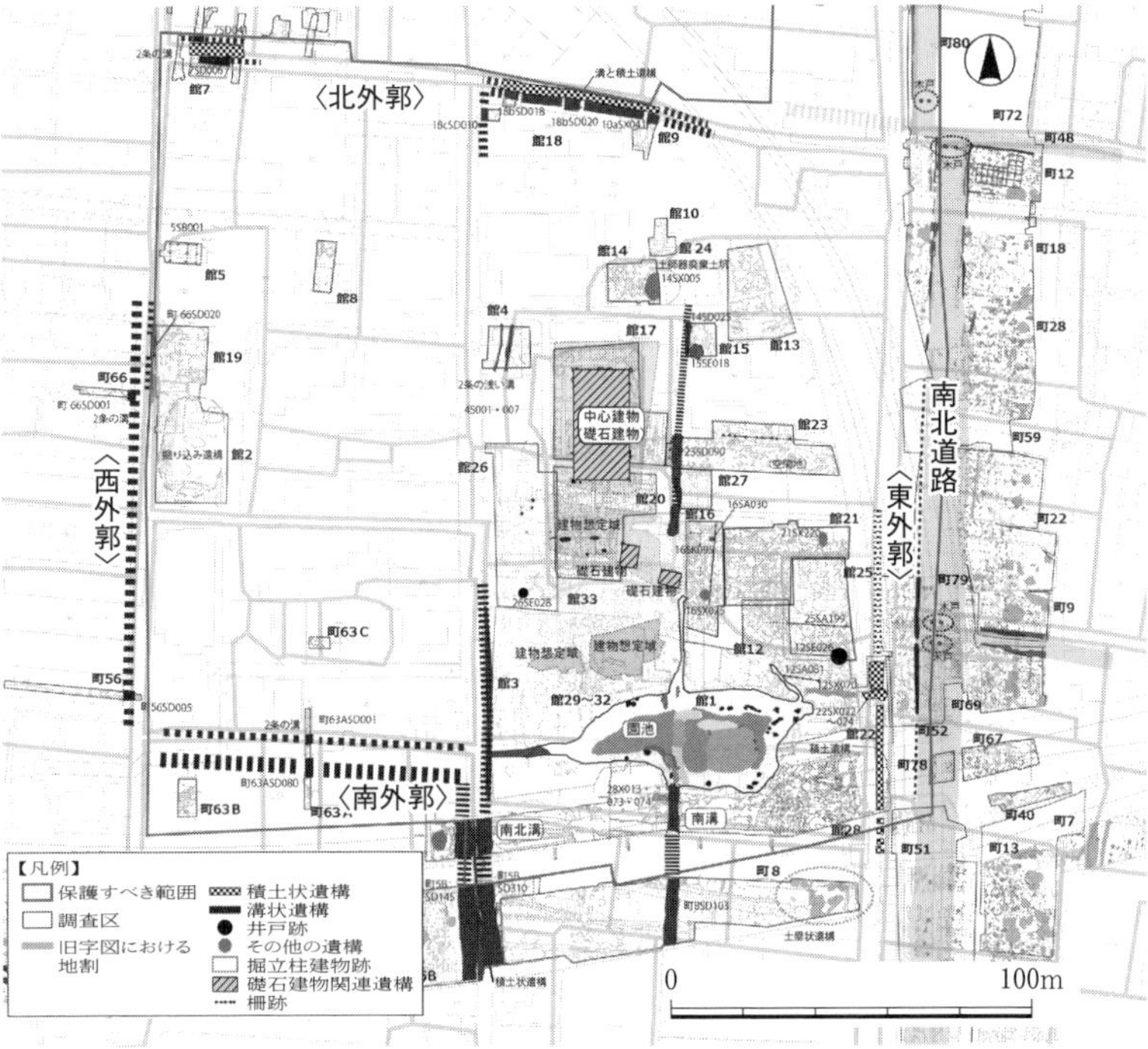

図1　16世紀後半から1586年の大友館（大分市教委2015）

あり、二回目の大改修において、池の規模は東西六七㍍、南北三〇㍍となっている。また池の周辺では、小規模な池跡（小池）、植栽痕などの遺構が検出され、推定礎石建物跡なども検出されている。[11] 池の北側にあたる推定礎石建物跡は、近世の水田開発による削平のため、礎石自体は残存していない。しかしながら、館内の別箇所の礎石建物跡は建物単位ごとに一定の深さまで掘り込んだ整地跡が確認されていることから、園池跡北側の三カ所の掘り込み整地跡についても庭に関連する礎石建物跡と考えられる（図2）。

池北側の礎石建物跡は、池の北辺中央から北へ延びる北溝によって、西側に建物跡A・B、東側に建物跡Cに区画される。園池西側の建物跡A・Bと園池北辺との間は、小野氏も指摘するとおり[12]、玉砂利などが敷かれた広庭的な空間が復元される。一方で、池の東側

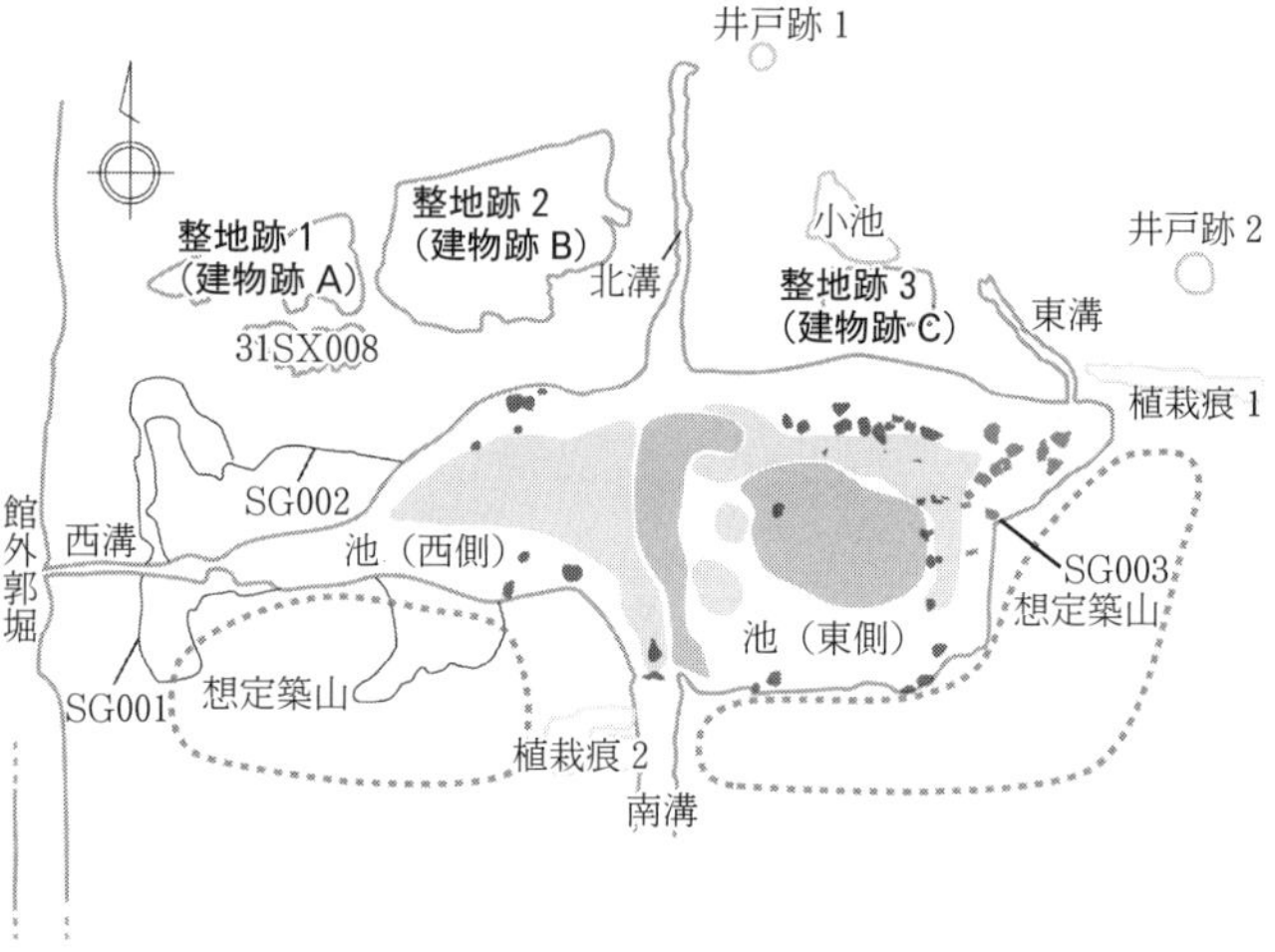

図 2　大友館跡池庭（1/1250）（大分市教育委員会 2017）

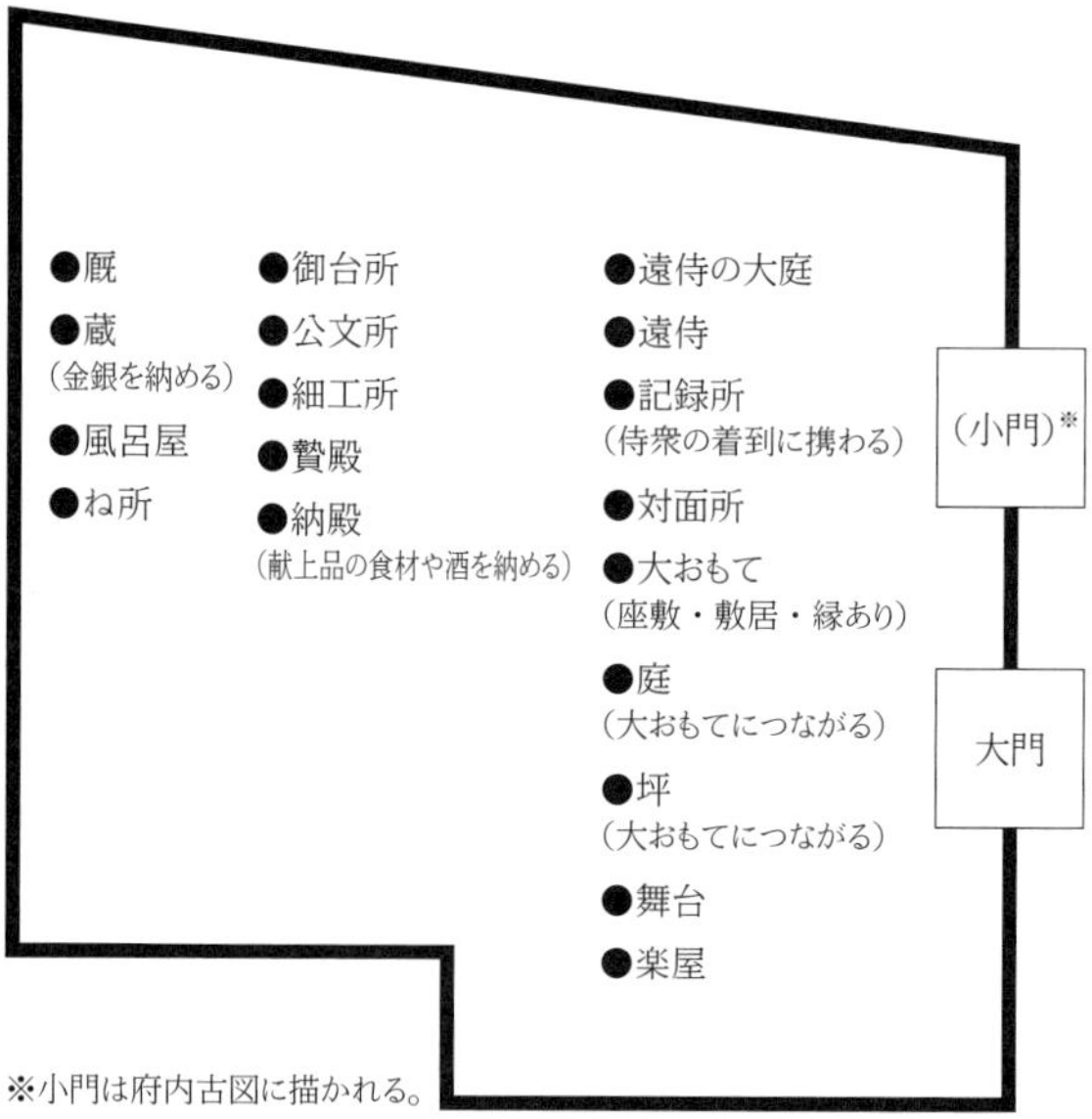

図 3 「當家年中作法日記」にみえる大友館の施設（大分市教委 2015） 施設の中に「よろひ門」があるが，場所ははっきりしない。また，大おもての座敷の中には，「御前」「次の間」と呼ばれる座敷が二間続きであったようである。

は、西側よりも小規模と考えられる建物跡Cが推定され、西側の建物跡A・Bとは異なり池に接する状況で検出された。また、この建物跡Cの北側には前述の小池跡が接している。

池の構造については、池中央から東側と西側で景観が全く異なると考えられる。東側は中島があり、長軸一〜三㍍

ほどの庭石（以後、本章ではこのような庭石を巨石と言い換える）を多数配石し、護岸石組や滝を構成するのに対して、西側では局所的に奇岩の巨石を用いるのみで中島は無く、巨石の使用は限られる。以上のように、池の東西での構造が相違するのと同じく、池の北側に展開する東西の建物跡と池との距離も差があるなど、池を含めた庭空間内が東西で異なることが指摘できる。

ところで、大友館内の庭の配置などの状況は、考古学的成果だけでなく、二二代当主大友義統が記した『當家年中作法日記』からもうかがえる。[13] 作法日記からは、館内の施設は図3のように解釈されている。[14] 義統は館内の「庭」について、「遠侍の大庭」、「庭」と表記している箇所がある。しかしながら、前述してきた館内南東で検出された池庭についての記載は明らかではない。このことについて小野氏は、館内南東の池庭は公式行事の場ではなく、作法日記に記載されている「遠侍の大庭」が、公式行事を行う広庭的な存在であったと指摘している。[15]

以上のように大友館の場合、一六世紀後半頃、館内南東部に大規模な池庭があり、その庭空間は東側と西側で様相が違うことが明らかとなった。また「遠侍の大庭」などの記述から、広庭的な場の存在も考えられるといえる。[16]

2　伊予国、湯築城跡

愛媛県松山市に所在する。湯築城は概ね、伊予国守護の河野氏の拠点である。発掘調査では、上位クラスの居住地とされる場所において、一六世紀代の池状遺構や建物跡などで構成される庭空間（図4）やかわらけの一括廃棄土坑などが検出されている。これら遺構の存在から、この上位クラスの居住地は、河野家当主と関わりがある可能性が高いという。[17] 池状遺構は長軸約一四㍍で、池状遺構の北側約一〇㍍地点に掘立柱建物跡（ＳＨ四〇二）、東側約一〇㍍弱の地点に礎石建物跡（ＳＢ四〇七）が検出されている。ただ周辺は攪乱も多く、池状遺構周辺の遺構の残存状況はあまり良好ではない。確認できる建物跡と池状遺構の間は接することはなく、若干空閑地をもつ。さらにこの地点から約八〇㍍東側には、自然岩盤などを利用したと考えられる庭空間も推定されている。

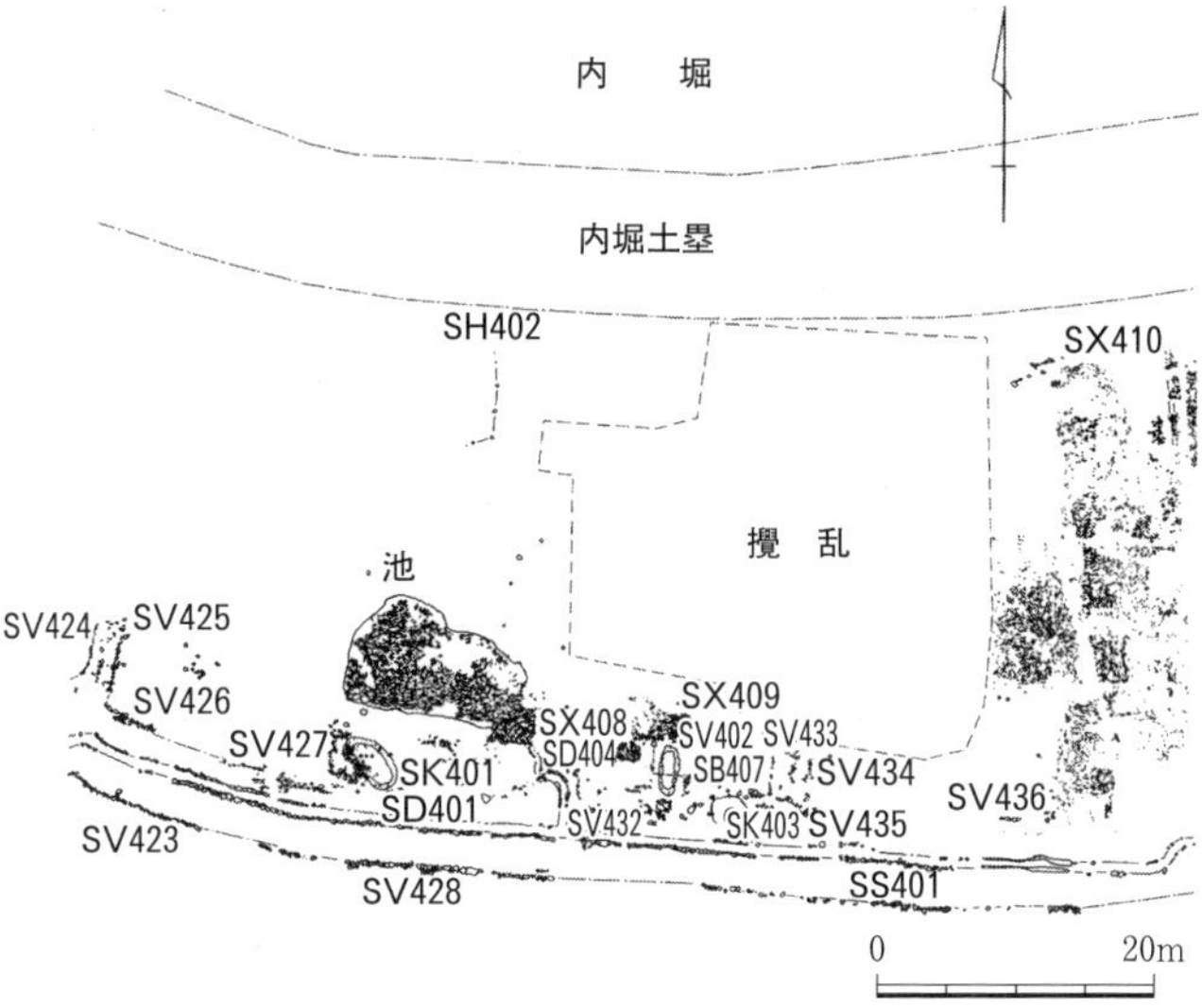

図4　湯築城跡池庭（1/1000）（愛媛県埋蔵文化財センター 2000）

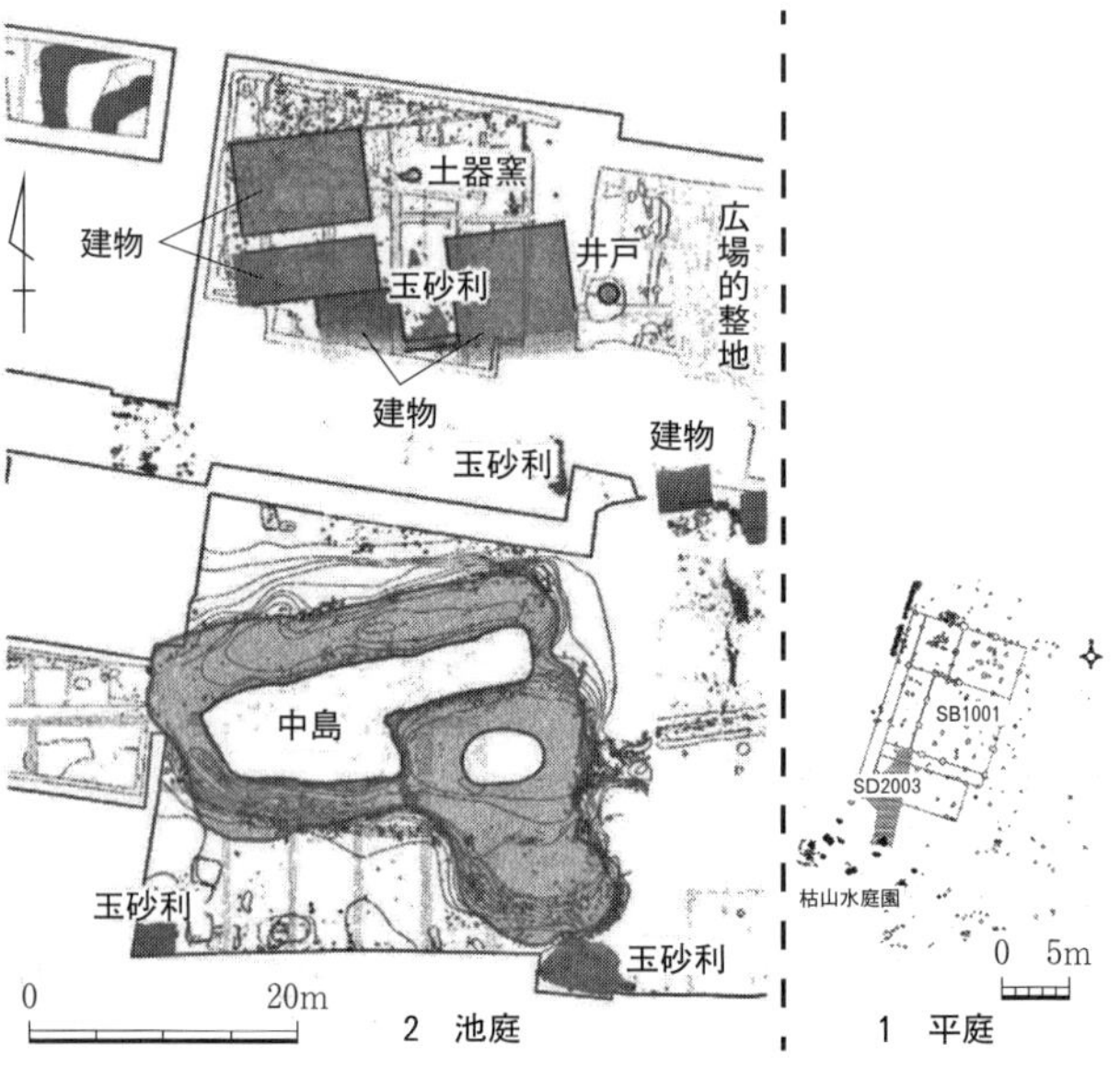

図5　勝瑞館跡　1平庭と2池庭（1/1000）（1重見 2016，2小野 2017b 一部改変）

3　阿波国、勝瑞館跡

徳島県藍住町に所在する。勝瑞館は一五〜一六世紀にかけて細川氏、三好氏、最終的には十河氏までの拠点である。勝瑞館内の庭は、一六世紀代の枯山水の平庭（図5―1）と池庭（図5―2）の二カ所が別々の空間で検出され、時期的には池庭の方が、枯山水の平庭よりも古いとされる(18)。平庭は、関係する建物跡とほぼ近接して造られている。池庭は、園池内に巨石などを多く用いていない。関連建物跡は園池跡北側で検出されており、園池跡北ラインから建物跡間には約一五㍍の空閑地があり、砂利敷跡が一部確認されている。さらに建物跡東側には広場的整地が広がるとされる(19)。

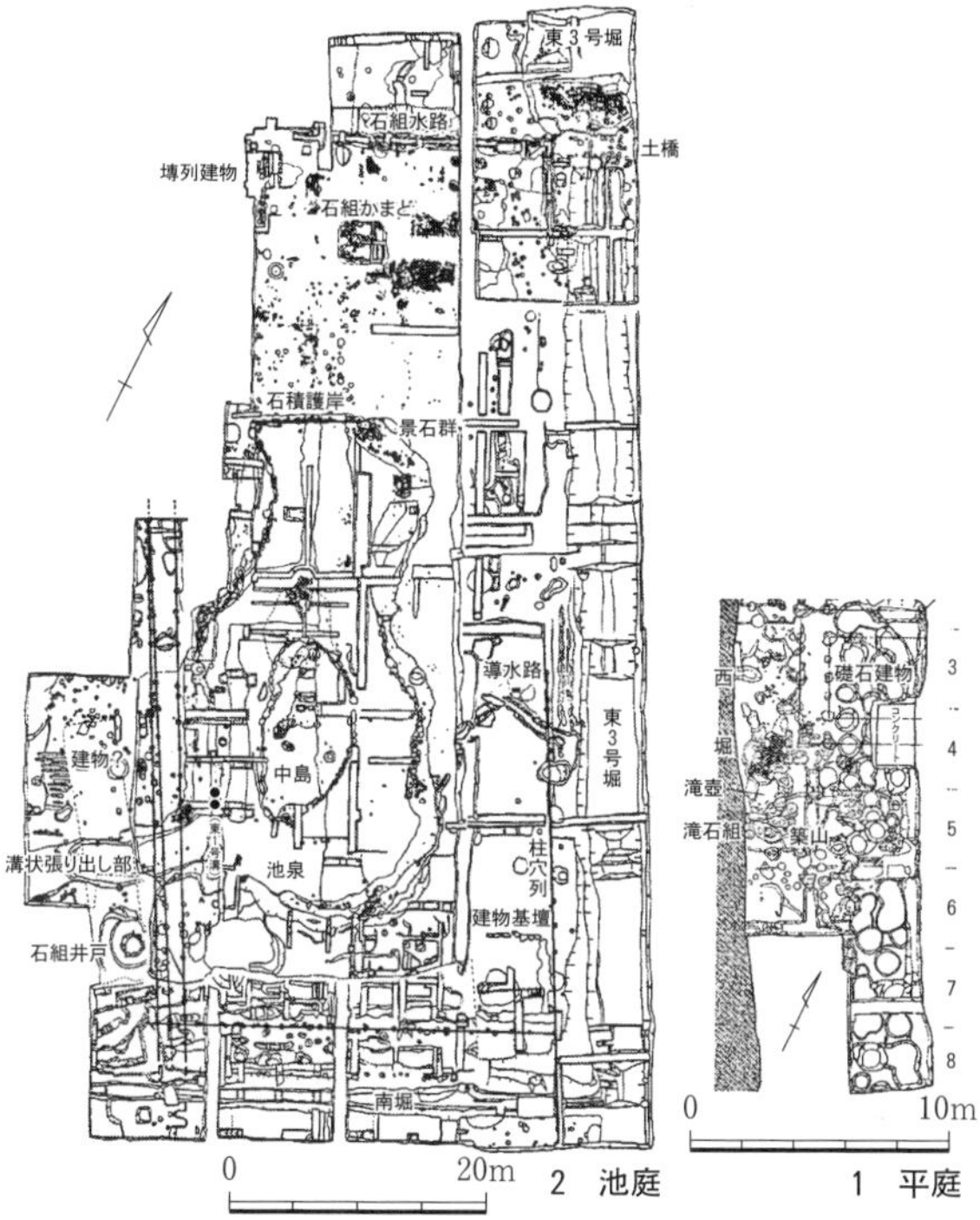

図6　大内館跡　1平庭（1/500）と2池庭（1/1000）（丸尾2016）

4　周防国、大内館跡

山口県山口市に所在する。中世山口は周防国ほかの守護職大内氏の拠点である。大内氏は大友氏とも政治・経済的に関係が深い大名であるが、大友氏と違い、在京する期間もあり、室町将軍家とも近い存在であった。大内館跡は、山口市の盆地地形のほぼ真ん中付近に所在し、館周辺にまちが展開する大友館跡周辺の状況とも類似する。大内館の存続期間は発掘調査によると一四世紀末〜一六世紀中頃まで確認されている[20]。庭は四カ所で検出されている。庭の一基は一五世紀代に機能し、廃絶するが、実態は不明な部分が多い[21]。残りの三基は一五世紀後葉〜一六世紀中頃に、館内の別々の場所で機能している。枯山水を伴う平庭（図6‒1）は館内北西側で検出された。建物跡は枯山水跡の北側に接するように検出された。池庭（図6‒2）は館内南東で検出され、大友館とも共通する。池のなかに中島を設け、汀ラインには護岸のための石を設置するが、巨石はほとんど用いていない。関連する建物跡は池南東側にある基壇や池西側などが推定されているが、実態は不明である。池北側にはカマド跡を含むやや広い空間がある。四基目は図示していないが、館内の東側で検出され、池状に掘り込み、その下部に礫を敷いた状況で検出された。枯山水の可能性が高いとされている[22]。

大内館跡では、朝倉館主殿南側のような広庭的な空間は現状では確認されていない。

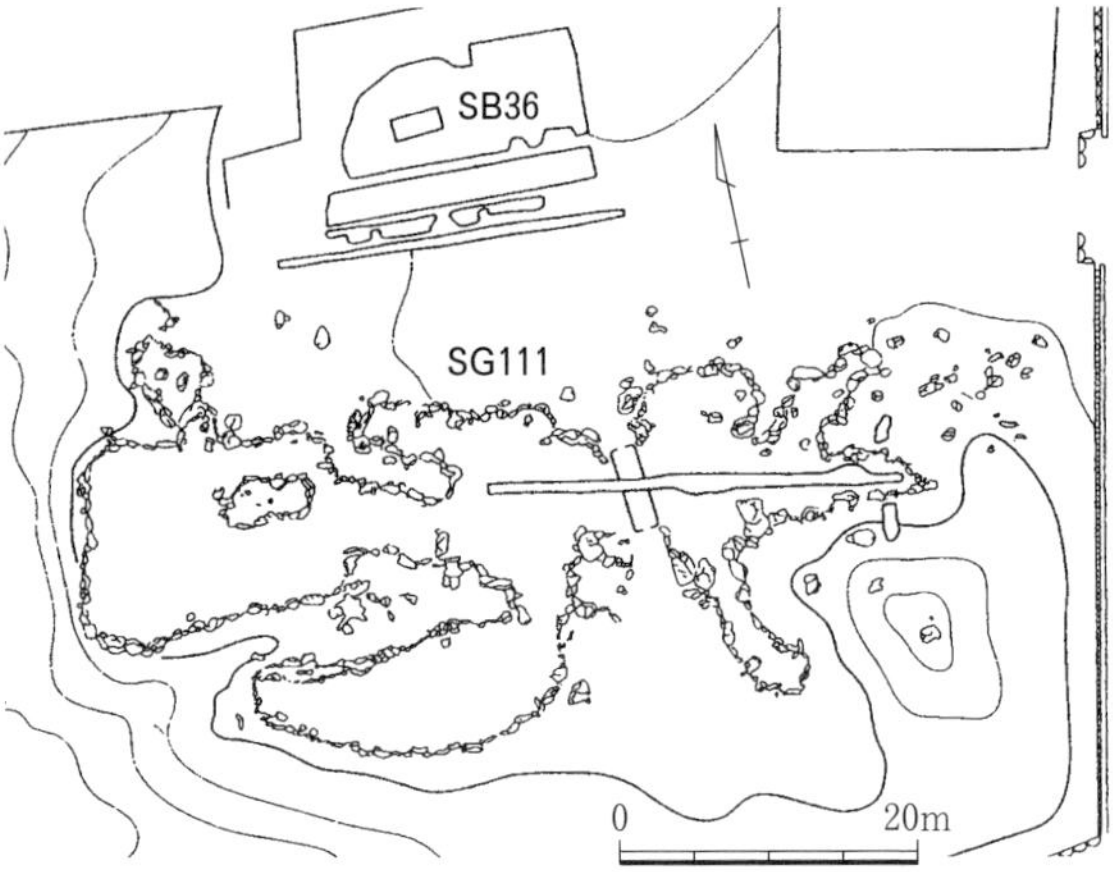

図7　北畠館跡池庭（1/1000）（津市教委 2015 一部改変）

5　伊勢国、北畠館跡

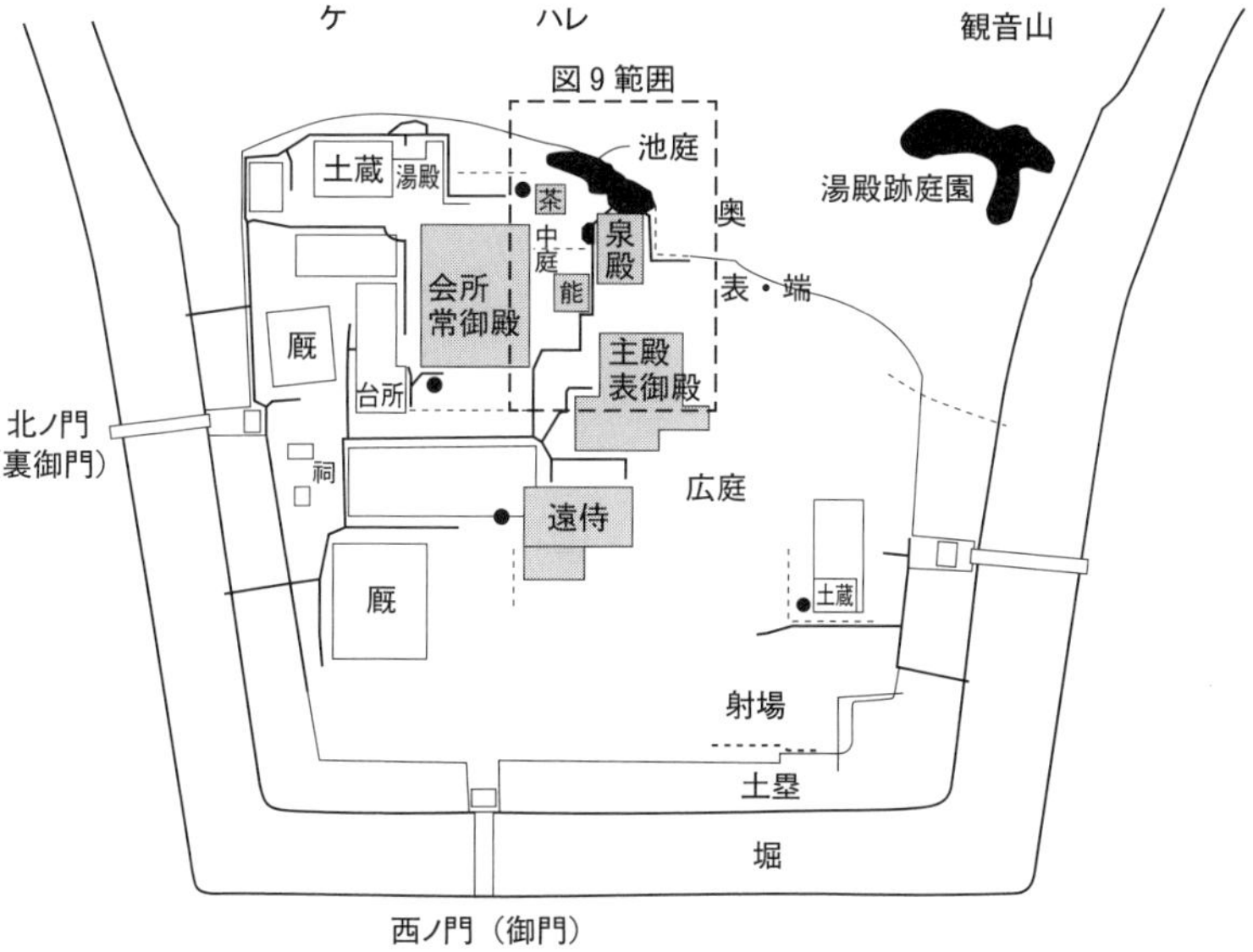

図8　朝倉館跡模式図（小野 2017a 一部改変）

三重県津市に所在する。伊勢国の国司を務めた北畠氏の館跡である。館跡は一四世紀〜一六世紀まで存続したことが発掘調査で判明している。館内南側の空間で中世後期とされる池（ＳＧ一一一）が存在する。発掘調査では、(23)池に一番近い建物跡としてＳＢ三六が検出されている（図7）。池北ラインからＳＢ三六までの距離は約一五㍍で、やや空閑地が存在していた可能性がある。ただし庭域は未調査地も多く、実態は不明な部分が多い。

6　越前国、朝倉館跡

福井県福井市に所在する。越前国守護職の朝倉氏の拠点である。朝倉館跡は建物跡の礎石や庭など、ほぼ良好に残されていた。館の存続期間は一五世紀から織田氏に滅ぼされる天正元（一五七三）年までである。朝倉館跡は、一乗谷のほぼ中央北側の山裾に位置し、館外郭を土塁と堀で囲む。館内の状況は図8に示すとおりである。(24)池庭跡は館内の東側で検出されている。池庭は巨石などを巧みに利用しながら、背後の自然地形とともに景観を作り出している（図9）。池跡は会所と推定される建物跡に接している。さらに、会所の東側には花壇や坪庭など、建物に囲まれた庭空間も存在する（図9）。館内の南側には主殿に接して広庭空間が存在し、小野氏も指摘するとおり、儀式・儀礼空間とされる[25]。館の南東側の高台にも湯殿跡庭園と呼ばれる池庭が存在する。

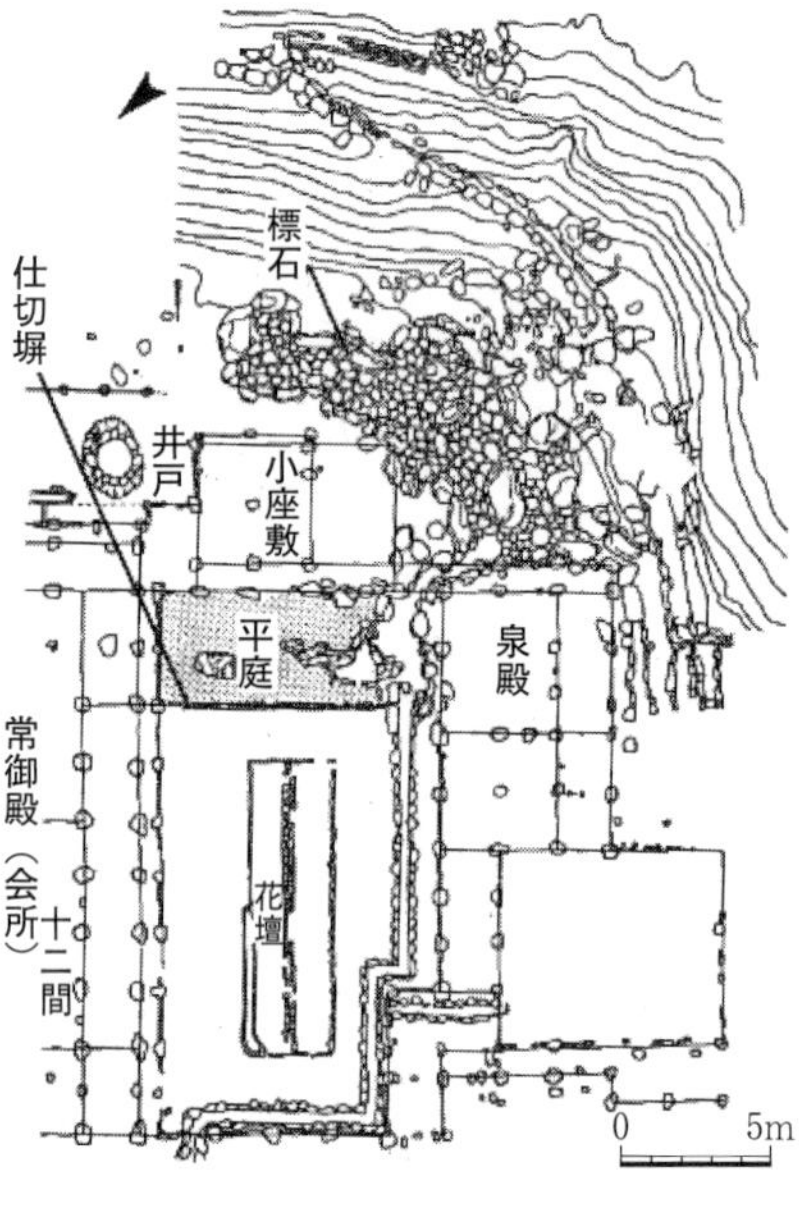

図9　朝倉館跡池庭（1/500）（藤田 2016 一部改変）

7　美濃国、岐阜城跡

岐阜県岐阜市に所在する。岐阜城は岐阜市内金華山にあり、その西麓に居館が想定されている。岐阜城の存続期間は一六世紀前半代の斎藤時代から一六世紀末まで機能していたといわれる。検出された庭跡は、永禄十（一五六七）年に小牧山城から岐阜城に移転した織田信長のころの様相を主に示していると考えられている[26]。西麓では近年、発掘調査が進み、池跡などが複数箇所確認されている（図10）。とくに谷川の北側に位置する庭跡（図10–⑦空間）は、大きな池跡と自然岩盤が特徴的で、池の南側と北側に礎石が残存しており、建物跡が想定される。谷川の南側には曲輪状の平場がいくつかあり、建物跡と考えられる礎石などが部分的に池跡と近接して検出されている[27]。岐阜城西麓には複数の庭が集中して配置され、自然岩盤や巨石を多く利用しながら、景観を造り出していることがわかる。

8　相模国、小田原城跡

神奈川県小田原市に所在する。小田原城は後北条氏時代からの拠点である。発掘調査では、切石敷跡や切石を斜面

平坦地番号	段	調査区	細分	標高（m）	推定面積（m²）	主な出土遺構・遺物
①	第1段	F地区		18.2～19.0	6,000	井戸
②	第2段北	2次調査区周辺		24.0～25.0	2,400	州浜状遺構・竈
③	第2段南	1次調査区		22.5～23.5	850	巨石列・土塁
④	第3段北	E地区	a	27.5～28.5	600	礎石・桝状遺構
			b	29.1～29.4	100	集石遺構
⑤	第3段南	1次調査区	a	27.0	200	礎石
			b	27.5	200	
			c	25.5	600	
⑥	第3.5段	D地区		29.1～29.4	1,200	
⑦	第4段北	A地区	a	31.0～31.5	750	池泉遺構・礎石
			b	32.0～33.0	180	周辺で多量の遺物出土（→建物？）
⑧	第4段南	C地区	a	33.3～33.5	800	礎石・金箔貼り飾り瓦
			b	33.5～34.0	200	池泉遺構・礎石
			c	30.3	200	礎石
⑨	第5段	BⅠ地区		39.2～39.5	200	半地下式建物
⑩	第6段	BⅡ地区		44.5～45.0	230	水路・礎石
⑪	第7段	BⅢ地区		47.0	120	池泉遺構

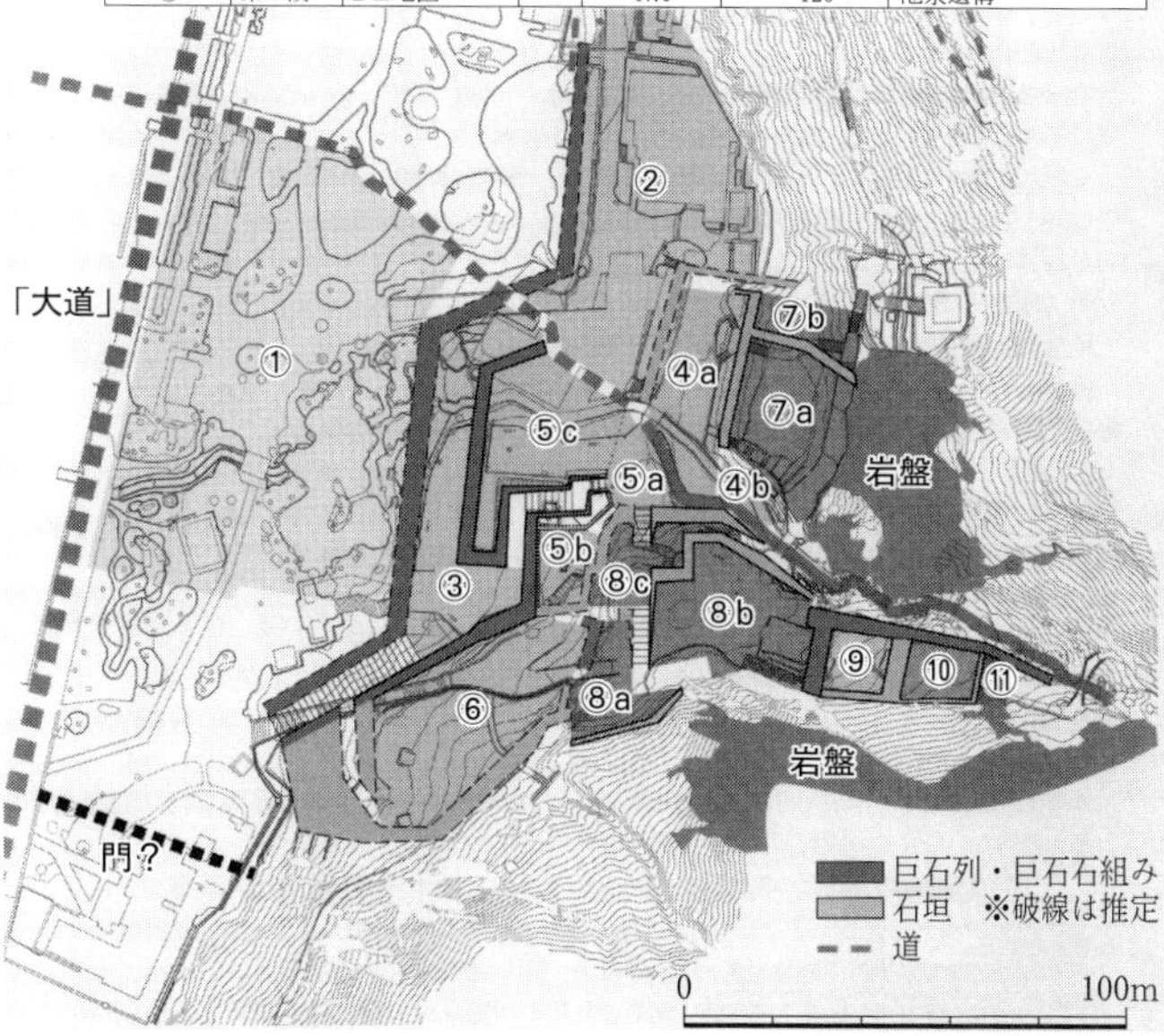

図10　岐阜城跡山麓居館（1/3000）（岐阜市教委 2016 一部改変）

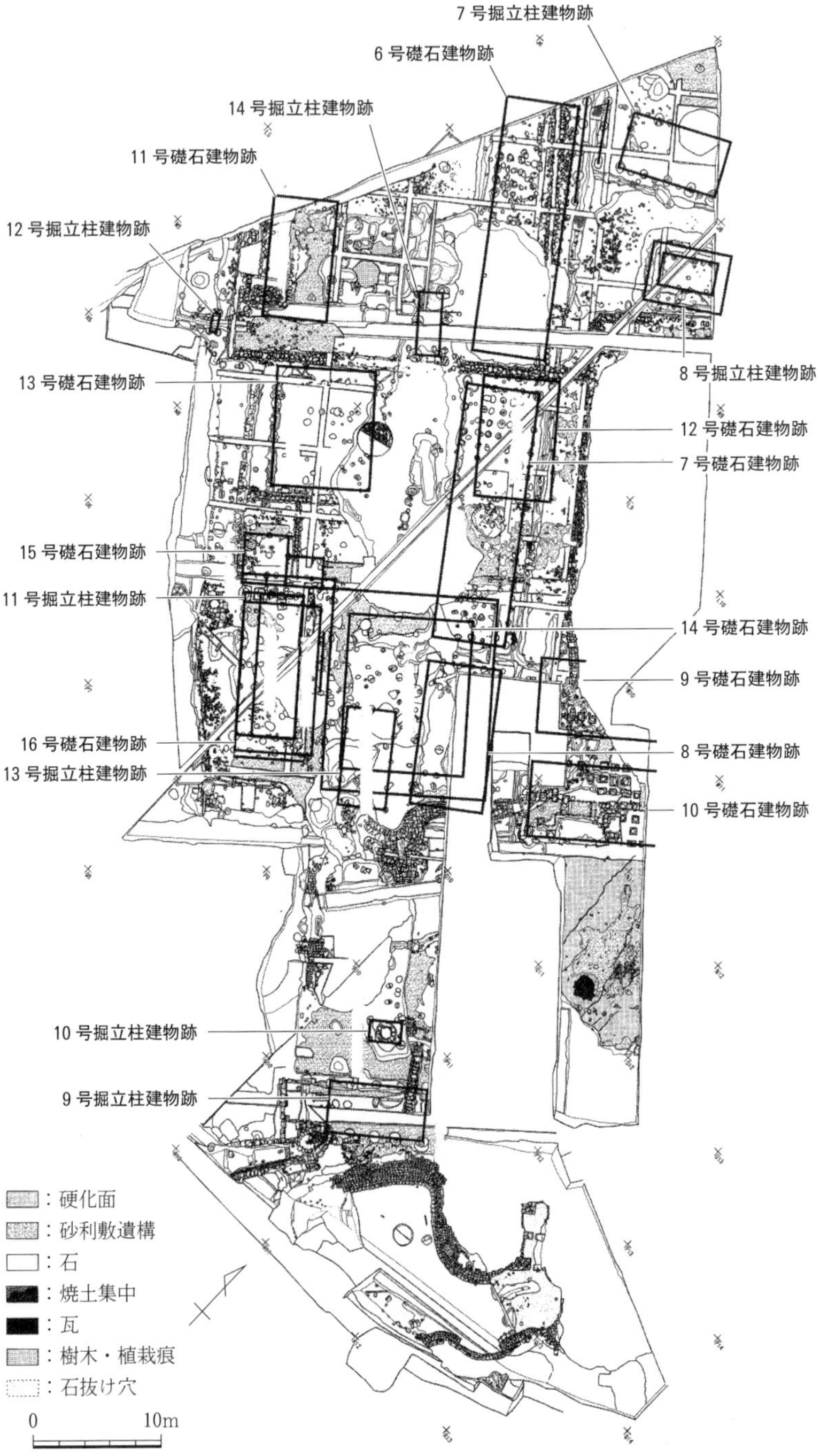

図 11　小田原城戦国期庭園遺構（1/600）（小田原市教委 2016）

に敷き詰めた池跡などを中心とした庭空間が検出された[28]。この庭跡は、天正十八年豊臣秀吉の小田原城攻めの直前まで機能していたと考えられる[29]。庭空間には礎石建物跡などが展開しており（図11）、切石敷跡などと同時期の建物跡は、八・九・一一号掘立柱建物跡、八・一二・一三・一五号礎石建物跡が考えられている[30]。九号掘立柱建物跡の東側に近接する池跡が確認されており、同建物跡の西側には井戸跡を含んだ砂利敷の空閑地が広がる。さらに八号礎石建物跡の東側に接して、切石敷跡空間が設けられる[31]。このほかにも、建物跡周辺には砂利敷などの空閑地が広がり、通路なども含めた利用が考えられる庭であると思われる。

9　陸奥国、梁川城跡

福島県伊達市に所在し、伊達氏の拠点とされる。庭跡では池跡が検出され、建物跡も複数棟確認されているが、作庭の時期は明確ではない。池庭の設置は、一五世紀以降が有力とされ、陸奥国守護となった一四代当主伊達稙宗期までには存在した可能性が高いと考えられている[32]。関連建物跡は園池西側で複数棟検出されており（SB三、八、一四、二一）、SB二一は池とほぼ近接している（図12）。SB二一の西側や南側はやや広い空閑地が接しているようで、広庭的な空間としての機能があると思われる。ただし、これら遺構案は暫定であり、今後予定されている確認調査でさらに解明していくようである[33]。

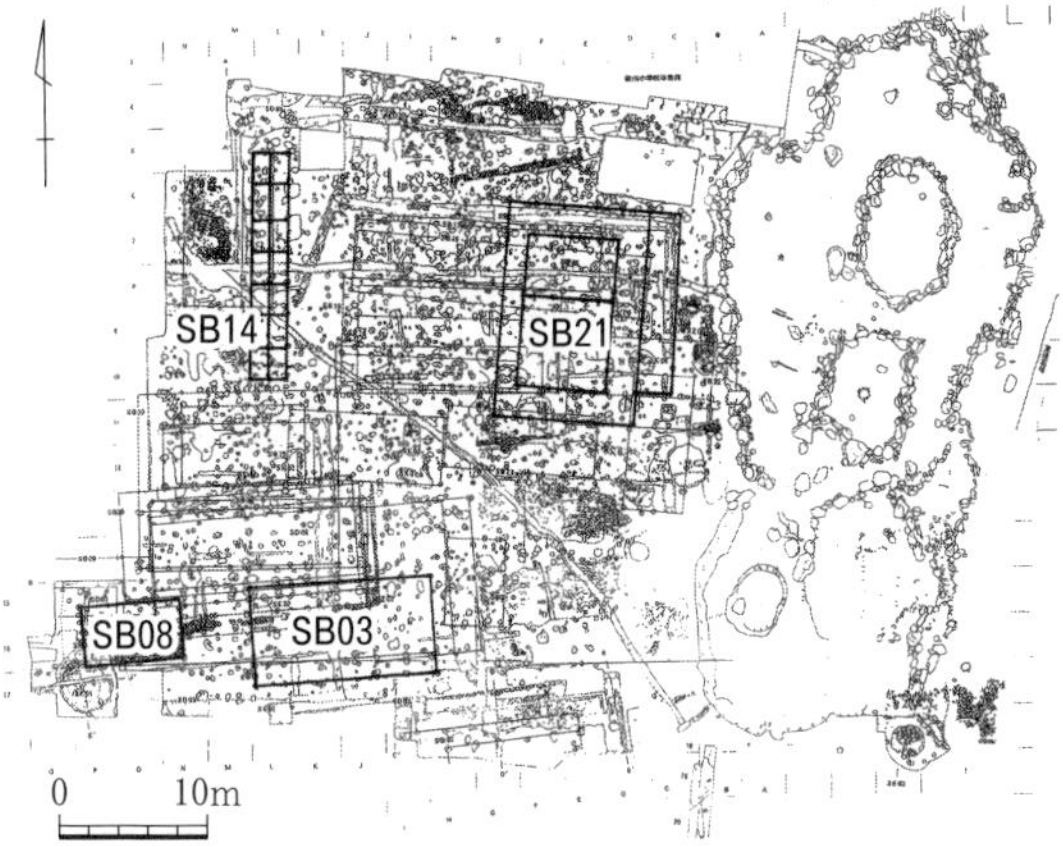

図12　梁川城跡池庭（1/1000）（今野2016）

三　戦国大名居館における庭および関連建物の分類試論

前節では大友館のほかに、全国で発掘調査が進んでいる戦国大名館の庭跡を中心に概略した。観賞用が主となる庭では、池や枯山水などと建物跡が関連して確認されていることが多い。ここでは、前述した事例をもとに庭と建物の関係を取り上げて、図13のとおり、基本型として1類〜3類の分類を試みた。それぞれ詳細を述べる。

1類――建物と池・枯山水などの観賞用庭が接近して空間構成をなす形態。大友館跡の池東側、朝倉館跡、大内館跡平庭などで検出されており、池や枯山水と建物跡の距離は近い。小野氏のいう朝倉型といえる。(34)

2類――建物と非観賞用の広庭などの一定の広さをもつ空閑地の形態。儀式・儀礼、遊戯など、公式または非公式行事で使用された空間と考える。事例として、朝倉館跡主殿南側の広庭の大きなスペースのほかに、それより小スペースとなるが小田原城九号掘立柱建物跡西側の砂利敷空間や梁川城跡ＳＢ二一西側空間などが挙げられる。

小野氏は、朝倉館跡主殿南側の広庭の状況と、前述した大友館の広庭的な場である「遠侍の大庭」を事例に挙げ、大友館の広庭については「表の主たるセットである主殿＋広庭が、大溝によって別の空間に分断されている」と指摘している。(35)

3類――建物と観賞用の園池などの間に、砂利敷などの空閑地が広がる形態。大友館跡の池西側、勝瑞館跡などで検出される。北畠館跡などもこの範疇に入ることが推定される。

この建物と池などの意匠の間に、空閑地が入る構造について、本中眞氏は「古代においては、寝殿の前面は何の施設も施されない「広庭」が存在し、「庭園」へと連続していた」とし、さらに「中世においては、「広庭」の部分が小

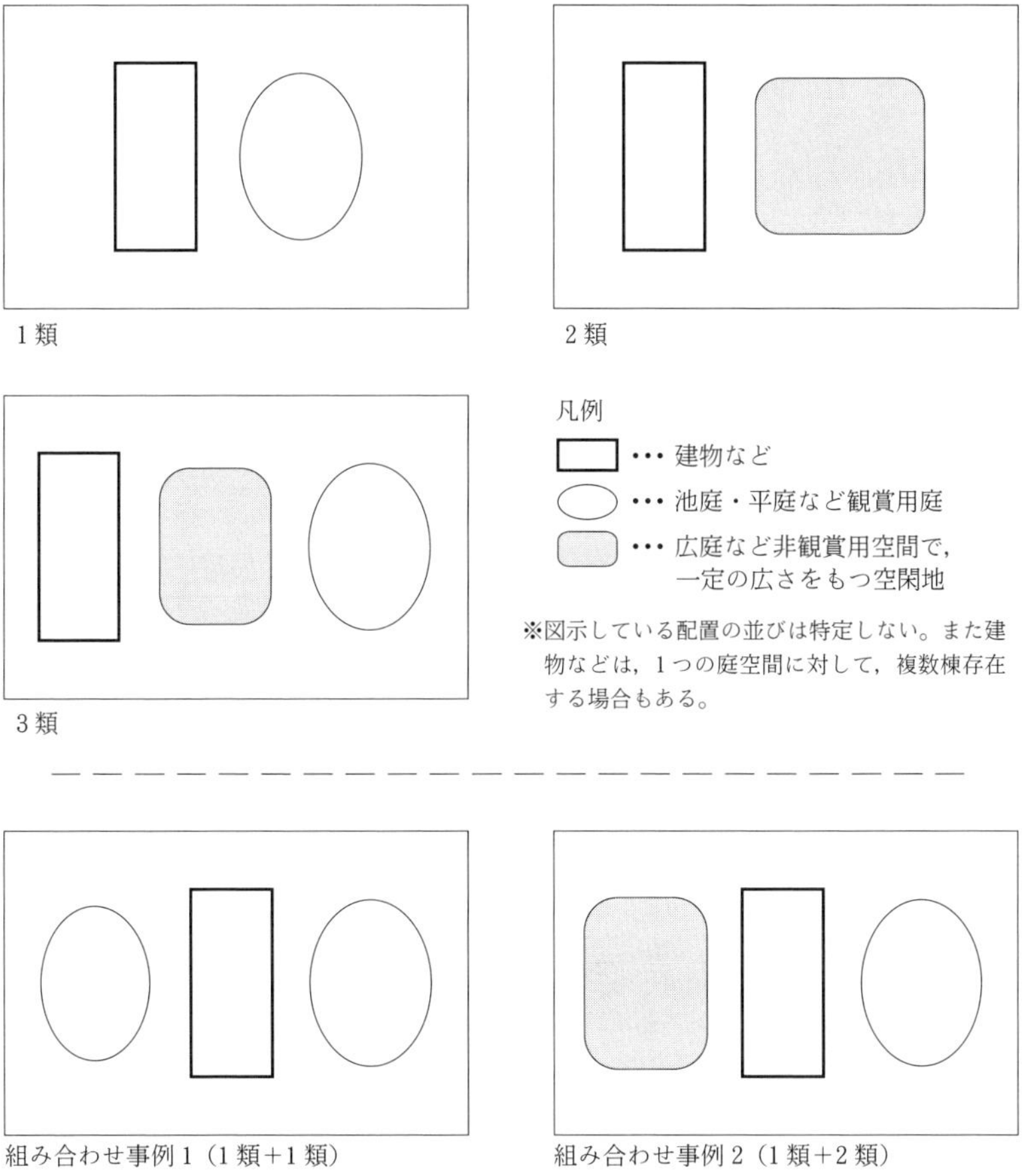
1類
2類
凡例
・・・建物など
・・・池庭・平庭など観賞用庭
・・・広庭など非観賞用空間で，一定の広さをもつ空閑地
※図示している配置の並びは特定しない。また建物などは，1つの庭空間に対して，複数棟存在する場合もある。
3類
組み合わせ事例1（1類＋1類）
大友館 園池東側など
組み合わせ事例2（1類＋2類）
小田原城9号掘立周辺，梁川城跡SB21周辺など

図13　庭・建物跡，分類模式図

規模になって形骸化するか、または「広庭」と「庭園」がそれぞれ独立した空間として分離する」とした[36]。中世において、前者がこの3類、後者が1類や2類にあたると思われる。小野氏は大友館型と考え[37]、両者は共通の見解を示しているといえる。

以上、三分類してきたが、その他に同じ建物の視点でみると複合的な組み合わせ構造もあると思われる。図13に示したが、例えば、組み合わせ事例1の大友館の池東側の場合、建物跡の南側に大規模な池が接するが、北側にも小池が接する状況がある。また事例2として、小田原城跡9号掘立柱建物跡と梁川城跡SB二一は建物の東側に大きな園池が接するが、西側には朝倉館の広庭ほどの広さはないが空閑地が接する。このほかにも岐阜城跡には1類と考えられる複数の庭空間が近距離に別々に存在することが想定され、小田原城跡や図示していないが茨城県真壁市真壁城の最終段階[38]もこれに類似する可能性がある。さらに朝倉館の中庭のように（図8）、複数の建物と渡廊や塀などで囲まれたスペースをもつ事例もある。現状で建物と庭との基本型は1〜3類の中でいえるものが多いと思われる。

このように各地の戦国大名居館では、館内における庭と関連する建物跡との構造は普遍的なものではなく、それぞれ居館によって一様ではない。とくに1類と3類の状況について小野氏は、「守護系の大友館・勝瑞館の池庭は、前代の寝殿と南庭（広庭）にセットになった南池＝かつて池庭が表空間の要素であったときの大型で中島をもち、池岸には州浜や土羽を多用する、主たる建物との間に広い空間がひろがる伝統的景観を志向した」とし、さらに「下克上のいわば成り上がりの戦国大名の朝倉館や北条氏八王子城御主殿の池庭では、会所などの建物と近接、一体化した石組みを主体とする池庭がみられ、当時の武家社会に流行する当世風の構成、景観を志向した」とする[39]。大友氏などの戦国期以前からの守護大名クラスと戦国期に力をつけた大名では、庭の空間構造に差が出るという点は筆者も賛同する。確かに大名の出自と庭石の観点からみてみると、成り上がりの戦国大名拠点である岐阜城跡西麓の庭空間で使用される自然岩盤や巨石、小田原城跡の奇抜な切石敷跡などは石を巧みに利用していることがわかり、逆に戦国期以前からの守護大名である大内館跡池庭や勝瑞館跡池庭、大友館跡池西側には顕著にはそのような状況がみられないことがいえる。

四　大友館の庭の特色

これまでに全国の戦国大名居館に築かれた庭構造の分類を試み、概観してきた。ここでは、その中でも大友館に築かれた庭の特質について探ってみたい。

分類案によると、大友館跡の庭は1類と3類、および「遠侍の大庭」や「庭」の存在などを含めると2類が該当する。とくに1、3類はほぼ同空間にあり、2類は異なる空間に位置する。大友館内の南東部に築かれた庭の場合、東西に六七㍍にもなる池の東側と西側の構造が違うことはすでに述べた。関連建物跡を含めた構造は庭空間の西側を3類としたように、池と建物の間には一定の空閑地が広がる。一方で、庭空間の東側は1類の池跡と建物跡Cが近接してあり、さらに建物跡C北側にも隣接するように小池跡が検出され、複合的な様相を呈する。池東側と西側の建物跡と池の距離、また池内の構造は相違するが、それは空間が溝で分断されるものの、同じ一つの池を使いながら、ほぼ同空間に存在する。このような状況が大友館の庭構造の特質としていえるのである。さらにいうと、小野氏が守護系クラスと下克上の中で力をつけてきた戦国大名居館の庭について言及したように、大友館の場合、池西側の空間は、守護系クラスによくみられる構造ということになろう。しかしながら、池東側は、建物跡と巨石を多用する池が近接しており、成り上がりの大名の庭に類似しているといえる。実をいうと大友館の池庭は、これまで述べてきた池造成以前にもほぼ同じ箇所に池を造り替えた痕跡が確認されており(40)、大友館の古い池跡には、最終段階の池東側のような状況は検出できておらず、小振りの庭石や州浜と推定される遺構が検出されているに過ぎない。また近接した建物跡も検出されていない。したがって、大友館内南東の最終段階の庭空間の様相は、池東側は、巨石を利用し、建物と池が近接する構造であり、当時の力をつけてきた戦国大名の庭形態と同じような志向性を取り入れつつも、池西側は、戦国期以前の守護大名の館で見られる池庭の構造を踏襲し続けた状況がいえるのではないだろうか(41)。大友館内南東の池庭には、庭石の利用や建物との関係性において、異なる二つの庭をほぼ同空間に採用したため、巨大な池に伴う庭空間が出現した。これは、まさに守護大名と戦国大名の両方のステータスが融合した状況が庭構造に反映されたものであり、他の戦国大名居館にはみられない大友氏のアイデンティティを表現したと考えたい。

おわりに

庭園空間の建物の性格、館内での庭空間の位置づけ、他の施設との関係性など構造把握を進め、検討する余地は十分に残されていると考える。

本章では戦国大名居館の庭構造に限って、分類を行い、とくに大友館跡の庭構造の特質を考えた。今回示した分類案については、建物の性格などをあまり考慮していないが、建物の性格を追求できれば、隣接する「庭」の位置づけや意味合いも含めて、館内の構造をもっと理解できると思われる。

大友館跡の発掘調査はこれからも継続して行われる予定であることから(42)、庭構造だけに留まらず、他の施設も含めて検討することが必要となってくる。また各地域の戦国大名居館と比較検討していくことは、それぞれ戦国大名居館のアイデンティティの明確化に繫がり、戦国時代の地域社会の特徴を知る上でも重要であろう。

註

（1）三省堂『新明解国語辞典』によると、「敷地の中で、建物や道路が設けられていない、広い空地。（普通の屋敷では、目を楽しませるように、草木を植え、山・池を作った所を指し、特に農家では、日当りの良い広い作業場を指す）」としている。

（2）小野健吉『日本庭園　空間の美の歴史』岩波新書、二〇〇九年。

（3）本中眞「中世世界の庭園」小野正敏・五味文彦・萩原三雄編『考古学と中世史研究一　中世の系譜　東と西、北と南の世界』高志書院、二〇〇四年。

（4）奈良文化財研究所文化遺産部遺跡整備研究室『平成二六年度　庭園の歴史に関する研究会「戦国時代の城館の庭園」参考資料集　中世城館の庭園遺構集成』二〇一四年。

（5）とくに奈良文化財研究所が「庭園の歴史に関する研究会」として実施しており、庭園学、考古学、建築学、美術史などを含めた学際的な研究として実施している（例えば平成二十六年度は、『戦国時代の城館の庭園』をテーマに行われた。『戦国時代の城館の庭園　平成二六年度　庭園の歴史に関する研究会報告書』二〇一五年）。その他、関西近世考古学研究会でも平成二十七年度に、中近世の庭園遺構をテーマについて議論された（『二〇一五年関西近世考古学研究会第二七回資料　関西近世考古学研究二三　中近世の庭園遺構』関西近世考古学研究会、二〇一五年）。

（6）東国中世考古学研究会『発掘調査成果でみる一六世紀大名居館の諸相―シンポジウム報告―』二〇一六年。

（7）藍住町・藍住町教育委員会『勝瑞城シンポジウム　戦国期・武家の館』二〇一六年。

（8）村木二郎「「朝倉館モデル」とその地平　小田原城跡御用米曲輪跡の調査成果が投じた問題」『発掘調査成果でみる一六世紀大名居館の諸相―シンポジウム報告―』二〇一六年。

（9）小野正敏「館・屋敷をどう読むか―戦国期大名館を素材に―」小野正敏・五味文彦・萩原三雄編『考古学と中世史研究一三　遺跡に読む中世史』高志書院、二〇一七年a。

（10）前掲註（9）。

（11）大分市教育委員会『大分市埋蔵文化財調査報告書第一四四集　大友氏館跡』二、二〇一七年。

（12）前掲註（9）。
（13）『當家年中作法日記』は、大友義統が豊後除国後、常陸国水戸にて書き記したもので、館内の主要な建物や勤める人々の役割や役職、さらには儀式儀礼などが記されている。
（14）大分市教育委員会『史跡大友氏遺跡整備基本計画書』二〇一五年。
（15）前掲註（9）。
（16）平成二十九年度の大友館第三六次調査では、中心建物跡東側に広い空閑地が確認されている。
（17）愛媛県埋蔵文化財調査センター『埋蔵文化財発掘調査報告書第八三集　湯築城跡　道後公園埋蔵文化財調査報告書第二分冊』二〇〇〇年。
（18）重見髙博「阿波勝瑞、三好氏館の調査成果」東国中世考古学研究会『発掘調査成果でみる一六世紀大名居館の諸相―シンポジウム報告―』二〇一六年。同「発掘調査から考える守護町勝瑞の範囲と構造」石井伸夫・仁木宏編『守護所・戦国城下町の構造と社会―阿波国勝瑞―』思文閣出版、二〇一七年。
（19）小野正敏「勝瑞館の景観と権威空間としての意味」石井伸夫・仁木宏編『守護所・戦国城下町の構造と社会―阿波国勝瑞―』思文閣出版、二〇一七年b。
（20）丸尾弘介「周防山口、大内氏館の調査成果」東国中世考古学研究会『発掘調査成果でみる一六世紀大名居館の諸相―シンポジウム報告―』二〇一六年。
（21）前掲註（19）。
（22）前掲註（20）。
（23）津市教育委員会『津市埋蔵文化財調査報告書三九　多気北畠氏遺跡第三六次調査報告―北畠氏館跡一一―』二〇一五年。
（24）小野正敏『戦国城下町の考古学』講談社、一九九七年。藤田若菜「越前一乗谷、朝倉氏館跡の調査成果」東国中世考古学研究会『発掘調査成果でみる一六世紀大名居館の諸相―シンポジウム報告―』二〇一六年。
（25）前掲註（24）小野著書。
（26）井川祥子「美濃岐阜、織田氏館の調査成果―山麓居館の発掘調査成果―」東国中世考古学研究会『発掘調査成果でみる一六世紀大名居館の諸相―シンポジウム報告―』二〇一六年。岐阜市教育委員会『岐阜城跡四―織田信長居館伝承地の確認調査―』二〇一六年。

(27) 前掲註(26)岐阜市教育委員会報告書。

(28) 小田原市教育委員会『小田原市文化財調査報告書第一七九集　史跡小田原城跡 御用米曲輪発掘調査概要報告書』二〇一六年。

(29) 佐々木健策「相模小田原、北条氏城館の調査成果　御用米曲輪の発掘調査成果」東国中世考古学研究会『発掘調査成果でみる一六世紀大名居館の諸相―シンポジウム報告―』二〇一六年。

(30) 前掲註(29)。

(31) 前掲註(28)。

(32) 今野賀章「陸奥梁川、伊達氏館の調査成果」東国中世考古学研究会『発掘調査成果でみる一六世紀大名居館の諸相―シンポジウム報告―』二〇一六年。

(33) 前掲註(32)。

(34) 前掲註(19)。朝倉館型は会所や数寄の座敷などの建物群が池庭と一体となって機能するように接して建てられ、池との間に大きな距離をもたないことである。

(35) 前掲註(9)。

(36) 前掲註(3)。

(37) 前掲註(19)。大友館型は伝統的な寝殿造の南庭と南池の系譜をひくもので、寝殿（主殿）と広庭をセットにして行われる公家的な儀礼・行事の伝統を継承した空間である。

(38) 宇留野主税「真壁城跡、小田城跡の調査成果」『勝瑞城シンポジウム　戦国期・武家の館』二〇一六年。

(39) 前掲註(9)。

(40) 前掲註(11)。図2のSG〇〇一とSG〇〇二をさす。

(41) 仲隆裕氏は、大友館内南東で調査された園池跡を実見され、園池東側は「武家的」であり、園池西側は「公家的」と述べているように、様相が全く異なる。

(42) 前掲註(14)。

〔附記〕　近年、小野正敏氏は、建物と庭との関係について、寝殿＋会所＋遣り水段階、主殿＋〔会所＋池庭〕段階、広間＋〔会所＋池庭〕段階に分けて、考察されている（小野正敏「発掘遺跡からみる会所」家具道具室内史学会『家具道具室内史第十号』二〇一八年）。

第三章　大友氏館跡出土中国陶瓷の研究

柴田圭子

はじめに

豊後府内においては、大友館跡（以下、「館跡」と呼称）と中世大友府内町跡（以下「町跡」と呼称）の発掘調査が、開始からすでに二〇年を超え、各報告書や論文集、研究会などで目覚ましい成果が公表されている。

遺跡からは、天正十四（一五八六）年の島津侵攻を下限とする膨大な陶瓷が出土し、その中には、中国の華南三彩、タイ産やベトナム産などの特徴的な製品が多彩な様相で含まれており、いわゆる「南蛮貿易」の実態を示すものとして論じられてきた。(1)さらに、町跡出土の陶瓷は、「①商品としての陶磁器、②商品である内容物の容器（コンテナ）としての陶器、③貿易従事者の生活用具としての陶磁器・土器、④祭祀具（供献品）としての陶磁器」に分類され評価された。(2)しかし、館跡からは、その分類に該当させることが難しい中国陶瓷が出土しており、本章では、そのうち元様式青花瓷を中心に検討し、それと関連があるとみられる青瓷器台についても触れる。

なお、本章を執筆するにあたり、大分県と市によって刊行された発掘調査報告書と概要報告書を多く参照したが、紙幅の制限により引用を略したものがある。

一　各遺物説明

1　元様式青花瓷

平成二十八（二〇一六）年八月までに、館跡から二六破片（接合後、以下同じ）、町跡から二〇破片の元様式青花瓷が出土し（図1・表1、M21は明代前半青花瓷、後述）、ほぼ全破片を対象に、実測および個体復元を行った。細片が多いため、破片の傾きや法量に多少の誤差を含んでいる点と、接合しない破片が多いため、図上復元に際して周知の資料を参考に破片を配置した点を断っておく。なお、図1の破片番号は表1と一致する。

梅瓶1――元様式青花瓷鳳凰（宝相華）・牡丹唐草文梅瓶　肩部から胴部まで、八破片（館跡五、町跡三）を同一個体とした。館出土破片Y3と町跡出土M9は接合するが、遺跡が異なるため分けて計上した。文様の発色は良好で、外面の釉薬はやや青味を帯びて光沢があり、氷裂が認められる。内面は露胎で、胴部下半に釉薬の付着がある。胴部中位に接合痕が観察でき、内面は大きく段状に膨らみ、接合部内面とその周囲に胎土を塗り広げている。器形は、やや肩が張り、胴部に向けて膨らみを持ちながら径を減じている。文様帯は二重圏線により三段に分けられる。肩部の文様帯は二段で、上段は伏式の変形蓮弁文に雑宝と火焔宝珠文が配置される。下段は鳳凰宝相華唐草文である。鳳凰の体は全く同形態、同方向で、頭部の後ろに伸びる羽毛が別方向であるため、頭部のみ向かい合うものと推定される。鳳凰の尾は双方の体から二条ずつ伸び、Y3に描かれた巻いた尾の先端は凰のものであるが、(3)どちらの体にともなうものか判断できない。花弁に白抜きがある宝相華が尾の横に小さく認められ、葉は巻草状に省略されることなく描かれる。

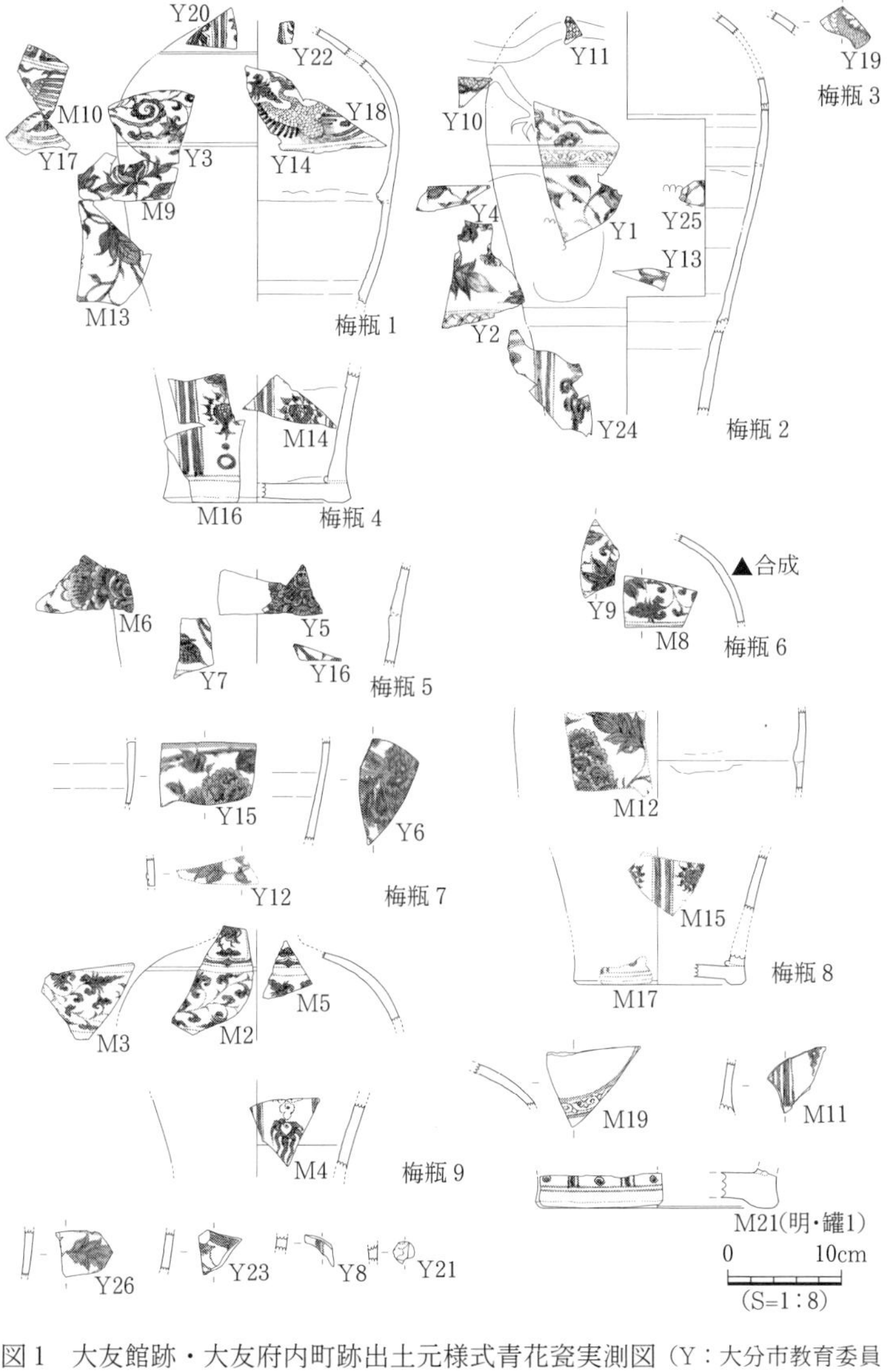

図1　大友館跡・大友府内町跡出土元様式青花瓷実測図（Y：大分市教育委員会所蔵，M：大分県立埋蔵文化財センター所蔵）

表1　元様式青花瓷一覧

出土遺跡	破片番号	掲載番号	出土遺跡	遺構など	器種・番号	部位
館(Y)	Y1	第43図7	館跡21次	21次SX105・180	梅瓶・2	胴部
	Y2	第43図8			梅瓶・2	胴部
	Y3	第43図9			梅瓶・1	肩部
	Y4	第43図10			梅瓶・2	胴部
	Y5	第43図11			梅瓶・5	胴部
	Y6	第43図12			梅瓶・7	胴部
	Y7	第43図13			梅瓶・5	胴部
	Y8	第43図14			梅瓶・—	腰部
	Y9	第43図31		21次SX180	梅瓶・6	肩部
	Y10	第45図1		21次SX100	梅瓶・2	肩部
	Y11	第45図2			梅瓶・2	肩部
	Y12	第45図3			梅瓶・7	胴部
	Y13	第45図4			梅瓶・2	胴部
	Y14	第45図5			梅瓶・1	肩部
	Y15	第45図6			梅瓶・7	胴部
	Y16	第45図7			梅瓶・5	胴部
	Y17	第45図8			梅瓶・1	肩部
	Y18	第45図9			梅瓶・1	肩部
	Y19	第45図10		21次SX080	梅瓶・3	肩部
	Y20	第45図11			梅瓶・1	肩部
	Y21	第45図12			梅瓶・—	腰部
	Y22	第45図13		21次SX045	梅瓶・1	肩部
	Y23	第45図14			梅瓶・—	胴部
	Y24	第45図15			梅瓶・2	腰部
	Y25	第45図16		東側表土	梅瓶・2	胴部
	Y26	第54図42		23次SX002	梅瓶・—	胴部
府内町(M)	M1	第2-42図1	府内町10次	SE017	梅瓶・—	肩部
	M2	第3-5図1		SD111	梅瓶・9	肩部
	M3	第3-25図1		SK104	梅瓶・9	肩部
	M4	第3-42図2		包含層	梅瓶・9	腰部

府内町(M)	M5	第3-42図3		包含層	梅瓶・9	肩部
	M6	第79図3	府内町12次	SD02	梅瓶・5	胴部
	M7	第102図16	府内町22次	包含層・整地層	梅瓶・―	腰部
	M8	第347図1021	府内町72次	SD025	梅瓶・6	肩部
	M9	第250図146	府内町80次	SP025(柱穴列)	梅瓶・1	胴部
	M10	第347図1020		街路遺構(J9区)	梅瓶・1	肩部
	M11	第338図902		SD100	梅瓶・―	腰部
	M12	第347図1022		SD101	梅瓶・8	胴部
	M13	第347図1023			梅瓶・1	胴部
	M14	第347図1024			梅瓶・4	腰部
	M15	第347図1025			梅瓶・8	腰部
	M16	第347図1026			梅瓶・4	腰部
	M17	第347図1027			梅瓶・8	底部
	M18	第347図1028			梅瓶・2	胴部
	M19	未掲載	府内町80次	S085焼土	梅瓶・―	肩部
	M20	第155図3	若宮八幡宮遺跡	SX300	梅瓶・9	腰部
	M21	未掲載(明初)	府内町8次		罐	底部

胴部の主文は牡丹唐草文である。牡丹花は欠失するが、蕾はあり、葉には葉脈を刻んでいる。当初は梅瓶5の牡丹花を同一個体と考えたが、復元した法量が一致せず、また、M9・M13に一部残る花弁の先端が、梅瓶5より若干細い線で描かれているため別個体とした。しかし、丁寧な葉の描き方から、梅瓶5と類似した牡丹花と推定できる。

鳳凰・牡丹唐草文梅瓶は、アルデビル廟に例があるが（Ardebil Shrine 29, 406）、これは描き方が異なるため明初に下る資料と考えられ(4)、それよりかなり丁寧な筆致である。肩部の宝相華に鳳凰文はないものの、トプカピ宮殿旧蔵品（TKS.15/1370）と類似する至正型式(5)の製品である。

梅瓶2――元様式青花瓷雲龍・牡丹唐草文梅瓶　接合はしないが、肩部から腰部まで八破片（館跡のみ、Y14・18は接合したため一破片とした）を同一個体とした。また、M18は同一個体と推定したが実測していないため図に含めていない。文様の発色はやや淡く、一部で文様が流れている。釉薬は青味を帯びて光沢があり、気泡を多く含み、ピンホールがみられる。内面は露胎で、胴部に接合痕が観察できるが、それに伴う膨らみは大きくなく、内面に胎土を薄くナデつけている。器形は、肩部が丸く、胴部は直線的に径を減じながら腰部まで至る。文様帯は三段であり、肩部には雲龍文、胴部には牡丹唐草文、腰部には仰式の変形蓮弁文を描く。文様帯の間には、肩部の下に巻草文帯、胴部と腰部の間に銭繋文帯を挟む。雲龍文は細片のみであるが、脚部と三爪、胴の一部が描かれる。龍の鱗は円弧状の線で表現する。牡丹唐草文は葉の葉脈を省いた描き方で、花はほぼ欠失ながら、花弁先端の白抜き部分がY1・Y2・Y25において観察できる。腰部の仰式変形蓮弁文は、内部に不鮮明な巻草文を配する。この巻草文を配する変形蓮弁文は、アルデビル廟（Ardebil Shrine 29,406・29, 408）、トプカピ宮殿（TKS.15/1424）に例がある。このうち二者は明初型式と考えるが、アルデビル廟の例（29,408）はやや雑な印象ながら、至正型式の範疇であり、両者に認められるこの文様の整理は課題と考える。

梅瓶3――元様式青花瓷龍文梅瓶　龍文の描かれた肩部の破片である。頭部に近い胴部を描く。器壁の厚みが異なっているため別としたが、梅瓶2と同一個体の可能性が高い。

梅瓶4――元様式青花瓷変形蓮弁文梅瓶　町跡出土二破片で構成される腰部から底部のみの個体である。梅瓶1か梅瓶5と同一と推定しているが、梅瓶5は径が合わず、梅瓶1と同一個体の可能性が高い。施釉は外面のみであり、接地部外面の面取りに沿って釉薬の下端を削っている。文様の発色はよく、釉薬は青味を帯びて光沢があり、氷裂が観察できる。底部近くで少し外反し、外底を浅く削り、接地部外面は面取りする。底部と腰部は別作りで接合し、底部接着後は内面に手が加えられず、底部と腰部の接着部は未調整となるため[6]、接着のために挟んだ胎土が内面に押し出されている。底部付近に一部釉薬と細かい胎土の付着がある。文様は仰式の変形蓮弁文で、内部に如意頭雲文、海石榴花と円文を配する。至正型式である。

梅瓶5――元様式青花瓷牡丹唐草文梅瓶　胴部四破片（館跡三、町跡一）である。Y5・Y7・M6は接合部で破損している。Y5の花は中心に上向きの花蕊がみえ、花弁先に折り返しがあることから側面観とみられる。M6は正面観である。描き方の特徴や接合部の状況から同一個体としたが、Y5とM6の牡丹花ではM6の方が花弁の幅が広く、花弁内の線彫りにも若干違いがある。本報告の梅瓶1・5・6・9はいずれも文様が丁寧に描かれた至正型式であり、主文の牡丹花とその他の部位が同一個体として一致しない点は不自然でもある。後述するように、元様式青花瓷梅瓶は、出土自体が希少な器種であり、豊後府内での個体数があまりに多くなることは考えにくい。主文が描かれた胴部と他の部位を別個体とすることによって、個体数が増えた可能性も否定できず、別破片が発見された時点で再検討を要する。とくに梅瓶1・4・5は文様の描き方や内面の特徴がかなり類似した資料である点を指摘しておく。

梅瓶6――元様式青花瓷宝相華唐草文梅瓶　二破片（館跡一、町跡一）を同一個体と考えた。宝相華唐草文を配する肩部で、下部には二重圏線を描く。M8は被熱資料とみられる。

梅瓶7――元様式青花瓷牡丹唐草文梅瓶　三破片を同一個体とした。釉薬には気泡を多く含み、氷裂が若干認められる。Y6とY12には主文の牡丹唐草文が描かれるが、Y6の文様の流れが著しく違いがある。梅瓶2と類似するが、接合部と内面の色調に違いがあり別個体とした。

梅瓶8――元様式青花瓷牡丹唐草文梅瓶　三点（町跡のみ）を同一とした。胴部から腰部、底部の破片である。胴部には接合部が看取でき、内面は膨らみを持つ。底部は薄く、外反が小さい。文様は明るい発色で、釉薬は青味を帯びて光沢があり、ピンホールがみられる。M12には牡丹花が描かれ、丸い花弁が重なるように配置され、円弧を連ねる弁先は、比較的細い線で描かれる。M12の内面には濃い褐色の汚れがシミ状に付着する。

梅瓶9――元様式青花瓷宝相華唐草文梅瓶　四破片（町跡のみ）を一個体とした。図示していないがM20も同一個体である。肩部と腰部の破片である。灰色味を帯びる釉薬には光沢があり、氷裂が多い。文様は、肩部が二重圏線により上下二段に分けられ、上段には伏式の変形蓮弁文、下段には宝相華唐草文が、細い縁取り線で丁寧に描かれている。腰部には仰式の変形蓮弁文が描かれ、なかには雲文と火焰文が配される。

梅瓶その他　同一個体と判断できていない破片が館跡では四破片、町跡では二破片ある。館跡出土のものは、同一と判断する決め手に欠けるものの、Y８は梅瓶４・８・９の可能性、Y21は梅瓶９の可能性がある。町跡のM19は巻草文帯のある肩部の破片、M11は腰部の破片で、仰式蓮弁文内に雲文が描かれている。梅瓶２と類似しているが、内面の特徴などが異なっており同一とは判断できなかった。

罐１　町跡から罐の底部が一破片出土している。外面の釉薬は、接地部の面取りの部分で削っている。文様は仰式変形蓮弁文とみられ円文が配されている。この破片は、元様式として検討してきたが、接地部の内面に丸みを持ち、接合状況を観察すると、下面を凹状にくぼませて紐状の胎土を差し込んでおり、このような接合は元様式になく、明代前半のものに近い(7)。また変形蓮弁文も元様式では一弁ずつ太線と細線を組み合わせるため、太線の両側に細線が二条描かれる本個体は明に下ると判断する。

以上のように検討を進めると、元様式青花瓷の器種は梅瓶に限定され、館跡出土は少なくとも五個体、最大七個体に復元できる。町跡出土で館跡出土と同一個体ではないのは、梅瓶８と梅瓶９の二個体のみである。ただし、判断できなかった破片のものが別個体であれば数量はさらに増える。主文が確認できるものはすべて牡丹唐草文であった。

2　青瓷器台ほか

青瓷器台は、館跡から八破片、町跡からも五破片が出土している（図２・図３・表２）。これらは、沖縄のグスクや大窯楓洞岩窯跡の類例から、多くが明初の青瓷とみられるが、やや離れた三一次調査で出土したＭＫ２のみ形態が異なり製品の時期が遡る。今回は、それを除外し、館跡から出土したものと、それと関連する町跡出土のものを扱う。

館跡出土の青瓷器台は、大分市教育委員会によって器形の検討が行われ、ＹＫ３〜５は同一で、ＹＫ５の形態から、透かし部の形状が交互に異なることが推定されている。それ以外の破片は、それぞれ異なる特徴から、器台１〜５に分けられている。未だ破片が多くなく器形復元の情報は限られており、筆者も異存はない。町跡から出土したＭＫ４は口縁

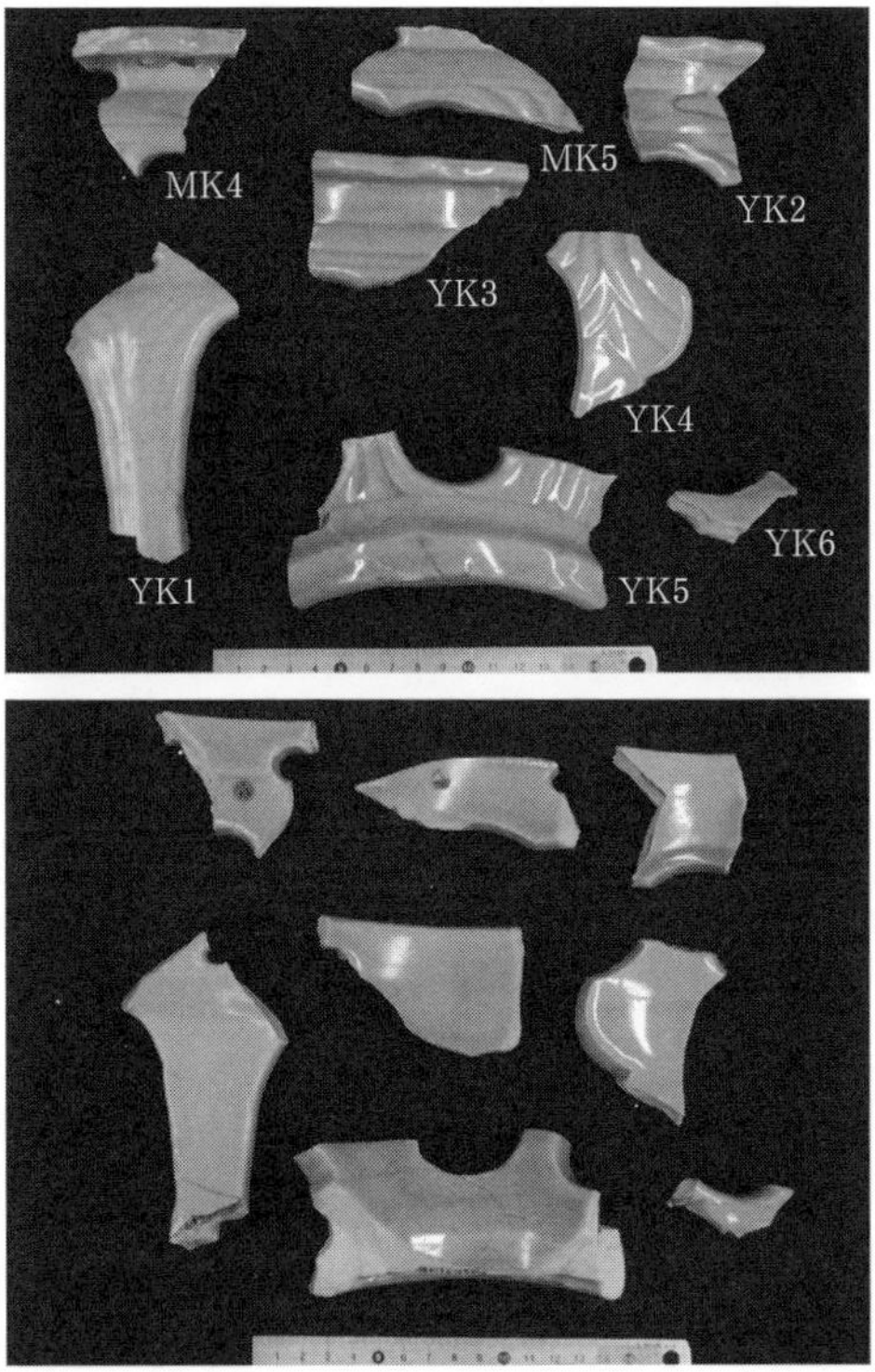

図２　青瓷器台（YK：大分市教育委員会所蔵，MK：大分県立埋蔵文化財センター所蔵）

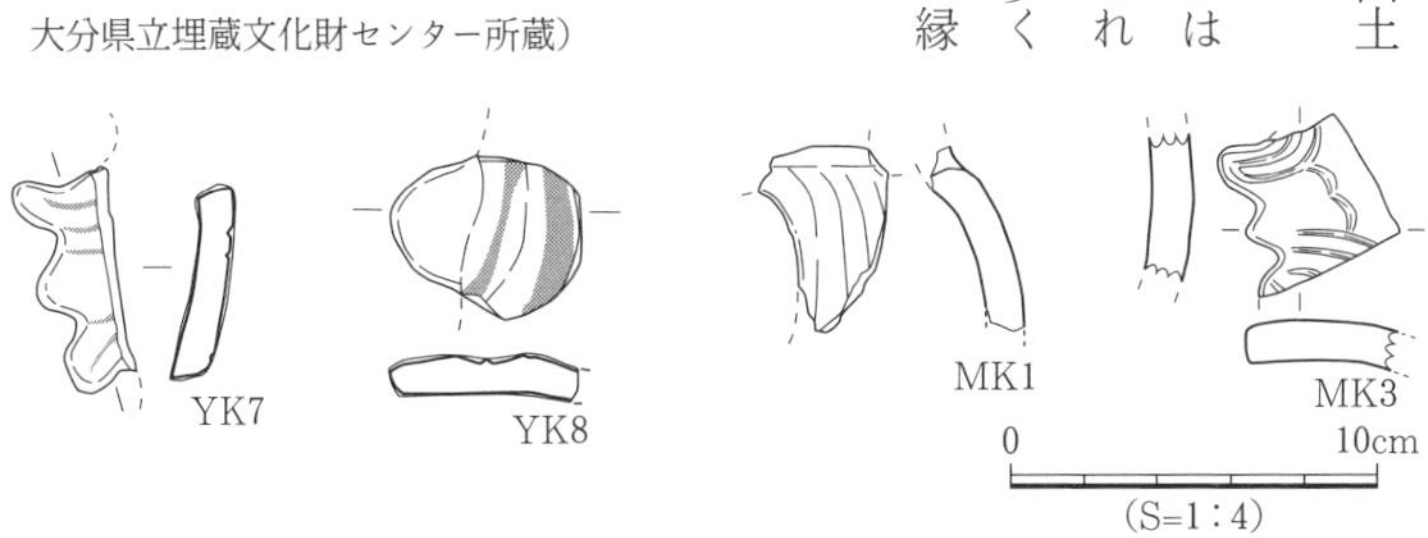

図３　青瓷器台実測図（実測図は各報告書掲載図を再トレース）

表２　青瓷器台一覧

出土遺跡	破片番号	掲載番号	出土遺跡	遺構など	器種	部　位
館(Y)	YK1	第 43 図 19	館跡 21 次	SX105	器台	透かし部
	YK2	第 43 図 20			器台	口縁部
	YK3	第 43 図 21			器台	口縁–透かし部
	YK4				器台	透かし部
	YK5				器台	透かし部
	YK6	—			器台	透かし部
	YK7	第 10 図 11		SX100	器台	透かし部
	YK8	第 10 図 12			器台	透かし部
府内町(M)	MK1	第 278 図 18	府内町 9 次	Ⅲ区	器台	透かし部
	MK2	第 32 図 20	府内町 31 次	SE01	器台	透かし部
	MK3	第 319 図 791	府内町 80 次	SF094	器台	透かし部
	MK4	第 350 図 1061		SD101	器台	口縁部
	MK5	第 350 図 1062			器台	肩部

・表１・２は大分県，大分市刊行各報告書より作成。

部の形態が異なるため、ＹＫ３～５やＹＫ２とは別個体であるが、透かし部は不明である。このように青瓷器台は五～六個体と推定できる。

今回は検討できなかったが、館跡ではこれら以外に、青瓷植木鉢、青瓷罐・罐蓋、明青花瓷深鉢、吉州窯白磁鉄絵壺の小片などの希少な陶瓷が出土している。

二　出土地と層位、年代

次に、出土状況および廃棄の時期と特徴をまとめておく。元様式青花瓷および青瓷器台が出土した箇所を図４に示した。多くの破片が館跡二一次調査出土である。館跡二一次は、館の東側に当たり、出土遺構のうちＳＸ一八〇と一〇〇は、一六世紀末の遺構とされ、ＳＸ一〇〇は、堆積土上面に礫を伴う大型遺構で、埋土には下層遺構に由来する多量の焼土、陶瓷を含み、上面が当時の通路である可能性が指摘されている。ＳＸ一〇〇の下層には、ＳＸ一〇五とＳＸ二二〇が検出され、ＳＸ二二〇は備前焼大甕の埋甕遺構、ＳＸ一〇五は、その上位で検出されたＳＸ二三〇最終埋没時の遺構で、多量の焼土と陶瓷を含む(8)（図５）。ＳＸ二三〇の備前焼甕は６ｂ期の製品であり、ＳＸ一〇五は一六世紀中葉以降、最終遺構面である一六世紀末よりは遡る

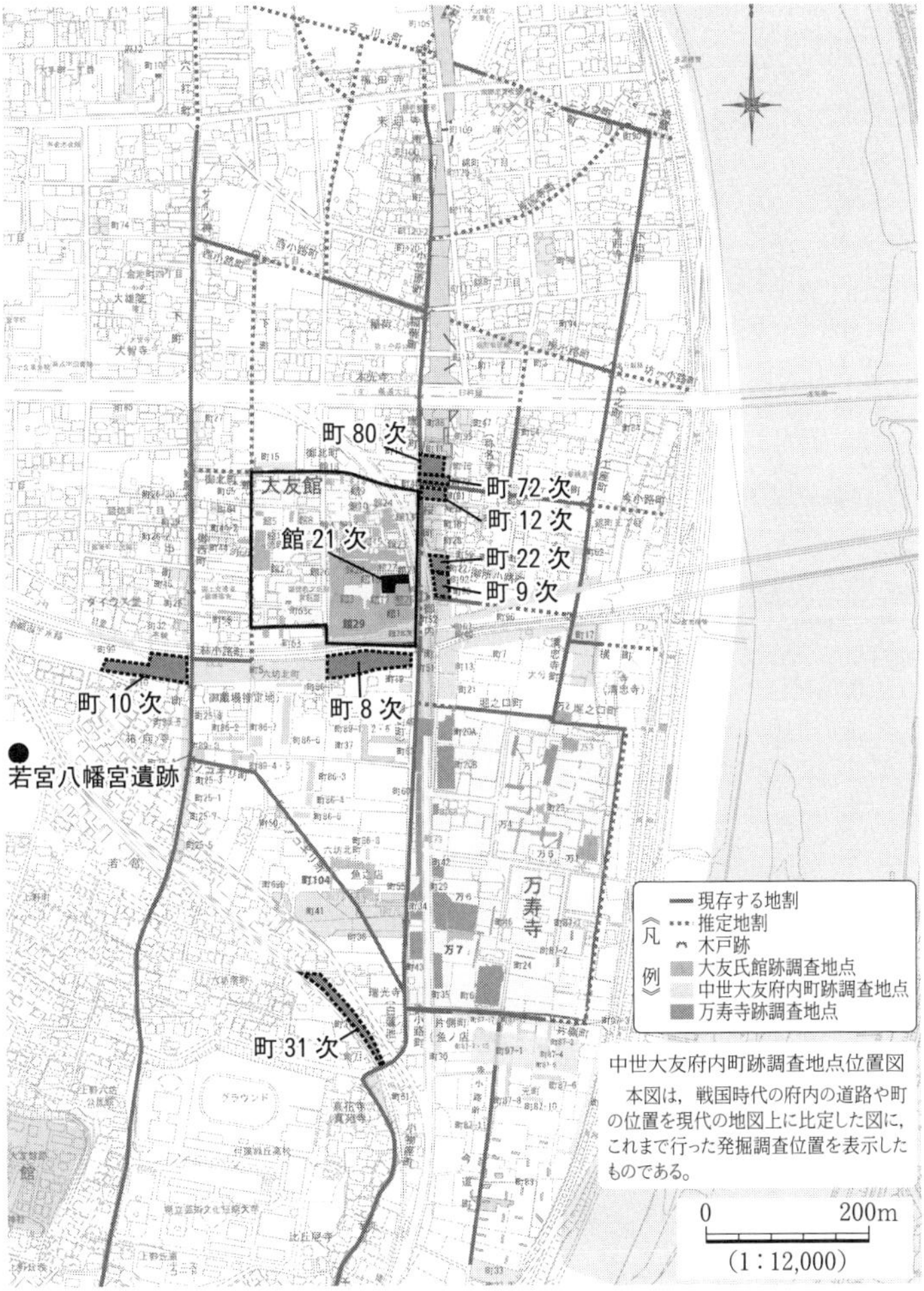

図４　出 土 位 置（大分市教育委員会提供地図に加筆）

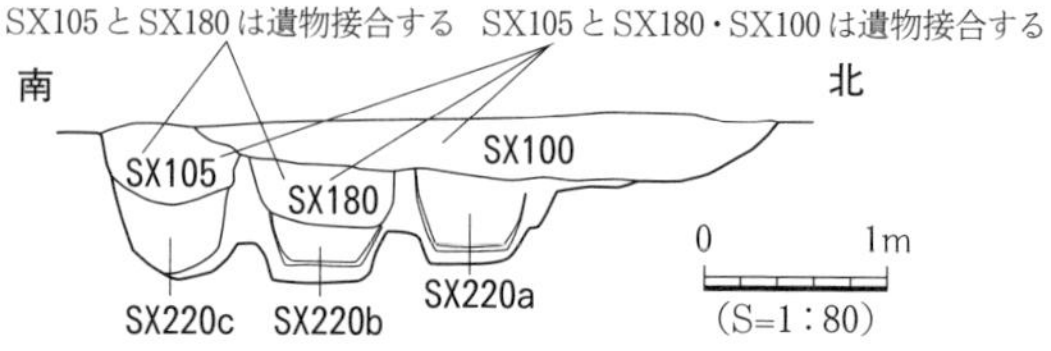

図5　出土遺構断面模式図（大分市教育委員会『大分市内遺跡確認調査概報―2010・2011年度―』2012第44図の一部を再トレース）

時期に形成されたと判断される。当該期の大友館跡は、中心となる礎石建物が整備され、方形区画が複数存在し、庭園はすでに前段階から築かれているとされる(9)。また、文献研究によって、一六世紀中葉以降、大友宗麟、義統は、臼杵に居住して政庁としたことが論じられ、大友館跡は、当主の常駐する館や政庁であった時期が限られる可能性が指摘されており、課題が残る(10)。

個別説明でも示したように、館跡周辺の町跡から出土した破片と、館跡出土の破片は同一個体と判断されるものがある。とくに八〇次ＳＤ一〇一において館内と同一個体の破片が多く出土し、それに沿う道路ＳＦ〇九四からは青瓷器台も出土している。八〇次ＳＤ一〇一は館跡の北に位置する大規模施設の堀で、大規模施設は「称名寺」跡の可能性が高い。道路跡ＳＦ〇九四も同時期に形成され、その年代は元亀元（一五七〇）年頃と推定されている。そして、ＳＤ一〇一は徐々に埋没し、最終的に窪地状態のＳＤ一〇〇となり、その後に島津侵攻によるとみられる焼土層に覆われる。つまり、ＳＤ一〇一出土の破片は、元亀元年頃以降、天正十四（一五八六）年より前に堀に廃棄された可能性が高く、島津侵攻より遡った時期にこれらの陶瓷は廃棄されたことを示している。

元様式青花瓷と青瓷器台は、館跡出土が中心であり、周辺の堀と道路に館跡の遺物の一部が移動したと考えるのが妥当であろう。具体的には、破損した陶瓷の破片を持ち出した上での廃棄、あるいは整地による土ごとの移動の可能性が考えられる(11)。

三　元様式青花瓷梅瓶・青瓷器台の評価

ここでは、他の遺跡の元様式青花瓷との比較を通して、館跡・町跡出土の資料の評価を試みたい。沖縄県に集中していることが明らかにされ、その比率は七割に達し、[12] 沖縄に元様式青花瓷がもたらされたのは、中国が明朝に変わり、三山が朝貢を開始して以降と推定される。[13] また、九州以北では、製品の廃棄年代が一四世紀前半から一五世紀中葉までと、一五世紀後半から一六世紀後半までに分かれ、博多遺跡群と箱崎遺跡群の一部を除いて、日元貿易によりもたらされたと推定できる遺跡はない。さらに製品の分析により、それらは沖縄経由ではなく中国から直接もたらされたことを示し、元様式青花瓷の初出は文献に記された陶瓷の集成からは、康暦二（一三八〇）年の史料とみられ、一五世紀前半に集中して記録される青花瓷も元様式であり、遣明船によって将来されたと推定されている。[14]

日本国内出土遺跡（沖縄以外）を表3に示した。元様式青花瓷の出土は、豊後府内を除いて現時点まで僅か三〇遺跡、四七個体が確認できるに過ぎない。各地点で一～二点の出土であり、遺跡単位では博多遺跡群と一乗谷朝倉氏遺跡で個体数が多い。製品は長頸瓶一二、盤九、罐六で半数以上を占め、他は碗皿など小型の食器八と、器台二や小型の容器類である。梅瓶に絞ると五遺跡（多々良遺跡は蓋だけのため除く）であり、各遺跡において一個体の出土である。以上のような元様式青花瓷が多数出土する沖縄で最も出土量の多い首里城跡でさえ二個体（別に蓋三）のみである。全国の出土状況と比較すると、館跡および周辺の元様式青花瓷は、出土量としては博多遺跡群一一個体と一乗谷朝倉氏遺跡一〇個体に次ぐ資料であり、器種が梅瓶に限られ、多数出土する点に大きな特徴がある。

元様式青花瓷梅瓶の文様は、バリエーションが少ないことが指摘されており(15)、館跡および町跡出土の梅瓶は、いずれも牡丹唐草文を主文としている。しかし、肩部の文様は、鳳凰文、雲龍文、宝相華唐草文と違いがあり、腰部の変形蓮弁文内部の文様も異なっている。梅瓶は、同一文様構成のものが一対や一組で出土する場合が目立つとされるが(16)、豊後府内のものでは確認できない。また、梅瓶出土遺跡のうち、半数は中近世の城館で、出土した梅瓶の文様は、小倉城跡では鳳凰文、小田原城跡では雲龍文であり、また梅瓶ではなく罐の例だが、田原城では鳳凰菊唐草文罐が出土している。少数例であり断言はできないが、鳳凰や龍の文様が、意識的に選択された可能性も考慮しておく必要があろう。

次に器台である。館跡の元様式青花瓷と同一の遺構からまとまって出土しており、五個体以上の出土は梅瓶の最少個体数と一致する。以上の状況から、器台は元様式青花瓷梅瓶の台とされた可能性が高い。全国すべての資料を当た

梅瓶	出土製品名・個体数(破片数)
	長頸瓶・1(2)
	長頸瓶・1(1)
	匜注口杯 1(1)
	碗杯・1(1)
	盤・1(1)
	盤・1(1), 碗杯・1(1・完形)
	盤・1(1)
	匜・1(1)
	盤・1(1)
	長頸瓶・1(1)
	略描体・1(1)
	長頸瓶・1(1)
	碗杯・1(1)
	梅瓶蓋・1(1)
	罐・1(1)
	匜・1(2)
	罐・1(1)
○	鉢・1(1), 梅瓶・1(1)
	盤・1(2)
	長頸瓶・1(1)
	器台・1(8)
	長頸瓶・1(1)
	皿・1(1)
	長頸瓶・1(1)
	罐・1(1)
	長頸瓶・1(1)
	罐・1(85)
○	梅瓶・1(13)
	器台・1(1)
○	梅瓶・1(1)
	長頸瓶・1(11)
	罐・1(9)
	長頸瓶・1(2)
	罐・1(2)
	器台・1(11)
	長頸瓶・2(10)
○	梅瓶・1(3)・盤 2(2)?
	小型品(瓢型瓶)・1(1)
	瓶・1(1)
	盤・1(1)
○	梅瓶・1(8)
	盤・1(1)

表3　元様式青花瓷出土遺跡

番号	遺　　跡	所　在　地	遺　　構
9	浜の館	熊本県上益城郡山都町	第一棟下部遺構
10	大宰府史跡第6次調査	福岡県太宰府市	政庁西南回廊瓦溜3層
11-1	築港線第1次調査	福岡市博多区	F区表土
11-2	築港線第3次調査	福岡市博多区	包含層
11-3	博多第22次調査	福岡市博多区	第Ⅳ面
11-4	博多第29次調査	福岡市博多区	3層・6層
11-5	博多第71次調査	福岡市博多区	中央攪乱部
11-6	博多第80次調査	福岡市博多区	SE35
11-7	博多第102次調査	福岡市博多区	2面下包含層
11-8	博多第120次調査	福岡市博多区	A区包含層
11-9	博多第124次調査	福岡市博多区	SK512, SK456他
11-10	博多第144次調査	福岡市博多区	B区1・2面包含層
12	箱崎遺跡群第40次調査	福岡市東区	18区SE01井戸枠内
13	多々良遺跡	福岡市東区	8トレンチ
14	尾高城山下	鳥取県米子市	3区包含層
15	根来寺坊院	和歌山県岩出市	第Ⅲ地区甕ピット
16	伏見城	京都市伏見区	焼土を含む整地層
17-1	一乗谷朝倉氏館第6次	福井市	朝倉式部大輔邸跡
17-2	一乗谷朝倉氏館	福井市	馬場北隣武家屋敷，表採
17-3	一乗谷朝倉氏遺跡第10次	福井市	武家屋敷跡
17-4	一乗谷朝倉氏遺跡第15次	福井市	武家屋敷跡
17-5	一乗谷朝倉氏遺跡第29次	福井市	紺屋，鋳物師住居跡
17-6	一乗谷朝倉氏遺跡第40次	福井市	寺院跡ヵ
17-7	一乗谷朝倉氏遺跡第42次	福井市	紺屋・鋳物師住居跡
17-8	一乗谷朝倉氏遺跡第96次	福井市	武家屋敷跡
17-9	一乗谷朝倉氏遺跡第104次	福井市	斎藤兵部少輔邸跡
18	法土寺	福井市	SK77他，斜面盛土3層
19	豊原寺華蔵院	福井県坂井市	遺構面B他
20	平泉寺	福井県勝山市	区画D-13・D-14土塁内
21	普正寺遺跡	石川県金沢市	暗灰色砂質上層
22	伝至徳寺遺跡	新潟県上越市	SX004灰層
23	田原城	愛知県田原市	藤田曲輪
24	小曽崖城	長野県中野市	本郭
25	武田氏館	山梨県甲府市	中曲輪1号溝西側茶褐色上層
26	葛西城第6次	東京都葛飾区	第84号土坑(一括廃棄)
27	脇木城	秋田県男鹿市	馬乗り場北側平場A2-2・3層
28	小倉城槻門	福岡県北九州市	包含層
29-1	相国寺旧境内	京都市	SX5a1139
29-2	相国寺旧境内	京都市	SK5c2393
29-3	相国寺旧境内	京都市	SX5e4252
30	小田原城	小田原市	
31	水野原遺跡	東京都新宿区	盛土c層下層

・亜州古陶瓷学会2009より作成，No.29以下追加。

・29以下の参考文献は下記のとおりである。

29　同志社大学歴史資料館『相国寺旧境内発掘調査報告書』2015年

30　玉川文化財研究所『小田原城三の丸　弁財天跡第Ⅴ地点発掘調査報告書』2002年

31　学校法人東京女子医科大学・共和開発株式会社『水野原遺跡Ⅳ』2009年

れていないが、沖縄以外での青瓷器台の出土は元様式青花瓷よりもさらに限られ、館跡と町跡を含めても、八王子城跡、脇本城跡の四遺跡しか確認できない（小型の器台は除く）。器台は元様式青花瓷にもあり、葛西城跡（他例は小型）で出土しており、いずれも城館で出土している。脇本城跡では元様式青花瓷長頸瓶も出土しており注意を要するが、元様式青花瓷梅瓶と青瓷器台が数を揃えて双方出土した遺跡はこれまでのところ他に例がない。

館跡・町跡でのこれらの廃棄は、出土状況から一六世紀後半～末の間のいずれかの時期と判断できる。搬入の時期や経緯は考古資料によっては明らかにできないものの、器台により若干の推定が可能である。梅瓶と器台とは同時にもたらされた確証はないが、両者のセット関係により、その可能性が高いと考えられる。器台の製作年代は、生産地での編年では、民用器台は一五世紀中葉とされており[17]、同時にもたらされたとすれば、それ以降である。この推定は、元様式青花瓷梅瓶が、豊後府内あるいはその近辺に、一五世紀中葉までに存在しなかったという前提の上に成り立つが、表3に含まれる遺跡のうち、一五世紀中葉までの出土例は、博多三例のほか、箱崎遺跡群、普正寺遺跡、小曽崖城の六例のみである。そのうち普正寺遺跡において梅瓶一破片を含むものの、相当に出土が限られる。そのような状況で、豊後にのみ梅瓶が複数個体存在したとは考えにくく、器台とともに一五世紀中葉以降の時期に持ち込まれた可能性が高い。

さらに、以下、世界に視野を広げて類例を求め、豊後府内の元様式青花瓷梅瓶の特殊性を明らかにしたい。

近年、中国や東南アジア、西アジアの遺跡出土の元様式青花瓷の様相が論じられ、元様式青花瓷の研究は、代表的なコレクションの精製品を対象としたものから、遺跡出土による実態に即したものへと変容しつつある[18]。各地の様相が具体的に示されるのに従って、梅瓶などの大型容器の希少性が明らかになりつつある。図6は、過去に行われた集成[19]を参考に、東アジア、東南アジア地域における元様式青花瓷梅瓶の出土地と、個体数が判明している場合には、そ

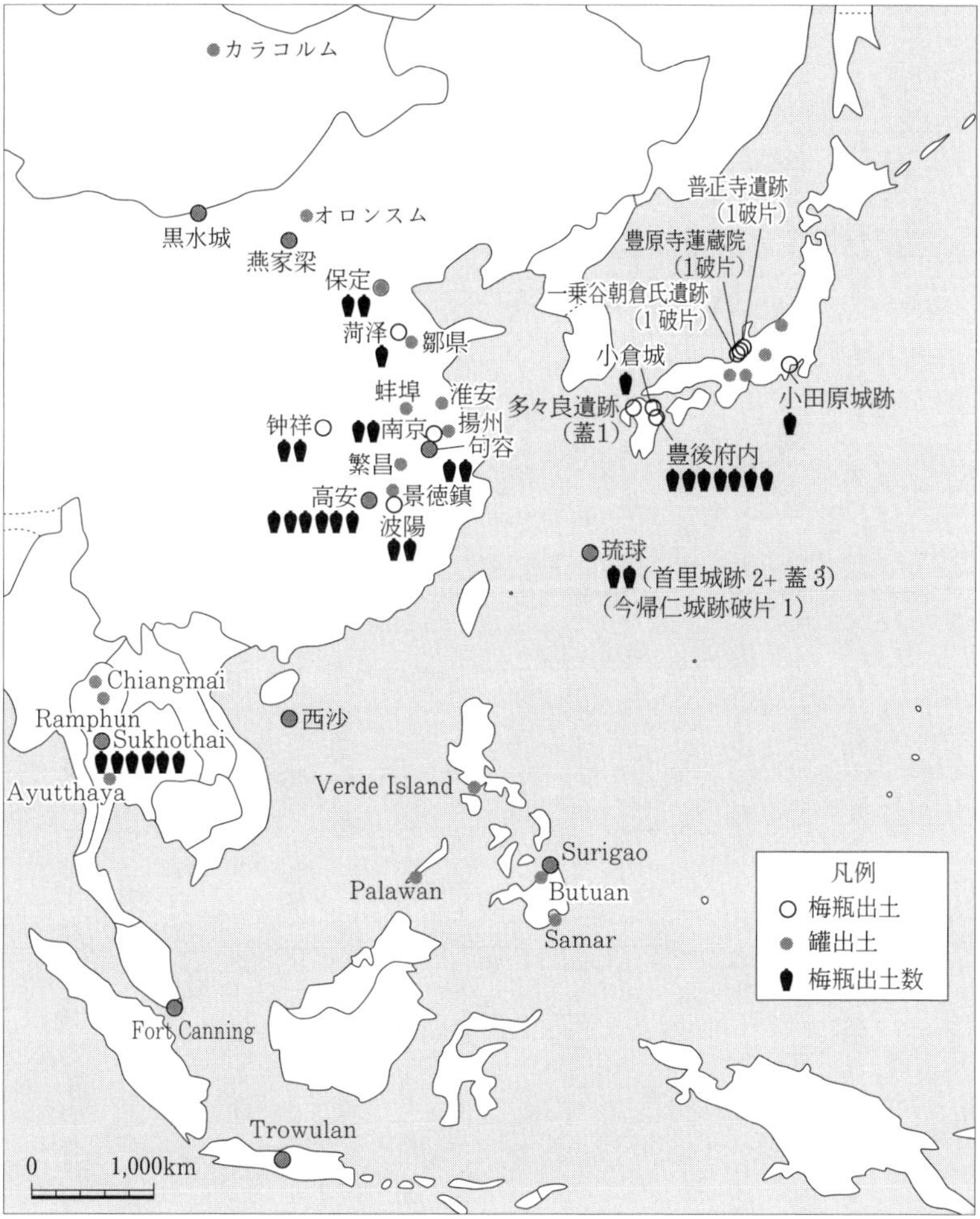

図6　元様式青花瓷梅瓶・罐出土遺跡（窯跡出土は除く。註(19)亜州古陶瓷学会 2005・2008，亀井明德 2009，陳洁 2012，向井亙 2015 より作成）

れも図示したものである。大型の容器である罐も合わせて図示した。

概要を述べると、中国国内においては、梅瓶出土遺跡は、元朝末期の窖蔵か墓の出土が多い。墓の場合には単体か二個体の出土であり、窖蔵では二個体から六個体、つまりは先に触れたように一対や一組単位で出土した例が目立ち、生産地や出荷地との直接的な関係が予測される。ほかに沈船資料や消費地でも少数発見されている。中国以外では、東南アジアにおいて多数の出土が知られ、タイの出土例では、スコータイに所在する寺院跡から出土した元様式青花瓷は、少なくとも四個体の罐、罐蓋一、梅瓶六個体、長頸瓶一個体に復元できることが明らかにされた(20)。これらは仏塔に埋納されていたとみられ、梅瓶は埋納品を内部に収めるために口縁部を意図的に欠いたと推定されている。埋納の時期は、共伴するシーサッチャナライ産陶瓷から、一四世紀中葉から後葉とされる。以上のような出土傾向は、中国国内も含めほとんどの遺跡では、需要に応じて少数の必要量がもたらされたことを示している。

元様式青花瓷は陶瓷の中で相対的に多数を占めるものではないが、いくつかの限られた遺跡や地域では、まとまった量が出土することが知られ、トロウラン(21)や沖縄(22)はそれに該当する。両者地域では、製品の特徴も流通したとみられる時期も異なっており、一概に論じることはできないが、豊後府内との比較という視点のみでみれば、様々な器種が複数、あるいは多量に出土しており、出土が一器種に限定されることはない。

以上のように、国外を含めて比較しても、元様式青花瓷梅瓶のみが多数もたらされた館跡・町跡の状況は特殊である。加えて、青瓷器台は元様式青花瓷よりも出土が限られていることが予測され、これらをまとめて入手している点からも、館跡の特殊性はきわめて高いと言える。特殊性の要因としては、消費地における選択の意思が色濃く現れた結果と推定される。

館跡・町跡出土の元様式青花瓷梅瓶と青瓷器台については、その特徴と出土例との比較などを論じ、特殊性は十分に立証できたと考えている。ただし、それが豊後にもたらされた背景や、館内に存在する意義などについては今回考察できておらず、課題としたい。

おわりに

城館跡から出土する特殊な陶瓷については、「所有や使用により行為者の権威や富を表徴する資材」として「威信財」として論じられている。[23] それらは、全国の出土例から、「ハレの場で使われる伝統的価値に評価された道具類」と「ケの場で使われる最新流行の高級什器」とされる。しかし、「威信財」という用語が適切であるのかという議論があり、[24] 小野正敏氏も論文の中で触れているように、一定の地域ごと、階層ごとの検討が必要であることはいうまでもない。さらには、一つの遺跡内においてもその製品が出土した場の検討や、使用の場面を検討することなく、特定の陶瓷と「威信財」という用語が同義であるような使用は控えるべきで、豊後においても、国内や周辺地域におけるそれらの陶瓷について網羅した上での検討が必要であろう。

大友館跡の機能、空間構成などについては、最新の研究成果がまとめられ、その中で本章において扱った製品は館内の書院などの座敷飾りに使用されたものと推定されている。[25] 西国守護館跡において選ばれた陶瓷については、調査の類例が蓄積しつつあるが、大内氏館跡の高麗青瓷陶枕など、きわめて類例が少ない特殊な製品に特徴があるようにみえ、それらは小野氏の指摘する「ケの場で使われる最新流行の高級什器」、あるいはそれがハレの道具へ変化したものと評価できると同時に、海外との交易を積極的に推し進めた戦国期の西国守護が、最新のもの、または非常に入手困難な製品に価値を見出し、陶瓷を収集した様相が現れているように思われる。南蛮貿易の初期に最も有力であった大友氏の館から出土した元様式青花瓷と青瓷器台はそれを端的に示す資料であろうが、真の評価は、前段で述べた課題を検討した後に改めて論じられるものと考える。

註

（1）吉田寛「陶磁器からみた大友氏の南蛮貿易」（鹿毛敏夫編『戦国大名大友氏と豊後府内』高志書院、二〇〇八年）三〇九～三四三頁。同「豊後府内における天正十四（一五八六）年、一括資料について（Ⅱ）―中世大友府内町跡第七五次調査SK〇五二出土遺物の資料紹介と検討―」（『貿易陶磁研究』三一、二〇一一年）五七～六五頁。木村幾多郎「大分県旧（大友）府内城下町出土の華南三彩陶」（『貿易陶磁研究』三一、二〇一一年）三四～五六頁。

（2）前掲註（1）吉田「陶磁器からみた大友氏の南蛮貿易」三三四～三三六頁に記載。

（3）亀井明徳「元様式青花白瓷の研究」（『亜州古陶瓷研究Ⅳ』亜州古陶瓷学会、二〇〇九年）九頁。

（4）柴田圭子「元様式青花梅瓶の研究」（亀井明德・john N.Miksic 共編著『インドネシア・トローラン遺跡発見陶瓷の研究』専修大学アジア考古学チーム、二〇一〇年）二四一～二四二頁。ただし、近年公表された繁昌元代窖蔵出土資料に同様の特徴をもつ牡丹唐草孔雀文の罐があり（王承旭『繁昌元代窖蔵瓷器』江蘇美術出版社、二〇一一年）、出現の年代は再考の余地が生じている。

（5）前掲註（3）亀井論文の定義による。

（6）前掲註（4）二四二頁。

（7）柴田圭子・高島裕之・新島奈津子・亀井明德・半田素子「今帰仁城跡出土明代前半期青花瓷の研究」（『今帰仁城跡発掘調査報告書Ⅳ』今帰仁村教育委員会、二〇〇九年）一五九頁に高島氏による指摘がある。

（8）大分市教育委員会『大分市市内遺跡確認調査概報―二〇〇八年度―』二〇〇九年。同『大分市市内遺跡確認調査概報―二〇一〇・二〇一一年度―』二〇一二年。

（9）坪根伸也「大友館の変遷と府内周辺の方形館」（前掲註（1）鹿毛編書）八七～一一六頁。前掲註（8）大分市教育委員会『大分市市内遺跡確認調査概報―二〇〇八年度―』。

(10) 三重野誠「大友宗麟・義統の十六世紀末における動向」（前掲註(1)鹿毛編書）二〇一～二一八頁。

(11) 館跡が拡大する時期に、周辺を含めて大規模な造成が行われた可能性を坪根伸也氏にご教示いただいた。

(12) 新島奈津子「古琉球出土元青花瓷の研究」（『亜州古陶瓷研究Ⅳ』亜州古陶瓷学会、二〇〇九年）六一～七四頁。

(13) 前掲註(12)新島論文。柴田圭子「グスク時代における陶瓷の受容」（『南島考古』第三四号、沖縄県考古学会、二〇一五年）二八頁に指摘した。

(14) 亀井明徳「日本出土の元青花瓷の諸問題」（『亜州古陶瓷研究Ⅳ』亜州古陶瓷学会、二〇〇九年）七五～一〇七頁。

(15) 杉谷香代子「至正様式青花磁器の文様構成」（佐々木達夫編『中国陶磁　元青花の研究』高志書院、二〇一五年）一五一頁。

(16) 前掲註(15)。

(17) 浙江省文物考古研究所・北京大学考古文博学院・龍泉青瓷博物館編著『龍泉大窯楓洞岩窯址』（下）文物出版社、二〇一五年、五四九・五九〇・五九一頁に記載。

(18) 以下、いずれも前掲註(15)佐々木編書に掲載。関口広次「近年の景徳鎮における元青花研究から」一一七～一三四頁、田中和彦「フィリピン出土の元青花」一六九～一九三頁、向井亙「タイ出土の元青花」一九五～二一四頁、佐々木花江・佐々木達夫「西アジアに流通した元青花」二三五～二四六頁。

(19) 亜州古陶瓷学会『亜州古陶瓷研究Ⅱ』二〇〇五年。同『亜州古陶瓷研究Ⅲ』二〇〇八年。亀井明徳「中国出土元青花瓷の研究」（亜州古陶瓷学会『亜州古陶瓷研究Ⅳ』二〇〇九年）三六～六〇頁。陳洁「中国出土元代青花瓷器」「海外発現元代青花瓷器」（上海博物館『幽藍神采　元代青花瓷器特集』二〇一二年）二四六～二六五頁。前掲註(18)向井論文。

(20) 前掲註(18)向井論文。

(21) 前掲註(4)亀井・Miksic共編著書。坂井隆・大橋康二「インドネシア、トロウラン遺跡出土の陶磁器」（上智大学アジア文化研究所 *Monograph Series* No.15、二〇一四年）。坂井隆「トロウラン遺跡出土のベトナム産タイルと元青花の文様」（前掲註(15)佐々木編書）二一五～二三四頁。大橋康二「インドネシア・トロウラン遺跡出土の貿易陶磁器」（『一四・一五世紀海域アジアにおけるベトナム陶磁の動き―ベトナム・琉球・マジャパヒト―』昭和女子大学国際文化研究所、二〇一四年）五九～八〇頁。坂井隆・大橋康二『インドネシアの王都出土の肥前陶磁―トロウラン遺跡ほか―』雄山閣、二〇一八年。

このうち、亀井・Miksic共編著で扱った資料に関しては採集資料であり、至正形式を意図的に集めたコレクションであるという指摘があり（坂井上掲載文、二三三頁注8）、トロウラン遺跡の実態は遺跡出土資料から判断されるべきである。

（22）前掲註(19)亜州古陶瓷学会『亜州古陶瓷研究Ⅲ』。

（23）小野正敏「威信財としての貿易陶磁と場」（『戦国時代の考古学』高志書院、二〇〇三年。）五五三～五六四頁。

（24）亀井明德「貿易陶瓷器研究の今日的課題」（『中世総合資料学の提唱――中世考古学の現状と課題』新人物往来社、二〇〇三年）二三九～二五二頁。

（25）佐藤功・坪根伸也「第六章2　建物の平面復原・Ⅰ期からⅨ期」（大友館研究会編『大友館と府内の研究　「大友家年中作法日記」を読む』東京堂出版、二〇一七年）四八八頁。

第四章　大友氏領国における茶の湯文化

荒木和憲

はじめに

大友宗麟（本章では「宗麟」に統一する）の茶の湯に関しては、戦国大名と茶の湯との関わりという文化史的視点からの研究が行われ、宗麟が茶の湯に傾倒し、名物を熱心に収集する姿が描き出されてきた。(1)

こうした宗麟像に異存はないが、その典拠とされてきたのは、『大友興廃記』『松屋名物集』などの後世の史料である。しかし、近年は「名物記」の研究が進み、『清玩名物記』(2)『唐物凡数』(3)『天正名物記』(4)など、より信頼性の高い史料が翻刻・紹介されてきている。一方、堺の天王寺屋津田氏の茶会記『天王寺屋会記』から大友氏と堺との関係を浮かび上がらせた研究もあるが、(5)「茶の湯」という切り口から、「名物記」と「茶会記」を総合的に分析する作業が必要不可欠である。そうした記録類に登場する人物や名物を詳細に検討することで、宗麟の茶の湯を単なる個人の趣味・嗜好の次元に帰結させることなく、大友氏領国の政治・文化という次元で論じることができよう。

本章では、宗麟の茶の湯傾倒、および名物収集という文化的事象を出発点として、大名領国における政治と文化との関係性を探りたい。

一　大友宗麟の名物収集

1　大内氏の茶の湯サロンと名物

大友宗麟の名物収集を考える前提として、大内氏の名物収集のあり方を確認しておこう。大内氏の場合、政弘・義興期から茶の湯との関わりがみられ、義隆期には義隆自身の喫茶、および領国の中枢における数寄者の存在が確認される(6)。

大内氏はどのような名物を収集していたのか。「名物記」にみえる九州・山口ゆかりの名物と所持者を整理したのが表1である。これによると、大内義隆・義長は瓢箪茶入・肩衝茶入・茶釜「平蜘蛛」・梁楷筆蜆子図・徽宗筆鳩図・同鶉図を所持した。また、陶晴賢は玉磵筆暮雪図・牧谿筆船子図・同漁父図、青景隆著は茶入「北野茄子」、相良武任は茶杓・水覆・「松本茶碗」・玉磵筆夜雨図・牧谿筆夜雨図、仁保隆慰は肩衝茶入を所持した。

それでは、大内氏の滅亡後、これらの名物はどのように流転したのか。まず、義隆・義長旧蔵品のうち瓢箪茶入と徽宗筆鳩図が大友宗麟、肩衝茶入が堺の北向道陳、梁楷筆蜆子図が長谷川七郎左、徽宗筆鶉図が対馬の龍雲に帰した。また、陶晴賢旧蔵品のうち牧谿筆漁父図は宗麟、牧谿筆船子図は堺の津田宗達、青景隆著旧蔵品のうち北野茄子は豊後の吉水四郎、相良武任旧蔵品のうち水覆は博多の東蔵主、松本茶碗は淡路の安宅冬康、玉磵筆夜雨図は京都の紙屋性見、牧谿筆夜雨図は同じく京都の佐野与二郎、仁保隆慰旧蔵の仁保肩衝は堺の津田道叱に帰した。

このように、大内氏の衰亡にともない、その茶の湯サロンに集積された名物が散逸し、豊後・筑前（博多）・対馬や和泉（堺）・京都などの名物収集者のもとに拡散したのである。なかでも宗麟が義隆・義長旧蔵品を含む名物三点を入手したことが特筆される。

2　義鑑期の名物収集

大友氏と茶の湯との関わりを義鑑期に遡って考えてみよう。天文十一（一五四二）年前後の状況を示す「名物茶器目録」(7)には、「かたつき《肩衝》」茶入の所持者として「ふんこ《豊後》の屋かた《形》」がみえ、義鑑を指す可能性が高い。天文十二年に義鑑は大館晴光から「絵一幅趙仲穆筆」を贈られているし、前年には子息の晴英が「茶碗鶴一双」を晴光に贈っている。(8)大友氏は一定程度の名物を集積していたようである。

名物の入手地としては、遣明船の発着地である博多が想定される。「名物茶器目録」には、「豊後国博多地下人小田三郎左衛門尉」が玉礀筆瀟湘八景図のうち「市」図を所持したことが記される。「豊後国博多」とは、大友領である博多息浜を意味すると考えられる。先述の瓢簞茶入も、かつて「博多小田」が一時的に所持したものであり、(9)小田氏が名物を売買していたことが知られる。天文十八年の遣明船の船頭を務めた小田藤左衛門尉(10)はその一族であろう。ともあれ、義鑑は博多息浜商人から名物を収集したものと推測される。

3　宗麟期の名物収集

表1記載の名物八二種のうち、宗麟は六種を所持した。その入手経路としては、まず大内氏の茶の湯サロンからの継承が挙げられる。個別に入手の経緯を確認しよう。

瓢簞茶入　もとは相良武任の所持品であるが、武任が自刃したのち、「寿勝殿」を経て大内義長に渡った。そして、

唐物凡数 (永禄〜天正頃)		天正名物記 (天正4年頃，追記：天正13年頃)	
旧所在	現所在	旧所在	現所在
	(堺)石川宗二		
	(博多)神屋宗滴		
(博多)川原紹悦	(豊後)宗麟	大友	秀吉様御物(大友ヨリマイル宮木入道使)
			(西国)吉水四郎
	(豊後)仲屋宗悦		(西国)仲屋宗悦
	(博多)嶋井宗叱		(博多)シマイ宗叱
			山口大子屋宗冊
(堺)住吉屋宗空	是ハ博多ヘ下候		
	(博多)神屋宗滴		(博多)神屋宗滴
	(豊後)臼杵鑑澄〔速〕		(西国)ウスキ越中
	豊後御屋形宗麟	(西国)大友	秀吉様御物(同人〔宮木入道〕使)
	(博多)神屋宗白	(博多)神屋宗白	
	対馬立石右衛門大夫		対馬立石右衛門大夫〔調長・紹麟〕(堺ヨリ千貫ニカフ)
	(豊後)仲屋宗意		
	(豊後)同〔仲屋宗意〕舎弟		
	森〔毛利兵部〕		(西国)森居部〔兵部〕
	(堺)天王寺屋道叱〔津田〕	大内殿御内衆ニホウト云人〔仁保隆慰〕	(堺)天王寺屋道叱
			(西国)田北九郎
			(西国)同〔仲屋〕浄ケウ
			(西国)渡辺妙通
			(西国)同〔渡辺〕宗意
			林田宗助
山口大子屋宗冊			(山口)椋宗冊
	平戸肥州〔松浦隆信〕		
	博多屋宗受		
	(博多)神屋宗滴		(博多)神屋宗滴

表1　名物記にみる九州・山口所縁の名物の移動

No.	分類	器種・作者・銘など	清玩名物記（天文20年頃，追記：永禄3〜5年頃）旧所在	現所在
1	茶入	大壺／玉虫	下京沢村	筑紫
2	茶入	大壺／面影		
3	茶入	小壺／似茄子(百貫壺)	(京)羽淵宗三	博多宗悦〔川原〕
4	茶入	小壺／北野茄子	細川晴元	筑紫青影〔青景隆著〕
5	茶入	小壺／驢蹄		
6	茶入	小壺／老茄子(大茄子)		
7	茶入	常子茄子		
8	茶入	大海		
9	茶入	文琳		
10	茶入	瓢箪	周防	大友→豊後臼杵
11	茶入	肩衝／新田(頂上)	細川晴元	大友殿
12	茶入	肩衝／楢柴	埘和道裕	筑紫東蔵主
13	茶入	肩衝	下京木部	周防→堺道陳〔北向〕
14	茶入	肩衝／天神	堺大町清林	対馬立石
15	茶入	肩衝		豊後大友殿
16	茶入	肩衝		
17	茶入	肩衝／飛鳥井		
18	茶入	肩衝／有明肩衝		
19	茶入	肩衝／仁保肩衝		
20	茶入	肩衝		
21	茶入	肩衝／小肩衝		
22	茶入	肩衝		
23	茶入	肩衝		
24	茶入	肩衝／棗		
25	茶杓	竹茶杓		周防吉兼周堪
26	茶杓	竹茶杓		周防相良〔武任〕
27	茶杓	周徳茶杓		
28	茶壺	真ノ壺		
29	茶釜	平蜘蛛		周防大内
30	茶釜	常張		
31	水覆	合子	周防相良遠江〔武任〕	博多東蔵寺〔主〕
32	水覆	合子		周防宇野
33	水覆	合子		

唐物凡数（永禄〜天正頃）		天正名物記（天正 4 年頃，追記：天正 13 年頃）	
旧所在	現所在	旧所在	現所在
	ツハノ吉見殿〔正頼〕		
	豊後御屋形宗麟		
	豊後御屋形宗麟		
	（豊後）仲屋宗悦		
	（豊後）森〔毛利兵部〕		
	（博多）嶋井宗叱		
	（博多）今石紹安		
	（博多）嶋井宗叱		
	（博多）今石紹安		
	（博多）神屋宗滴		（博多）神屋宗滴
（堺）アボシヤ（網干屋）道林	「是ハ博多へ下候，豊州小田部殿所持」，（博多之内高之人）小田部宗雲		（西国）コタベ宗雲
	（豊後）臼杵鑑澄〔速〕		
	（博多）神屋宗滴		
	（豊後）仲屋宗意		
			（博多）神屋宗滴
	（堺）博多屋宗受		（京都）ハカタ屋宗寿
	（博多之内高之人）高野宗二		
	豊州		（西国）田北九郎
	（博多之内高之人）大易宗玖		
	（博多之内高之人）休外軒		
	（博多之内高之人）豊州吉弘宗浦〔宗鳳・鎮信〕		
	（博多之内高之人）豊州吉弘宗浦		
	（博多）嶋井宗叱		
			（山口）栗林寿印
	（博多之内高之人）豊州吉弘宗浦		（西国）吉田加兵衛〔吉弘鎮信〕
	（博多）嶋井宗叱		（博多）シマイ宗叱
	（豊後）仲屋宗悦		（西国）仲屋宗悦
	豊後御屋形宗麟	（西国）大友	秀吉様御物（大友殿ヨリ進）

No.	分類	器種・作者・銘など	清玩名物記 （天文20年頃，追記：永禄3〜5年頃） 旧所在	現所在
34	水覆	漢鉄合子		
35	水覆	土之水覆／甑蓋		周防吉兼周堪
36	茶碗	天目	宗珠　午松斎	豊後
37	茶碗	天目／灰被		
38	茶碗	天目／建盞・油滴		
39	茶碗	天目		
40	茶碗	天目／山下天目		
41	茶碗	天目／灰被		
42	茶碗	天目		
43	天目台	尼崎台		
44	天目台	尼崎台		
45	天目台	霞台(数之七)		
46	茶碗	松本茶碗	松本	周防相良→安宅殿〔冬康〕
47	茶碗	珠光(周光)茶碗		
48	茶碗	楊貴妃之茶碗		
49	香炉	蘇武		博多石川宗二
50	花入	桃尻		
51	花入	船		
52	花入	細口		
53	墨跡	虚堂智愚	筑紫万寿寺	博多宗寿
54	墨跡	虚堂智愚(二幅)		
55	墨跡	円悟克勤	宗珠	博多石川宗二
56	墨跡	物初大観		
57	墨跡	月江正印(一幅)		
58	墨跡	古林清茂(二幅)		
59	墨跡	了庵清欲(三幅)		
60	墨跡	笑隠大訢		
61	墨跡	北磵居簡		
62	墨蹟	癡兀大恵(一幅)		
63	水墨画	玉磵／枯木	三好宗三	博多宗節〔神屋宗浙〕
64	水墨画	玉磵／夜雨(八幅内)	周防相良	京紙屋性見
65	水墨画	玉磵／山市(八幅内)		博多今石紹安
66	水墨画	玉磵／暮雪		周防陶〔晴賢〕
67	水墨画	玉磵／青楓		

唐物凡数（永禄～天正頃）		天正名物記（天正4年頃，追記：天正13年頃）	
旧所在	現所在	旧所在	現所在
(博多)今石紹安	(豊後)臼杵鑑澄		(西国)ウスキ越中
			(西国)吉田加兵衛
(堺)石川宗二	今田屋		
	平戸肥州	堺ノ道珎	平戸松浦
	(豊後)臼杵鑑澄		(西国)同〔毛利兵部〕
	(豊後)臼杵紹冊		同セウ冊
	(豊後)森〔毛利兵部〕		
			(京都)博多屋宗寿
			(周防)太子屋宗察〔椋宗冊〕

た（書誌は註参照）。
「暮雪」，および『天正名物記』記載の「雪絵」は同一のものとみなした（本文参照）。
場合は，「→」で移動を示した。

義長が自刃すると、毛利元就が入手し、さらに元就が防長豊筑分割の密議のさいに宗麟に礼物として贈与した[11]。のちに「大友瓢簞」「上杉瓢簞」と称され、今日に伝存する（野村美術館蔵）。

徽宗筆鳩図　大内義隆旧蔵品である。義隆自刃後に大内義長（晴英）から礼物として贈られたか、瓢簞茶入と同様に毛利氏を経由して入手したものと考えられる。

牧谿筆漁父図　陶晴賢旧蔵品である。永禄五（一五六二）年に宗麟が将軍足利義輝に「漁父絵」を進上しており[12]、名物記との対応から牧谿筆とわかる。義隆自刃後に晴賢から礼物として贈られたか、晴賢自刃後に流転してきたのであろう。

このように、大内氏の茶の湯サロンに集積されていた名物は、その衰亡と軌を一にしながら散逸し、その一部が時々の政治情勢のなかで宗麟のもとに流転してきたのである。宗麟は永禄二年に足利義輝から「大内家督」として認定されていたわけであるが[13]、

No.	分類	器種・作者・銘など	清玩名物記（天文 20 年頃，追記：永禄 3〜5 年頃）	
			旧所在	現所在
68	水墨画	牧谿／船子	周防陶	堺宗達〔津田〕
69	水墨画	牧谿／漁父	周防陶	大友殿→公方様〔足利義輝〕
70	水墨画	牧谿／漁父		
71	水墨画	牧谿／目黒達磨		博多宗珍
72	水墨画	牧谿／夜雨（八幅内）	周防相良〔武任〕	京佐野与二郎
73	水墨画	牧谿／暮雪＊		博多東蔵主
74	水墨画	牧谿／秋月（小軸）		博多石川宗二
75	水墨画	牧谿／晩鐘（小軸）		平戸肥州〔松浦隆信〕
76	水墨画	梁楷／蜆子	周防大内	長谷川七郎左
77	水墨画	徽宗／鳩	周防大内殿	大友殿
78	水墨画	徽宗／鶉	（周防）大内殿	対馬龍雲
79	水墨画	徽宗／鷺（両幅）		
80	水墨画	徽宗／鴨		
81	水墨画	月山／茄		豊後臼杵〔鑑速〕
82	水墨画	李安忠／痩馬		

・千宗室・筒井紘一編『茶の古典』，山田哲也「『唐物凡数』」，矢野環「『茶道具之記』」にもとづき作成し
・名物の配列は，『清玩名物記』の配列をベースとして筆者が適宜行った。73 の『清玩名物記』所載の
・名物の所在が「今〇〇」と表示される場合は「現所在」とみなした。「今〇〇」が重複して表示される
・京都・堺を拠点として「博多」を屋号とする者（博多屋宗寿・博多石川宗二）も参考のために含めた。
・人名などの注記は（　），校訂・比定は必要最小限にとどめて〔　〕で示した。

大内義隆・義長から継承した名物は、まさに「大内家督」の正統性を即物的に示すものとしての一定の政治的効果があったと考えられる。とりわけ、毛利元就から贈られた義長旧蔵の瓢簞茶入は、大内氏旧領の分割をめぐる大友・毛利両氏の妥結を象徴するもので、毛利氏が大友氏の「大内家督」継承を承認するという意味合いが込められていたとも考えられる。

こうした名物の入手形態は偶発的かつ受動的ともいえるが、その一方で宗麟が積極的に名物を商人から購入しはじめるのもこの時期からである。その経緯を個別に検討しよう。(14)

肩衝茶入「新田」　『清玩名物記』は肩衝の第一位に位置づけ、『凡諸名物』(15)は評価額を三〇〇〇貫とする。天文二十年頃には細川晴元が所持したが、永禄三年前後に宗麟が博多の大櫛宗久から入手した。(16)永禄二年に宗麟は九州探題職と筑前・豊前・肥前守護職に補任され(17)、九州六ヶ国の守護となっている。

それに相応の政治的・文化的権威を演出するうえで、室町幕府管領家である細川京兆家の旧蔵であり、かつ肩衝の第一位の評価がある新田肩衝は、恰好の威信財となりうるものである。本品は今日に伝存する（徳川ミュージアム蔵）。

茶入「似茄子」『清玩名物記』の段階では「百貫壺」の異名をとったが、『天正名物記』の段階での評価額は六〇〇〇貫文に高騰している。『清玩名物記』には、「博多宗悦」が京都の羽淵宗三から入手したとあり、『山上宗二記』[18]には、「博多宗悦」が京都から一〇〇貫で入手したのち、孫の紹悦が「豊後の太守」に五〇〇〇貫で売却したとある。宗麟が似茄子を入手した時期は天正三（一五七五）年とみられる（後述）。

これらの事例から、宗麟が少なくとも永禄三年頃から天正三年頃にかけて、名物を積極的に収集していたことがわかる。

4　名物収集の画期と意義

大友氏による名物収集の傾向が強まるのは宗麟期、なかんずく大内氏が衰亡する一五五〇年代以降である。大内義隆の自刃後、宗麟は大内領である筑前の実効支配を進め[19]、永禄二年には将軍足利義輝から旧大内領である筑前・豊前の守護職に補任され、かつ「大内家督」としても認定される。大友氏が大内氏の継承者としての正統性を担保するにあたり、その茶の湯サロンに集積された名物を入手することが象徴的な意義を帯びたと考えられる。これが宗麟の名物収集の第一段階と位置づけられよう。

そして、第二段階が永禄三年頃以降である。筑前・豊前守護に補任されたことで九州六ヶ国の守護となり、かつ名分上のこととはいえ九州探題職にも補任された。大内氏滅亡後の九州において大友氏が政治的な覇権を確立するにあたり、それに相応の文化的権威を帯びる必要性が生じ、宗麟は茶の湯の文化を政治的な装置として利用したものと考えられる。そのためには威信財としての名物の収集が必須となるが、博多（息浜部・旧博多部）を一元的に支配できるようになったことで、従来よりも博多商人からの入手が容易になったといえる。

永禄二年、久我宗入が「御茶湯一見」を望み、豊後への下向に意欲を示したのは[20]、大友氏領国における茶の湯の隆盛が京都まで伝わっていたことを示唆する。こうした茶の湯の隆盛が多分に政治的要素を含むとすれば、その要因を宗麟個人の文化的な趣味・嗜好の次元だけでなく、大友氏領国の茶の湯サロンという次元でも考えてみる必要がある。

二　大友氏領国の茶の湯サロン

1　名物記にみえる大友氏家臣

名物記には大友氏関係者が九名みえる。表1にもとづきながら個別的に検討しよう。

臼杵鑑速　瓢箪茶入・茶碗「楊貴妃」・牧谿筆漁父図・徽宗筆鳩図・月山筆茄図を所持した。このうち瓢箪茶入と徽宗筆鳩図は、宗麟からの拝領品である。肥前の横岳鎮貞からは「摺茶壺」（茶入）を贈られたが、「御代々御秘蔵」であること、および鑑速自身もすでに「一ヶ所持」していることを理由に返却している[21]。「一ヶ」とは瓢箪茶入のことであろう。鑑速は大友氏家臣のなかで最も多くの名物を所持するとともに、加判衆[22]として領国の中枢に位置した人物であるから、茶の湯サロンの中心的人物とみなすことができる。

臼杵紹冊　臼杵鎮賡。鑑速の弟にあたり、筑前国志摩郡代・柑子岳城督を務めた[23]。徽宗筆鶉図を所持した[24]。

森兵部（毛利兵部）　毛利兵部少輔鎮実（鎮真）と同一人物とみられる[25]。鎮実は大友氏の蔵方を担うとともに、筑前では豊後三老の命令を麻生隆実に伝達しており[26]、大友氏の直臣とみなされる。有明肩衝・山下天目・徽宗筆鷺図を所持した。

小田部宗雲　筑前国早良郡の国人小田部氏の一族である。天正七（一五七九）年の龍造寺・秋月・高橋勢との合戦に関与している。[27]『唐物凡数』には「豊州小田部殿」、および「博多之内高之人」とある。同書は「博多分」と「博多之内高之人」を区別し、前者には嶋井宗室らの博多商人を挙げ、後者には「豊州吉弘宗浦《鳳》」（鎮信）らを挙げる。「博多」が狭義の都市博多を意味するのか、広義に博多の周辺も含むのかは判断しかねるが、宗雲が大友氏の被官であることを意味することは確かである。なお、珠光茶碗を所持した。

吉水四郎　大友氏の使者として活動した吉水新介の存在が確認される。[28]吉水四郎は、大友氏直臣吉水氏の一族であろう。北野茄子（野村美術館蔵）を所持した。

田北九郎　天正六年の日向進攻の「先衆」を務めている。[29]大友氏直臣の田北鑑重の一族であろう。[30]無銘の肩衝と虚堂智愚墨跡を所持した。

吉弘鎮信　筑前立花西城督であり、永禄年間（一五五八～七〇）の半ばから博多を統治した。[31]『唐物凡数』には「博多之内高之人」とある。古林清茂墨蹟・了庵清欲墨蹟・癡兀大恵墨蹟、および「雪絵」（後述）を所持した。

渡辺妙通・宗意　詳細未詳であるが、「天正名物記」では「西国有之分」の項目で宗麟・大友氏家臣・府内商人とともに列挙されている。それぞれ無銘の肩衝茶入を所持した。

このように、大友氏領国には九州の他地域に比べて多くの名物所持者の存在が確認される。大友宗麟・臼杵鑑速を中核として茶の湯のサロンが形成され、これに豊後府内の大友氏直臣層や博多近隣の大友氏被官などが参加していたものと考えられる。

2 「天王寺屋会記」にみえる大友氏家臣

「天王寺屋会記」の豊後・大友氏関係記事を整理したのが表2である。これによると、天文十九（一五五〇）年に「豊後人二人」が天王寺屋を訪問して以降、大友氏の関係者が頻出する。個別に検討していこう。

田村宗切（宗雪） 永禄四年八月〜五年十一月に津田宗達主催の茶会に五回参席した。高石屋宗好と懇意の間柄であり、宗好の紹介で宗達に接近したと考えられる。永禄五年十一月二十一日の最後の茶会は「御屋形へ御音信之茶湯」との性格を帯びており、宗切が宗麟の名代として参席したことが知られる。こうして宗麟は天王寺屋との関係を築いたのである。

宗切（実名親康・仮名三郎）は、幕府奉公衆田村氏の系譜をひき、大友氏の同族として大友氏当主とは同格の存在であったこと、永禄年間の毛利氏との和睦交渉でたびたび重要な役割を果たしたこと、宗麟が羨むほどの茶の湯の数寄者であったことが知られている[32]。宗切が堺を訪問した期間の情勢に着目すると、永禄五年九月に将軍足利義輝が「大友与以契約筋目、大内名字断絶間者」という条件付きで毛利輝元を長門守護職に補任している[33]。毛利氏の周防・長門守護職補任の承認、すなわち大友氏が「大内家督」を放棄するという重大な「契約」を交わす交渉にさいして、宗麟は宗切を京都に遣わしたと考えられる。そうした和睦交渉の合間に堺を訪問し、天王寺屋とも接触していたのであろう。

朽網宗行 永禄七年十二月〜八年五月に津田宗及主催の茶会に二回参席した。初回は林式部丞と同道している。加判衆である朽網鑑康（宗歴）[34]の一族であろう。

林式部丞 永禄七年十二月〜八年七月に宗及の茶会に二回参席した。永禄五年に大友氏の使者として活動するなど

表2 「天王寺屋会記」の豊後・大友氏関係記事

No.	年	日	主催者	出席者・特記事項	典拠
1	天文19	1.18	津田宗達	豊後人二人，高ミ〔三〕三郎五，同名助次	宗達自
2	永禄4	8.28	津田宗達	豊後国田村宗切，宗好	宗達自
3	永禄5	2.6	津田宗達	田村殿〔宗切〕，宗好	宗達自
4	永禄5	5.7	津田宗達	田村殿〔宗切〕	宗達自
5	永禄5	11.16	津田宗達	田村宗切	宗達自
6	永禄5	11.21	津田宗達	田村宗切(但御屋形へ御音信之茶湯也)	宗達自
7	永禄7	12.12	津田宗達	豊後国くたミ(朽網)宗行，林式部承〔丞〕	宗達自
8	永禄8	5.5	津田宗達	くたミ(朽網)宗行	宗達自
9	永禄8	7.9	津田宗達	豊後国林殿〔式部丞〕	宗達自
10	永禄8	11.7	津田宗達	豊後森兵部，道叱	宗達自
11	永禄10	2.10	津田宗及	道叱一人始而申候，従豊後昨日帰津にて候	宗及自
12	永禄11	5.22	津田宗及	豊後之田村宗二，隆仙〔松江〕，宗佐〔茜屋〕，道叱	宗及自
13	永禄11	10.21	津田道叱	宗閑，了雲，宗及 「此かたつき(肩衝)始而開也，従豊後上候」	宗及他
14	永禄11	12.1	津田宗及	田村宗二，道叱	宗及自
15	永禄12	2.—	津田道叱	宗及 「同名道叱方ニ而同二月ニ夜雨絵，但きぬや(絹屋)ニ候つるあをかいて(青楓)豊州の屋かた江下申候時(後略)」	宗及他
16	元亀2	7.17	津田宗及	豊後之小田辺宗雲(但従道叱客人)	宗及自
17	元亀2	8.13	津田宗及	小田辺〔部〕宗雲，道叱	宗及自
18	元亀3	8.11	津田宗及	雲松軒(道叱同道)，道叱	宗及自
19	元亀3	12.3	山上宗二	豊後之雲松，宗及	宗及他
20	元亀3	12.7	津田宗及	豊後雲松軒，若さや(若狭屋)宗圭	宗及自
21	元亀4	1.9	津田宗及	雲松軒，道叱	宗及自
22	元亀4	7.18	津田宗及	豊後臼杵之紹冊	宗及自
23	元亀4	9.6	津田宗及	豊後之ケンレウ，同木花刑部(大友殿中間也)，高石屋宗好同道	宗及自
24	元亀4	10.1	津田宗及	豊後之雲松軒	宗及自
25	元亀4	12.7	津田宗及	光明院等玻，豊後之雅楽介 「了雲之茶碗，雅楽介とられ候，但代銀子千両也」	宗及自
26	天正2	3.7	津田宗及	春渓，豊後船井〔府内〕之雅楽介	宗及自
27	天正2	4.26	津田宗及	道叱一人(従豊後上津也)	宗及自
28	天正5	7.23	津田宗及	豊後国むなかた(宗像)宗察，道叱(但道叱同道也)	宗及自
29	天正5	8.29	津田宗及	禅通寺長蔵主，豊後のそうさつ〔宗像宗察〕	宗及自
30	天正9	3.晦	津田宗及	了雲，道叱(但道叱田舎へ下向之前日之振舞也)，宗訥	宗及自
31	天正10	7.12	(羽柴秀吉)	(宗及) 「こむらさきかたつき(小紫肩衝)・豊後天目拝見候」	宗及他
32	天正10	10.3	津田宗及	道叱(従豊後晦日夜被上候也)	宗及自

33	天正13	5．2	―	― 「同日晩ニ従豊後似なすひ(茄子)・新田かたつき(肩衝)秀吉様へ参候，則拝見申候，乍両種ならへて拝見申候」	宗及自
34	天正13	5．2	―	― 「宗及所にて注進候キ，従豊後なすひ(茄子)幷新田ノかたつき(肩衝)上り申候，則両種なから拝見させられ候」	宗及他
35	天正14	4．3	津田宗及	豊後大友入道休庵〔宗麟〕，浦上道察，中や(仲屋)宗悦，道叱	宗及自

・永島福太郎編著『茶道古典全集』7・8に依拠して作成したが，同編『天王寺屋会記』1～4（原本の影印本）で校訂した部分もある。とくにNo. 22に関して明記しておくと，刊本は「紹林」とするが，影印本によると「紹冊」である。
・「出席者・特記事項」欄は原文の表記のまま記載した。
・「典拠」欄の「自」は「自会記」，「他」は他会記の略である。
・人名などの注記は（　），校訂・比定は〔　〕で示した。『茶道古典全集』7・8を参照したが，筆者の判断によるものもある。

した「林式部少輔」[35]に比定される。朽網宗行とほぼ同じ期間に堺を訪問しているが、永禄七年七月に大友氏と毛利氏との和睦が成立したことをうけ[36]、両名がその謝礼のために京都に使行した可能性がある。

田村宗你（宗二）　永禄十一年五〜十二月に宗及の茶会に二回参席した。津田道叱（宗及従兄弟）の紹介であろう。この茶会で堺商人の松江隆仙・茜屋宗佐の知遇を得ている。

田村宗切の嫡子とみられる三郎（親貞）に対して宗麟が発した書状に「伯父新介入道宗你」とあるので[37]、宗切の兄であると考えられる。宗你の堺訪問の時期は、毛利氏との和睦が再び画策された時期にあたり、永禄十二年正月には義昭が和睦の調停を行っている[38]。また、宗你は元亀元年にも将軍足利義昭・織田信長と大友宗麟・義統父子との交渉を媒介したらしい[39]。宗你は宗切と同様に使者として豊後と京都を往来し、その合間に堺を訪問したと考えられる。

宗像宗察　天正五年七月に宗及の茶会に二回参席した。道叱の紹介である。天正年間頃の大友氏直臣に宗像左馬進（永禄十二年）・宗像掃部助鎮続（天正五年〜文禄年間）・宗像権右衛門入道（天正八〜九年）がみえる[40]。宗察も直臣宗像氏の一族とみられ、時期的には左馬進もしくは権右衛門入道と同一人物である可能性もある。

雲松軒　元亀三（一五七二）年八月～天正元年十月に宗及の茶会に四回参席した。初回訪問は道叱の紹介によるもので、宗及の計らいで山上宗二主催の茶会にも参席した。若狭屋宗圭の知遇も得ている。永禄六年に聖護院門跡が豊後に下向したさい、宗麟と田村宗切との間で連絡役を務めた「雲松斎」と同一人物であり、雅号を称する大友氏直臣とみられる。(41)

森兵部　毛利鎮実。名物所持者（前出）。永禄八年十一月に宗及の茶会に参席した。道叱の紹介であろう。

小田部宗雲　名物所持者（前出）。元亀二年七～八月に宗及の茶会に二回参席した。道叱の紹介である。『唐物凡数』によると、宗雲は堺の網干屋道林から珠光茶碗を入手しており、元亀二年の堺訪問時に入手した可能性がある。

臼杵紹冊　名物所持者（前出）。天正元年七月に宗及の茶会に参席した。

ケンレウ　天正元年九月に宗及の茶会に参席した。高石屋宗好の紹介である。詳細未詳ながら、「大友殿中間」の木花刑部を同道しており、大友氏直臣層に属する人物と考えられる。

雅楽介　天正元年十二月～二年三月に宗及の茶会に二回参席した。「豊後船井《府内》之雅楽介」とあるので、大友氏直臣層に属する人物である可能性がある。(42)

このように、大友氏一族・直臣層が「天王寺屋会記」に登場し、かつ毛利氏との和睦交渉期に長期間にわたって畿内に滞在した様子が窺えるわけであるが、永禄五年十月に田村宗切が「御屋形へ御音信之茶湯」に参席したことが画期をなしたといえる。ここに大友氏領国と天王寺屋とのネットワークが構築されたのであり、それを利用するかたちで永禄六年～天正五年に大友氏の直臣層が天王寺屋を頻繁に訪問したのである。畿内への使者を務める直臣層が必ずしも数寄者であるとは限らないが、臼杵紹冊・小田部宗雲・森兵部のような人物も含まれるので、政治的動機だけでなく文化的動機による訪問もあったといえる。ともあれ、大友氏一族・直臣層が茶の湯の先進地である堺で得た文化的体験は、大友氏の茶の湯サロンに直接の影響をあたえたと考えられる。

3 名物収集のネットワーク

茶の湯サロンが隆盛するには、名物の安定的な調達も必要不可欠である。大友氏が博多商人・堺商人からどのように名物を収集したのかを具体的に検討しよう。

嶋井宗室（宗叱） 永禄八年、宗麟が宗柏所持の「雪絵」を代銀「箱弐」で入手するよう宗室に依頼している。(43)銀二箱は銀二〇貫目、または銭一〇〇〇貫に相当する。(44)宗柏とは神屋宗柏（宗白）(45)のことである。宗柏は東蔵主から楢柴肩衝を入手したとみられるが、東蔵主は牧谿筆暮雪図も所持していた（表1）。おそらく宗柏所持の「雪絵」とは、東蔵主旧蔵の牧谿筆暮雪図を指すのであろう。『天正名物記』（天正四年頃）の段階ですでに宗柏は楢柴肩衝を宗室に売り渡しているので、永禄八年頃には「雪絵」の売却の動きもあったと推測される。宗麟はそうした情報にもとづき「雪絵」の入手を図ったとみられるが、名物記に「雪絵」（暮雪）はみえない。

宗麟と宗室との関係を媒介したのが吉弘鎮信である。天正元年に宗麟は宗室のために「風炉」を津田道叱に注文しており、鎮信はその件で奔走している。(46)また、天正三〜五年頃に宗麟が宗室所持の楢柴肩衝を再三要求したさいには、(47)鎮信らが宗室と交渉しており、銀四〇貫目と「志賀柴ツホ」を代償として執拗に楢柴肩衝を要求している。(48)

川原紹悦 『山上宗二記』によると、祖父は「博多宗悦」、父は宗作である。宗作は「天王寺屋会記」に「はかた宗作」としてみえる。「博多」が屋号なのか地名なのかは一考を要するが、『唐物凡数』の「博多分」の項目に紹悦が登場するので、博多を拠点とする商人とみてよい。(49)

天正三年、宗麟は紹悦のもとに使者原田可真を遣わし、「一種」の「召上」を図っている。(50)『唐物凡数』『山上宗二記』によると、宗麟は紹悦から茶入「似茄子」（表1）を入手しているので、この「一種」とは「似茄子」を指すと考えられる。

津田道叱　津田宗及の従兄弟にあたり、たびたび堺と豊後を往復するなど、大友氏との関係が深い。(51)『宗及他会記』永禄十二年二月条には、「同名　道叱方ニ而、同二月ニ夜雨絵、但きぬや（絹屋）ニ候つるあをかい（青楓）て豊州の屋かた（形）江下申候時」云々とあるので、道叱は絹屋が所持する「青楓」を宗麟のもとに届けるため豊後に下向したようである。たしかに、『唐物凡数』には、宗麟所持として玉磵筆青楓図がみえる（表1）。道叱は宗麟と絹屋との名物の取引を仲介したことになる。

このように、宗麟は博多商人・堺商人から名物を調達しており、なかでも嶋井宗室と津田道叱との関係が深いが、それを媒介した吉弘鎮信の茶の湯との関わりにも触れておこう。鎮信は天正三〜五年頃に宗麟の取り成しで宗室から「一幅」を入手し、(52)同三年頃には「道叱一軸」を入手している。(53)名物記には鎮信所持として、古林清茂墨蹟・了庵清欲墨蹟・癡兀大恵墨蹟と「雪絵」（牧谿筆暮雪図ヵ）がみえる。これら四種のいずれかが「一幅」「一軸」に相当する可能性がある。

鎮信は名物の収集はもちろん、茶会にも参加し、茶の湯を実践していたことが確かめられる。天正元年十月、九州に下向中の道叱を訪問して茶会に参席しており、宗室に送った書状のなかで、「一入面白さ不及言語候、彼墨跡拝見申候」と述べている。(54)鎮信は茶の湯の「面白さ」を感得し、とくに「墨蹟」を「拝見」したことを喜んでおり、そうした関心のもとに墨蹟の収集に傾倒したことが窺える。また、天正三〜五年頃、宗室から「近日一会」に招待されてもいる。(55)このように茶の湯の興趣を理解し、宗室・道叱の茶会に参席するなかで、名物の収集に傾倒していったと考えられるのである。

大友氏の茶の湯サロンは、博多における鎮信と宗室・道叱との人的関係に依存するかたちで、名物の供給という物質的な側面が維持されていたのである。各種の名物記において、大友氏領国内に所在する名物の情報が豊富に記載され、かつその情報の更新がなされていくのは、博多商人・堺商人との関係の深さゆえのことであろう。

三　大友氏領国の動揺と茶の湯サロン

1　茶の湯サロンの衰滅

「天王寺屋会記」によると、大友氏家臣の天王寺屋訪問は、天正五（一五七七）年八月の宗像宗察が最後である（表2）。「会記」は天正十五年三月分まで現存するので、天正五年八月以降に大友氏の茶の湯をめぐる状況に変化が生じたことを示唆する。

茶の湯サロンを支える面々に注目すると、その中心的人物である臼杵鑑速はすでに天正三年に没している。同八年に戸次道雪が「宗歓《（吉岡）》・鑑速死去之以後、貴国御様体無道耳被召扱、依天罰近年被思召立候御弓箭、無御勝利之儀候」と痛烈に批判しているが[56]、鑑速らの死去を契機として政治が混乱し、それが同六年の日向高城・耳川合戦の大敗を招いたとの認識を示したものである。大友氏領国の政治・文化の中核を担った鑑速の死去にともない、茶の湯サロンも停滞に転じ、天正六年の高城・耳川の敗戦を契機として機能不全に陥ったといえる。

その他の人物の動向をみると、大友氏と博多・堺商人を媒介する役割を担った吉弘鎮信は、まさに高城・耳川合戦で討死している。小田部宗雲の動向については、大友氏領国の動揺を突いた龍造寺勢が天正七年に筑前に襲来したさい、早良郡の安楽平城に籠城した一族の紹叱・九郎父子らが討死しており、宗雲自身も秋月氏と呼応する高橋勢への対応に迫られている。[57] また、森兵部（毛利鎮実）は、やはり天正七年に秋月勢襲来に備えて鞍手郡の鷹取城に籠城している。[58] 小田部・森の両名は、従来のように茶の湯に傾倒できる状況ではなかったと推測される。

宗麟の名物収集の動きも鈍くなる。宗麟は天正三〜五年頃に嶋井宗室に対して楢柴肩衝の献上を執拗に迫ったものの実現することはなく、筑前に勢力を拡大する秋月種実が天正十一〜十五年頃に宗室から強奪してしまう。[59] 大友氏全盛期の宗麟が名物の収集に貪欲であったことからすれば、秋月種実による楢柴の入手は、筑前国内における大友氏の勢力後退を象徴する事件である。博多への影響力低下と吉弘鎮信の討死によって、宗麟と宗室を結ぶネットワークは弱化してしまったのである。

大友氏領国が高城・耳川の敗戦を契機として急激に動揺するなかで、茶の湯サロンは、それを支える人的基盤のレベルでも機能しなくなったのである。

2　信長・秀吉への名物進上

高城・耳川の敗戦の翌年にあたる天正七年、大友義統は織田信長から朱印状を受給して周防・長門の進止権を認められ、[60] かつ信長の推挙で任官している。[61] 毛利領である周防・長門の進止権の認定は、大友氏に「大内家督」を認定することを意味する。織田氏は毛利領への進攻を本格化させるなかで、大友氏を自陣営に取り込み、毛利氏の後方を攪乱しようとしたものと考えられる。一方、義統は「防長之儀幷官途之祝詞」のため使僧を信長のもとへ遣わしており、信長の右筆楠木長諳は詳細を「一歩斎」に伝言している。[62]「一歩斎」が津田道叱の斎号であるならば、[63] 織田氏と密着する津田氏[64]が大友氏との交渉を媒介していたことになる。さらにいえば、将軍足利氏との交渉における田村宗切・宗你のように、織田氏との交渉においては道叱が重要な役割をはたしたことになる。

このように、大友氏は織田氏への接近・従属を図っていたが、天正十年六月に本能寺の変を迎える。そして、その四ヶ月後の十月三日、道叱は豊後から堺に帰着している（表2）。大友氏の意向を汲んで堺と豊後を往復したものと考えられる。このとき中央政局に関する詳細な情報が豊後にもたらされたのであろう。

明けて天正十一年五月、義統は羽柴秀吉に書状を送り、秀吉も「信長御時」の「筋目」にもとづき義統に「御入魂」を求めている(65)。また、同年に大坂城築城の祝儀（九月着工）のために使僧真光寺が使行し、「青楓絵一幅　玉磵筆山水」を「代三千貫」（「銀子六十貫目六箱」）で秀吉に譲り渡している(66)。この「青楓絵」は、かつて道叱が宗麟のもとに届けた名物であるから、その譲渡に道叱が関与した可能性もある。

一方、同年には秀吉の使者として安国寺と宮木宗賦が豊後に下向しているが、このとき義統は「小壺茄子」（「天下一也、四ノ内」）を「代六千貫」（「銀子百二十貫目十二箱」）、「新田肩衝」（「四ノ内、天下一也」）を「代三千五百貫」（「銀子七拾貫目七箱」）で譲渡している(67)。似茄子と新田肩衝は、大友氏全盛期の宗麟が博多の川原紹悦・大櫛宗久から入手したものである。いずれも「天下一」と評価された名物であり、宗麟の政治的・文化的権威を象徴する威信財といえる。一方、統一政権の樹立をめざす秀吉としては、戦国大名を従属させる過程において、その威信財として機能してきた名物を吸収した恰好である。「於洛中洛外批判也」、「三ヶ年中ニ天下之名物、従豊州罷上候事、奇特神変之由、貴賤批判之申候也」とあるように(68)、「天下之名物」の召し上げが政治的効果を発揮したのである。

似茄子と新田肩衝の召し上げには津田宗及が絡んでいたようで、宗及は秀吉に「従豊後なすひ《茄子》幷新田ノかたつき《肩衝》上り申候」ことを注進し、「両種ながら拝見」を許されている（表2）。既存の大友氏と天王寺屋を結ぶルートを利用するかたちで、大友氏の名物は秀吉に吸収されたのである。

おわりに

大友氏の茶の湯サロンには、さまざまな特徴が見出されるが、紙幅が尽きたので、論点整理は省略したい。ひとつだけ政治史との関わりについて述べれば、大内氏衰滅後の急速な領国の拡大、および高城・耳川の大敗による領国の急激な動揺と対応するかたちで形成・衰滅の過程をたどったこと、そして豊臣政権への従属にともない、宗麟所持品のうち「天下一」の評価のある名物が続々と放出されたことが明確にみえてきた。大友氏領国における茶の湯の盛衰は、茶の湯という文化的な営みが政治史の画期とよく対応することを示しており、大名領国における政治と文化との関係性を探るためのひとつの材料となりえよう。なお、大友氏の茶の湯を考えるうえで、名物だけでなく高麗茶碗の問題も重要であるが、紙幅の都合上、触れられなかった。後稿を期したい。(69)

註

（1）米原正義『戦国武将と茶の湯』吉川弘文館、一九八六年。
（2）千宗室監修・筒井紘一編『茶の古典』（茶道学大系一〇）淡交社、二〇〇一年。
（3）山田哲也「『唐物凡数』」『文化情報学』四―一、二〇〇九年。
（4）矢野環「『茶道具之記』」『文化情報学』三―一、二〇〇八年。
（5）泉澄一『堺と博多』創元社、一九七六年。芥川龍男「宗麟と茶の湯と堺商人」同編著『大友宗麟のすべて』新人物往来社、一九八六年。本章では、永島福太郎編著『茶道古典全集』七・八（淡交社、一九五六年）を利用した。
（6）前掲註(1)米原著書。
（7）『加越能古文叢』（東京大学史料編纂所謄写本）。天文十一年没の能登畠山氏家臣丸山梅雪の名がみえる。
（8）「大友家文書録」（『大分県史料』〈以下『大分』〉三二―一〇六二・一一〇七号）。

(9)『唐物上古物置様の事』(前掲註(2)筒井編著)。
(10)佐伯弘次「博多商人神屋寿禎の実像」(九州史学研究会編『境界の内と外』岩田書院、二〇〇八年)参照。
(11)拙稿「大友宗麟をめぐる名物茶入の変遷」『西日本文化』四七四、二〇一五年。
(12)「大友文書」(『大友宗麟資料集』〈以下『宗麟』〉三―八〇一・八〇二号)。
(13)「大友文書」(『宗麟』二―六三四・六三五号)。
(14)『大友興廃記』は、宗麟が瓢箪茶入・驢蹄茶入・有明肩衝・小肩衝・珠光茶碗・玉磵筆枯木図・同市図・虚堂智愚墨蹟も所持したとするが、『清玩名物記』『唐物凡数』『天正名物記』では、大友氏家臣・府内商人の所持である。『天正名物記』の段階以降に移動した可能性もあるが、宗麟の名物収集への傾倒が誇張された恐れもある。
(15)矢野環「名物記と道具帳」(『美術フォーラム』二一、二〇一二年)所引。
(16)前掲註(11)拙稿。
(17)「大友家文書録」(『宗麟』二―六一四~六一九号)、「大友文書」(同六三四・六三五号)。
(18)熊倉功夫校注『山上宗二記』(岩波書店、二〇〇六年)。
(19)堀本一繁「一五五〇年代における大友氏の北部九州支配の進展」『九州史学』一六二、二〇一二年。
(20)前掲註(1)米原著書。
(21)「横岳文書」(『西国武士団関係史料集』〈以下『西国』〉二三―七三号)。
(22)福川一徳「大友宗麟関係人名事典」(前掲註(5)芥川編著)。在職は弘治三年十一月~天正三年五月(没)。
(23)前掲註(22)福川論考。
(24)「大友家文書録」天正十五年二月十七日条の綱文は、島津家久が紹冊所持の茶壺を入手し、その後、佐伯惟定の手を経たことから、「佐伯肩衝」と称されたというが、名物記には紹冊所持の肩衝は記載されていない。綱文がその来歴を義輝→宗麟→紹冊とすることを信用するならば、宗麟所持の無銘の肩衝(表1)に相当する可能性はある。
(25)「大友家文書録」(『大分』三三―一六九三号)、「羽野文書」(『大分』一三―七一〇号)、「清原宣雄所蔵文書」(『大分』二五―三六二号)。
(26)岡松仁「戦国の動乱」(『飯塚市史』上、二〇一六年)。

(27)「黄薇古簡集」堀内勘左衛門所蔵一〇号（『岡山県の中世文書』）。吉良国光「小田部氏関係史料」（『福岡市博物館研究紀要』一、一九九一年）参照。
(28)「若林文書」（『宗麟』五―一八九九号）。吉水姓の者としては、茂介（「志手文書」『大分』一一―一三六号、「大友家文書録」『大分』三三―一九三〇号、三四―二五九〇号）、八郎・藤右衛門（「臼杵宝岸寺過去帳」『西国』六）、与三太郎（「朝見八幡宮文書」『大分』一一―一一〇号）が確認される。
(29)「相良文書」（『大日古』五―二―五九八号）。
(30)前掲註(22)福川論考。永享年間に「田北治部《親増》・同九良」の存在が確認され（「田北要太郎文書」〈『大分』二五―五一三号〉）、田北親増の同族九郎の系譜をひく人物とみられる。
(31)前掲註(22)福川論考。在職は元亀二年七月～天正六年十一月（没）。
(32)大塚俊司「戦国期大友氏の年中行事と家臣団」『大分県地方史』一八六、二〇〇二年。池辺智子「戦国期における豊後国田村氏と大友氏」『大分県地方史』二〇五、二〇〇九年。
(33)「毛利家文書」（『大日古』八―一―三一七・三一八号）。
(34)前掲註(22)福川論考。在職は永禄十二年～天正十四年頃。
(35)「五条文書」（『宗麟』三―七八二号）。林式部少輔は「内田文書」（『増補訂正編年大友史料』〈以下『増訂大友』〉二三―三九二号）にもみえる。
(36)「大友家文書録」（『大分』三三―一四八四号）、「吉川家文書」（『大日古』九―一―六九号）。
(37)「田村文書」（『宗麟』四―一五八三号）。
(38)「大友家文書録」（『大分』三三―一五〇一～〇八号）。
(39)「大友家文書録」（『大分』三三―一四二〇号、『増訂大友』二三―一四）。前掲註(32)池辺論文参照。
(40)左馬進は「内田文書」（『大分』一〇―一一号）、鎮続は「大友家文書録」（『大分』三三―一九三二・二一一三・二一一二四・二一七三、三四―二三三六・二三九六号）、「一万田文書」（同九―三八七・三九一号）、「平林文書」（同二五―三八五・三八六号）、「佐田文書」（『増訂大友』二六―二七二号）、「北里文書」（同二七―三六六号）、「宮師文書」（同二三―四七五号）、権右衛門は「大友家文書録」（『大分』三三―一九一八号）、「佐田文書」（『増訂大友』二六―五九三号）、「問注所文書」

『西国』三二―三〇号）にみえる。
(41)「大友家文書録」（『宗麟』三―八三五号）。
(42)「天王寺屋会記」に登場する「長井雅楽介米遊」と同一人物とされるが（前掲註(5)永島編著・芥川論考）、これは美濃の「長井利重」のことである（谷口克広『織田信長家臣人名事典』第二版、吉川弘文館、二〇一〇年）。
(43)「嶋井文書」（永禄八年）二月二日大友宗麟書状（『宗麟』三―八七六号）。
(44) 本文後段で述べる玉磵筆青楓図・似茄子・新田肩衝の価格表示から、銀一箱＝銀一〇貫＝銭五〇〇貫の比率が導かれる。
(45) 神屋宗白は寿禎の子息である（前掲註(10)佐伯論文）。
(46)「嶋井文書」十月晦日吉弘鎮信書状（『福岡県史』近世史料編・福岡藩町方一〈以下『福岡』〉―二三号）。本書状に「御屋形様《（宗麟）》」・「当殿様《（義統）》」とあるが、義統の家督相続は天正元年某月のことであり（前掲註(22)福川論考）、年次は天正元年以降となる。鎮信は少なくとも天正二年閏十一月までは「加兵衛尉鎮信」と称し（『大分』三三―一七二六）、天正三年時点で「加兵衛入道」「宗仞」と称している（前掲福川論考）。鎮信の出家が天正二年末～三年頃であるとすれば、本書状の年次は天正元～二年となる。ただし、本書状のなかで、鎮信は博多から堺に戻る津田道叱のために餞別を用意しようとしており、天正二年四月に道叱が堺に帰着しているので（表2）、その年次は天正元年に比定される。なお、「宗鳳」の称については、「小田文書」「横岳文書」（『西国』一三―二号、二三―八九号）に吉弘鑑理（元亀二年頃没、前掲福川論考）とともにみえるので、鎮信の出家前となる。法名ではなく雅号とみるべきであろう。
(47)「嶋井文書」十二月二十八日大友宗麟書状（『宗麟』五―一六五〇号）。
(48)「嶋井文書」十二月二十八日吉弘宗仞・池辺宗元連署書状（『福岡』一―一三号）。
(49) 天正十四年の「中国九州御祓賦帳」（神宮文庫所蔵）には、博多の住人として河原甚六が記される。
(50)「原田文書」（天正三年）三月二十六日大友宗麟書状（『宗麟』五―一六一九号）。
(51) 田中健夫『島井宗室』（吉川弘文館、一九六一年）、前掲註(5)泉著書。
(52) 前掲註(47)十二月二十八日大友宗麟書状。
(53)「嶋井文書」九月十九日吉弘宗仞書状（『福岡』一―一二四号）。
(54) 前掲註(46)(天正元年)十月晦日吉弘鎮信書状。

(55) 前掲註(53)九月十九日吉弘宗仭書状。
(56) 「大友家文書録」(『大分』三三―一九一五号)。
(57) 「小田部文書」(天正七年)九月二十八日大友円斎朱印状写、(天正八年)七月二十五日大友義統書状写(前掲註(27)吉良論考)、前掲註(27)「黄薇古簡集」(天正七年)十二月十五日小田部宗雲書状写。なお、『仙巣稿』中・偈頌には「九月八日廼小田部紹叱公父子之小祥忌也」とある。
(58) 前掲註(25)「羽野文書」(天正七年)三月二十二日大友義統書状。
(59) 前掲註(11)拙稿。
(60) 「大友文書」(天正七年)十一月二十七日織田信長朱印状(『大分』二六―四四一号)。
(61) 水野嶺「足利義昭の栄典・諸免許の授与」『国史学』二一一、二〇一三年。
(62) 「大友家文書録」月日未詳織田信長書状写・(天正七年)十二月二十八日楠木長諳書状写(『大分』三三―一七一五・一九一〇号)。
(63) 原田伴彦編『茶道人物辞典』(柏書房、一九八一年)は道叱の号を一歩斎とし、「大友家文書録」(『大分』三三―一七一五号綱文)は「遣僧一歩斎道叱於信長」とする。
(64) 前掲註(5)泉著書。
(65) 「大友家文書録」(天正十一年)六月六日羽柴秀吉書状(『大分』三三―二〇四四号)。
(66) 天正十四年大友義統覚書(「大友松野文書」『大分』二五―二〇三号、「得丸文書」同三五―三五四号、「西寒多神社文書」『増訂大友』二七―一〇五号)。
(67) 前掲註(66)大友義統覚書。
(68) 前掲註(66)大友義統覚書。
(69) 拙稿「粉粧粉青沙器の日本流入経路に関する一試論」(『海洋文化財』一〇、二〇一七年)では、大友宗麟の高麗茶碗収集に寄与したとおぼしき梅岩を対馬宗氏の直臣中山梅岩に比定した。今後は大友氏の茶の湯における名物(唐物荘厳)への嗜好と高麗茶碗(侘び数寄)への嗜好を総合的に考察する必要がある。それによって大友館の空間構造(会所・茶室)に関する示唆も得られよう。

第五章　推定第四南北街路と上町・中町・下町沿いの変遷

佐藤道文

はじめに

本書の前シリーズともいえる『戦国大名大友氏と豊後府内』において、坂本嘉弘氏は大友氏における豊後国支配の最大拠点である府内で行われた発掘調査成果を基に一四世紀から一六世紀代にかけての遺構変遷を提示した。(1)それまでの発掘調査の内容をふまえ、都市の変遷・構造について全体を概観し、簡潔にまとめられている。本章は、その中でミクロ的な視点で、第四南北街路とその周辺の町屋域を対象とし、第四南北街路沿いの発掘調査成果を基に遺構変遷を示しながら、本エリアが豊後府内においてどのような構造・特徴を有していたのか検討することを目的とする。

一　第四南北街路の歴史環境

大友氏時代の第四南北街路は「府内古図」や復原想定図(2)によると（図1）、中世府内町の北西部、現在の大分川が

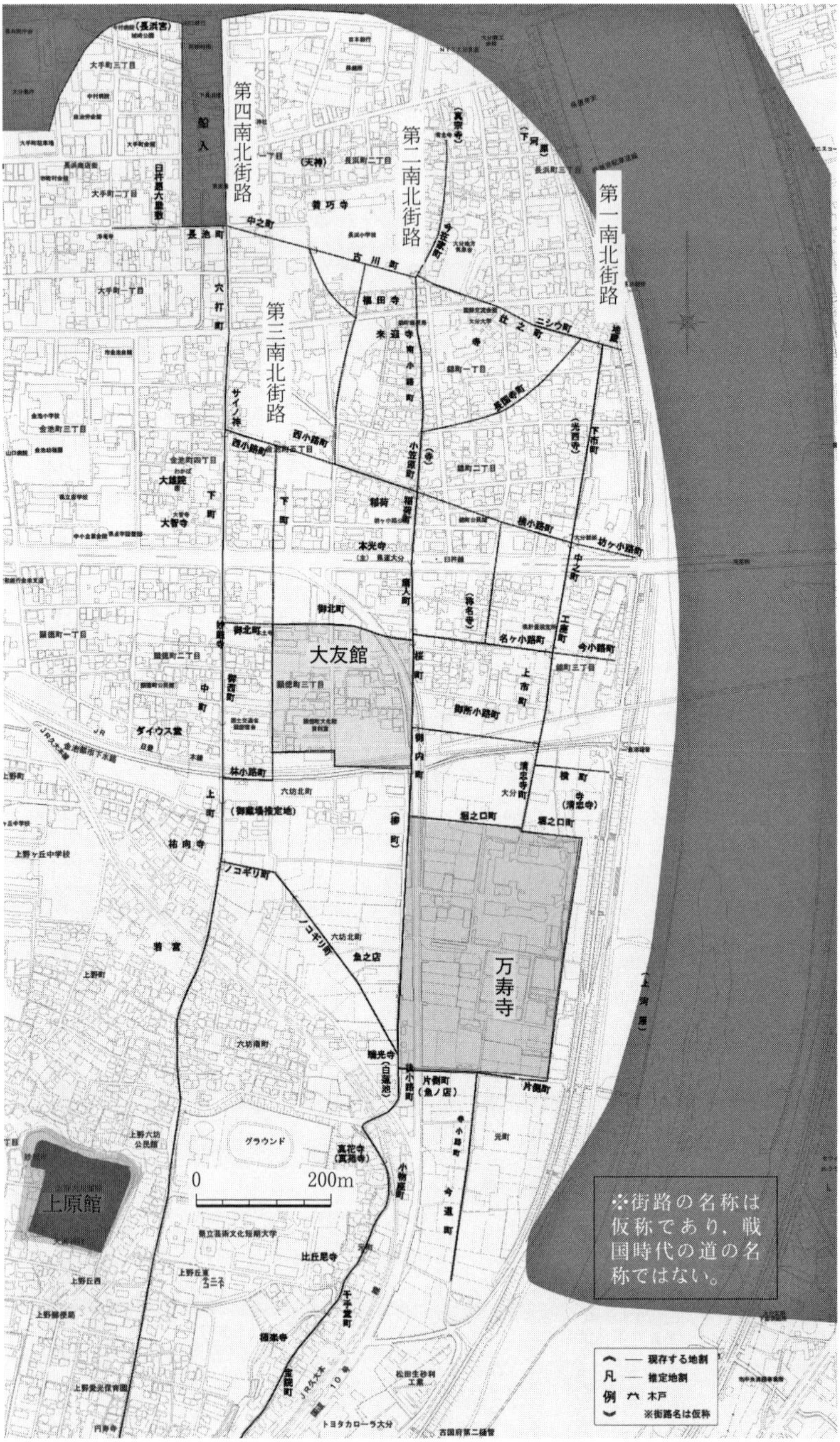

図1　戦国時代の府内復元想定図

河口付近で西側へと大きく蛇行し、その環境を利用して町域へ水を引き込むような区画付近を北限とする。府内古図は大きくAからC類の三種類に分類される。(3)この地点は、戦国時代の府内のまちの様子を最もよく反映した絵図とされるA類では何の記載もなく、情報量の多いC類において「船入」と記され、石組みによる護岸施設が描かれる。その有無については考古学的所見による成果を待たなければならないが、両絵図からは流路が存在していたことが想像される。この流路の南側にある中之町と長池町の間には東西の橋状の施設が描かれ、東西橋と接続する道路地点が第四南北街路の北限となり、以下、穴打町↓サイノ神(東西街路と南北街路の交差点部)↓下町↓中町↓上町と町屋が配置される様子が見てとれる。穴打町は町名の記載はあるものの、町の範囲は描かれていない。

下町へと移ると、その西側奥には大雄院・大智寺が東に門口を、東側には妙厳寺が南門を構えて配置されている。大雄院は、永正十(一五一三)年中、大智寺二世仲機寿軫を和尚として大友義長(第一九代)により建立されたとする説と文亀元(一五〇一)年、大友義右(第一八代)が東渓宗牧禅師を招いて開基としたとする説がある。(4)大智寺は、大友親著(第一一代)により嘉慶元(一三八七)年に建立された大慧寺が前身であり、荒廃した寺を、明応二(一四九三)年に大友義右が修理を行い大智寺に寺名を変えたといわれる。大雄院の建立年については両説のいずれが正しいか問うことはできないが、これらから一五〇〇年代の初め頃に、大雄院・大智寺は建てられた可能性が高い。

南に位置する中町は南北方向に長く、逆L字状に町域が広がる。上町・林小路町との境界、ダイウス堂の前面付近に木戸が配されているが、同一町内に木戸が二ヶ所設置される地点は他には認められない。中町の南は上町に入り、府内のまち最西南部にあたる地点には祐向寺がある。絵図上では、上町から南へと続く街路は描かれておらず、その奥に位置する若宮八幡社や上野台地上の上原館へのアクセスは不明である。発掘調査状況や旧地形から、上町の南端より若宮八幡社にかけては低湿土壌が広がっていることが判明しており、その移動には橋のような構造物が必要となる。上野台地上には、一四世紀初め頃に再興された円寿寺や金剛宝戒寺といった、今も残っている寺院があることから府内のまちが広がる沖積地と台地上を繋ぐ道は何らかの形で存在したことが想定される。

二　時期区分

遺構変遷を検討するにあたり時期区分を行う必要があるが、本章では図2・表のとおり長直信氏の大友氏館跡出土土師器の分類作業により設定された土師器編年案および遺構変遷画期に準拠し(5)、変遷を進めていく。

三　遺構変遷

1　第四南北街路の特色

第四南北街路および周辺について研究成果を示された事例は、鹿毛敏夫氏(6)によるものがある。第四南北街路の北端の延長線上にある、府内古図C類で記載される「船入」に着眼点を置き、船入は大友氏の貿易船を係留させる船蔵であり、大名権力の象徴の一つと位置づけている。そして、第四南北街路の南端の延長部に位置し、上野台地上に立地する防御的機能を兼ね備えた上原館をもう一つの権力の象徴とし、これら二つの公的施設・権力空間を繋ぐものが第四南北街路であるとしている。そのため、上原館を基点として近い順から設けられた上町・中町・下町は武家屋敷の空間として整備され、その町筋には大友家当主に関係する寺院や神社が置かれ、第四南北街路沿いは権威的空間として、都市「府内」の奥の機能を有するとしている。文献史料を基盤に、積極的に第四南北街路の意義・価値付けがな

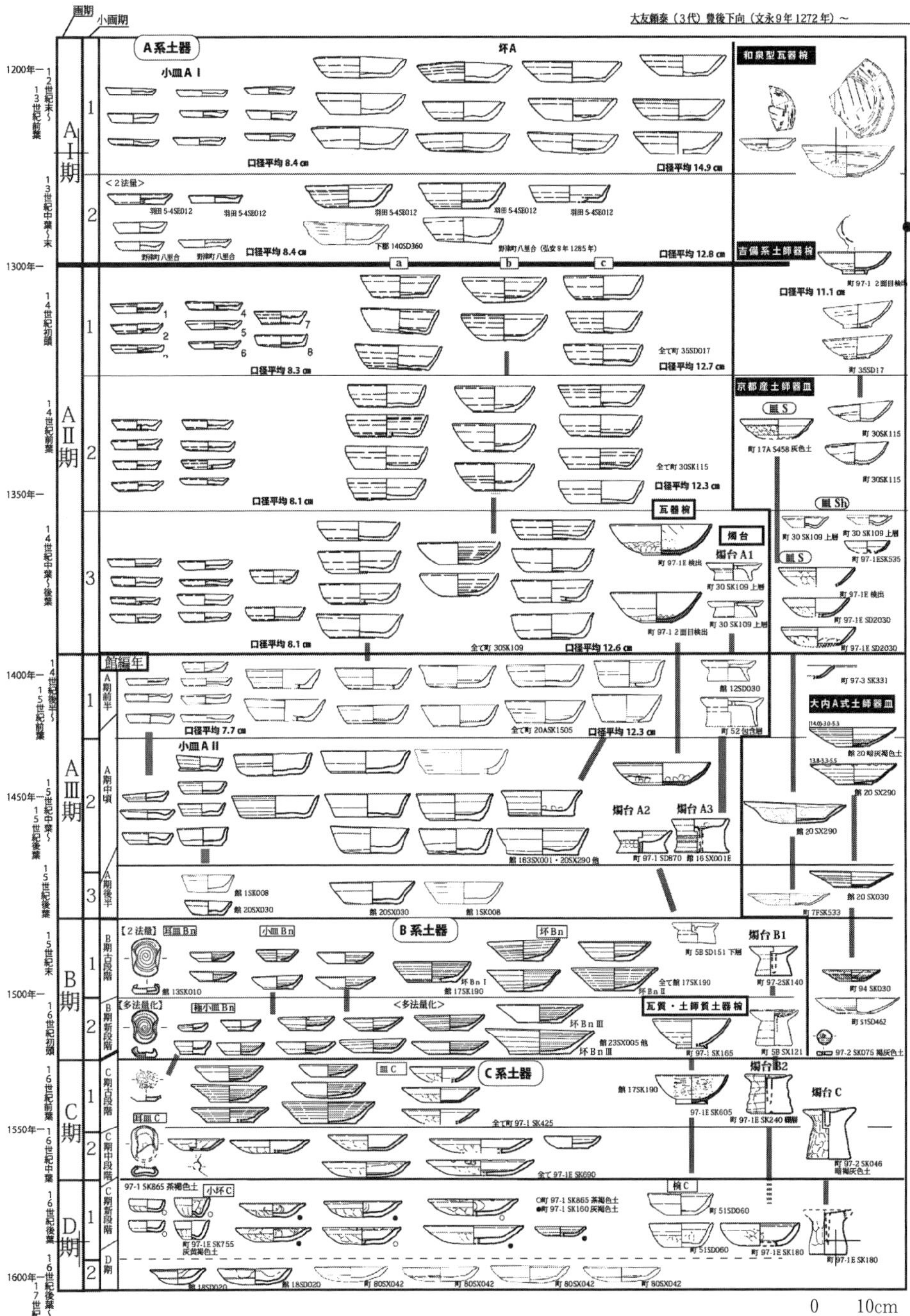

図２　豊後府内土器変遷案（大分市教育委員会 2015 より）

表　遺物変遷時期と特色

遺物変遷時期		年　代	画　期　の　内　容	遺構変遷画期
A期	前	14世紀後半頃～15世紀前半頃	ハコ形を呈す坏Aのヴァリエーション(系統)がきわめて豊富。	I期
	中	15世紀中頃～後半	形のヴァリエーションがきわめて豊富。「時期差」か「系統差」かの吟味が必要であり，複数産地の供給が想定される。	II期
	後	15世紀後半		
B期	古	15世紀末～16世紀前葉	坏B出現。坏Aは淘汰され，以後みられない。 ヴァリエーションが顕著であった坏Aと比較して，きわめて規格性の強い遺物であるB系統の土器の出現によって区分される。 B系統の土器の出現にはA期に搬入されていた大内A式土師器にインパクトを受けた結果との意見がある[1]。 ただし，この時点ですでに法量分化している大内A式土器とは異なり坏Bと小皿Bの2法量を基本とし，依然としてA期段階の土器組成を継承している。	III－一期
	新	16世紀前葉	坏Bに法量分化・皿形化が顕著にみられる。 将軍家を中心とした京都の武家儀礼の受容を契機として生じたものと考えられており[2]，大友氏による領国支配強化に連動する[3]供膳形態の変化と考えられる。	
C期	古	16世紀前葉～16世紀中頃	皿Cの出現，坏Bにヴァリエーションが増加。 この段階に将軍家の武家儀礼に用いられた器そのものである京都系土師器(皿C)が受容され，大友館跡を中心に皿Cの多量廃棄遺構が確認される。 坏Bにヴァリエーションが増加することから，豊後府内における土師器の需要の増加による生産地(供給地)の新設や変更，もしくは新工人の出現などの可能性が考えられる。	III－二期
	中	16世紀中頃～16世紀後半	皿Cの在地化が進行する。 器壁の厚みが増し，口縁形態にヴァリエーションが増えるなど皿Cの在地化が進行する。 坏Bの生産量が減少する。	IV期
	新	1570年頃～1586年	坏B激減。皿Cの在地化がさらに進行する。 町屋域では，椀Cが創出され，皿Cとともに普及する。	V期
D期		1586～1602年	椀C出現，皿C粗雑化。	VI期

・1）河野史郎「Vまとめ　1.出土土師器坏・皿類及び瓦質土器雑器の分類と編年」(『大友府内4』大分市教育委員会，2002年)，2）服部実喜「かわらけ」(『戦国時代の考古学』高志書院，2003年)，3）上野淳也「千人塚遺跡出土の土師質土器について―京都系土師質土器と糸切り土師質土器との相関関係―」(『千人塚遺跡』千歳町教育委員会，1999年)。

されている。しかしながら、考古学的成果を基にした研究としては事例がないことから、平成十五〜十八（二〇〇三〜〇六）年にかけて実施された発掘調査成果の整理を再度行い、大分県埋蔵文化財センターが行った町五次（推定林小路町）と町一〇次（推定上町・ダイウス堂付近）の調査成果を照査し、遺構変遷を明示し、鹿毛氏が述べられるような第四南北街路沿いの特殊性の是非について検証をしてみたい。

2　Ⅰ　期（一四世紀後半〜一五世紀前葉）

この段階、第四南北街路沿線上で本格的な開発が行われた状況は見受けられないが、中町地区において南北溝・柱穴列と土師器の廃棄遺構がある。これらの遺構からは一四世紀後葉〜一五世紀前葉にかけての坏Aが複数出土している[7]が、次段階で出現する長大に伸びる南北溝と一体的な配置をしていることから、Ⅱ期に該当する可能性もある。

3　Ⅱ　期（一五世紀中葉〜後葉・図3）

この段階の遺構は、主に下町地区から中町地区の境界付近と林小路町に分布する。下町地区の中地点〜南地点にかけて南北方向に主軸をもつ溝が造られる。新旧関係や出土遺物から、この南北溝が沿線上において遺構変遷で最も古い段階の施設としてあげられる。途切れずに伸びる長さは推定で一四〇㍍に及び、水流痕跡がないことから区画を主目的としたと推測される[8]。また、この溝とは直接的には繋がらないものの、ほぼ同一軸で同様な溝が見つかっており、すべて合わせると全長は二〇〇㍍にも及ぶ。そして、この溝を掘り込む二種類の柱穴列があり、一つは東西に約一・四㍍の間隔を有した二基一組の柱穴で構成され、全長約八〇㍍近くにもわたって見つかっている（柱穴列一）。もう一方の柱穴列は、この柱穴列に接続するように、一列構造で配置している（柱穴列二）。柱穴列二では柱穴が密に集中分布する箇所が、ほぼ三㍍間隔で認められる。分布域において最新に位置づけられる柱穴からは皿Cが出土しており、その場所が長い期間区画機能を有す場として踏襲されていた可能性がある。両者の構造から二組一対の柱穴列は築地

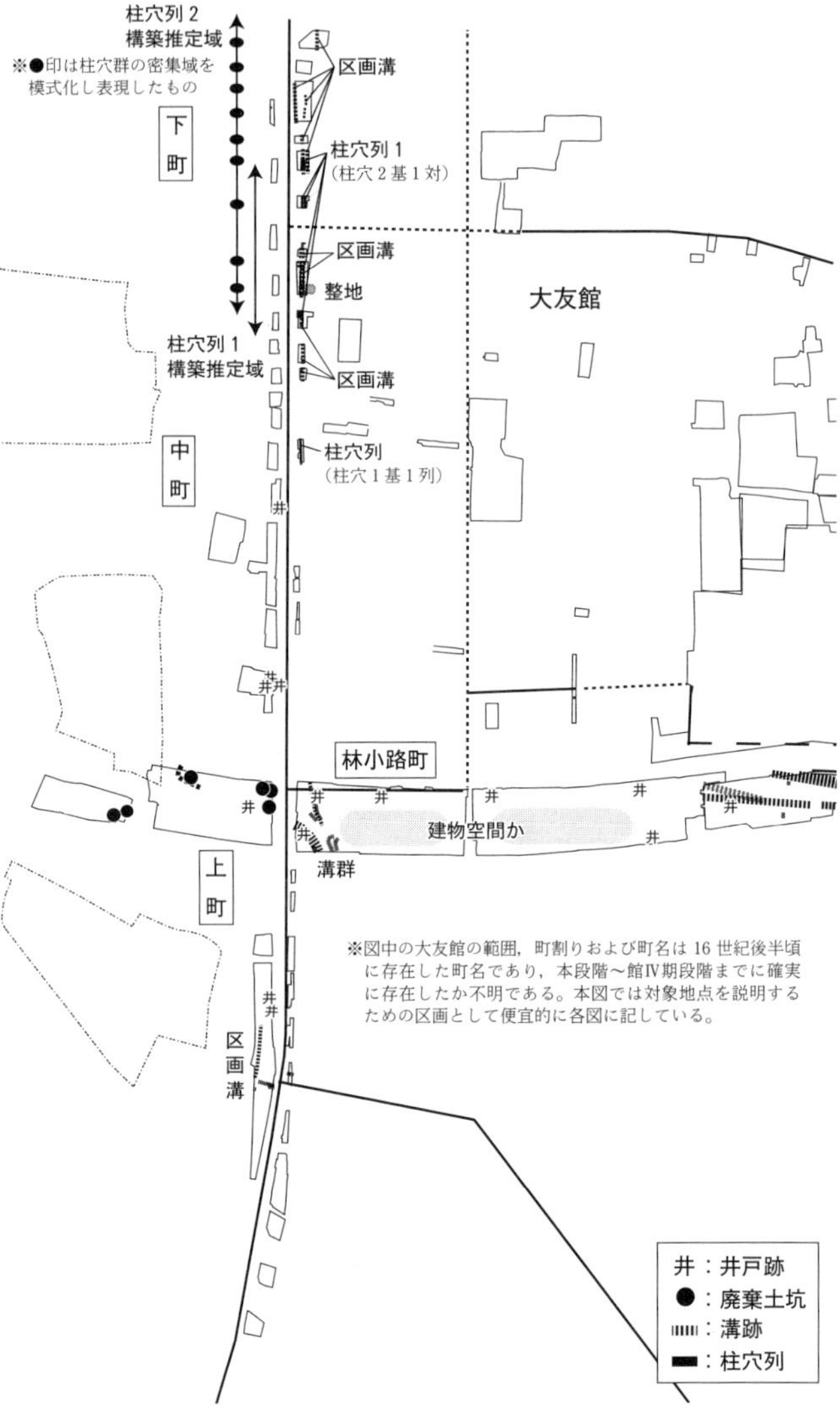

図3　館Ⅱ期相当段階（1/4000）

塀、一列構造の柱穴列は板塀であったと考えられる。

中町地区の南側では井戸が複数造られる。その配置は南北方向のある一定の軸線上に分布する傾向が認められる。林小路町においても複数の井戸が設けられており、こちらは東西方向の一定的な軸線に近接した地点で、柱穴群のエリアの隅部を選び配置する傾向がある。この井戸の配置場所と周辺に群集する柱穴群の分布域を比較して見ると、林小路町の西端付近が二五㍍、東にかけては三五㍍の範囲の中で柱穴群が密集し、その密集域が東西方向に展開する傾向が看取される。そして、井戸はその分布域ごとの西側ラインに造られているようである。柱穴群の時期については不明な点も多く断定は難しいが、この柱穴群と井戸で構成される東西約三〇㍍前後の空間は、当時の屋敷区画を示している可能性も考えられる。また、同じ林小路町地区の西端では、南東から北西に向かって斜行する溝群があり、これらの溝群は土層堆積から流水があったと報告され(9)水路としての使用が推定されるが、平面配置をみると東北・南から東西方向へとそれぞれ弧状に屈曲しており、あたかも三叉路の道路があったかのようにもみえる。この溝群より西域には、当該期の遺構分布は認められず、北方向の中町地区と南方向の上町地区へと広がる。

本時期は、下町〜中町地区にかけて南北方向を機軸にした区画施設が構築され、中町地区〜林小路・上町地区においては屋敷が一定の空間を有して造られていった段階といえる。

4　Ⅲ－一期（一五世紀末葉〜一六世紀初頭・図4）

下町地区の中ほどから中町にかけて前段階の強固な区画施設がなくなり、一部では区画施設の上面を整地層で覆う。整地に先駆けて前段階の区画施設を掘り込んで土師器埋置行為も確認されている。また、中町地区の南側でも、土師器坏Bを数十枚重ね置いた埋置坑が形成されている。下町地区では、南北方向の区画はこの段階でも意識されており、

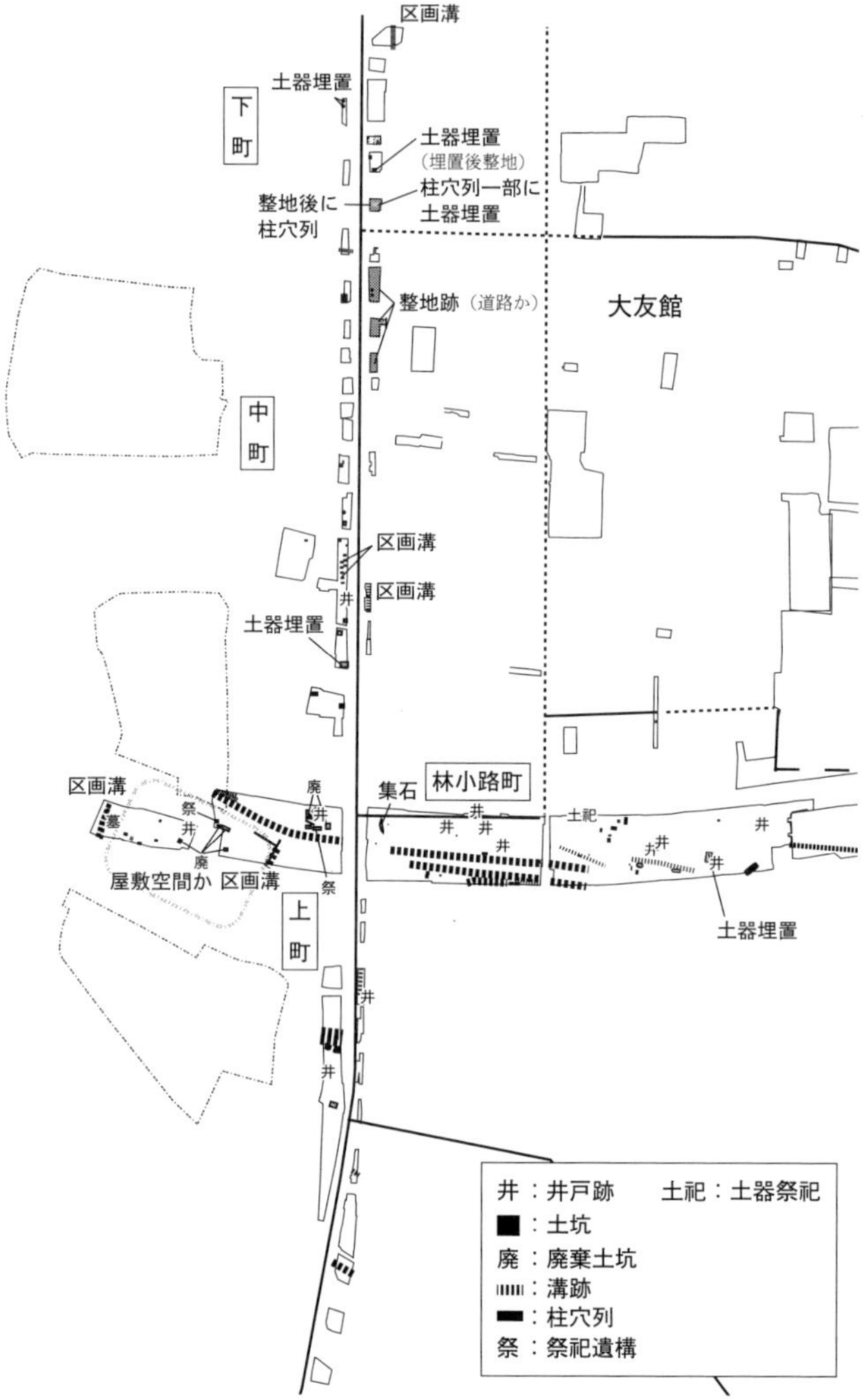

図4　館Ⅲ－一期相当段階（1/4000）

整地がなされた上面には新たな柱穴列が構築されている。

林小路町地区では、Ⅱ期に形成された斜行する溝群が埋め戻された後、東西方向を主とする水路機能も兼ねた直線的な区画施設が現れる。ただし、この東西溝は複数回、掘り直しが行われており、当初の掘削はⅡ期の後半まで遡ることが指摘されているが、(10)最下層からの出土遺物は坏Bが主体であり、古手の皿Cも一点含んでいることから本時期が妥当と考える。井戸の分布をみると前段階よりも数は増加し、各井戸の間隔が広がっていることから屋敷区画に変化があったことを示唆する。

上町～中町地区付近では主軸をやや東に傾けた南北溝が二条あり、両溝に挟まれた東西間隔約六五㍍の空間の中には溝と主軸方向が類似した柱穴群が分布している。これら施設の北辺には東西方向にやや斜行する道路が伸びる。この道路の形成は坏B出現以前で、遺構の新旧関係から判断して一五世紀末葉頃とされており、(11)当該時期においては初期段階に造られた道路と考えられる。

Ⅲ－一期は、下町で行われる整地や林小路町での東西溝の掘削や区割りの変化を示唆する動き、中町から上町にかけて道路の形成、そして各地点で見られる土師器埋置行為というように、本段階は、坏Bという新たな土器型式の導入とともに、まちとしての開発が始まる萌芽期ともいえよう。

5　Ⅲ－二期（一六世紀前葉～中葉・図5）

下町地区の南エリアにおいて部分的に礫敷き道路が敷設され、下町と中町地区の境付近ではしっかりとした整地を基盤とした柱穴列が構築される。林小路町地区では、前段階の区画溝が消滅し、屋敷割りもしくは町屋区画を想起させる溝群が構築される。(12)

6　Ⅳ　期（一六世紀中葉・図6）

この段階では、とくに中町～上町地区にかけて大きな変化が起きている。A地点では複数の墓が造られ、墓域を形

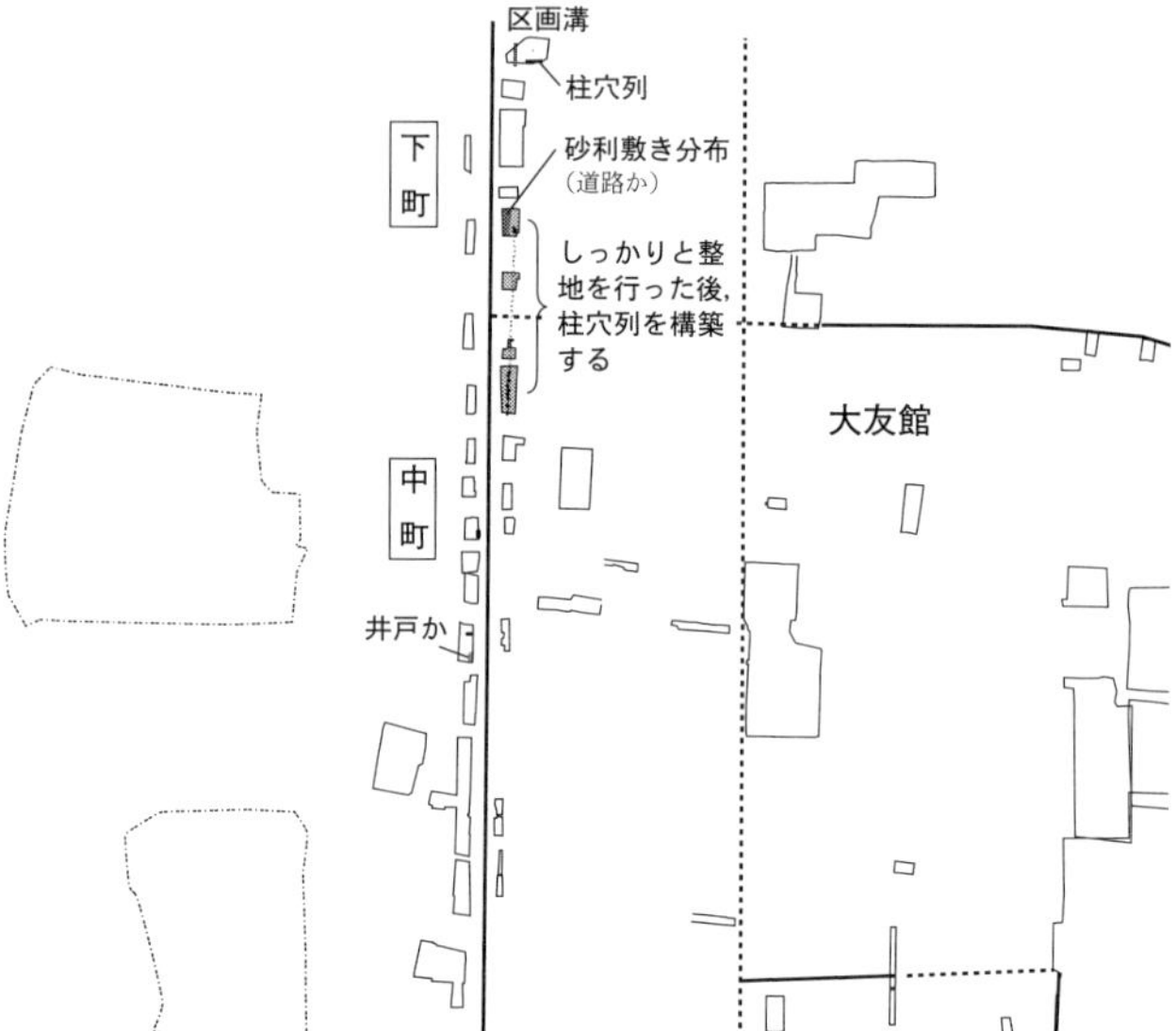

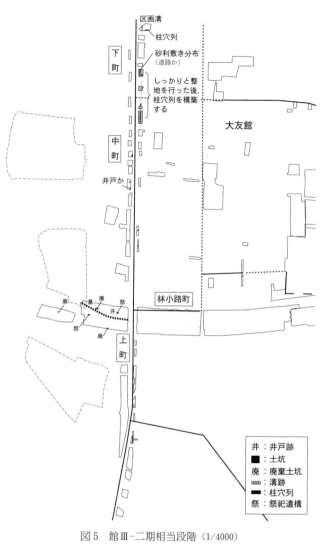

図5　館Ⅲ−二期相当段階（1/4000）

成する。これらの墓はすべて幼児または小児を埋葬したものとされ、配置には規則性は認められない[13]。東には屋敷空間があるが、西側は同時期の施設は認められず、東西道路・墓域・屋敷が遮蔽もなく広がる景観であることが想像される。墓域群の北側のB地点では、非常に規則性を有する溝や柱穴列といった区画施設が構築されている。B地点東では南北方向の溝があり、その西には土坑群が南北に配列するように並ぶ。そこから一定の空間をとりL字状と東西方向の溝が造られる。東西溝の北側の一部には硬化した土層が広がっており、通路などの可能性がある。L字状の溝で区画された内部は柱穴列が並び、建物空間として展開していたと考えられる。C地点では、一辺が一㍍を超える方

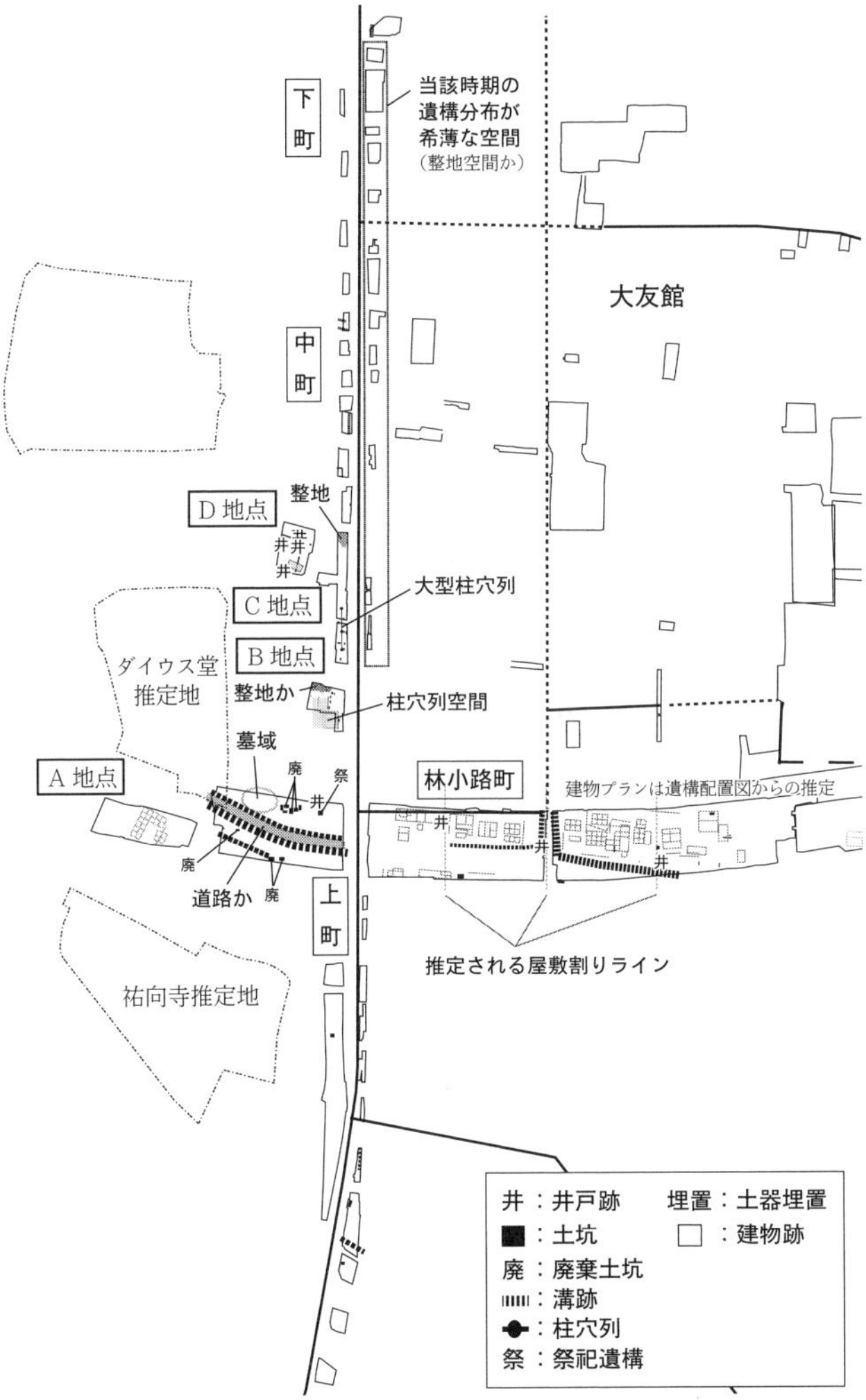

図6　館Ⅳ期相当段階（1/4000）

形プランを呈した柱穴状遺構が、南北に柱間七㍍間隔で二間分確認され、周辺には関係する施設はみられず非常に特殊な構造をしている。また、D地点では井戸の分布が集中している。

このエリアは府内教会や府内病院といった、いわゆるキリシタン関連施設の推定地とされ、Ⅳ期に位置づけられるこれら施設のうち、とくにB地点の区画施設は周辺に展開する柱穴群の様相とは一線を画している点は注目される。

7　Ⅴ期（一五七〇年代〜一五八六年頃・図7）・Ⅵ期（一六世紀末葉）

本時期は府内古図に描かれる時期である。林小路町地区では大規模な東西方向の溝が二条、最長約一四〇㍍近くにわたり確認されている。この二条の溝に挟まれた空間には砂・砂利・粘質土などが版築上に積まれており、道路もしくは大友館の南に位置する御蔵場の外郭施設と考えられている(14)。また、井戸の分布と柱穴群の密集度、区画施設や道路との配置関係からおよそ半町規模の敷地空間の存在を想定することができる。林小路町地区の西端では道路遺構と側溝が位置する。その西側の中町〜上町に広がる推定キリシタン関連施設群地区の基本的な景観は変わらない。墓域は遮蔽されることなく広がり、一定の間隔を有していることから、墓地としてその場所を意識したことが窺える。上町地区では、南北溝と柱穴群が展開する。柱穴群の分布は長く南北方向に伸びる柱穴列が復原でき、それに直交した東西の柱穴列が認められる。本地区において確実に道路と認識される遺構は確認できておらず、林小路町から続く道路の延長は判然としない。下町地区から中町地区は、この段階において発掘調査が行われている区域が全面道路となり、木戸と考えられる柱穴が見つかっている(15)。

本段階は大友館の拡張、館東側の町屋群の整備が行われる段階である。そうした背景の中、第四南北街路沿いでは、下町〜中町地区にかけて道路が敷設され、道路の対面では南北に長く区画溝が形成される。推定キリシタン関連施設群地区では墓地の形成、林小路町地区は大規模区画施設の設置、方半町規模の土地区割り、上町地区では建物群の建設の様子が確認され、周辺で行われる大規模なまちの整備と連動した動きをなしているといえる。

Ⅵ期は、各地点の状況よりⅤ期で敷設された道路を江戸時代の初頭頃まで造り替えながら踏襲されているが、中世

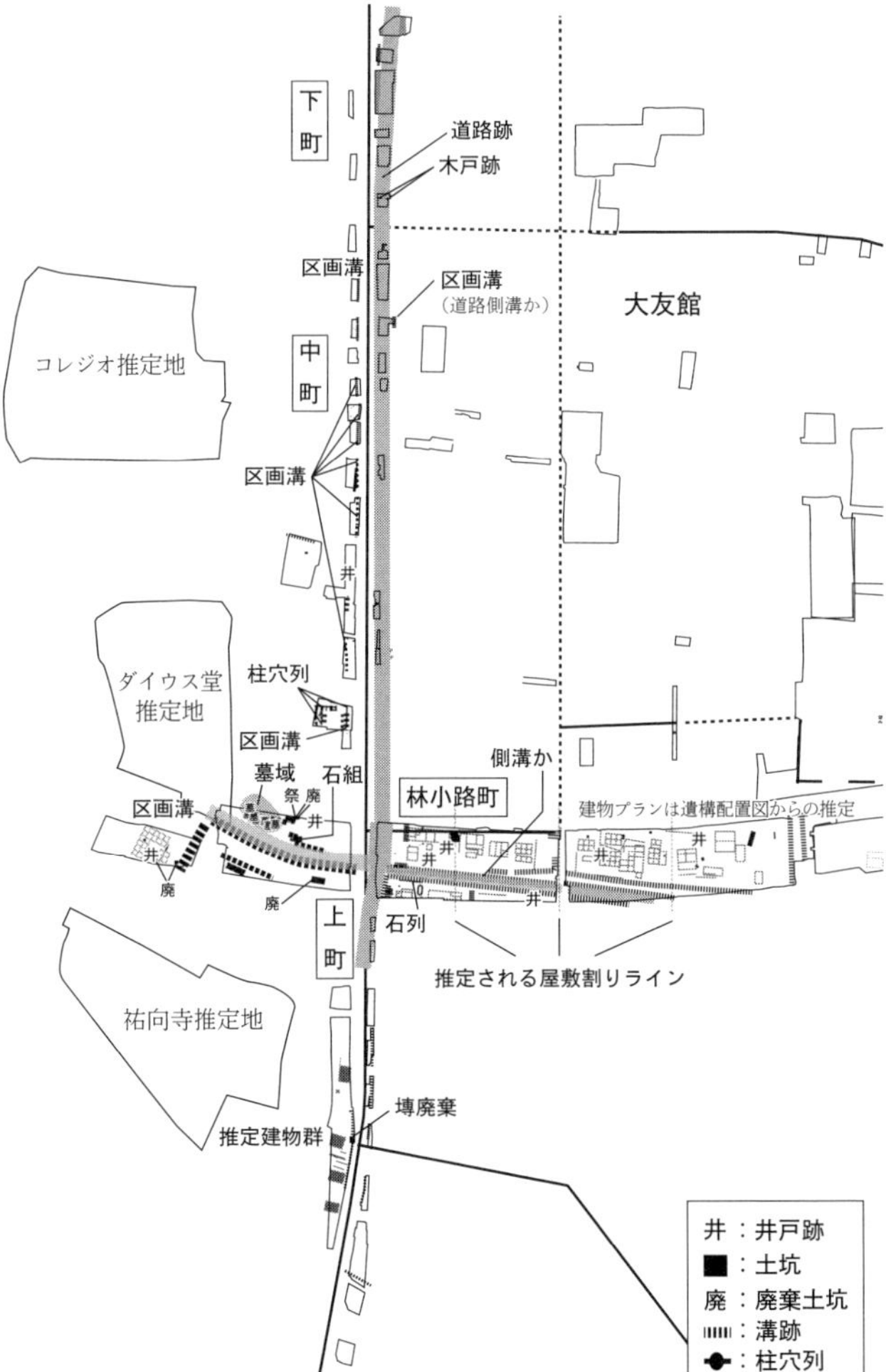

図7　館Ⅴ期相当段階（1/4000）

府内町の人々が近世城下へ移転した以降は、本沿線上の町域は耕作地へと変貌する。

四　第四南北街路の構造

1　道路構造

第四南北街路の道路規模であるが、下町中ほどに位置する調査地点では道路の東辺となる掘り込みが確認されている。その道路跡が確認される対面の地点では道路痕跡は検出されていないことから、一六世紀後半段階では一〇㍍以上一五㍍未満の幅員であったことが想定される。道路構築層の状況については、堅固な複数枚にもわたる版築構造を呈する地点は非常に限定されており、大部分は簡易な造りであるといえる。図8は第四南北街路の道路構造を比較したものである。右の事例は整地土が版築上に丁寧に積み上げられている。左の事例は、道路構築層が明確でなく、掘り込み痕跡はみられるが、整地層は薄く単位も不明瞭な状態で造作されている。版築の分布を概観すると、簡易なエリアと丁寧なエリアに分かれ、道路版築の丁寧なエリアは、一五世紀中頃以降に堅固な柱穴列が設置されていた範囲と重複する。柱穴列除去後も、丁寧な整地や道路構築が繰り返し行われていることから、まちの整備に際して、当該範囲は元々の場の機能もしくは意味が踏襲されていることが推測される。

町 27-7 次　道路・整地土構築状況

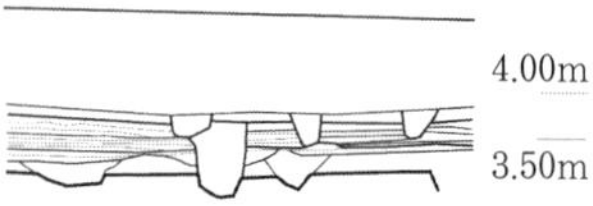

2　時　期

第四南北街路の形成時期であるが、下町地区で道路構築土がⅢ－一期に比定される埋置遺構を

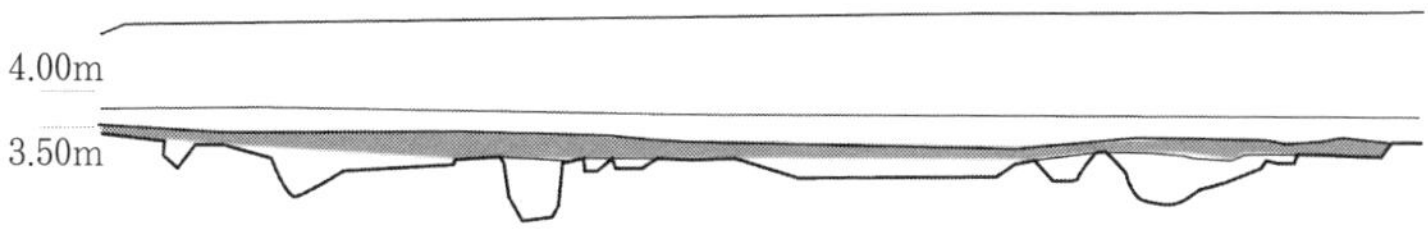

図8　道路構築状況土層図（1/200）

覆うという事実から一五世紀末葉～一六世紀初頭頃と判断できる。周辺での寺院の設立やまちの再整備と関連して、道路の形成が始まったと考えられる。しかしながら、それは画一的な道路整備ではなく、事例として一六世紀中頃になっても道路は造られていない地点があることを踏まえると部分的な敷設であったといえる。

おわりに

第四南北街路沿線上の遺構変遷過程において、大きく三つの画期があることが判明した。まず始めは、館Ⅱ期に相当する段階である。非常に堅固で長く伸びる柱穴列、区画溝が構築され、その配置される場と軸線は、その後の開発に大きな影響を与え、中町の南～林小路町でみられる井戸の分布は、土地区割りの存在を示唆し、本時期は府内のまちの西辺付近で開発の始まった段階といえる。館Ⅲ期は坏Bという新たな土器が導入され、その土器を用いた祭祀行為が各地点で行われ、区画施設や道路の構築など、まちの基盤が形成された段階である。館Ⅳ期は、大友義鎮が大友家当主となった時代と重なり、その影響下において第四南北街路沿いに府内教会・府内病院といったキリシタン関連施設群の設置といった、これまでの日本の中の既成概念を払拭し、新しい文化が展開する舞台となる。

道路が構築される以前の第四南北街路沿いは、一五世紀中葉以降から区画施設の設置、土地区割りやかわらけを用いた祭祀遺構の存在から町屋ではない空間が展開するエリアであったと考えられる。この空間を武家地とするならば、館Ⅱ期段階から「権威的空間」を担うエリアとしてすでに成立していたと推測され、こういった背景の下、館Ⅴ期にはキリスト教関連施設といった新たな「権威的・宗教的空間」が築かれることは、本エリアの特色を如実に示しているといえる。

註

（1）坂本嘉弘「中世都市豊後府内の変遷」鹿毛敏夫編『戦国大名大友氏と豊後府内』高志書院、二〇〇八年。
（2）大分市史編纂委員会『大分市史』中巻、一九八七年。
（3）木村幾多郎「府内古図再考」『Funai　府内及び大友氏関連遺跡総合調査研究年報』Ⅸ、大分市歴史資料館、二〇〇一年。
（4）『雉城雑誌』四。
（5）長直信「第Ⅳ章　大友氏館跡基準資料について　第1節　大友氏館跡出土土器の分類と編年」『大友氏館跡1』大分市教育委員会、二〇一五年。
（6）鹿毛敏夫「川からの中世都市」前掲註(1)鹿毛編『戦国大名大友氏と豊後府内』。
（7）稗田智美「第Ⅶ章　第3節―4　中世大友府内町跡第27-9次E区」『大友府内12』都市計画道路六坊新中島線改良工事に伴う埋蔵文化財発掘調査報告書(3)、大分市教育委員会、二〇〇八年。
（8）五十川雄也・佐藤道文「第Ⅹ章　中世大友府内町跡第27次」「第ⅩⅥ章　中世大友府内町跡第27-7次」『大友府内9』都市計画道路六坊新中島線改良工事に伴う埋蔵文化財発掘調査報告書(2)、大分市教育委員会、二〇〇七年。
（9）吉田寛「第2章　中世大友府内町跡第5次A区」『豊後府内1』大分駅付近連続立体交差事業に伴う埋蔵文化財発掘調査報告書(2)、大分県教育庁埋蔵文化財センター、二〇〇五年。
（10）同右。
（11）田中裕介「第6章　総括　第2節」『豊後府内6』大分駅付近連続立体交差事業に伴う埋蔵文化財発掘調査報告書(5)、大分県教育庁埋蔵文化財センター、二〇〇七年。
（12）前掲註(9)吉田「第2章　中世大友府内町跡第5次A区」。
（13）前掲註(11)田中「第6章　総括」。

（14）　前掲註（9）吉田「第2章　中世大友府内町跡第5次A区」。
（15）　前掲註（8）五十川「第X章　中世大友府内町跡第27次」。

補論　府内のまちに「権力」を読む

坪根伸也

1　都市遺跡と権力

現代社会に限らず「権力」の内容はきわめて多様であり、これを時間と空間によって織りなされる「都市遺跡」の中に把握しようとする試みはこの上なく難しい。「権力」の一般的な社会学的解釈としては、都市と権力は一体であり、権力は都市に住む人々の生活の安心・安全をはじめとする様々なカテゴリーを「保障」することで、都市民の支持を得ることができる(1)。さらに、安全の保障とならび重要なのが、資源の安定確保、つまり「食料」の確保であり、都市は他所から必要な分だけの食料（資源）を調達し、都市民の欲求を保障する。藤田弘夫氏によれば、都市での飢餓は「食糧の分配機構の問題」＝「政治・社会の問題」だと解釈され、時の権力者は、自らの地位を守るために権力を用いて、都市民の食糧（資源）確保に全力で取り組むことになり、それゆえに「都市は飢えない」と説明する。藤田氏のいう「権力」とは政治権力だけでなく、あらゆるものを含み、都市の盛衰は「権力」の強弱に対応するという。また同時に、都市の維持には、「権力」による魅力の創出も必要であり、そのために様々な文化を創造してきたと主張する(2)。これには法令や度量衡などの導入、「権力」の正統性を演出するための儀式や壮麗な建造物の建設のほか、道路などの生活・経済の基盤となるインフラ整備も含まれる。そして、都市の中の「権力」は、都市民の欲求の充足を保障する限り、権力側の定めたルールにより人々を支配することができるが、これを満たせなくなったとき、「権力」は維持できない。すなわち「権力」とは保障と支配のセットにより成立すると整理する。

豊後府内をはじめとする戦国時代の政治都市においては、これに「権威」や「伝統性」といった力学が付与されることになる。これは小野正敏氏が指摘するように、中央（幕府）の「権力」が弱体化した戦国時代末期にあっても、地方の「権力」が支配の「保障」の担保のために必要に応じて中央からの「権威」を利用し、自らの「権力」の正統性を演出していく動向にも示されよう(3)。

本論考では、都市「豊後府内」の歴史的コンテキストの中で特質と出土遺物の特性を整理する。その上で、これまでの発掘調査資料の中で最も広範に確認されており、都市プランの基軸となる道路遺構に着目し、豊後府内における「権力」の在り方の一端を検証する。

2　都市「豊後府内」の特質

豊後府内は、守護大友氏の拠点として約四〇〇年の間、豊後国の政治・経済・文化の中心として機能した。なかでも一六世紀中頃から後半にかけて大友氏第二一代義鎮（宗麟）の治世に最盛期を迎え、天文二十（一五五一）年には、ポルトガル船の直接寄港とフランシスコ・ザビエルの来府、義鎮（宗麟）とザビエルとの会見に基づくキリスト教の布教許可を契機に南蛮貿易の端緒が開かれた。これにより府内は初期南蛮貿易時代の拠点となり、キリスト教宣教師の報告や書簡に代表される海外の資料、日本側の史料といった豊富な文献史料により府内の様子を伺い知ることができる。また、これに加えて、平成八（一九九六）年から本格化した発掘調査による考古学的成果から、より具体的な姿が明らかになりつつある。

府内のまちの特徴は、戦国大名の館を中心とする町と、商業貿易都市が融合した都市という点にある。これはいわば、戦国大名の館を中心に発展した都市である「山口」に、「堺」や「博多」といった国際貿易都市の要素を兼ね備えた都市であったといえる(4)。現在までに一五〇地点以上で実施されている府内のまちの発掘調査では「戦国時代の府内復原想定図」(5)によって想定した場所とほぼ同一の地点で道路跡や町屋跡、寺院などの各種施設が確認されている。このような成果は、当時の府内のまちが、『洛中洛外図屏風』に描かれる武家地と商家が混在する、戦国時代の京都の町に似た姿であったことを示している(6)。

3　都市構造の特徴と出土遺物の特性

前述の「戦国時代の府内復原想定図(7)」は「府内古図」を基に作成され、現在の市街地図上に当時の街路や主要施設の位置が想定された。その範囲は南北二・一キロ、東西〇・七キロの範囲に及ぶ。その構図は、大友館を中心に南北四本、東西五本の街路により区画され、その中には両側町を基本とする四〇あまりの町名を確認できる。特徴的なのは「工座町」や「魚ノ店」など町名の中に町の性格や職業を推定できるものがある点であり、職業集団による町の形成の初現的な様相を示している可能性が指摘される。また、禅宗寺院で大友館の南東部に位置する万寿寺をはじめ、多くの寺社が記載されており、さらに街路の三六ヶ所に及ぶ交差点には木戸（釘貫）が設置されている。

発掘調査の成果によると、徳治元（一三〇六）年に建立される万寿寺の創建を契機に遺跡が顕在化するようであり、主要街路の基本軸のアウトラインは自然地形による制約を踏まえ、一四世紀代には設定されていた可能性が指摘される(8)。さらに一五世紀代の後半から末には、その後の都市構造の骨格となる町の東と西の南北街路（第一・四南北街路）(9)

が再整備されるなど、大きな画期が認められる。こうした経過をたどりながら「府内古図」に描かれる姿に整備されるのは、天正八（一五八〇）年頃である。発掘調査では、大友館の前面の道路東側にあたる、「桜町」に相当する場所で、間口約三～六㍍の短冊形の地割の形成が認められ、さらに町の北端の東西道路と交わる角地には、短冊形の区画とは異なる約一五㍍の大区画が配置されることが確認されている。大区画内には六尺五寸を基準とする桁行五間、梁間二間の礎石建物二棟をL字状に組み合わせた建物が検出されている。短冊形地割を示す町屋部分は、道路端から一〇㍍程度の範囲に建物が建てられ、その奥に、井戸や廃棄土坑などが配置される。このような状況は「今在家町」「横小路町」「上市町」「寺小路町」などでも認められ、府内のまちの町屋の基本パターンとして認識できる。ほかに「御所小路町」や「林小路町」で間口が二〇から三〇㍍程度の大区画が認められ、これらはその大きさや出土遺物の様相から武家地などと推定される。

次に出土遺物の特性についてみる。発掘調査では、先述の「桜町」をはじめ各所に大規模な火災層や火災処理遺構を確認できる。これらの多くは天正十四年の島津軍の府内侵攻に伴うものと推定され、当該遺構から出土する遺物には、天正十四年という確実性の高い実年代（廃棄年代）の付与が可能である。つまり、天正十四年を下限とする南蛮貿易初期段階の純粋な遺物様相の抽出が可能であり、これが豊後府内（中世大友府内町跡）出土遺物の大きな特性である。

また、出土遺物の中には、国際貿易都市豊後府内を象徴するものがいくつかある。そのひとつに、商品流通にのらない貿易従事者の生活用具と考えられる遺物が、町域の広範な範囲に分布するという点があり、中国南部産と推定される焼締陶器鉢などがこれに相当する。これは府内での外国人の長期滞在や居住の可能性を示すものとして注目される。(10) ほかに「コンテナ陶磁器」といわれる中国南部や東南アジア産の中・大型の壺・甕が集中的に出土する点がある。これは一時的ながら府内が沖縄（琉球）に代わり、わが国におけるアジア海域との交易物資の集積地、集散地としての機能を担っていたことによるものである。(11)

このような特質を示す多くの遺物は、その大部分が島津氏の府内侵攻に伴うものであり、府内における「日常」の消費活動を直接的に示すものではない。つまり大規模火災という「非日常」の特殊事例によるものであり、本来その多くは「商品」として府内の外へ流通する予定であった資料といえる。したがって、こうした豊後府内の多彩な陶磁器の多くは、商品流通の中継地としての様態を示しているのであり、都市内で流通し、消費される陶磁器の内容をそのまま示しているのではない点については注意が必要である。(12)

4　都市内の道路遺構に「権力」を読む

政治都市と商業都市が融合し、中核に「権力」や「権威」の表象である大名館が配置される府内のまちに、どのような姿で「権力」を読み取ることができるのか。ここでは「権力」の安定的な維持に必要な装置のひとつである「道路」を通して検証する。

豊後府内の町域にあたる主軸道路の大部分は、路面幅全体を掘り下げ、この中に粘質土と砂質の互層を充塡し路面を形成する「豊後大分型道路」と呼称している道路である。(13)路面は周囲よりも低い位置にあり、町屋や諸施設が道路面よりも高い位置にあるといった景観を形成する。府内中枢部で、こうした豊後大分型道路が遺構として認められるのは、一五世紀後半前後からである。考古学的な所見では、府内のまちの東側と西側に位置する南北街路（第一・四南北街路）の整備が最も早いようであり、一六世紀前半頃には南北街路を繫ぐ東西道路も順次整備されている。しかし、掘り込みを伴って施工されるという道路構造から、それぞれの道路の初現時期は現状の所見よりも年代的に遡る可能性を想定できる。

権力の象徴たる大友館前面（東面）の南北道路（第二南北街路）は、一六世紀前半段階に、豊後大分型道路としての整備が確認され、その間に中断時期（一六世紀中頃から後半）を挟みながら再整備されるのは、天正元（一五七三）年前後の時期と推定される。当初の道路幅はおよそ一一㍍の規模である。戦国時代の府内のまちで確認される豊後大分型道路は、府内中枢部の大分川対岸に位置し、家臣団の方形館が配置される下郡遺跡群や鶴崎台地上の横尾遺跡などでも確認できる。[14]また、近世府内城下町内の主要道路も豊後大分型道路であることが明らかとなっており、町屋部分の東西街路は、約八㍍の幅をもち一㍍近い掘り込みを伴い粘質土と砂質土の互層による路面整備が行われている。[15]ここでも中世の府内のまちと同様に両側に展開する町屋のレヴェルが路面よりも高く、結果として道路全体が町屋部分の排水機能を担っている。また、元禄十一（一六九八）年に編纂された『豊府聞書』にはこの新城下町の道路建設にあたり、中世の府内の住民が労働に従事していたことが記されており、工事施工の主体が地域住民であったことが明らかとなっている。[16]これらの事例からも判明するように、豊後大分型道路の検出事例は各時代の政治・経済の中心とその周辺、そして公的な拠点を結ぶ主要アクセス道周辺に認められることから、これらの道路の施工計画にあたっては「時の権力」の関与を推定できる。

ところで、豊後大分型道路の成立要因については、本来は古代において「権力」の関与に基づく溝状の遺構による直線的な区画を意識したものから派生し、内と他を分けるという意識を底流に内包していたものが、その境界に生じる内にも外にも帰属しない空間を、次第に道路（公有空間）として利用することにより成立したとの推定を行った。[17]こうした道路構造の成立要因を踏まえ、府内のまちの道路を「権力」という側面からみよう。分析視点として「道路規模」、「道路の施工・維持管理」の二点について整理する。

「道路規模」については、大友館の前面を走る第二南北街路の当初の幅は一一㍍を測り、万寿寺門前の南北街路は最大幅一四㍍を測る。さらに東西道路である「横小路町」でも一〇㍍以上といった大型の道路を確認できる。ところが、当該期の府内中枢部の防衛のために周辺地域に配置されるムラなどでは、豊後大分型道路の幅はいずれも三㍍（一・五間）以下である。このように府内中枢部の規模とは明らかに異なることから、施工計画にあたっては、町全体の都市計画を踏まえた「権力」の強い関与を想定してよいであろう。(18)

「道路の施工・維持管理」については、道路施工の状況が町々の境界にある木戸を境に、異なる状況が複数地点で確認されている。最も明確なのが、第二南北街路での唐人町と稲荷町の境であり、ここでは側溝が途切れ、その方向も整合しないなど明確な差異が確認されている。(19) これらの事象は、こうした実務作業が町単位で行われていたことを示している。

豊後大分型道路は大分平野を中心に認められ、支配層の変化に関係なく、構築理念が継承され、古代から脈々と造り続けられている。つまり、政治権力の主体が変遷してもその構築理念は変化していないことから、道路構造に関しては、古代以降、支配層の直接的な意向が反映されていた訳ではなかったと考えられる。したがって、道路施工を直接行う当該地域の住民の伝統的な作法として受け継がれた結果ではないかと考えられ、道路の構築、維持管理は地域住民が主体となって実施してきたことを示している。これは政治の中心が古代の豊後国府設置以来、近・現代まで同一地域内で推移するという豊後国中枢部の特質に起因するものといえる。(20)

では、道路の維持や管理といった点に「権力」の関与はなかったのか。近年の発掘調査の成果は興味深い所見を示している。永禄年間（一五五八〜七〇）を中心に領主大友義鎮（宗麟）が臼杵に政庁を移すという事態が生じ、(21) 府内のまちには領主が不在となり、治安の乱れをはじめ、統制を欠く状況となったことが推測されている。(22) このような「権力」の不在に対応するように、公共空間であるはずの南北街路の中央に廃棄土坑が掘削されるという状況が確認されており、なかには巨大な土取穴が掘削されるなど、道路機能を根本的に阻害するような事態がみられる。また、こうした治安の悪化は、結果として、居住する町民の自治意識を生起させたことが宣教師の記録から想定される。[23]さらには、町単位で道路（公共空間）の荒廃状況が異なっており、これは、町ごとの自治意識の違いを示している可能性がある。「権力」を持つ統治者の支配下での安穏な生活から、その保障が弱くなったことによる自衛意識に基づく自立の状況を具体的に示す好例といえよう。

5　府内のまちに垣間見る「権力」の形

大友館を中心に、街路が敷設され、寺院などの諸施設が配置された府内のまち。道路遺構からは、都市計画における道路の配置や規模の規定には一般的に認識されるように「権力」の姿を読み取ることができると推測された。一方、施工にあたっては、作業の省力性という点に合理性を欠く、当地域に伝統的に継承される「豊後大分型道路」が採用されており、その後の維持・管理も含めた施工以降の工程は、地域住民の主体的な関与が推定された。府内では少なくとも一六世紀後半には、それぞれの町に「乙名」を中心とする個々の自治組織が成立し、町組の存在も指摘されている。[24]都市府内の道路における計画段階と施工、維持・管理における領主権力の影響力の強弱は、こうした自治組織の編成とも無関係ではないであろう。今後は、こうした町衆の国際貿易都市豊後府内における都市内自治の発展プロセスと領主権力との関係性についての解明が大きな課題といえる。

以上のような経過をたどる中・近世移行期の豊後府内は、大友氏の豊後除国後、時代の大きなうねりの中で、「権力」を喪失した都市において経済的要素である町屋（住民）のみが、江戸時代に新たな「権力」の意思により造られた近世の府内町へ強制的な移転を余儀なくされるのである。

註

（1）藤田弘夫『都市の論理――権力はなぜ都市を必要とするか』中公新書、一九九三年。
（2）藤田弘夫『都市と権力――飢餓と飽食の歴史社会学』創文社、現代自由学芸叢書、一九九一年。
（3）小野正敏「勝瑞館の景観と権威空間としての意味」石井伸夫・仁木宏編『守護所・戦国城下町の構造と社会　阿波国勝瑞』思文閣出版、二〇一七年。
（4）大分市教育委員会『府内のまち宗麟の栄華』中世大友再発見フォーラムⅡ資料集、二〇〇六年。
（5）大分市史編纂委員会『大分市史　中巻』付図、一九八七年。
（6）玉永光洋「大友府内町」小野正敏・萩原三雄編『戦国時代の考古学』高志書院、二〇〇三年。
（7）前掲註(5)文献。
（8）坂本嘉弘「中世都市豊後府内の変遷」鹿毛敏夫編『戦国大名大友氏と豊後府内』高志書院、二〇〇八年。
（9）「府内古図」に描かれる四本の南北街路は、発掘調査報告書では東から第一南北街路・第二南北街路・第三南北街路・第四南北街路と仮称しており、本論でもそれに従う。
（10）吉田寛「陶磁器からみた大友氏の南蛮貿易」前掲註(8)鹿毛編『戦国大名大友氏と豊後府内』。
（11）坪根伸也「豊後府内（中世大友府内町跡）出土陶磁器からみた消費と流通」（佐々木達夫編『中近世陶磁器の考古学　第五巻』雄山閣、二〇一七年）ほか。
（12）前掲註(11)文献。
（13）坪根伸也「時をかける道路―豊後大分型道路の成立と継続性の背景―」『古文化談叢』第六五集、九州古文化研究会、二〇一一年。
（14）坪根伸也「守護城下町を守るムラ―豊後府内の事例から―」『西国城館論集Ⅰ』中国・四国地区城館調査検討会、二〇〇九年。
（15）大分市教育委員会『大分市埋蔵文化財調査年報』八、一九九七年。

（16）木村幾多郎「豊後府内城下町移転と旧府内」『大分・大友土器研究会論集』大分・大友土器研究会、二〇〇一年。
（17）前掲註（13）文献。
（18）前掲註（14）文献。
（19）大分市教育委員会『大友府内27』二〇一八年。
（20）前掲註（13）文献。
（21）八木直樹「一六世紀後半における豊後府内・臼杵と大友氏　城下町移転に関する再検討」『ヒストリア』第二〇四号、大阪歴史学会、二〇〇七年。
（22）前掲註（8）文献。
（23）前掲註（8）文献。
（24）前掲註（16）文献。

Ⅱ　戦国大名権力論

第一章　戦国大名大友氏の判物発給手続からみる権力構造

――「雑務」の分析を中心に――

林田崇

はじめに

戦国法の研究により勝俣鎮夫氏[(1)]、石母田正氏[(2)]は、戦国期における国人領主間の相互矛盾の調停者が戦国大名であり、それらの要請に応えて一定領域の秩序を維持することで公的支配を委任されていたのが大名権力であるという権力構造論を導き出した。また、その体制のうえでは当主も恣意的支配ができないという主従協約的面もあぶり出された。

この権力構造論をより明確にするためには、大名権力の政策決定に関わる人物に着目した研究事例の蓄積が必要であろう。その有効な研究手法として、山室恭子氏は発給文書から大名権力を評価した。全国的に大名の発給文書に数量的分析を加えた同氏は、判物主体の支配から印判状主体の支配への移行が「人格的支配」から「官僚制的支配」への移行の指標であるとした。そのなかで、大友氏は判物を主体とした「人格的支配」による権力と評価された。その支配体制のままであったため、豊臣政権服属後でも政権を背景にした求心性の強い権力へ変革できなかったと見通した。(3) これに対して、山室氏の研究はあくまで数量的分析からの推測であるとして、片桐昭彦氏が文書発給手続に具体的に着目した再評価を東国を中心に行っている。(4)

本章では戦国大名大友氏の当主判物発給手続について考察したい。

二〇代義鑑から筑後田尻親種へ忠貞を謝して、判物発給を約束した書状がある。

〔史料1〕

今度、従最前、始中終、被顕心底候、乍案中、御憑敷候、忠貞之次第、永々不可有忘却候、然者愁訴之事承候之条、以坪付申出候、判形之事者、雑務之砌、可申談候、可被得其意候、恐々謹言、

十二月十三日　（大友）義鑑（花押）

田尻（親種）伯耆守殿（傍線—林田、以下同様）(5)

大友氏の判物発給は、受益者側の訴訟によって始まる。(6) 傍線部をみると、まず「愁訴」（訴訟）を受理する段階まで進捗していることがわかる。つぎに、「坪付」（安堵または恩賞として受けたい土地について記載する）を提出するよう命じられており、将来的に開かれる「雑務」を経て、「判形」（判物）を発給することを約束している。つまり、つぎのような流れとなる。

「愁訴」（訴訟）→「坪付」→「雑務」→「判形」（判物）

「雑務之砌、可申談候」とあることに注目したい。「雑務」は「ぞうむ」と発音され、当主臨席のもと加判衆合議による所領配分が行われる場であった。そのため大友氏権力では加判衆が出陣中の場合は、帰陣を待って「雑務」が行われる原則であった。(7) そして「雑務」後に権利認定の判物が発給されるのである。であるとすれば、「雑務」について考察を進めることが、大友氏の権力構造をより明確化することにつながろう。

従来の研究では、大友氏全盛期であった二一代宗麟（義鎮・府蘭などと改名するが本文中では宗麟に統一する）の治世期（天文十九〈一五五〇〉～天正五〈一五七七〉年頃）の「雑務」の分析のみしかなされていない。そのため「雑務」整備の意義について十分に評価できているとはいえない。そこで本章では、（1）「雑務」の整備者、つまり、そのようなシステムが作られたのは誰の代であり、整備の意義とは何か、（2）「雑務」の実態はどのようなものだったか、（3）戦国大名段階から豊臣政権下の大名へと移行する過程で「雑務」はどのような変遷をみせたか。以下、順次これらの問題を考察してゆくことにするが、このような作業を通じて、戦国大名大友氏の権力構造の特質に迫ることが本章の究極の課題である。

一　「雑務」についての基本的理解――宗麟期を事例に

本節では「雑務」についての基本的理解を述べておきたい。

〔史料2〕

（前略）於豊前表両年之御軍労、更難述紙面候、別而御心懸之次第、銘々達　上聞候之条、御感不斜候、①然者守部跡之内、少々御取合申度覚悟候而、度々令披露候之間、屋刑(形)様過半御納得之分候之処、従　御簾中様御口能之子細候之条、不及了見候、併右御闕地之内寒田六町分之事、漸申調候、津江鑑盛被仰談、三町宛先々御知行専一候、早々　②御判調雖可進候、彼地計者余細少分之儀候之間、必急度可有御雑霧(マヽ)之条、於筑前国一所申加、御外聞実儀可然様、涯分可取合候、③鑑理(吉弘)別而添心被申候、（中略）

二月八日(永禄六年)　鑑連(戸次)（花押）

五条（鎮定）殿
御報(8)

永禄年間（一五五八～七〇）に北部九州をめぐり大友氏と毛利氏は合戦した。それに対し、永禄四年から将軍足利義輝の和平調停が行われ、いったん永禄七年に停戦が成立する。(9) 調停が大詰めになっているためであろう、傍線部①のように、出陣中の軍事指揮者である戸次鑑連を窓口として従軍者の筑後五条鎮定から訴訟があがったのである。(10) 鑑連は、当該期には筑後「方分」(11)を務めており、傍線部②では、帰陣後に開かれる「雑務」のさいに筑後の所領に筑前の所領を加えたうえで判物が発給されるよう取り合うことを約束している。「方分」は「雑務」のさいには担当国の土地に関して提案者になったのである。(12) また、筑前の地を加えることについて、傍線部③で鑑連が筑前「方分」吉弘鑑理に根回しを行っていることからわかるように、「方分」同士は「雑務」の場で担当国への権限をほぼ占有するかたちで合議に臨んでいるのである。(13)

〔史料2〕傍線部②に「御判調雖可進候」とあり、「調」の主語は鑑連であることに注目してもらいたい。

〔史料3〕

（前略）

態高木民部丞差遣候、①殊判形之儀、早々雖可相調候、数百通之故于今遅滞候、非油断候、調候之条進之候、能々有校合、自然失念之儀候者、追而調可進候、

（中略）

一　右判形等、相調進之候、②爰元江堪忍之衆、判形調之儀者、先々差延候、此隙も明候条、聽而調之儀可申付覚悟候、（中略）

（永禄六年）七月七日　　　　　　　　宗麟（大友）（花押）

臼杵（鑑速）越中守殿

吉弘（鑑理）左近大夫殿

戸次（鑑連）伯耆守殿（14）

〔史料3〕は、軍事指揮をとっている加判衆に宛てた宗麟の書状である。傍線部①で宗麟が「調」えた判物を加判衆のもとに届け、「校合」（内容の確認）を命じている様子がわかる。一方で傍線部②からは、宗麟のもとに「堪忍之衆」がおり、彼らへの判物は先延ばしにしてあるため、やがて「調之儀」を加判衆に「申付」けるとある。時系列では傍線部①から②であるが、判物作成の作業の流れで復元すると、加判衆「調之儀」があり、当主「調」が終了し、最後に加判衆が「校合」を命じられるものであることがわかる。

加判衆「調之儀」　→　当主「調」　→　加判衆「校合」

加判衆による「調之儀」とは、後述のように、判物の草案作成を意味している。大友氏権力においては「方分」が「雑務」のさいに所領配分についての家臣の要請に応じる提案者となり、それを反映させた判物が作成される体制となっていたのである。

二　「雑務」の整備とその背景

1　「雑務」の整備者

本節から、「雑務」の整備者やその背景について考えてゆきたい。

〔史料4〕

（前略）

一　①寄有之聞次、以一人披露之時者、可相似負贔（マヽ）偏頗、覚悟之儀可被申事

（中略）

一　②内訴之儀、縦雖為理運之子細、不可有許容事

（中略）

一　③諸沙汰雑務等、雖為老中、一人之披露不可然、殊以内儀落着不可有之事

（中略）

享禄第三　十二月六日[15]

〔史料4〕については、外山幹夫氏の研究があり[16]、永正十二（一五一五）年に一九代義長から義鑑に出された置文的な条々事書に[17]、享禄三（一五三〇）年当時の当主義鑑が一般性をもたせるかたちに加筆修正した戦国家法的な位置づけのものである[18]。

傍線部①②は訴訟における不公平を規制するものであることが明らかであり、義長条々事書から存在する条項であるが、傍線部③は〔史料4〕から設けられている。つまり、「雑務」が整備されたのは義鑑の代であると推定できよう[19]。

2　「内儀」落着の対極としての「雑務」

つぎに、「雑務」整備の背景について考えてゆく。傍線部③をみると、「沙汰」（裁判）と「雑務」の主体として

「老中」（加判衆）がみえ、彼らでも一人で披露することはよくないとする。また、それが「内議」による「落着」、つまり、内々に決着するようなことがあってはならないとする。

例えば、室町幕府の訴訟では、内々の訴訟は常に生じつつも、それを押え込むために、内々の披露により訴えは足利将軍の許に達しているにもかかわらず、訴えを実現化する将軍の命令は外様（正式な手続）の披露を待って初めて発せられる原則であった。[20]また、同じ戦国大名でも後北条氏では訴訟を私的関係によって行う方法から職権によるものに切り替えることで裁判に公平性がもたらされ、公的権力としての体裁が整えられている。[21]

大友氏権力の展開に照らしてみた場合、義長は自律的支配を行った戦国大名としての成立段階、義鑑はその基盤を引き継いで筑後方面に展開し、いわば領国を拡大した段階である。[22]大友氏権力が、内々の訴訟を抑え込み、家臣団統制上の公平性を維持するために義鑑が整備したのが「雑務」だったと考えられる。実際、〔史料2〕では「方分」が家臣の「外聞」が保たれるために工面していた。

三　「雑務」の実態

1　加判衆

本節では「雑務」の一例を具体的に復元してみたい。

〔史料5〕

豊前・筑前寺社諸侍中就訴訟ニ、堪忍之由承候、各如御存知為可糺邪正之、至両国差遣検使候之条、彼衆帰国之時可申談候、先以今度忠貞之仕者、当知行分之事、無相違令領地申事、於在々者、雑務之砌、可出頭之由、申聞

肝要候、恐々謹言、

（弘治三年）十月十三日　　義鎮（大友）　御判

年寄中[23]

〔史料5〕は合戦を指揮する加判衆に宗麟が宛てた書状の案文である。加判衆たちの手元に豊前や筑前の「寺社」や「諸侍中」の訴訟が上がっていることがわかる。

大内氏に入嗣した宗麟の弟大内義長が、弘治二（一五五六）年までに豊前・筑前支配のうえで大友氏と協力体制を取り、良好な関係の両者による両国支配が展開していた。しかしながら、義長が毛利氏に討たれると、毛利氏とそれに同調した勢力を退けて大友氏が豊前・筑前を平定するに至った[24]。

傍線部のように、忠貞の意志を大友氏に示した者には当知行安堵の方針であり、訴訟が数か所に及ぶ者には出頭させるよう指示が加判衆になされていることがわかる。〔史料5〕が元重氏に伝来しているのは、宗麟の指示を伝達するために訴訟申請者に案文を作成して配布したのではなかろうか。

〔史料5〕の「雑務」が開催された時期は永禄元（一五五八）年閏六月頃のことであったと考えられる[25]。宛所の「年寄中」とは臼杵鑑続、吉岡長増、田北鑑生、雄城治景、志賀親守と考えられるが[26]、そのうち、このときの「雑務」では、豊前「方分」吉岡長増、筑前「方分」臼杵鑑続、筑後「方分」田北鑑生の三名の働きを観察できる。

2　案　件

まず、武士の案件としては、すでに弘治三年の戦いで大友氏に従軍していた蠣瀬氏が正式に大友氏に帰順するにあたり、本領安堵を申請している[27]。

つぎに、寺社の案件としては、筑前冷泉津（博多）櫛田宮の祝大夫下地職と社領金丸名の安堵や[28]、筑後大鳥居氏から太宰府天満宮と水田天満宮の留守職の安堵を求める訴訟がなされている[29]。

3　出　頭

当該期の政庁は臼杵にあったため[30]、〔史料5〕の「雑務」も臼杵で開催されている。

蠣瀬氏は田原親宏の助言により鎮忠が自ら臼杵まで出頭し、宗麟に対面した[31]。

大鳥居氏は使者として長信應を出頭させている。信應は、臼杵で筑後「方分」田北鑑生に案件のことを頼み、留守職安堵の当主判物と「方分」鑑生の文書を滞在中に受け取り、宗麟に対面している。このとき「談合所之次間」に召し置かれた処遇を喜んでいる。信應は九月二日に筑後を出発し、帰り着いたのは十月十七日であり、「在庄三十四、五日」のうちに判物などを受け取れたことを「神変不思議」としており[32]、これは早いほうだったのであろうか。

表　永禄元（1558）年「雑務」（於：臼杵）

申請者	国	案　件	加判衆（方分）	備　考
蠣瀬氏	豊前	本領安堵	吉岡長増（豊前）	訴訟窓口は田北鑑生
櫛田宮	筑前	社領安堵	臼杵鑑続（筑前）	
大鳥居氏	筑後	留守職安堵	田北鑑生（筑後）	

ここで「方分」の働きについて上表にまとめた。豊前蠣瀬鎮忠の訴訟は、大友氏に従軍するにあたり吹挙を受けた加判衆の田北鑑生宛てに提出されている。訴訟にあたり提出された坪付には鑑生の吹挙によって大友氏重臣田原親宏に従軍した軍忠などを書き記しつつ、大内義隆および同義長に従っていた時代以来の判物や証文も所有している旨が書き添えられている[33]。その一方で、六月九日付で豊前「方分」吉岡長増から鎮忠へ「就題目之儀、示預候之趣、令承知候、以時分鑑生申談、不可有疎略候」との書状が出されており、「雑務」に際して鎮忠が豊前「方分」長増に一種の根回しを行っていたであろうやりとりが看取できる[34]。この時期、鑑生は加判衆ではあるが、筑後「方分」を務めており、豊前「方分」ではないのである。つまり、加判衆

であっても鑑生と鎮忠との関係は私的紐帯であり、「方分」長増の了解が必要となるのである。

つぎに、筑前冷泉津の櫛田宮に対して「雑務」での判物発給を約束しているのは、筑前「方分」臼杵鑑続である[35]。そして、筑後大鳥居氏が筑後「方分」鑑生を頼ったことは先述の通りである。

永禄元年の「雑務」、とくに大内氏から大友氏への帰順者への本領安堵が観察できたが、当該期の政庁臼杵に訴訟申請者が出頭していた。そのさい、やはり「方分」が担当国内の土地について権限をほぼ占有するかたちで合議に臨み、判物発給まで携わっていたことが再確認できた。

四　「雑務」の変質

1　耳川合戦と大友氏

天正六（一五七八）年、大友氏は日向耳川合戦において島津氏に敗北する。大友氏の敗戦に乗じて、肥前龍造寺氏、筑前秋月氏などが離反した。他にも筑後や肥後の過半の領主が龍造寺氏に呼応して大友氏から離反するなど領国は衰退に向かっていった。天正十四年には島津氏が本国豊後府内へ侵攻して壊滅状態となり、天正十五年に豊臣政権に服属することでようやく豊後一国を安堵されるに至った[36]。この敗戦で加判衆が死亡または離反したことにより大友氏権力は加判衆の「衆」としての機能を弱体化させた[37]。ただし、加判衆機構が弱体化した後であっても、単なる奏者であった側近衆が加判衆に成り代わることはなかったことも明らかにされている[38]。

2　義統への批判にみえる「雑務」

加判衆が二人になったうえ反乱者への対応で出兵続きとなるなかで、「指合」といわれる誤った知行宛行などが頻発した。具体例として、天正八年に豊前佐田氏の所領の一部が誤って糸永氏に宛行われたため、改めて豊前の別の地が糸永氏に宛行われている。(39)そのような大友氏権力、とりわけ二二代義統（吉統と改名するが本文中では義統に統一する）の政策に批判があがったが、問題はその内容である。

〔史料6〕

（前略）

一　義統様、諸人ニ領地御配分の事、内者を以、被仰調候事、甚不可然、無余儀御扶持にあつからて叶わぬ忠儀の仁ならは、既に老中申次を被定置候上、万事を彼衆中に被仰渡者、辻計の御さひばん可然、され共国家錯乱なかハ、雑務かたにほたされ（中略）

一　（中略）第一御書草案の事、かりそめの案文までも、宿老被相調、書事をこそ右筆の役とは申候へ共、当時わ宿老にも人なきか、件の草案をも、右筆衆うなつきあひて書度まゝに被調候事、以外不及是非子細也（後略）(40)

〔史料6〕は、一万田宗慶ら重臣が連署した義統宛ての諌状案で、天正八年頃のものとされる。(41)傍線部①では、義統が「内者」（側近衆）によって所領配分を行い、「雑務」を「かたにほたされ」、つまり、ないがしろにしていることが批判されているのである。傍線部②では、判物の「御草案」まで加判衆が作成していたものを、「右筆」のみで発給していると批判されている。義統が義鑑から宗麟まで引き継がれてきた加判衆合議の「雑務」を変質させ、専制的ともいえる政策を取っていることが看取できる。しかしながら、この批判から逆に、加判衆機構に立脚して戦国大名として勢力を拡大してきた大友氏権力の構造があぶり出されるではないか。

結局、義統は加判衆機構を立て直すことはしなかった。

〔史料7〕

一 ①被先憲法、毎事以思惟被加下知、可為簡要之事

一 ②一郡同諸郷庄公事沙汰令出来、以閉目之上、闕地等於有之者、方分幷役所へ被申付、裁判之人被任申旨、堅固可被加下知事

（中略）

天正十二年卯月三日　（大友府蘭）（花押）

（志賀）道輝

（田原）親家（42）

〔史料7〕は、宗麟が義統の政策是正を求めて加判衆の志賀道輝と田原親家に宛てた条々事書である。まず、傍線部①では、政策すべてに関わることとして「被先憲法、毎事以思惟被加下知」、つまり、公平に下知を加えることが肝心であるとしている。傍線部②では、「公事沙汰」（裁判）を処置したうえで闕所地がある場合は、「方分」ならびに「役所」（現地役人）に命じて、「裁判之人」（知行人）を任じるようにとしている。つまり、本章でみてきたような「方分」管理のもとでの知行宛行が天正十二年になってもなされていないことが読み取られる。続けてつぎの史料を提示する。

〔史料8〕

追而伝書之条、細碎不申入候、早々一人可被差出候、拙者事も、御上洛之御供候間、軈而可令帰宅候〳〵、
已上、

去年已来御訴訟之趣、令披露候、従　大殿様(大友宗麟)、財津鎮貞可被成　御扶持之由、雖被仰出候、御兼役之事候間、被差分、可被仰与之由　上意候、以坪付言上肝要之由、従私能々相心得可申旨候、為御存知候、恐々謹言、

(天正十三年)七月廿九日　浦上長門入道　道冊（花押）

(坂本)道列老　人々まいる　申給へ[43]

〔史料8〕は、側近衆浦上道冊が日田郡衆の軍事指揮者である坂本道列に宛てた書状である。道冊は、天正十四年三月の宗麟の上洛に従っており[44]、それに備える旨が記されていることから、天正十三年に比定できる。また、同年閏八月二十三日付の義統書状の副状を道冊が発給していることから[45]、発給日の近い〔史料8〕は義統のもとから出された書状と判断できる。

傍線部では、訴訟の経過を伝達しており、「大殿様」(宗麟)から財津鎮貞を扶持する旨仰せであるが、「兼役」なので分割して給与するようにとの「上意」であるとする。「兼役」は「指合」のような知行の重複を意味していると考えられる[46]。また義統側近から出されていることから、「上意」は義統のものと解釈できよう。そして、道冊自ら「坪付」提出を指示している。その流れはまさに〔史料1〕からみてきた大友氏の判物発給手続の流れそのものである。

「訴訟」→（「兼役」を「被差分」方針）→「坪付」の提出　……

実際、道冊は同時期の書状で「爰元御雑務半」と表現している。[47] つまり、義統は側近衆による「雑務」という対応策を取り続けたのである。

3　豊臣政権下での「雑務」

最後に、豊臣政権服属後の大友氏についてみてゆくこととする。外山幹夫氏は、義統が「至上権をテコとして、豊後内に於ける自己の権力の挽回を策」したとする。[48] また、中野等氏は義統が豊臣政権の政策を通して在地との関係を一元化しようと試みたことを具体的に分析した研究のなかで、朝鮮出兵にあたり重臣層の渡海忌避が起こるなど義統の家臣団統制が失敗したことを明らかにしている。[49]

〔史料9〕

（前略）

一　①諸沙汰雑務以下、如先例宿老之扱勿論、以好縁者雖企内訴、不可有許容事

（中略）

一　宿老聞次・飯番・右筆其外諸役者、義述以分別、可被申付事

　付、②集会等依不同調延引之条、向後者加判衆聞次多人数不可然事

（中略）

天正廿年二月十一日　吉統（大友）（花押）

義述（大友）

まいる[50]

朝鮮出兵直前に義統から息義述に宛てた条々事書である。傍線部②では、「集会等」(合議)が同調せずに長引くので、今後は「加判衆」「聞次」の人数は多くないほうがいいとし、権限集中の志向性を読み取ることができる。しかし、傍線部①にあるように、裁判と「雑務」を加判衆の職務としている。

耳川合戦の敗戦を境に加判衆機構を弱体化させた、義統期の大友氏権力であったが、「雑務」をないがしろにし、知行宛行に混乱を生じさせて批判があがっていた。豊臣政権服属後は政権を背景にして大名権力としての体裁は整えたものの、実質は家臣団統制のために加判衆による「雑務」を維持しなければ大名権力として成立しえなかったのである。そのような権力構造のまま権限集中を目指したことが、中野氏が指摘した朝鮮出兵への重臣の渡海忌避など家臣団統制を失敗させた要因であったことが判明する。

おわりに──戦国大名大友氏の権力構造

本章では、「雑務」を切り口にして大友氏権力における判物発給手続について考察してきた。ここまでの考察結果をまとめ、大友氏の権力構造に対する私見を述べたい。

義鑑が戦国大名として領国を他国に拡大する過程で、帰順者への本領安堵、軍忠者への恩賞給与が増加した。そのさいに家臣の忠功に見合った所領の権利認定を行い、家臣団統制上の公平性を維持する必要があった。実際に「方分」が「雑務」を経て知行が宛行われるさいに家臣の「外聞」が保つように工面していた。永禄元(一五五八)年の「雑務」を事例にみたが、当該期の政庁臼杵で開かれ、出頭者は臼杵まで出頭していた。そして、いずれも「方分」が担当国内の土地について権限をほぼ占有して「雑務」が行われていた。早い場合は「在庄」中に判物を受け取ることができていた。

　耳川合戦での敗戦を境に加判衆機構を弱体化させた、義統期の大友氏権力であったが、義統は加判衆合議の「雑務」を立て直さず、知行宛行の混乱、政策への批判を生じさせていた。大友氏が所領の権利認定者たりえなくなったときに大規模な領主の離反が生じた。結局、豊臣政権を背景にして大名権力としての体裁は整えたものの、加判衆「雑務」なしでは大名権力として成立し得ず、そのような権力構造のまま権限集中を目指したため、朝鮮出兵へ重臣が渡海を忌避するなど家臣団統制を失敗させた。

　大友氏権力の判物発給手続、その手続上に整備された「雑務」からみえた権力構造は、当主の恣意性を掣肘し、忠功に見合った待遇のため家臣からも必要とされた点で、はじめにみた勝俣氏らの主従協約的権力構造論を深化させる結果となった。一方、山室氏の評価は一部修正する必要があろう。大友氏権力が「人格的支配」のままであったため権力の変革ができなかったとする評価では大友氏権力が加判衆機構を整備させて私的訴訟を排除しようと志向していた点を見落とすことになるためである。

註
（1）勝俣鎮夫「相良氏法度についての一考察」同『戦国法成立史論』東京大学出版会、一九七九年、初出は一九六七年。同「六角氏式目における所務立法の考察」同前、初出は一九六八年。同「戦国法」同前、初出は一九七六年。
（2）石母田正「解説」石井進ほか編『日本思想大系二一　中世政治社会思想』上、岩波書店、一九七二年。
（3）山室恭子『中世のなかに生まれた近世』吉川弘文館、一九九一年。
（4）片桐昭彦『戦国期発給文書の研究―印判・感状・制札と権力―』高志書院、二〇〇五年。
（5）(年未詳）十二月十三日付田尻親種宛大友義鑑書状「田尻家文書」四〇号『佐賀県史料集成』七巻。
（6）八木直樹「戦国期大友氏権力の文書発給システムと権力構造」『日本歴史』六七一号、二〇〇四年（以下、八木論文

（a））。同「戦国大名大友氏の「方分」について—他国支配機構に関する基礎的研究—」『大分県地方史』一八八号、二〇〇三年（以下、八木論文（b））。同「戦国期大友政権における取次と権力構造」鹿毛敏夫編『戦国大名大友氏と豊後府内』高志書院、二〇〇八年（以下、八木論文（c））。

なお、当該期の「訴訟」とは「目上の人に何事かを乞うこと」一般を指していた（土井忠生ほか訳『邦訳日葡辞書』〈以下『日葡辞書』〉岩波書店、一九八〇年）。大友氏権力では、恩賞や安堵などを求めて申請する場合に「訴訟」と表現されることが多い。

（7）前掲註(6)八木論文（a）。拙稿「戦国大名大友氏の権力構造—加判衆機構の分析を中心に—」『海南史学』四五号、二〇〇七年。『日葡辞書』には、「Zômu. ザゥム（雑務）家来に、それぞれの地位に応じて領地や知行を分配すること（中略）」とある。

なお、本章では当主の補佐機構について「加判衆」という呼称を用いることとする。外山幹夫氏によれば、「加判衆」という呼称は権力中枢部にあって奉書に連署するところからきたとされる（外山幹夫『大名領国形成過程の研究』雄山閣出版、一九九五年、五八二頁）。一方、同機構の呼称として史料上に現れる頻度が高いのは「年寄」や「宿老」である。そのため、「年寄」を用いる研究も多い（前掲註(6)八木論文（a）〜（c）ほか）。しかしながら、「加判衆」という呼称が現れるのは戦国期であり、主として当主の置文や補任状の中である。このことは、「加判衆」という文言が戦国期大友氏当主の志向性を反映していることを示していよう。そこで、本章では「加判衆」という呼称を使用することとする。

（8）（永禄六年）二月八日付五条鎮定宛戸次鑑連書状『史料纂集　五條家文書』（以下『五条』）二四五号、続群書類従完成会、一九七五年。

（9）宮本義己「足利将軍義輝の芸・豊和平調停」上・下『政治経済史学』一〇二・一〇三号、一九七四年。

（10）永禄六年正月二十一日付戸次鑑連裏判五条鎮定ほか連署坪付『五条』三四八号。

（11）前掲註(6)八木論文（b）。八木氏によれば、「方分」とは現役の加判衆が権力中枢にて方面別に訴訟取次を行ったものである。

（12）前掲註(6)八木論文（a）。

（13）前掲註(7)拙稿。

(14)（永禄六年）七月七日付加判衆宛大友宗麟書状「立花文書」『大分県先哲叢書　大友宗麟資料集』（以下『先哲』）三巻、八四一号。
(15)享禄三年十二月六日付某条々写「大友家文書」『大分県史料』（以下『県史』）二六巻、五〇八号。
(16)前掲註(7)外山著書、六四七〜六七五頁。
(17)永正十二年十二月二十三日付大友義長条々事書「大友家文書」『県史』二六巻、四九九号。
(18)「大友家文書」に残る置文や戦国家法類について、近世の写であり再検討すべきという指摘があるが（橋本操六「西寒多神社の三非・忘機子印」『大分県地方史』一〇九号、一九八三年）、「雑務」の存在は一次史料で裏づけられる。
(19)傍線部①②の複数人披露の規定は実際に守られていた（前掲註(7)拙稿）。
(20)筧雅博「「内々」の意味するもの」網野善彦ほか編『ことばの文化史』中世4、平凡社、一九八九年。なお、室町幕府の外様の訴訟は「雑務」とも称されていた（桜井英治『室町人の精神』講談社、二〇〇一年）。文言の一致をもってすぐに性質の同一性を主張すべきではなかろうが、幕府訴訟でも「内奏」の対極に「雑務」がある点は興味深い。
(21)古宮雅明「戦国大名後北条氏の裁判制度について」『史朋』二七号、一九九二年。
(22)前掲註(7)外山著書、四〇八〜四四一頁。
(23)（弘治三年）十月十三日付年寄中宛大友義鎮書状案「元重實文書」『県史』八巻、三八七号。
(24)堀本一繁「一五五〇年代における大友氏の北部九州支配の進展—大内義長の治世期を中心に—」『九州史学』一六二号、二〇一二年。
(25)（永禄元年）後六月二十日付蠣瀬鎮忠宛田原親宏書状に「御雑務可為近日候、早々以御出頭、御安堵干要候」とある（「蠣瀬文書」『県史』八巻、五一〇号）。
(26)（弘治三年）八月二十八日付萩原矩昌宛加判衆連署状「萩原文書」『先哲』二巻、四九八号ほか。
(27)（永禄元年）十一月十五日付田北鑑生宛蠣瀬鎮忠坪付「蠣瀬文書」『県史』八巻、四七二号。
(28)（弘治二年ヵ）十二月五日付臼杵鑑続書状「櫛田神社文書」『大宰府・太宰府天満宮史料』（以下『大宰府』）一五巻、吉川弘文館、一九九七年、一〇頁。年未詳長信應覚書「太宰府天満宮文書」『大宰府』一五巻、一〇三頁。
(29)（永禄元年）十月三日付大友義鎮書状「大鳥居文書」『大宰府』一五巻、二三頁ほか。

(30) 政庁としての臼杵については、八木直樹「十六世紀後半における豊後府内・臼杵と大友氏―城下町移転に関する再検討―」同編『豊後大友氏』戎光祥出版、二〇一四年、初出は二〇〇七年を参照。
(31) (永禄二年) 五月十一日付蠣瀬鎮忠宛田原親宏書状「蠣瀬文書」『県史』八巻、五一一号。
(32) 前掲註(28)年未詳長信應覚書。
(33) 前掲註(27)。
(34) (永禄元年) 六月九日付蠣瀬鎮忠宛吉岡長増書状「蠣瀬文書」『県史』八巻、五〇五号。
(35) 前掲註(28)。
(36) 前掲註(7)外山著書、四〇八〜四四一頁。外山幹夫『大友宗麟』吉川弘文館、一九七五年。
(37) 木村忠夫「耳川合戦と大友政権」同編『戦国大名論集7　九州大名の研究』吉川弘文館、一九八三年、初出は一九七二年。
(38) 前掲註(6)八木論文(c)。
(39) 前掲註(7)外山著書、四九二頁。
(40) 年未詳大友義統近習衆宛重臣連署諫状案「帆足悦蔵氏所蔵文書」『増補訂正編年大友史料』二四巻、四〇八号。
(41) 前掲註(40)への編者田北の注記を参照。
なお、この諫状案については芥川龍男「豊後大友氏研究覚書―大友義統を諫むる連署状案の分析―」『研究と評論』二号、一九五九年参照。福川一徳は史料の信憑性を疑問視しつつも、当該期大友氏をめぐる情勢の雰囲気を伝えるものがあると評価する(福川一徳「戦国大名の家臣団形成について―「書出」の分析を通じて―」『法政史論』三号、一九七六年)。
(42) 天正十二年四月三日付加判衆宛大友府蘭条々事書「大友家文書」『県史』二六巻、五〇六号。
(43) (天正十三年) 七月二十三日付坂本道列宛浦上道冊書状『五条』二八八号。
(44) 鹿毛敏夫「戦国期豪商の存在形態と大友氏」同『戦国大名の外交と都市・流通―豊後大友氏と東アジア世界―』思文閣出版、二〇〇六年、初出は一九九六年。
(45) (天正十三年) 閏八月二十三日付志賀道雲宛大友義統書状写「大友家文書録」『県史』三三巻、一九五八号。
(46) (天文三年) 十二月二十六日付五条鑑量宛加判衆連署状『五条』二四一号に、「下妻七拾五町之内五拾五町分之事、為役職先以可被相拘候」とあるのが、仮の知行宛行を意味していることから援用して解釈した。

(47)（天正十三年）八月五日付坂本道列宛浦上道冊書状『五条』二九〇号。

(48)前掲註(7)外山著書、四三八頁。

(49)中野等「「豊臣大名」大友氏と吉統除国後の豊後」同『豊臣政権の対外侵略と太閤検地』校倉書房、一九九六年。

(50)天正二十年二月十一日付大友義述宛大友吉統条々事書「大友家文書」『県史』二六巻、五一二号。

〔附記〕拙稿出稿後に、大友氏において有力領主が享禄期を境に権力中枢部に参入し、権力の意志決定に大きな影響を与えるようになったという研究成果が窪田頌氏により発表された（窪田頌「戦国期大友氏の加判衆と国衆」『日本史研究』六六八号、二〇一八年）。併せてご参照いただきたい。

第二章　大友氏館跡出土の土器と権力

――その様相と特質――

長　直信

はじめに

大友氏館跡の発掘をすると、かならずといってよいほどの夥しい数の土器（かわらけ）に出会う。一四世紀後半頃のものから一六世紀末葉までの土器が間断なく出土するのである。これらの土器は、一六世紀代の前半には京都で消費される土器に酷似したいわゆる「京都系土師器」の出現に特徴づけられる土器様相をもち（図1）、天正十四（一五八六）年の館焼失までをピークに、約二〇〇年間にわたって土中に捨てられた、もしくは埋置されたものの一部である。この大友氏館跡を中心に広がる都市遺跡、中世大友府内町跡の土器研究は、時間軸設定としての編年的研究を基礎に、調査開始当初より今日にいたるまで、いくつかの研究蓄積がある。(1)莫大な量の調査・報告事例のある中世大友府内町跡（以下、町）に比して大友氏館跡内部での土器様相の実態には不明な点が多かったが、近年正式報告書の刊行がはじまり、(2)ある程度把握できるようになっている。本章では、この大友氏館跡（以下、館）より出土する中世後

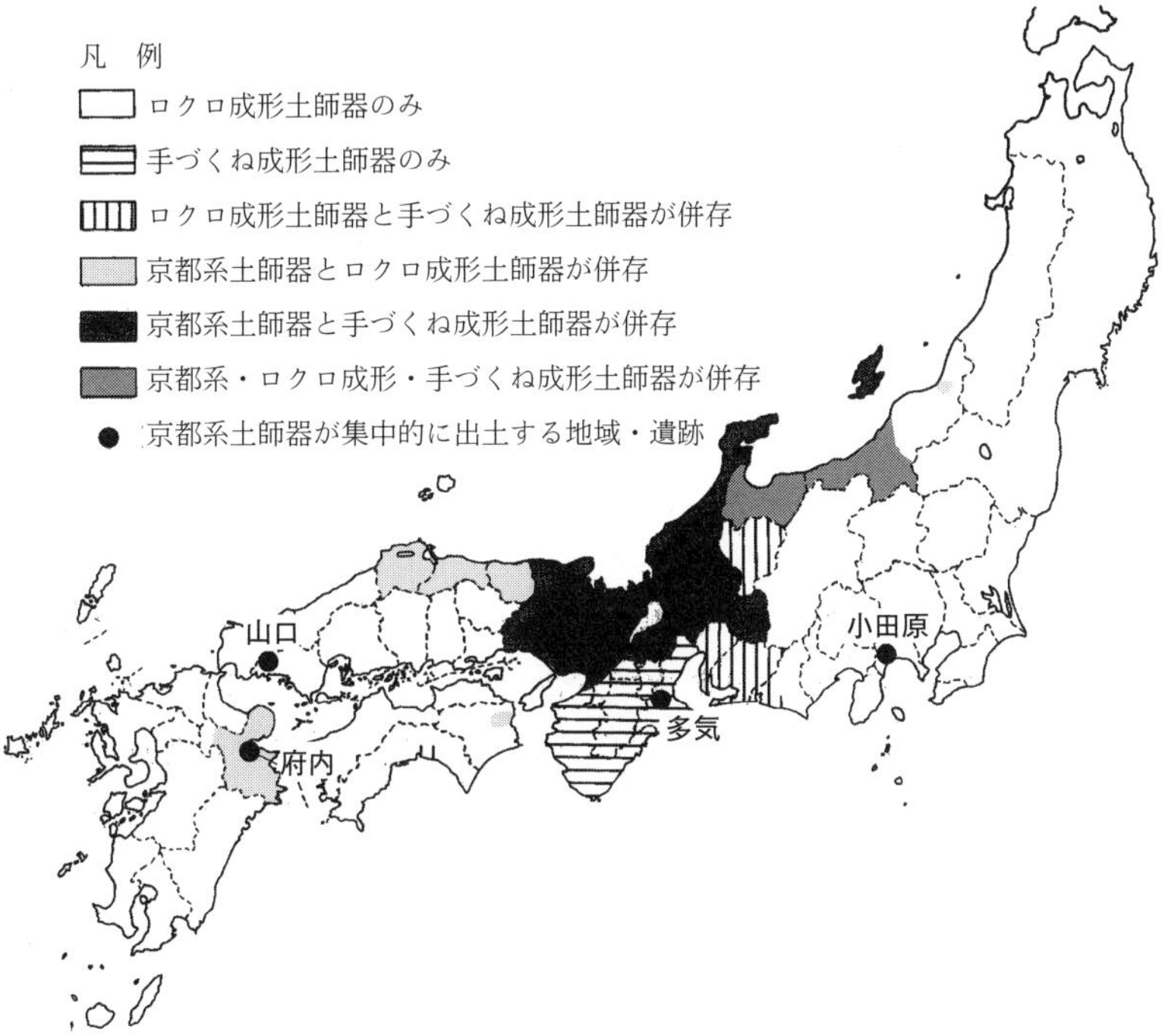

図1　京都系土師器の分布模式図（中井淳史「京都系土師器の展開と流通」〈橋本久和監修・日本中世土器研究会編集『考古学と室町・戦国期の流通』高志書院，2009年〉第1図を引用・加筆）

半期の土器を題材に、「地域比較」をキーワードに大友氏が用いた土器の実態を整理し、その背景に潜む大友氏の権力のあり方について考えてみたい。

ところで、なぜ安価な素焼きの器である「土器」から「大名権力」が読み取れるのであろうか。これまでの学史を繙くと、中世とくに中世後半期の土器については、武家屋敷地出土土器を中心に、全国的な視点より土器と権力との関係性が言及されてきた。主な見解は「京都系土師器」を素材としたもので、この土器のあり方は「地方武家権力への式三献をはじめとする盃事の儀式や饗宴がどのように波及したかの指標となり、各地域においては権力の格の指標ともなる。特に京都系手づくね土器（京都系土師器…筆者注）の分布圏には、京都との距離が示されている」(3)という小野正敏氏の指摘に代表される。当該期の土器様相を把握することは、武家儀礼の波及や地域における権力の「格」を知る上で一定の意義を持つのである。また、服部実喜氏は、全国的な比較から京都系土師器を受容した地域は「おもに戦国大名が領国支配を強化する過程で自己の領域支配の正当性を顕示し、その権力を具現化する儀礼装置の一つとして選択・導入したものであること」そして、「大名領国における京都系土師器の様態は、大名家の権力構造を照射している可能性が高いこと」を明らかにしている。(4) なお、京都系土師器をこれらの武家権力との関連性のみで語るのではなく、近年では土器のもつ多様な用途や性格を想定した文化史的な視点からの京都系土師器論も展開されている他、(5) 館内から出土する土器単体での議論だけではなく、土器が莫大に消費される献盃儀礼から「権力を演出する宴という場」の解明にむけた研究もはじまっている。(6)

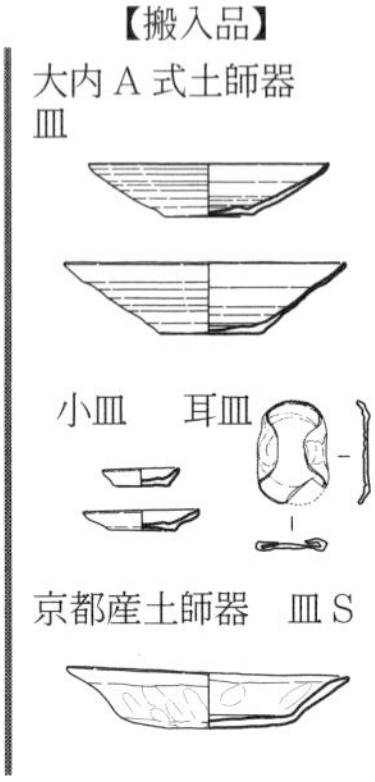

さて、豊後では中世土器研究の初期より、京都系土師器の存在が注意されていたこともあり、分布論的検討や出土の意義について様々な検討が行われてきた。京都系土師器は、日田地域を除く豊後国全体に分布すること、出土遺跡は、城跡・領主および名主クラスの館跡や墳墓、宗教施設、工房などに限られること、(7) 京都系土師器が供献される墳墓は立地・規模、その他の供献品からみて、他形式の土師器供献墳墓より優位性が認められること(8)などがその成果である。そして、導入の経緯については、きわめて政治的な意義をもった「儀礼の導入」であったと考える見解が趨勢を占める。(9) また、京都系土師器の地方受容は、大友家と将軍家との緊密性におおむね対応し、豊後府内では「大友氏の地域支配の正統性を担保したもの」という見解が示されている。すでに語りつくされている感もないではないが、近年増加した資料を基に、一六世紀代とくに京都系土師器の出現前夜から盛行期を対象に、まずは館出土土器の様相と特質を提示してみ

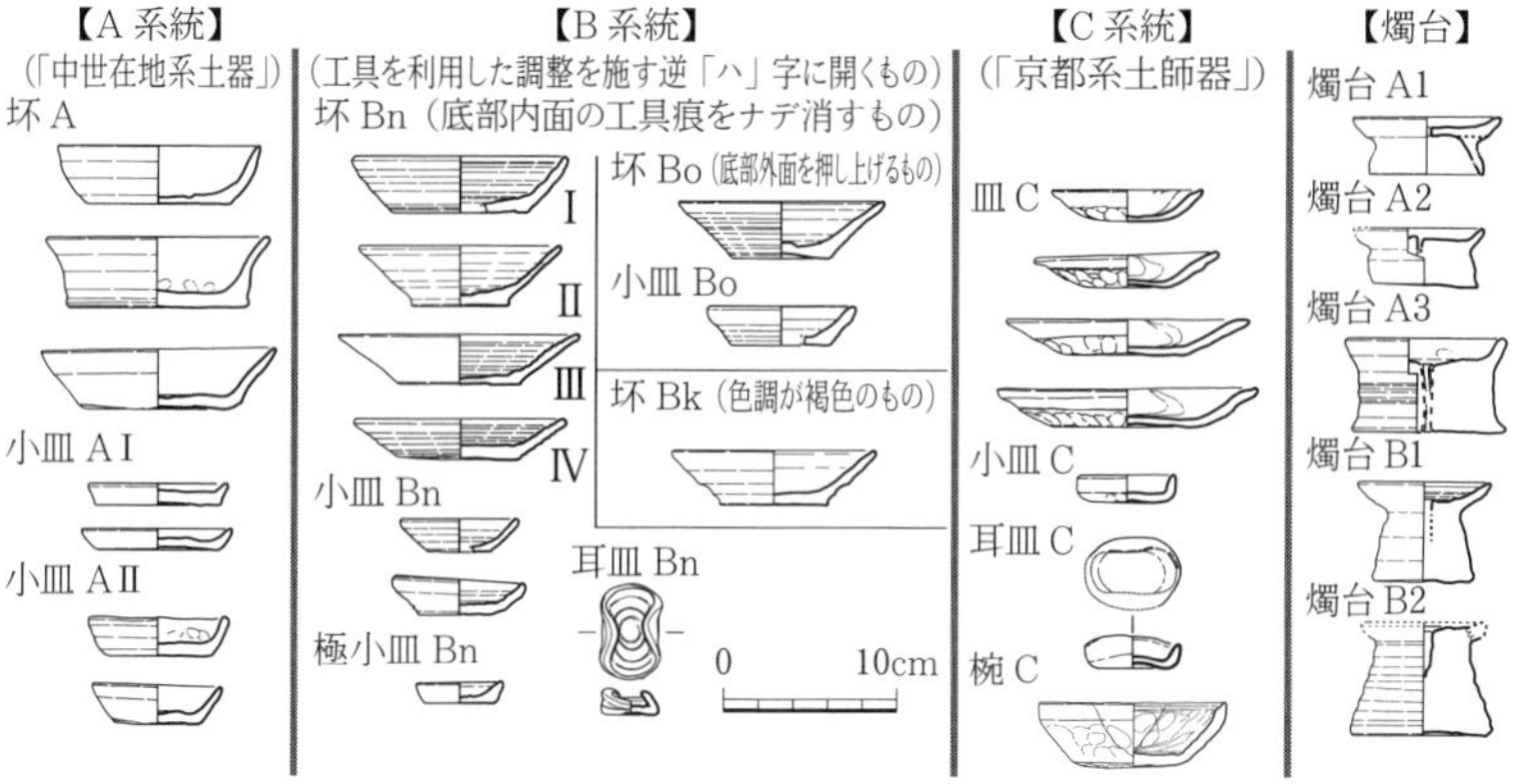

図2　大友氏館跡出土土器分類図

たい。

一　大友氏館跡の土器様相

土器の分類（図2）　館の主体をなす土師器供膳具には、主として製作・整形技法の差異から導いた三つの系統の土器群がある。

A系土器＝一二世紀後半以後、小皿とセット関係をもって変遷していくロクロ成形の伝統的な系統である。坏Aは、一部で「ハコ型土器」と呼ばれてきたもの、小皿Aは、底径と口径の比率に差が少なく器高の低い小皿AⅠと、底径が小さく器高の高い小皿AⅡがある。

B系土器＝「ロクロ目土師器」とも呼称されるものでロクロ成形で「逆ハ字状に開く器形をもち、かつ工具を用いた（工具痕を残す）整形を行う土器」をB系統の土器群とする。新たな技術体系に基づく供膳具形態であり、硬質な焼成で胎土・色調とも規格性の高い画一的な土師器である。大友氏館跡出土の坏Bには現在、坏Bn・Bo・Bkの三つに分類した形式が確認される。坏Bnについては以前詳細な検討を行ったことがあり[10]、概略のみに留めるがⅠ～Ⅳ類に大別できる口径九・五㌢、器高二・五㌢以上の坏Bn、口径九・五㌢以下の小皿Bn、口径五・〇㌢前後の極小皿Bn、極小皿Ｂｎの口縁両端を折り曲げた耳皿Ｂｎがある。坏Ｂｎのほか、Ｂｏ・Ｂｋも館を特徴づける土器形式である（図３）。

Ｃ系土器＝白色系の手づくね成形された土器。京都で出土する皿Ｓ(11)を模して在地生産された、いわゆる京都系土師器である。皿Ｃと分類する皿形態が基本であるが、導入後まもなく在地化が顕著に進み、器高の高い椀形態の椀Ｃへと変化する一群がある。また、小皿Ｃとした口径五㌢程度のものや、これを加工した耳皿Ｃがある。

折衷土器＝皿Ｃを模倣した白色を志向した胎土をもち、底部をイト切り離しする回転台成形の土師器が少量存在し、坏Ｂｎと皿Ｃの折衷土器と考えられる。

燭台形土器＝食器ではないがＡ～Ｃ系統の土器群と対応する色調、形態をもち中央に穿孔を伴う燭台形土器である。

最後に、九州島外からの搬入品と考えられる土師器供膳具類について触れておく。

大内Ａ式土師器(12)＝後述するＡ期中頃から後半をピークにＡ系統の土器内に混じって少量確認できる。大内氏館跡周辺で消費された周防地域から持ち込まれた土器である。薄い器壁・精整された白い胎土、逆八字状に開く器形が特徴で、坏Ｂｎ出現にあたりその祖形

③坏Ｂｋ

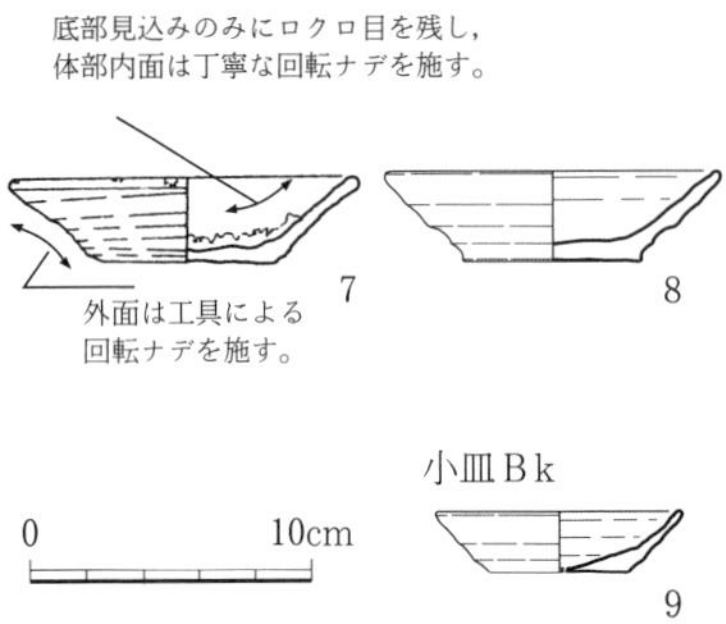
底部見込みのみにロクロ目を残し，体部内面は丁寧な回転ナデを施す。
外面は工具による回転ナデを施す。
7
8
小皿Ｂｋ
0
10cm
9

- 底部見込みのみにロクロ目を残し，内外面は丁寧に回転ナデによりロクロ目をナデ消す。
- 褐色系
- 精製された緻密な胎土のものが多く，角閃石は微量に確認できる程度
- ２法量

4SK091〈再実測〉，4：館15SD010明灰粘，5：

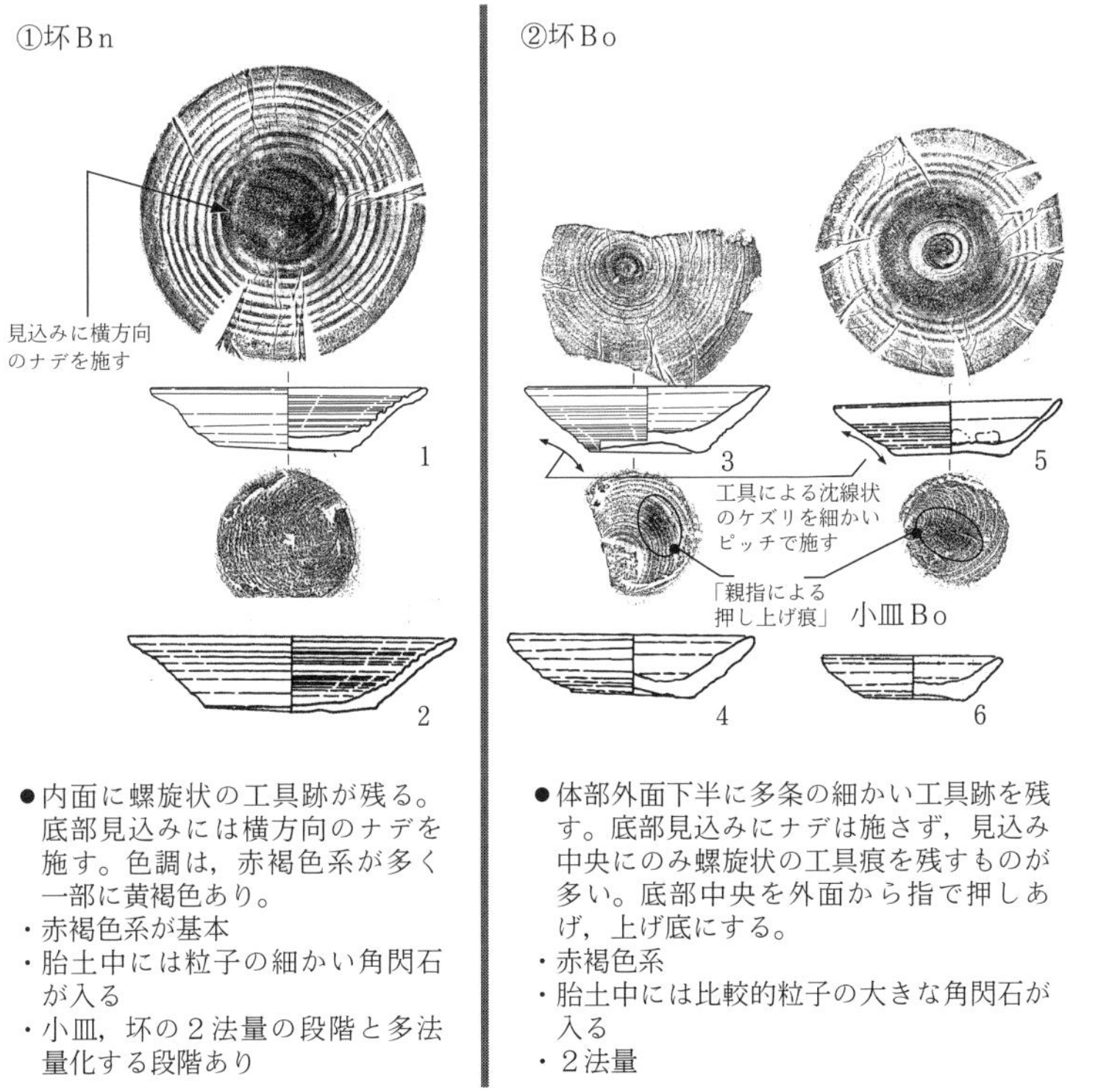
①坏Bn
見込みに横方向
のナデを施す
1
2
●内面に螺旋状の工具跡が残る。底部見込みには横方向のナデを施す。色調は，赤褐色系が多く一部に黄褐色あり。
・赤褐色系が基本
・胎土中には粒子の細かい角閃石が入る
・小皿，坏の２法量の段階と多法量化する段階あり
②坏Bo
3
5
工具による沈線状
のケズリを細かい
ピッチで施す
「親指による
押し上げ痕」
小皿Bo
4
6
●体部外面下半に多条の細かい工具跡を残す。底部見込みにナデは施さず，見込み中央にのみ螺旋状の工具痕を残すものが多い。底部中央を外面から指で押しあげ，上げ底にする。
・赤褐色系
・胎土中には比較的粒子の大きな角閃石が入る
・２法量

図３　坏Ｂの形式分類（1：Ⅰ期庭園遺構〈再実測〉，2：館 15SD010 茶黒土，3：町館 19SX040，6：館 15SD010 淡灰粘，7：館 2SE060，8・9：町 66B 区灰茶土）

となったものと考えられている。

京都産土師器皿Ｓ＝一五世紀後半頃（館Ａ期中頃）の土器群中で確認される京都産土師器皿Ｓである。小森編年京Ｘ期古〜中段階頃の製品と思われる。一六世紀初頭頃のＢ期新段階の資料中にも五ミリ以下の器壁をもつきわめて薄手で白色の強い皿Ｃが出土する。完存する資料はほとんどなく量も少ないが、これらの資料も京都からの搬入、もしくは京都系土師器の本格導入直前の忠実模倣品と考えられる。

土器の変遷（図４・表）　次に、本章の基準となる土器編年の概要を示す(13)。

Ａ期＝Ａ系統の土器群で占められる時期である。坏Ａと小皿ＡⅠ・ＡⅡによって構成される。Ａ期中頃には大内Ａ式土師器の搬入がはじまり、Ａ期後

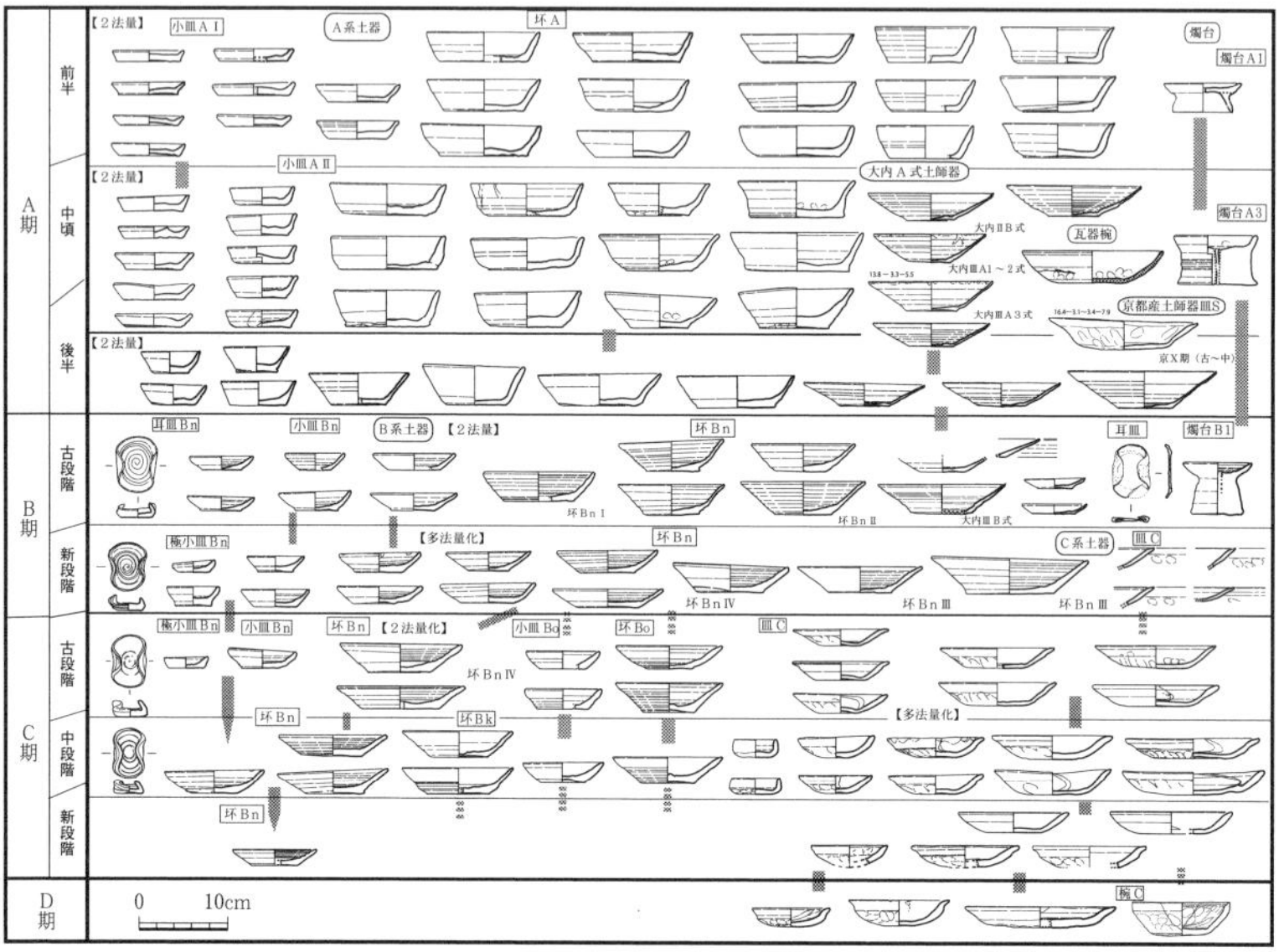

図４　大友氏館跡出土土器変遷図

半になるとその量が増加する。また、出土量はきわめて少ないが中頃には瓦器椀が共伴する。当該期の坏Aの形態はきわめて多様性に富む点が特徴であり、胎土、色調、焼成も様々である。A期前半は坏Aと小皿AⅠのセットが基本で、A期中頃になるとこれに小皿AⅡが参入し小皿の主体を占める。A期後半は小皿AⅠが消滅し、やや薄手で逆「ハ」字型に外反する坏Aとやや薄手で器高の高い坏A、小皿AⅡの構成となる。

B期＝A系統の土器群が消滅し、B系統の土器群が新たに出現する。大内A式土師器は引き続き搬入されており、坏Bn・小皿Bnと少量の大内A式土師器で構成される。坏Bnの法量分化の有無、型式的特徴から、古段階・新段階に細分できる。B期古段階は坏Bn、小皿Bnの出現によって区分される。二法量を基本とし、依然としてA期段階の坏と小皿からなる土器組成を継承している点が特徴である（図５）。坏Bnは、口径一〇〜一二㌢台の範囲をもち、一一・五㌢前後に集中する。B期新段階は坏Bn法量分化の開始により区分される。坏B

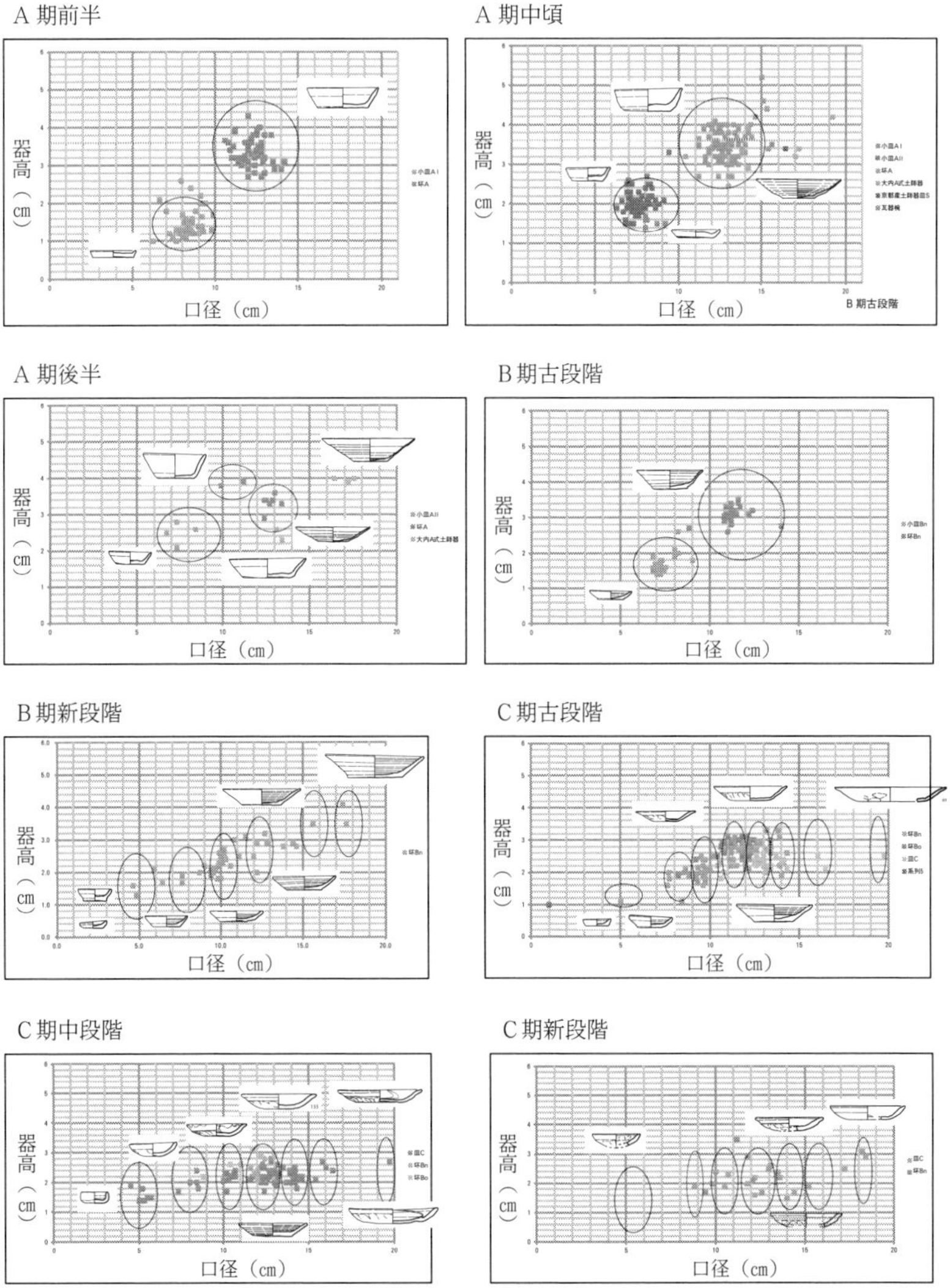

図5　館出土土器の法量分布

nは、口径一〇〜一四㌢台の範囲をもち、一一・五㌢前後に集中するものの一五・五㌢や一七・五㌢を超える大型品が出現し、小皿・極小皿も安定的に出土する（図5）。町の調査では、坏Bnとともに坏Bo・坏Bkの出土が確認されるほか、このころまでには極小皿Bnや耳皿Bnが出現している。

C期＝手づくね成形した新たな系統の土器である皿Cの在地生産がはじまり、館出土土器の主体となる。坏Bは徐々に生産量を減じていく段階であるが、坏BnⅣ類（図2）とした皿形の型式が併存する。また、坏Bo・坏Bkが安定して出土する。坏Bnの型式変化および、皿Cの器壁や口縁端部属性の変化、坏B、皿Cの量比などから古段階・中段階・新段階に区分できる。C期古段階は京都系土師器（皿C）が受容され在地生産が開始する時期で、大友氏館跡を中心に皿Cの多量廃棄遺構が確認される。坏Bnは、前段階とほぼ同様の法量分布が確認できる（図5）。C期中段階は皿Cの器壁の厚みが増し、口縁部形態にヴァリエーションが増えるなど皿Cの在地化が進行する。坏Bの生産量が減少するほか、皿Cとの折衷系の土器群が散見さ

特　　　徴	胎土・色調
坏Aのヴァリエーションがきわめて豊富	坏A：橙褐色系，橙白色〜明橙色系金雲母を多量に含むもの，赤褐色砂粒を多量に含むもの，硬質，軟質に焼成されるものなど多様
坏Bn出現。坏Aは淘汰され，以後みられない	坏Bn：橙褐色〜赤褐色系，黄橙色系。坏Aと比較して胎土精良
坏Bnに法量分化・皿形化顕著に	
皿C出現。坏Bにヴァリエーションが増加	皿C：白色系で精製 坏Bo：赤褐色系 坏Bk：褐色系
皿Cの在地化が進行	皿C：淡白色系で精製
坏B激減。皿Cの在地化がさらに進行	皿C：淡褐色系で精製
埦C出現。皿C粗製化	皿C：褐色で胎土が粗い

表　土器変遷画期の概要

時期		年代イメージ	供膳具のセット関係	搬　入　品
A期	前	14世紀後半頃〜15世紀前半頃	坏A，小皿AⅠ	亀山・勝間田系陶器 東播系陶器 輪花形火鉢
	中	15世紀中頃〜後半	坏A，小皿AⅠ・AⅡ 大内A式土器皿（ⅡB式） 大内A式土器皿（ⅢA1〜2式）	大内A式土器（Ⅱ〜ⅢA2式） 京都産土師器皿S（X期中） 備前擂鉢（中世4期）
	後	15世紀後半	坏A，小皿AⅡ 大内A式土器皿（ⅢA3式）	大内A式土器（ⅢA3式）
B期	古	15世紀末〜16世紀前葉	坏Bn（Ⅰ〜Ⅱ），小皿Bn 大内A式土器皿（ⅢB式），小皿	大内A式土器（ⅢB式） 備前擂鉢（中世5期）
	新	16世紀前葉	坏Bn（Ⅱ〜Ⅲ），小皿Bn，極小皿Bn 大内A式土器皿（ⅣA式）	大内A式土器（ⅣA式） 備前擂鉢（中世5期）
C期	古	16世紀前葉〜16世紀中葉	皿C（薄手），坏Bn（Ⅲ〜Ⅳ），坏Bo，小皿Bo，坏Bk，小皿Bn，極小皿Bn	備前擂鉢（中世6a〜b期）
	中	16世紀中葉〜16世紀後半	皿C（やや厚手），坏Bn（Ⅲ〜Ⅳ），坏Bo，坏Bk，小皿Bn，極小皿Bn，小皿Bo	備前擂鉢（中世6b期） 青花E群
	新	1570年前後〜1586年	皿C（厚手），坏Bn（Ⅳ）	備前擂鉢（近世1期） 青花E群
D期		1586年頃〜1602年頃	皿C（厚手），椀C	漳州窯系青花，青花F群

れ、大友氏館跡以外での皿Cの出土事例も増加することから、皿Cの粗雑化・大量生産が進行する時期ともいえる。また、館内では皿Cに金箔を貼った金箔土師器の存在が知られる時期でもある。C期新段階は皿Cの在地化がさらに進行するとともに、町屋域では、皿Cの豊後独自の変容形態である椀Cが創出され、皿Cとともに普及する。坏Bnの生産量は激減し、このころには坏Boや坏Bkの存在は確認できなくなる。坏Bnの口径のばらつきは確認できるが、この段階では各時期を通じて一貫して生産されてきた一一〜一一・四㌢の製品が減少するなどの法量の分布に変化が起こる。生産量の激減と使用目的の変化などに起因する規格性の喪失時期と捉えられる。皿CはC期を通じて五・〇㌢前後、一〇・五〜一一㌢、

一二〜一三㌢前後の法量が主体となるがC期古段階〜中段階には七程度の法量分化が確認できる（図5）。

D期＝大友館は、天正十四（一五八六）年の島津侵攻のさいに焼失しており、その後再建されず一部は町屋となる。この時期には、従来の土師器が九割を占める遺物組成から、瓦質土器火鉢や鍋などの雑器類、椀Cや作りの粗い皿Cなどが出土し、これまで館ではみられなかった遺物組成へと変化する。

二　土器生産からみた土器様相の特質

ここでは、右の変遷を基に土器生産の視点から、大友氏館跡および中世大友府内町跡出土土器の特質を考える。中世前期以来の伝統的な土器形式である坏Aから坏Bnへの変化は非常に大きなものがあり、この時期に生産地の統合や変更、新設などの生産地側の変化が想定される。豊後国内では当該期の土器生産遺構は発見されていないものの、特徴的な形態をもつ坏Bnや坏Boは、他地域でも認識が容易なため土器の分布を検討する上で有効である。坏Boは同一形態の資料が津久見市の津久見門前町遺跡（表土など）や臼杵市の荒田遺跡（SX六七・八五）、同市野村台遺跡（ⅢSX五二）[14]などで確認されている（図6・7）が、今のところその他の地域ではこれに類する土器の出土はない。津久見・臼杵地域は土器様相の全体像に不明な点も多く、坏Boが当地域の主体をなす土器形式であったか明らかではないものの、大分平野で通有の胎土とは異なる土器であり、分布の偏りからみて坏Boはこれらの海部郡中央部付近で生産されていた可能性を想定しておきたい。なお、中世大友府内町跡では町屋域での出土はみられず、館内部や周辺の居館域、武家地と考えられる地点からの出土が目立つことから、武家儀礼に関連する土器もしくは同様の目的で使用される坏Bnを補完するために供給された形式であった可能性がある。こうした観点から、館内の各時期を構

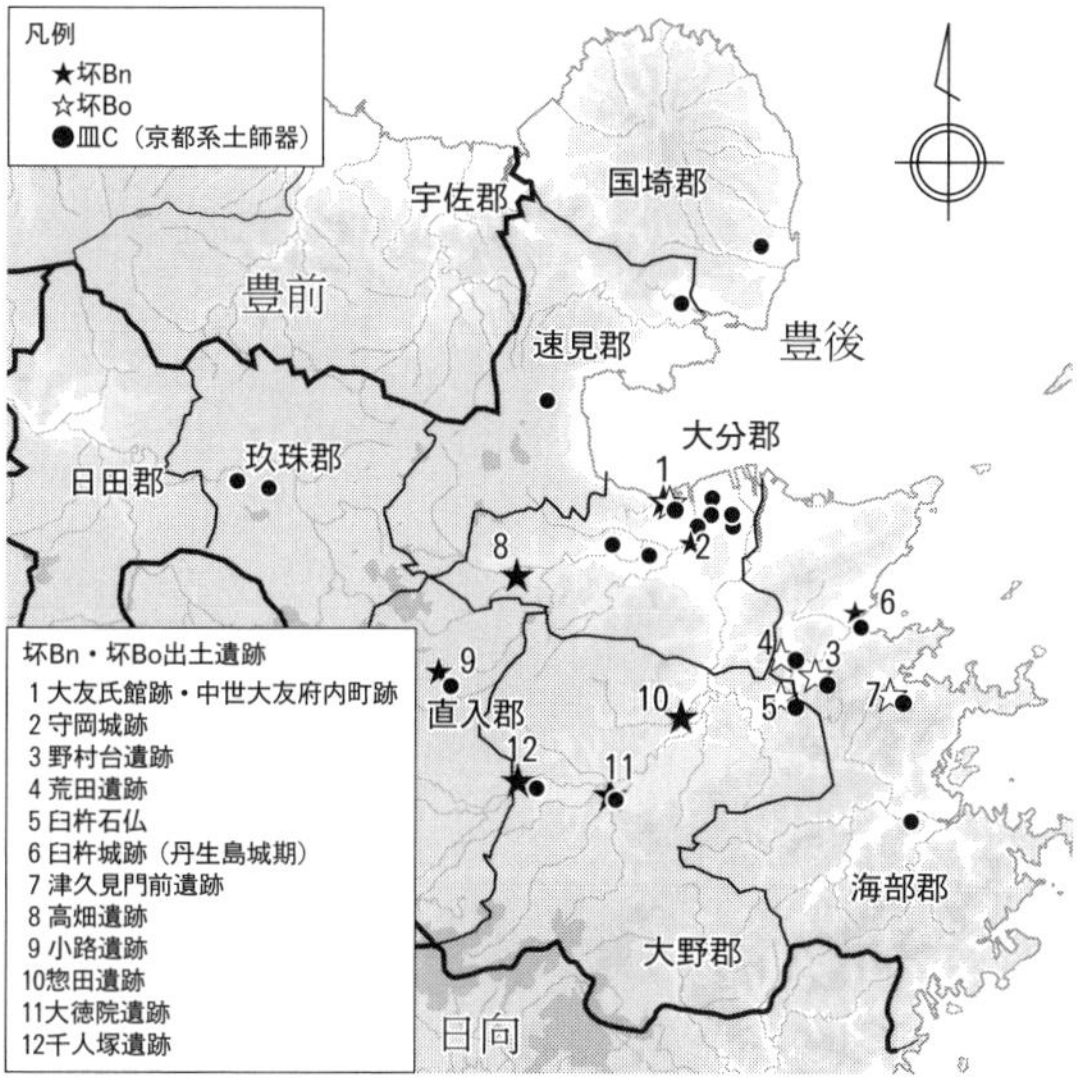

図7　豊後国内における坏 Bn・坏 Bo・皿 C の分布

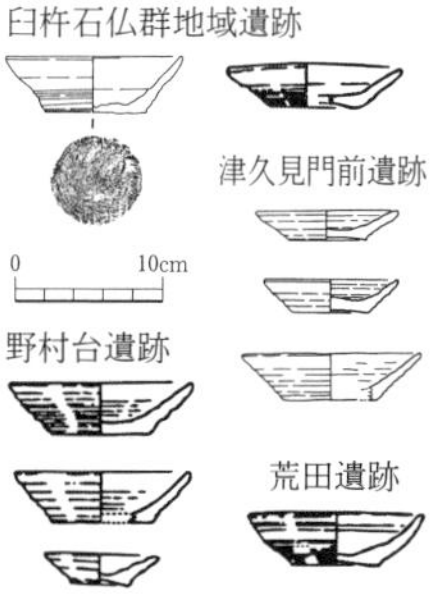

図6　海部郡域出土の坏 Bo

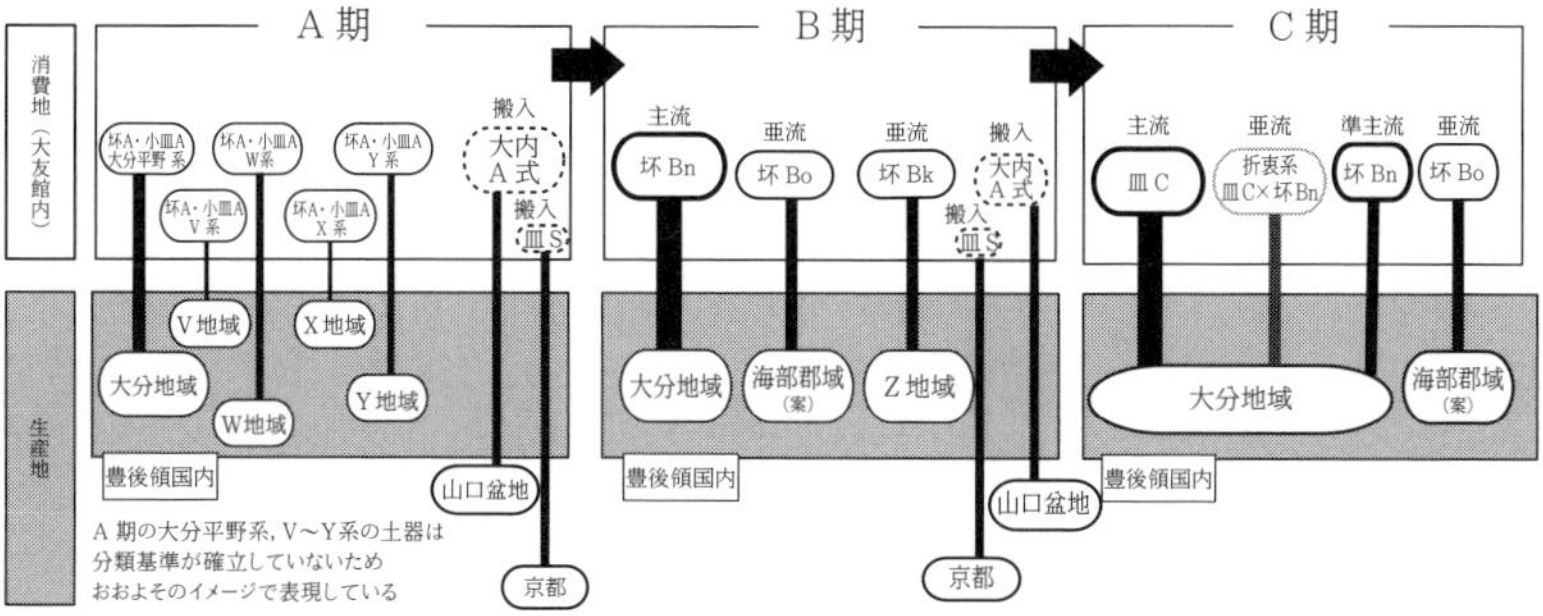

図8　土器形式の変化と生産地の関係（予察）

成する土器の生産と供給の関係を図8のように整理してみた。多種多様な胎土、色調、形態を持ち、複数の生産地より供給されたA期の土器群に対し、B期にはこれらの要素が整理され、胎土・色調からみて大分平野産とみる坏Ｂｎ、海部郡中央部付近の生産地を想定する坏Ｂｏ、産地不明の坏Ｂｋの三種にほぼ限定される。C期になると、これにおそらく大分平野の某所で生産されたC系統の土器が多量に供給されることとなる。なお皿Cと坏Ｂｎの生産地は両形式の折衷系の土器の存在や、両系統の属性をあわせもつ燭台が存在していることからそれぞれ大分平野内の近しい場所にあったことが想定される(15)。

三　土器変遷の画期と意義

さて、ここまで大友氏館跡の土器様相を確認する中で、各系統の土器がダイナミックに消長を繰り返す、きわめて変化に富むものであったことが理解できると思う。とりたて、一五世紀後半から一六世紀末にかけての約一〇〇年間に、永らく伝統的な器形を保持してきたA期の土器群から、全く形の異なるB期、C期の土器群への変化は、大友氏館跡出土土器の特徴の一つといえる。次に、この様相の画期と意義について考えてみる。図9は各時期の土師器の量比イメージを模式化し、これに大友氏歴代当主の在任期間を対応させたものである。図9に示すようにA期と次のB期を画する最大の画期は、坏Ｂｎの出現である。上述したように胎土・色調など細部の形態属性が多様なA系統の土器群から、胎土・色調・法量・製作技法の細部にいたるまで規格性のきわめて高い坏Ｂｎを代表とするB系土器群へと大きな変貌を遂げる。坏Ｂｎが出現するB期古段階は、中世前期から継続する小皿と坏の二法量の伝統を引きずる様相ながら、正式な膳に用いる耳皿が豊後国内に先んじて館内で出土するという事象も注目され、土器変遷上の「第一の画期」といえる。次段階のB期新段階になると坏Bnの多法量化がはじまり、さらにC期古段階になって京都系土師器が受容される。これをそれぞれ「第二の画期」、「第三の画期」と呼ぼう。ではこれらの画期の背後には、いかなる歴史的背景が想定されるのであろうか。図9に示すように第一の画期については、一六代大友政親・一七代義右親子の治世下と重なる。また、第二の画期の多法量化した土器の出現は、将軍家を中心とした京都の武家儀礼の受容を契機として生じたものと考えられており(16)、右に記した政親・義右父子の相次ぐ急死による混乱を終息させた一八代親治とその子で一九代当主である義長の治世下に重なる。歴史的にも当該期の領国支配を強化した諸政策実施期に連動する(17)ものであり、武家儀礼の部分的な受容にともなう土器形態の変化と考えられる。第三の画期については、すでに指摘されているように室町将軍家への急速な接近と密接な関係構築を行った二〇代大友義鑑(18)の期間にあたる。これはさらに、大内義興が将軍を補佐するために必要な武家故実や作法について武家故実の専

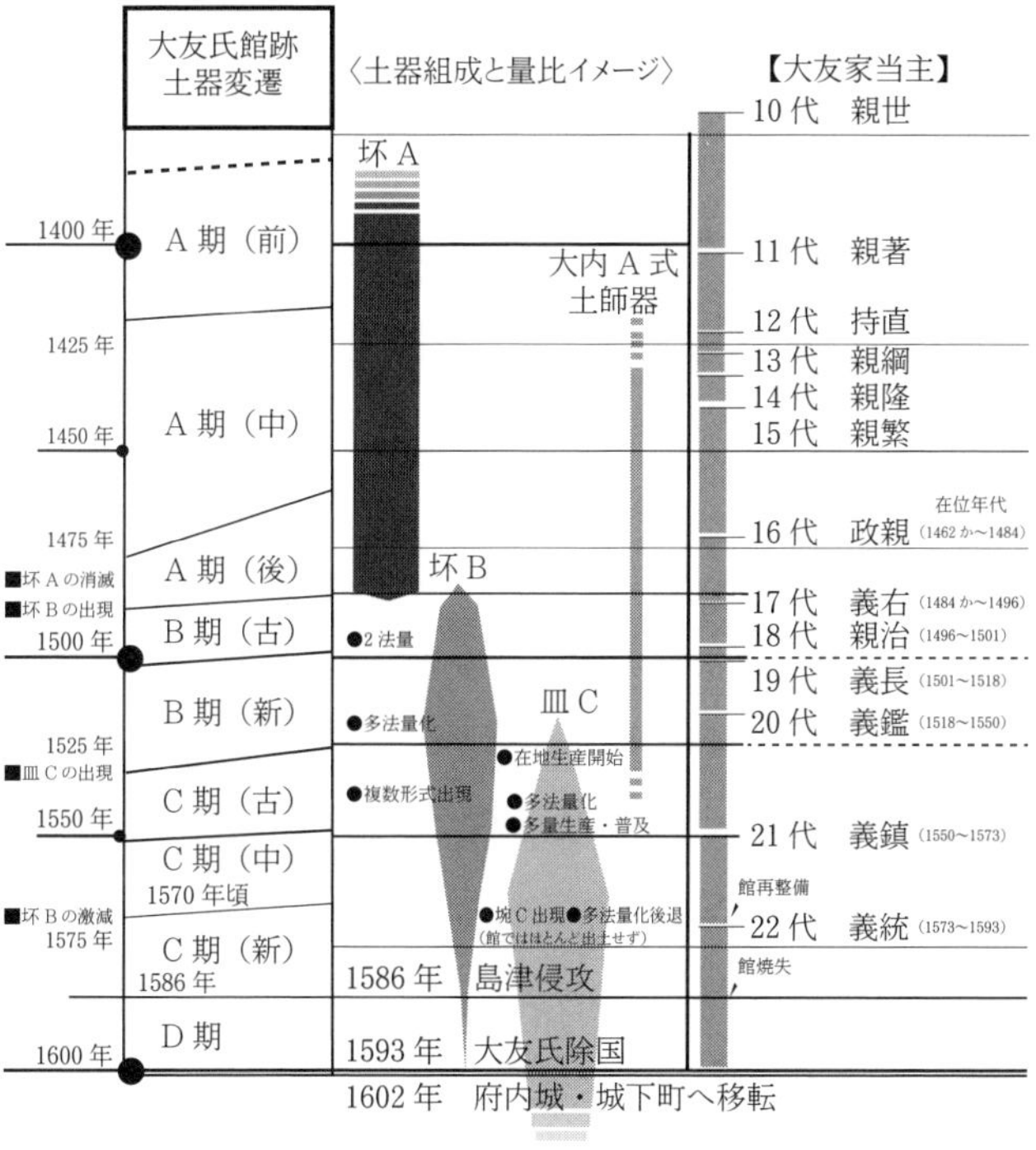

図9　土器形式の量比イメージと当主在位期間

門家伊勢貞陸に質問し、貞陸が口述した答えを一族の伊勢貞久が書きとめた「大内問答」を大友氏が入手した時期である天文八（一五三九）年頃から、伊勢氏が豊後に下向する一五四〇年代前半に限定される可能性が高い。[19]小野貴史氏が指摘したように「第一八代当主親治から一九代義長、二〇代義鑑の治世にかけて、伊勢氏や小笠原氏をはじめとする故実家により、多くの故実書を得ており、それらの故実書などから京都の文化や幕府の儀礼・儀式などを取り入れている」[20]といわれる。これらの「段階的な土器変化の主要因」が将軍家との関係性の深まりに起因する「武家儀礼の段階的な受容」にあったと考えられる。

四　比　較

次に、館内の土器様相の評価を相対化するため、館内の土器が多法量化する一六世紀初頭以降を対象に、①土器形式（坏Bn、皿Cや耳皿の有無）の分布、②土器の法量分化状況、③出土量などを主な視点として様相比較を行う。

比較①中世大友府内町跡　一六世紀前半代＝館と同じ土器構成を基本とするが、B系統の土器の様相が複雑であり坏Bn、Bo、Bk以外の形式や、青磁碗を模倣した椀形態の瓦質土器・土師質土器など館では出土しない土器形式が加わる。[21]豊後国内で最も人口が集中する都市的な空間として、多様な対象に対して多様で大量な土器が消費された結果ともいえる。

一六世紀後半代＝C期古段階から中段階になると、武家地と評価される地点を中心に六〜七法量に分化した皿Cを多量に廃棄した痕跡が確認されるほか、C期新段階には「町屋」とされる場所にも皿Cが多量に消費される。当該期は館でも四〜五法量程度と規格性の弛緩がみられるが（図4）、町屋出土の皿Cの法量は、口径九ｾﾝと一二ｾﾝの二法量に集中し、多法量化した土器を受容した痕跡に乏しい。加えて、館内では出土例がほぼみられない椀Cが多量に出土するなど法量や器種構成の差異からみて当該期の町屋出土の皿Cは、儀礼に用いる土器というより日常使いの土器として評価すべきと考える。さらに、町屋域ではA系土器の系譜をもつ資料が皿Cと共伴する事例も少数あり、B期以降もA系土器は断絶することなく一部で生産が続き、町屋域の一角に供給されたと考えられる。

以上のように、館内部の統制された土器構成とは異なり、多様で混沌とした様相を確認することができる。

比較②大分平野　中世大友府内町跡の周囲では比較対象となりうる一六世紀代の良好な集落遺跡は非常に少ないものの面的に様相が反映している大分川右岸の下郡遺跡群では居館群が確認されているほか(22)、鶴崎台地上の横尾遺跡では居館と集落の様相が明らかになりつつある(23)。広域な調査面積にもかかわらずB系統の土器の存在は認められるが、坏BnやBoは出土しない。かわって一六世紀後半になると皿Cの受容は確認されるという事象が確認できる。こうした事象が基本であるが、同じ大分川右岸に所在し、下郡遺跡群に隣接する守岡遺跡(24)では坏Bn、皿Cとも館や町と同様の土器形式を受容している。例外的な事例であり、遺跡の性格を考える上で重要である。

比較③領国内　豊後国内に目を広げると、比較的広範囲に分布する皿Cに対して、坏Bnの分布は、遺跡の性格がわかる事例に絞ると、久住町に所在する朽網氏の館である小路遺跡のみしか確認できていない点が注意される（図7）。一六世紀代には各地で様々な形態の土器が生産されるなか、坏Bnは、大友氏を中核となって支える南郡衆が領する奥豊後の地域、および府内周辺に限定して出土する傾向をもつが、同じ南郡衆である一万田氏の館跡では全く異なる形式の土器を利用しており、その分布は一様ではない。後藤一重氏は、こうした事象を踏まえて、中世大友府内町跡でまとまって出土する坏Bnが大友氏の使用する土器であったこと、大友氏自らが管理下におく土器製作集団が生産したものと推定し、奥豊後への坏Bnの波及は政治的様相の強いものであったと考えた(25)。筆者も当地の坏Bn

は大分平野より搬入されたものと考えるし、特別な器であった耳皿がB系統の土器群の中で坏Ｂｎの技法でのみ製作されている点からみても坏Ｂｎは特別な形式であり、これを「大友氏の土器」として朽網氏館にて選択的に導入されたとみる。また、後藤氏は家臣の中でもこの土器の有無により、大友氏との関係の深浅を測るものではないかとも推測する。(26) 後の皿Cで展開される土器を通じて大友氏との結びつきを強めることによって、国人クラスの被官たちが領地内での経営を安定させようとする所作を当該期にみる見解であり、この卓見に強く同意する。坏ＢｎはＢ期からC期にいたるまで、一貫して府内を分布の中心にもつ土器であり、一六世紀前半代における大友氏の領国経営や家臣団への権力波及を考える上で、この形式の分布には今後も注視する必要がある。

比較④大内氏・京都との比較　まず、九州において大友氏と覇を競った大内氏の様相を検討する。図10に示すように、大友氏

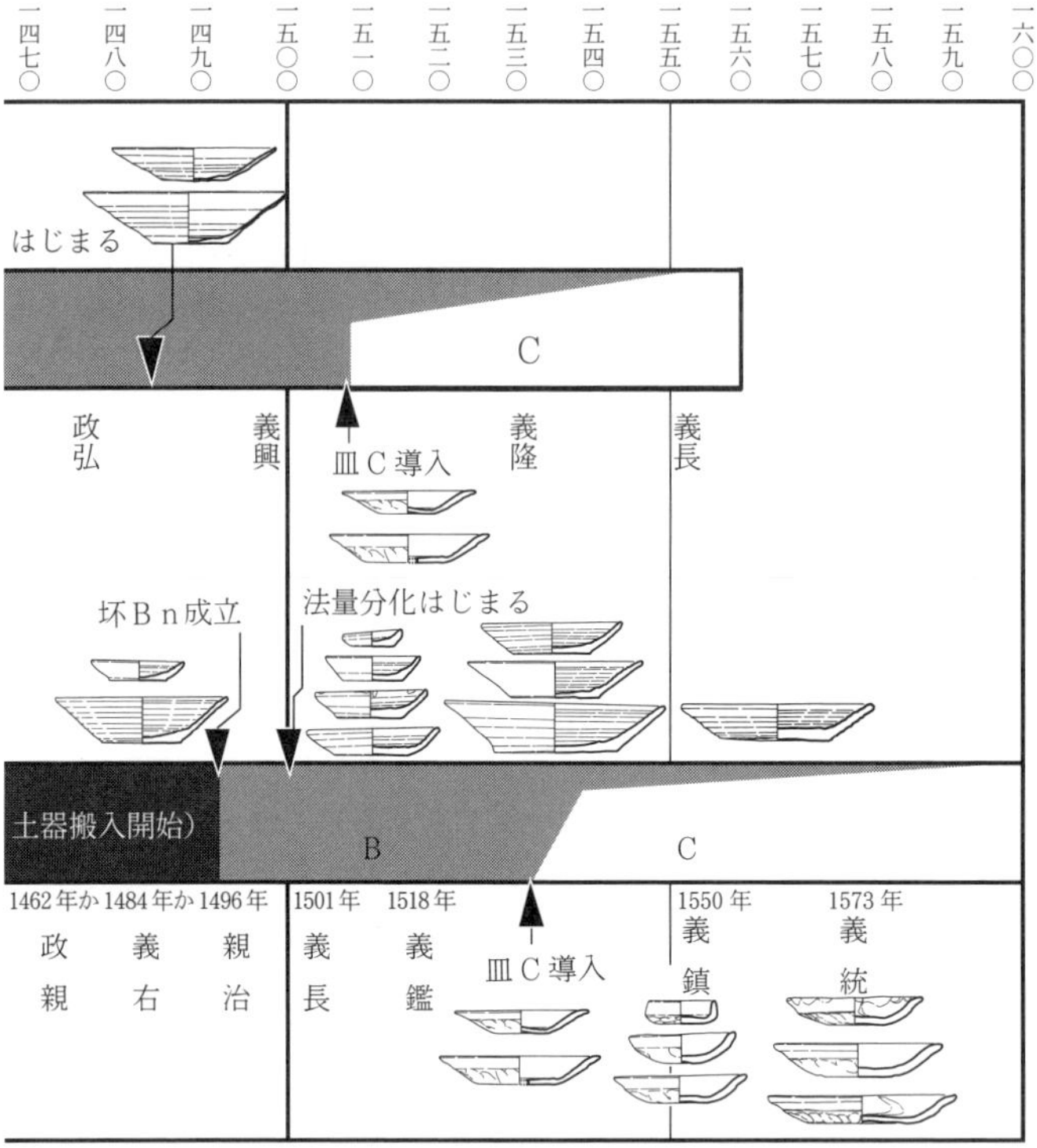

成形〉，C系土器：京都系土師器〈手づくね成形土師器〉）

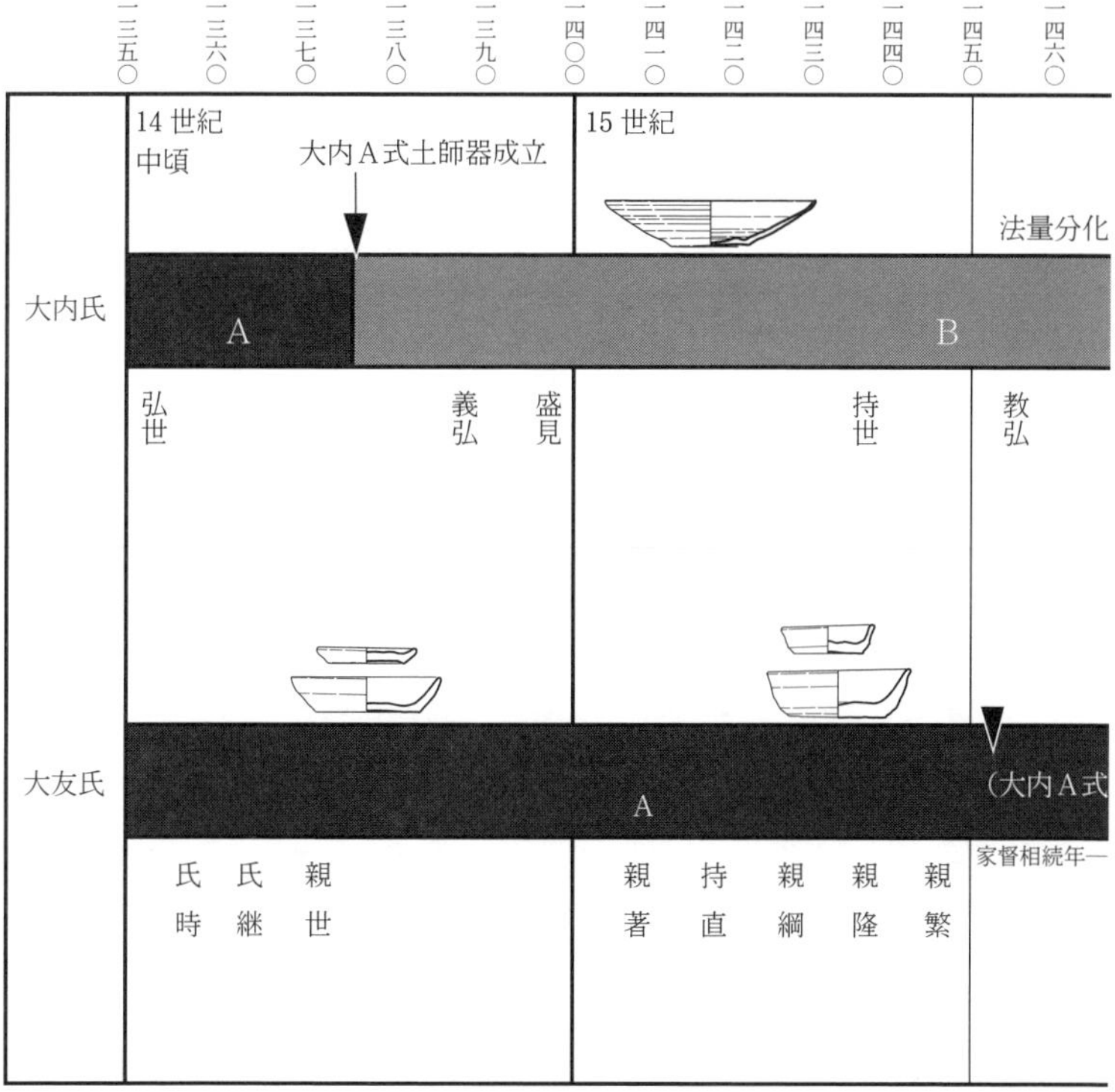

図 10　大内氏と大友氏の土器様相比較（Ａ系土器〈ロクロ成形〉，Ｂ系土器〈ロクロ

と大内氏の土器様相の画期の内容は酷似しており、画一的な形態を持つ土師器の出現と多法量化、京都系土師器の出現とがおおむね二〇年ほどのタイムラグをもって推移していることが確認できる。坏Ｂｎという器形の出現を大内Ａ式土師器に求める見解があるように[27]、大友氏が一五世紀後葉以後、大内氏の土器様相に対して意識的で、自国の土器変化に影響を与えている様子が確認できる。また、皿Ｃ出現後も在来系の土器である大内Ａ式土器、坏Ｂｎがそれぞれ一定期間併存する点も共通する。こうした在地系の土器を継続生産・使用する背景については、宴の場での使い分けなどが考えられるが、今のところ皿Ｃや坏Ｂｎとで廃棄状況に明確な差異を見いだせない。現状からは明確な回答を用意できないものの、興味深い共通項をもつ。最後に、京都との比

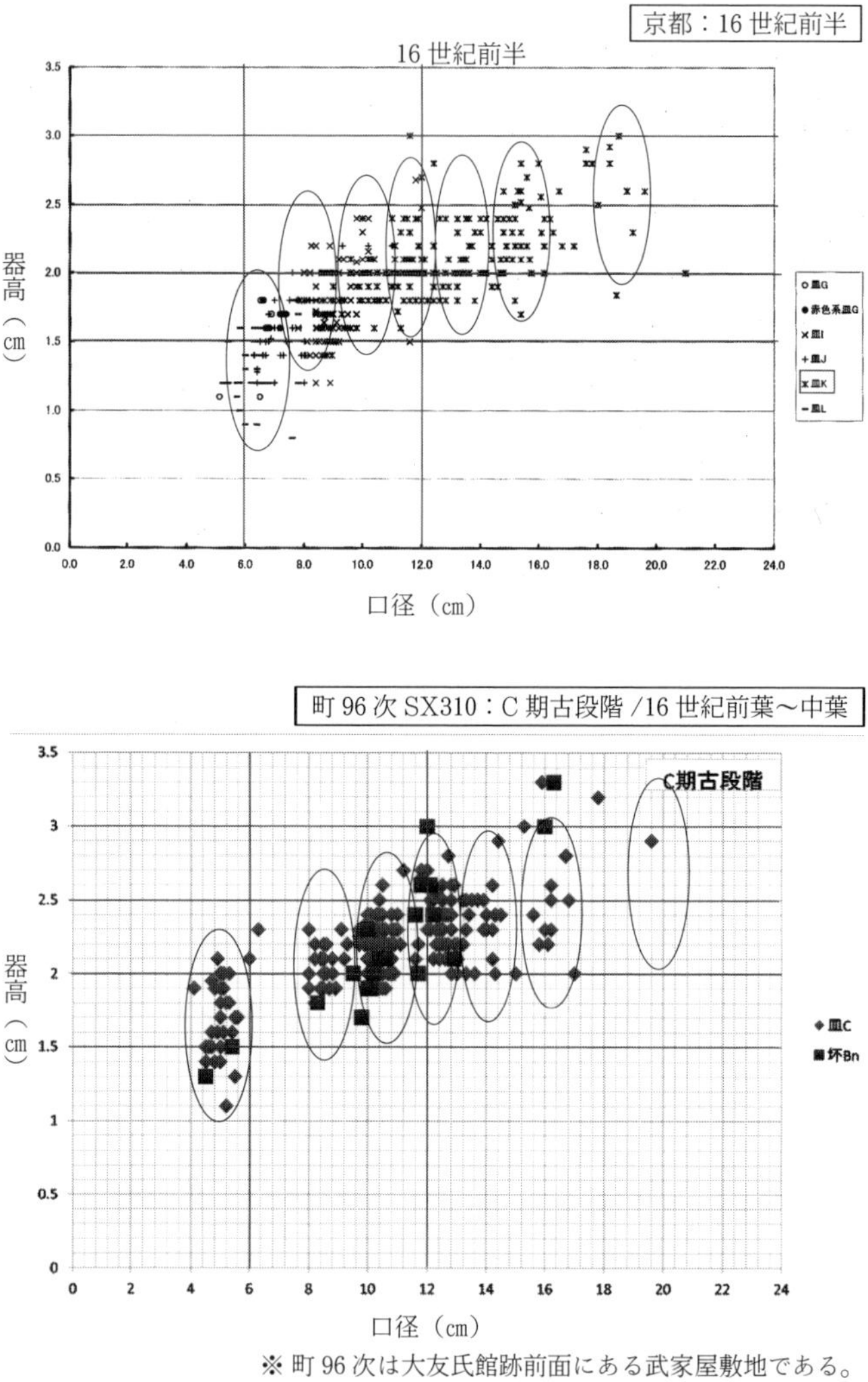

※町96次は大友氏館跡前面にある武家屋敷地である。

図11　京都（上）と豊後（下）における皿Cの法量分布比較（上：中井2011第三章図5を引用，一部加筆。下：筆者作成）

較として一六世紀前半頃の京都系土師器の法量分布のみ検討しておく。大友氏館跡出土の皿Cは大内氏館跡出土の皿Cに比べ、厚みや色調、質感、法量分化といった部分で本場の京都系土師器を十分に再現できていないとする意見も耳にするが、図11に示すように、中井淳史氏の分類する皿Iの法量分布と比較すると、豊後の皿Cも近似する法量分布をもっており、皿C導入初期は比較的忠実な模倣を行ったと考えられる。

小結　ここまでの土器様相を整理すると、都市的な空間であり大量消費地である府内には、複数の土器形式が混在する様相をもつが、館内では規格性の高い土器形式を選択的に受容しており、館内で消費されることを目的に坏Bnや皿Cが生産されたこと、これらの分布の中心域から距離をもって点在する分布地については、大友宗家との一定の政治的な関係をもつ場所であったことが想定される。とくに坏Bnの分布は皿C以上に限定的であり、その意味については、皿C出現以前に部分的に導入された一六世紀前半代の大友氏家臣団との政治的な距離を示す器物であった可能性が高い。なお、館の土器様相と類似する地域との差異は、圧倒的ともいえる土器廃棄量の違いであり、館での莫大な土器消費行為自体に階層性が表現されていることも付言しておく。すでに五十川雄也氏は、一四世紀から一五世紀代に領国内各所でみられた土師器の多量廃棄行為が、一六世紀代に大友館やその周囲に点在した武家地に収斂される様相を示すことを明らかにしている(28)。こうした廃棄行為の頻度や廃棄量の視点も土器からみた大友氏の権力形成に関連する事象として重要である。

おわりに——土器からみた大友氏の権力形成過程

大友氏館跡出土土器の実態をもとに、地域間比較を行い大友氏の土器様相の特性を整理した。冒頭の図1に示すように、大友氏の本拠地である府内は、在地土器の多法量化と京都系土師器の導入を成し遂げた全国的にみても希少な地域であった。そしてこの事象は従来指摘されてきたように大友氏が一六世紀初頭以後、室町幕府が規範とする武家儀礼を欲し、受容することで幕府の権威を借り、これにより地域支配の正当性を担保してきたことに起因すると考えられる。このあり方は、北部九州にて覇を競った大内氏の土器様相にきわめて酷似するものであり、京文化を積極的かつできるだけ忠実に摂取し、これを領国内に示すことで自らの権威を高めた、伝統的な守護を出自にもつ西国大名が表現した土器様相の一つの類型として理解することができよう。ただし、大友領国内では京都系土師器を山口の大内氏が大内館とその隣接地のみに、小田原の北条氏が小田原城内の北条宗家の館のみに囲い込んだような階層や身分制を強く意識した痕跡は読み取れない。図7や府内のまちの調査事例に示すように大友氏では領国内の比較的広域にその受容が確認できるのである。この点を強調して大友氏の権力が上記の大名らに比べ弱いなどという解釈はなじまないが、京都系土師器の受容にあたっては大友館とその周辺域とで明確な差異をもたせることについては特段の配慮はとらなかった点は、土器からみた大友氏の特色といえよう。[29]

以上の検討を踏まえ本章をまとめると、土器様相からみた大友氏の姿は「献盃儀礼」や「饗宴様式」の受容にあたり、所作はもちろん、道具としての京都系土師器（皿C）の使用にこだわった大名であったことが浮かび上がる。この皿Cの受容は二〇代大友義鑑期に達せられたが、武家故実にそった上記儀礼の開始期は、耳皿使用の普遍化や法量分化した坏Bnという供膳形態を整えた一九代義長にみえ、さらにその萌芽は、土器生産地や土器形式の統制が進み、一部で耳皿の使用もはじまる一七代政親・一八代義右期にあったことを示した。[30]館の調査・報告の進展により、皿C普及以前のA期からB期の様相が明らかになったことで、京都系土師器は突如出現したわけではなく、大友氏の足利将軍家との政治的関係が段階的に深められていったように、土器の生産形態や土器形態の変化と法量分化という段階的な画期を踏まえた上で出現したことがより明確に把握できるようになった。中井淳史氏が整理するように、全国的に儀礼の所作や道具に関して「共通したモデルが確固として存在していたわけではなく、模倣の様態にはさまざまな地域差があった」[31]。そのなかで、大友氏とは「できるかぎり、京都将軍家と同様の儀礼の執行・しつらえ」に忠実であろうとした大名と評価でき、このような志向はその権力の正当性が基本的に幕府の庇護によってのみ裏付けられるという大友氏の保守性、言い換えれば鎌倉以来の守護大名としての伝統性によるものと推測される。

本章は、館出土土器の様相と特質の抽出が主眼となり、土器からみた大友氏の権力の実態に十分迫れたとは言い難い。今後は土器から見た段階的な画期と、館全体の変遷、庭園などの主要施設の変遷とがどのように連動し、また、大友館内部の空間が足利将軍邸や大内氏をはじめとする他の西国大名の館といかに同じでいかに違うのか、一六世紀初頭以後の館景観の比較検討が重要となる。これらの空間で権力を演出するために行われた大友氏の宴の実態究明(32)とともに今後の課題としたい。

註

（1）河野史郎「Vまとめ　一．出土土師器坏・皿類及び瓦質土器雑器の分類と編年」『大友府内四』大分市教育委員会、二〇〇二年。坂本嘉弘「二．中世大友城下町跡出土の土師質土器編年」『豊後府内Ⅰ』大分県教育庁埋蔵文化財センター、二〇〇五年。長直信「第3節　出土遺物の分類と編年」『大友府内二三』本文・表編、大分市教育委員会、二〇一六年。

（2）大分市教育委員会『大友氏館跡1』大分市埋蔵文化財発掘調査報告書第一三八集、二〇一五年など。

（3）小野正敏「かわらけと権威」『陶磁器の文化史』国立歴史民俗博物館、一九九八年。

（4）服部実喜「かわらけ」『戦国時代の考古学』高志書院、二〇〇三年。

（5）中井淳史『日本中世土器の研究』中央公論美術出版、二〇一一年。

（6）小野正敏・五味文彦・萩原三雄『考古学と中世史研究5　場・かわらけ・権力宴の中世』高志書院、二〇〇八年。

（7）坪根伸也「豊後における戦国期京都系土師器質土器に関する覚書」『大分・大友土器研究』第一六号、大分・大友土器研究会、一九九七年。

（8）上野淳也「千人塚遺跡出土の土師質土器皿について—京都系土師質土器と糸切り土師質土器との相関関係—」『千人塚遺跡』千歳町教育委員会、一九九九年など。

（9）前掲註（7）、（8）、塩地潤一「大友領国内における京都系土師器の分布とその背景」『博多研究会誌』第六号、一九九八年。

(10) 長直信「豊後府内における京都系土師器導入前後の土器様相　大友館跡の形成過程解明へ向けて―その一―」『古文化談叢』第六五集（四分冊目）、九州古文化研究会、二〇一一年。

(11) 小森俊寛『京から出土する土器の編年的研究――日本律令的土器様式の成立と展開、7~19世紀』（京都編集工房、二〇〇五年）を参照。

(12) 北島大輔「Ⅸ章　大内式の設定―中世山口における遺物編年の細分と再編―」（『大内氏館跡Ⅺ』山口市教育委員会、二〇一〇年）における分類名称。

(13) 編年の概要は、中西武尚「大友氏館跡北東部地区の遺構変遷の出土土師器」（『大分市市内遺跡確認調査概報―二〇〇四年度―』二〇〇五年）、坪根伸也「大友館の変遷と府内周辺の方形館」（鹿毛敏夫編『戦国大名大友氏と豊後府内』高志書院、二〇〇八年）の整理を踏襲し、発展させた長直信「第一節　大友氏館跡出土土器の分類と編年」（『大友氏館跡1』大分市教育委員会、二〇一五年）より作成した。また、暦年代の推定は各時期の基準資料に含まれる広域流通品の年代観と、文献史料からの年代観により推定している。詳細は前掲註(10)長論文を参照。

(14) 臼杵市教育委員会『荒田遺跡』（二〇〇一年）、大分県教育庁埋蔵文化財センター『津久見門前・瀬戸遺跡・佐伯門前遺跡』（二〇〇五年）より。

(15) ちなみに、皿Cの生産地は一箇所ではなかったようで、中世大友府内町跡と大分川を隔てて対岸にある戦国期の城館跡である守岡遺跡出土の皿Cは茶色味の強いくすんだ色調の製品であり、供給先によっては異なる産地のものも存在したと考えられる。

(16) 前掲註(4)。

(17) 前掲註(8)。

(18) 大分市歴史資料館『第二四回特別展　都へのあこがれ　戦国・織豊期の大友氏と豊後』図録、二〇〇五年。

(19) 長田弘通「第4章　大友氏家臣団と年中行事」『大友館と府内の研究「大友家年中作法日記」を読む』二〇一七年。

(20) 小野貴史「大友氏における「式三献」について」『大分・大友土器研究会論集』二〇〇一年。

(21) 五十川雄也「六坊新中島線沿い（第四南北街路周辺）出土土師質土器を中心とした分類・編年予察」『大友府内一二』大

分市教育委員会、二〇〇八年。塩地潤一「戦国時代土師器椀についての一考察」『大分・大友土器研究』第一六号、大分・大友土器研究会、一九九七年。
(22) 坪根伸也・柴田義弘「戦国時代末期の下郡地区―発掘調査成果と文献史料による景観復元―」『下郡遺跡群Ⅵ』大分市教育委員会、二〇〇八年。
(23) 大分市教育委員会『横尾遺跡10』大分市埋蔵文化財発掘調査報告書第一四〇集、二〇一六年。
(24) 大分市教育委員会『守岡遺跡』昭和五十・五十一年度発掘調査概報、一九七九年。
(25) 後藤一重「二.小路遺跡出土土器の分析と遺跡の性格」『小路遺跡　上屋敷遺跡』久住町教育委員会、二〇〇〇年。
(26) 後藤一重「三.土師質土器」『八坂の遺跡』Ⅲ 考察・付論篇、大分県教育委員会、二〇〇三年。
(27) 前掲註(1)河野史郎「Ⅴまとめ　一.出土土師器坏・皿類及び瓦質土器雑器の分類と編年」。
(28) 五十川雄也「中世土器廃棄考」『古文化談叢』第六五集(四分冊目)、九州古文化研究会、二〇一一年。
(29) 前掲註(4)及び(12)。
(30) なお、豊後国内の大内A式土器の分布を重ねると、佐伯氏関連の遺跡や朽網氏に関連する小路遺跡での出土にみられ、地理的勾配とは異なる分布の偏在性がみてとれ、儀礼用の土器として大友宗家より配布された可能性がある。この点については、一五世紀後半代の社会背景を吟味した上で別途検討する必要がある。
(31) 前掲註(5)。
(32) 大内氏館跡では、すでに北島大輔「Ⅸ章　大内氏の宴を再現する」(『大内氏館跡一三』山口市教育委員会、二〇一二年)にて先駆的な検討がなされている。これらに習いながら『大友家文書録』などに豊富に遺されている文献史料を駆使した宴の検討を深めたい。

第三章　発掘調査からみた「称名寺」の位置づけ

越智淳平

はじめに

平成八（一九九六）年に大友氏の拠点であった中世大友府内町跡(1)の発掘調査が開始され、中世の豊後府内の様相の一端が明らかとなっている。その発掘調査成果から、平成十三年には大友氏館跡が国指定史跡に指定されると、平成十六年には旧万寿寺跡を含む箇所が追加指定され、名称も大友氏遺跡と変更された。その後も国道一〇号拡幅事業や県道・市道建設事業に伴い、多くの地点で発掘調査が行われている。その一部に、大友氏館跡と第二南北街路を挟んで斜め向かいの地に所在したとされる「称名寺」の敷地がある。当該調査区からは、大型の溝に囲まれた区画や金箔京都系土師器、金箔押し鬼瓦や鯱瓦などの土地利用を示す特徴的な遺構・遺物が確認されている。本章では、大友氏館跡や町屋、他の寺院の遺構・遺物と比較することで、「称名寺」とされる空間の位置づけについて検討することを目的とする。

一　豊後国における時宗と称名寺

時宗は、鎌倉時代に伊予国河野氏の出身である一遍上人が開宗した宗派である。[2]一遍は、文永十一（一二七四）年に大坂四天王寺に参籠し、念仏の札を配り結縁する。併せて、熊野本宮で証誠殿に祈り、札を配ることを告げられる。これを時衆では後に開宗としている。この後、一遍は諸国を巡って民衆に札を配って念仏勧進の旅である遊行賦算を行う。一遍の遊行賦算は、文永十一年から正応二（一二八九）年までの一六年の間に、奥州江刺郡（岩手県北上市）から薩摩国鹿児島郡（鹿児島県鹿児島市）という本州から九州の端まで至る間に豊後国にも立ち寄っている。[3]当時、豊後国に在住していたのは、三代当主の大友頼泰である。頼泰は、一遍に深く帰依し、時宗が豊後国に広まったという。そのさいに一遍は、頼泰の居所にしばらく逗留し、豊後国には二年間在住したという。ただし、その居所は明確ではなく、[4]中心寺院も不詳である。一遍は、教団を形成してそれを永続させる意図はなく後継者も定めていなかったことを同行者に伝えていたこと（『一遍聖絵』第一一巻第四段）からすると、寺院を定めて居所としていなかった可能性も考えられる。ただし、一六年のうち二年はかなり長期間であり、その居所は今後検討すべき課題である。

また、一遍の跡を継いで時衆教団を組織する真教は、「一遍上人年譜略」では、瑞光寺にいた浄土宗の上人とある。『一遍聖絵』や真教自身が記した『奉納縁起記』によると、建治三（一二七七）年に一遍と大友頼泰の邸で出会い、法談を交わし、感銘を受け同行者となっている。このように、豊後国は初期の時宗と非常に深い関わりのある場所であることがわかる。

室町時代以降の豊後国における時宗の広がりについては、詳細ははっきりしない点もあるが、狭間久氏は、大分市坂ノ市の西教寺と並んで、称名寺を中心的な寺院として挙げている(5)。

二　称名寺に関する研究史

称名寺については、狹間氏が豊後府内の町割を検討する中で、称名寺の場所を現在の大分市錦町周辺に比定している(6)。称名寺の歴史については、小泊立矢氏の論文(7)に詳しく、『豊後府内一七』や称名寺について検討をした吉田寛氏の論文(8)でも、小泊氏の論文を引用・参考にして概観をまとめている。ここでは、後段の内容に関わる部分を小泊氏の論文を要約する形でまとめておく。

称名寺は、時宗の寺院であり、『寛永十八辛巳年ヨリ正徳二壬申歳過去帳』などの寺伝によると、暦応四（一三四一）年に創建され、豊後府内名ヶ小路町に所在していた。当時の大友氏の当主は、八代氏時である。その約二〇〇年後に、「永禄ノ頃事故アリテ府主ノ命ニ依リテ、名ヶ小路町ヨリ沖浜ニ移ル」とあり、当初の位置から沖の浜に移転したとある。小泊氏をはじめ、先行研究の多くも、寺伝が江戸時代の史料であることから、内容の取扱いには慎重さが必要と指摘している。ただし、沖の浜は、ルイス・フロイスの『日本史』などの史料にみえるほか、府内古図にも町が描かれていることから、移転した先として一定の根拠のある位置といえる。

また、天文十八（一五四九）年には、二八代遊行上人遍円が念仏札を配布した記事に称名寺をみることができる。さらに、『上井覚兼日記』天正十二（一五八四）年の項や詫間文書、平林文書の「段米等徴符請取状」（天正十八年）には、「称名寺其阿」という僧侶名が記されている。このことから少なくとも永禄年間（一五五八～七〇）以降も称名寺が存在していることがわかる。その所在地は寺伝からすると沖の浜ということになる。

永禄年間から約三〇～四〇年経過した慶長元（一五九六）年に豊後国は別府湾岸を中心としたいわゆる「慶長の大地震」に見舞われ、「慶長元年ノ大変ニ寺地没入ス」、「名ヶ小路ノ旧地ニ再ビ移」とある。この記事を字面どおりに捉えると、地震により称名寺の敷地は沈み、その場所にいられなくなったため、かつての名ヶ小路町の場所に寺院を移転した、という内容になる。その後、慶長六年または同七年には、浄土真宗に改宗し、府内城主竹中重利の府内城下町への移転政策の実施に伴い、豊後府内古河町に所在した浄土真宗円通山善巧寺の塔中の一つとして、府内城下長池町の善巧寺の寺地内に移動したと考えられる。

以上のように、文献史料によると、称名寺は、暦応四年に豊後府内名ヶ小路町に創建され、永禄年間に一度沖の浜に移転し、慶長元年の地震で旧地に戻り、慶長六年または七年に善巧寺の塔中として府内城下町へ移動するという、所在地の変更をみることができる。称名寺が移転した永禄年間～慶長元年まで、称名寺の故地を示す適当な名称がないため、これまでの研究(9)と同様に、本章でも「大規模施設」と呼称することとしたい。

三　府内古図にみる称名寺

豊後府内の町割や場所の比定をする上で、府内古図の検討を外すことはできない（図1）。府内古図は、豊後府内の様子を描いた図面のことで、木村幾多郎氏の研究(10)をはじめ、多くの研究がなされている。木村氏のA類～C類の分類は、表現・記載事項に着目したものであり、研究の基礎となっている。また、大分県教育庁埋蔵文化財センター(11)では、彩色による道と町屋の描く重点の違い、町屋の彩色、大臣塚古墳の表記の違い、の三点による分類から、府内古図成立の系統を再整理している。その中で、「旧府内城下図」の検討から、府内古図は天正八（一五八〇）年前後の様

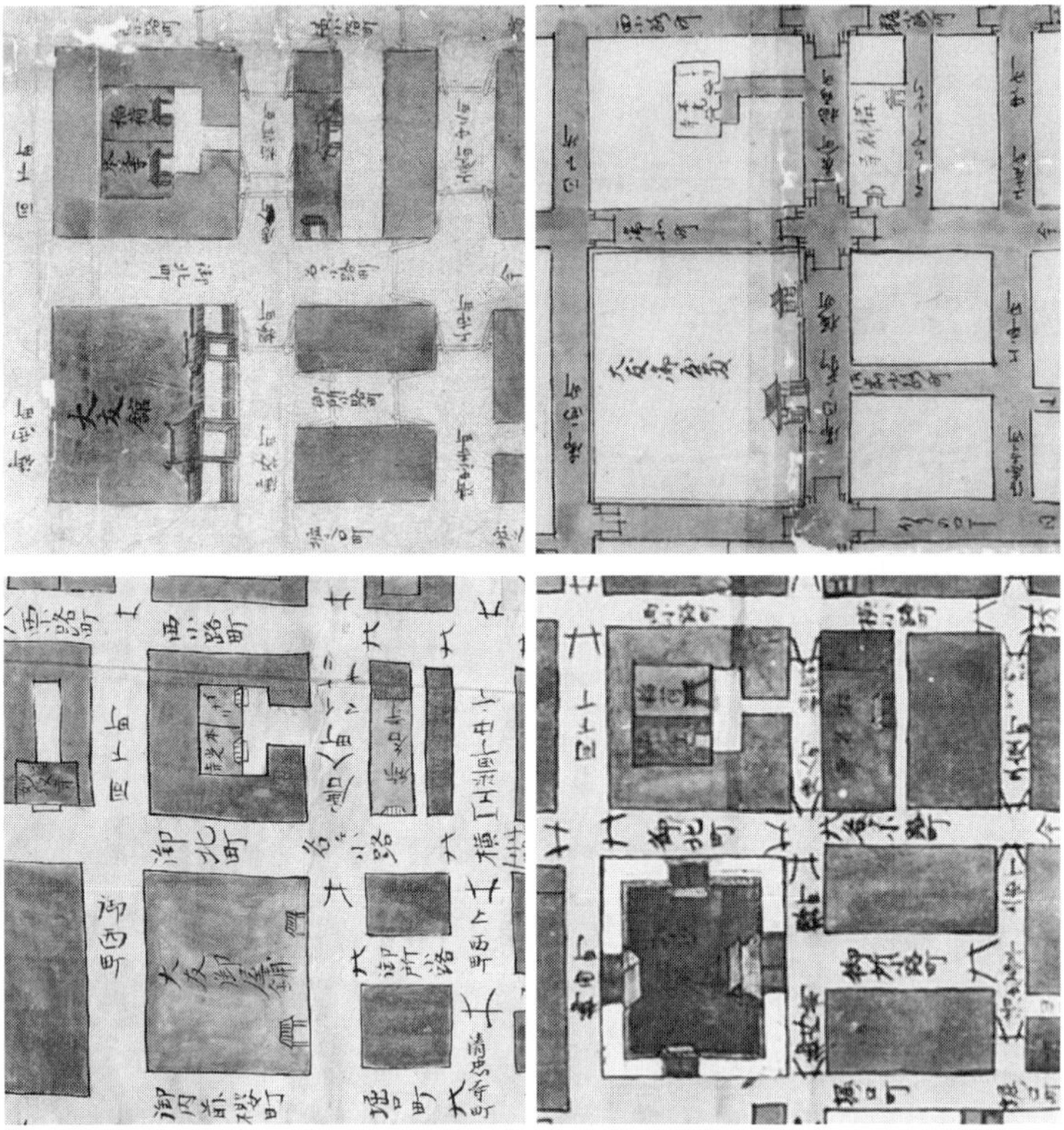

図1　府内古図部分（左上：A類，右上：B−1類，左下：B−2類，右下：C類）（A類古図：個人蔵・画像提供 大分市歴史資料館，B・C類古図：大分市歴史資料館所蔵）

相を描いたものと想定している。

称名寺の表現を名称・敷地、門に注目してそれぞれの状況をまとめたものが表1である。その中で、最も古いと考えられるA類には、名称が記されていない。A類では、大友氏館と寺社を橙色、町屋を黄色として表現しており、称名寺の敷地は橙色で彩色されている。門は、瓦葺で東側と南側に描かれている。また、B−1類では、大友館と万寿寺、妙厳寺と併せて数少ない門を持つ施設として描かれている。また、その範囲は、大友館や、万寿寺に次ぐ広さである。

古図の種類によって、称名寺の場所は、名称の記載がないものと「称名寺」と書かれた二種類が存在する。府内古図の中で、名称が括弧書きとなっていたり、空白であったり、図同士で異なる名称が記述されている区画（施設）として、称名寺以外に、推定御蔵場跡[12]と呼称される場所がある。推定御蔵場跡は、大友氏館跡の南側に位置するL字型や台形に描かれる施設で、府内古図C類で「蔵場」などと書かれるが、A類・B類には、名称が記されていない。また、色もA-1類は薄い橙色、A-2類が青、B-2類が灰色と大友館・寺院・町屋と異なる扱いを受けている。大分市は、蔵場としての利用を含めた大友館に付帯する特別な公共空間を想定しているが[13]、府内古図作成者やその写しが作成されるさいに、複数の土地利用の実態や使用方法が不詳な区画として取り扱われたとも考えられる。

　これらの要素を総合的にみると、称名寺は、町屋ではなく、寺社や大友氏館に類する場所であることに加えて、寺院以外に別の土地利用がなされた可能性のある場所であることも想定される。

四　発掘調査からみる称名寺

「称名寺」の敷地を調査した箇所は、中世大友府内町跡一―二次（以下、調査次数のみを記す）を始めとして一一七次までの一二回に及ぶ。称名寺は、府内古図をみると、南を名ヶ小路、西を第

表1　府内古図における称名寺と各施設の比較

	施設名	規模（館と比較）	色				門	
			称名寺	大友館	寺院	町屋	東	南
A-1類	なし	縦1/3 北1/3は町屋？	橙	橙	橙	黄	○	○
A-2類	なし	縦1/3 北1/3は町屋？	赤	赤	赤	黄	○	○
B-1類	稱名寺	縦1/3 北1/3は町屋？	なし	なし	なし	なし	○	○
B-2類	称名寺	縦長半分 北1/5は町屋	赤	赤	赤	橙	×	○
C-1類	称名寺	縦長半分 北1/5は町屋	赤	赤	赤	黒	○	×
C-2類	なし	縦長半分 北1/5は町屋	赤	黄	赤	黄	○	×

二南北街路、北を横小路、東を道場小路（府内古図B―1類に「とうちやう小ち」とある）に囲まれている。なお、北側は直接道に面しておらず、横小路町の裏手と接している。

発掘調査では、第二南北街路と唐人町を含む西側の外郭と北西および南西の角地の敷地を調査するのみで、全容が明らかになっているわけではない。しかし、敷地と道路を区画する大型の堀や敷地内部の区画溝、鯱瓦や金箔押しをされた京都系土師器などの特徴的な遺物が出土している。以下、遺構・遺物の順に様相を概観する（図2・3参照）。

1　遺　構

最も古い遺構は、一四世紀代のものであるが、井戸や土坑が数基検出されているに過ぎない。しかし、一五世紀中葉から後葉になると、称名寺の区画を取り囲む幅三・五～四・〇㍍、深さ一・四～一・八㍍で、断面逆台形の大型溝Aが作られる。確認された範囲は、西辺で検出された長さは一四九㍍、北西と南西隅で、いずれもL字形に折れ曲がり、北辺で一六㍍、南辺で二一㍍の延長が確認されている。併せて、敷地内には大型溝Aに並行して南北に延びる区画溝aおよび東西の区画溝bや掘立柱建物跡、柱穴列、土坑が確認されている。また、北西部では、二本の東西の区画溝が幅九㍍で走っており、称名寺の範囲および内部空間利用の一端がわかる。この段階は、その後の土地利用における規制となった画期として位置付けられよう。一六世紀にくだる遺物が確認されていないことから、大型溝Aは一六世紀に入るまでに埋められるが、大型溝Aと区画溝に挟まれた箇所に区画溝cが新たに掘削され、一部が途切れていることから入口が想定されているなど、継続した利用がなされている。

一六世紀後半は「大規模施設」が展開したと考えられる時期であり、大型溝Aの西端を一部含む形で大型溝Bが掘削される。その規模は、幅五・〇～五・六㍍、深さ二・二～二・四㍍で断面は緩やかなV字形をするもので、西辺は、大型溝Aより西に六㍍移動しているが、南端はほとんど変わらない。長さは一五五㍍と、大型溝Aより少し大きくなっている。掘削時期は、溝の底から漳州窯系青花が出土していることから、一五七〇年代を上限と推定される。なお、大型溝Bは、一部では最低二回の掘り返しを経て、ほぼ同じ形を保ち、最終段階でやや浅いものの最大幅となる。その後黒色有機質土や道路からのシルトによって溝が埋没し、浅い溝（大型溝C）となった上に、焼土を含む埋土が堆積している。この焼土は島津氏が天正十四（一五八六）年に豊後国に侵攻し、府内が焼失したさいのものと想定されている。つまり、島津氏侵攻までに大型溝Bはほとんど埋没し、大半が窪みのような浅い溝（大型溝C）となったが、依然として土塁などの遮蔽施設は存在していたと考えられる。

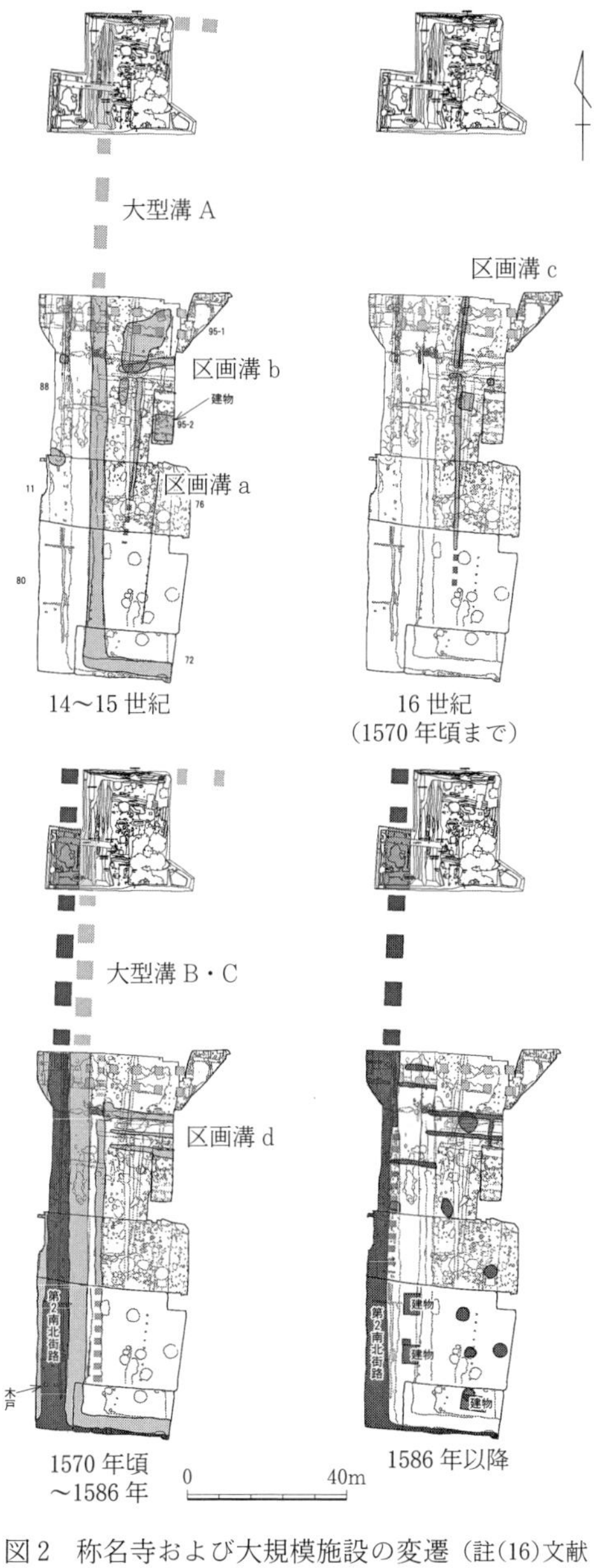

図2　称名寺および大規模施設の変遷（註(16)文献に一部加筆）

また、内部の空間には、南辺から約七〇㍍、北辺から約七五㍍と敷地を南北に二分する東西の区画溝dがあり、大型溝Bに注ぎ込む箇所は、凝灰岩製の石組暗渠となっている。この暗渠は、大型溝と区画溝eの間に当たることから、土塁や築地塀などの上部構造があり、地下排水する必要があったためと考えられる。この段階には、大型溝Bの西側は、幅五㍍の第二南北街路として利用されている。

島津侵攻後は、大型溝Cが炭化物や焼土を含む土などによって人為的に埋め戻され、埋土には、侵攻前に使用されていたと想定される大量の瓦や石塔類が含まれている。その後は、道路に面した大型溝Cを埋めた箇所には、建物跡が並び、その背後には廃棄土坑や井戸が作られている。このような遺構のあり方は、豊後府内では町屋の遺構展開の一般的な状況であり、町屋としての利用が推定される。なお、区画溝dと同じ位置に、幅二・二㍍開けて二本の溝がはしることから小路もしくは、町屋の裏手へ通じる通路の可能性もある。

2　出土遺物

町一・二・一一・七二・七六・八〇・八八・九五次の報告書[14]に掲載されている遺物で、総数六〇七九点のうち、大型溝Aからは一六五点、大型溝B・Cからは二八四六点[15]と、称名寺および大規模施設の溝からの出土遺物が、四九・五％を占めている。

称名寺段階の一四〜一六世紀前半の遺物は、遺構の時期分類を行っている八〇次と八八次では、総数四五三九点のうち七九〇点（大型溝Aを含まない）である。一四世紀代は遺物も少ないが、土坑や溝から少量の龍泉窯系青磁碗、同安窯系青磁、青白磁、東播系須恵器鉢、瓦質土器深鉢・すり鉢、ロクロ目土師器坏が出土している。一五〜一六世紀にかけては、八八次SK〇六一やSK一〇一のような土坑からまとまった遺物が出土している。とくにSK〇六一か

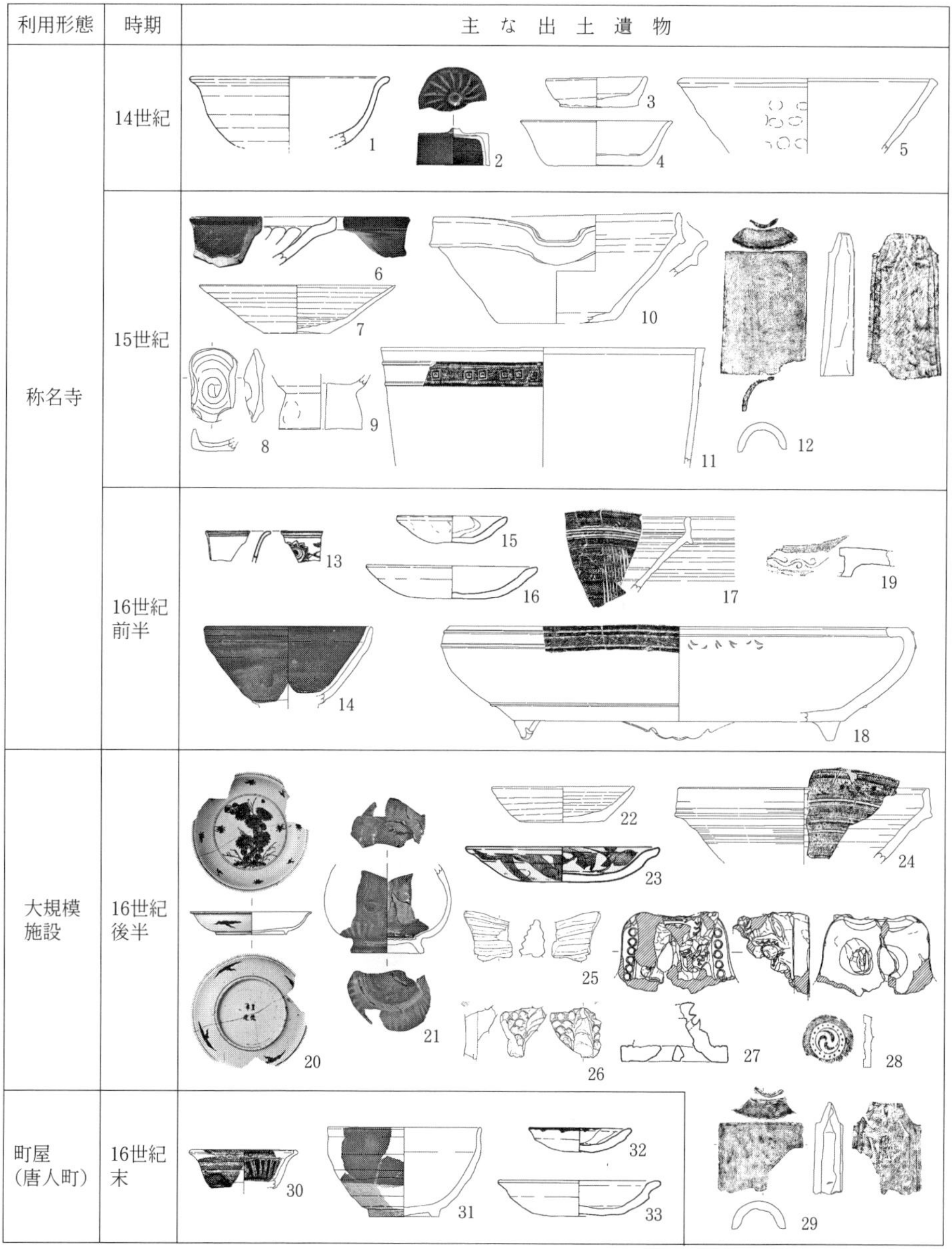

図3　称名寺出土遺物変遷図（12・25〜29は1/20，5・10・11・17〜21・24は1/9，他は1/6）

らは、龍泉窯系青磁碗や青磁皿・壺・香炉や白磁碗、天目茶碗、瀬戸美濃などの国産陶器皿・鉢・瓶、備前焼壺・甕・すり鉢、瓦質土器火鉢・風炉・甕・鍋、ロクロ目土師器坏・耳皿・燭台、大内系土師器坏、軒瓦や伏間瓦を含む瓦類、砥石、滑石製鍋などバラエティーに富む。また、一六世紀前半の八〇次ＳＤ〇九五からは、景徳鎮青花皿一点、瀬戸美濃製天目茶碗一点、青磁碗一点、京都系土師器皿六点、軒平瓦一点が出土している。中国製の青磁・白磁、景徳鎮青花、国産陶器、在地系のロクロ土師器・京都系土師器、瓦質土器という土器・陶磁器の組成以外に、瓦類がまとまって出土していることに寺院としての特徴が見いだせる。

大規模施設のあった一六世紀後半〜末で、大型溝Ｂ・Ｃから出土した遺物は、大量の景徳鎮や漳州窯系青花、ガラス製盃、真鍮製鎖などは、大規模施設側からよりも唐人町側から投棄・廃棄されたものが大半を占めると考えられる。ただし、大型溝の埋土からは、鯱瓦や金箔京都系土師器といった町屋での使用が想定されない遺物が出土している。また、京都系土師器が五二九点と比較的まとまった量で出土しており、報告書では、「(京都系土師器は）大部分がＳＤ一二〇（大型溝Ｂ・Ｃ）が機能していた時期、あるいは直後の時期のものと考えてよい」や「大規模施設内からは京都系土師器が中心として少量が流れ込んだ状態で出土している」(16)とする。敷地内でまとまった遺物が出土した遺構は、八八次ＳＫ二〇七で、龍泉窯系青磁碗一点、景徳鎮青花碗一点、備前擂鉢一点、東播系須恵器鉢一点、陶器鉢一点、瓦質土器甕一点、瓦質土器鉢一点、ロクロ土師器一点、軒丸瓦一点、軒平瓦一点、丸瓦二点、平瓦二点、石製臼一点である。また、八八次ＳＤ〇三三Ａからは、混入品を除くと景徳鎮青花碗、五彩碗、中国製陶器壺、備前焼壺・すり鉢、京都系土師器皿、瓦質土器鉢、鍋、瓦類がある。その組成は、中国製の青磁・白磁、景徳鎮青花、国産陶器、在地系のロクロ土師器・京都系土師器、瓦質土器という土器・陶磁器、瓦類であり、種類による前段階との差異はあまりない。

町屋段階では、八八次SD〇三二の青磁、華南三彩、瀬戸美濃、備前焼、京都系土師器や八〇次礎石建物2周辺の京都系土師器皿五点などがある。また、井戸（一一次SE〇一一）から目に金箔が貼り付けられた鬼瓦が出土している。出土遺物は多くはないが、他の町屋と比較して同様の組成が想定される。

五　称名寺と中世大友府内町跡の他の施設との比較

称名寺から大規模施設を経て町屋が展開する様相を遺構・遺物の点から概観したが、豊後府内で中心的な大友館および旧万寿寺と比較することで、大規模施設の特徴や性格を検討する。

1　遺　構

大友館は、Ⅰ期（一四世紀後半～一五世紀前半）～Ⅴ期（一六世紀第3四半期～一五八六）と町屋に転化したⅥ期（一五八七～一六〇二）に大別(17)されている。館の規模は、Ⅱ期（一五世紀後半）までは南北二町、東西一町で、Ⅲ期以降（一五世紀末～一六世紀中頃）に方二町に拡大したとされる。大規模施設の段階は、Ⅳ期（一六世紀第2四半期～第3四半期）～Ⅴ期（一六世紀第3四半期～一五八六）の館が最大規模となったとされる時期に当たる。この時期の遺構としては館中央に礎石建物跡（いわゆる中心建物）があり、庭園も最大規模となっている。また、外郭は、東外郭以外は、土塁(18)と内外に溝をもち、東は築地塀とする。北外郭は、外側の溝が幅三・一㍍、深さ一四㍍の逆台形で、土塁は幅三・二㍍、内側の溝は幅一・七㍍、深さ一六㍍のV字形である。南外郭は、外側の溝が幅一・三㍍、深さ〇・九㍍のU字形で、土塁は幅四・九㍍、内側の溝は幅一・三㍍、深さ一・七㍍のU字形である。東外郭の外側には、一五世紀代に、幅二・七㍍、深さ一一㍍で断面が緩やかなV字形の溝があったが、一六世紀前半には埋没し、第二南北街路となっている。築地塀は、それより七㍍西側に作られている。

万寿寺は、徳治元（一三〇六）年に建立された禅宗（臨済宗）寺院であり、大友氏館跡の南東部に旧境内（旧万寿寺跡）をもっていた。一四世紀中頃以降に柱穴底に川原石を据えて礎盤とした建物が整備されるなど造営の画期が認められる。一五世紀末に、北側に大規模な溝が掘削され、北側の溝は、最大で幅六・三㍍、深さ二・五㍍を測り、西側の溝も幅八㍍、深さ二・五㍍と大規模である。寺域も一六世紀後半に最も広がり、南北約三六〇㍍、東西約二六〇㍍という区画をもつ。しかし、一五八〇年代になると溝は埋め立てられて、寺域の西側には、礎石建物が建てられており、大友義統が柴田礼能に発給した文書のように「万寿寺築地之内幷西屋敷両所」として屋敷地や町屋となったと考えられる。なお万寿寺は、創建以降六度の火災に遭い、島津侵攻時の火災で寺院の大半が焼失したといわれ、その再建は寛永八（一六三一）年である。一方、「万寿寺西之屋敷」も島津侵攻により焼失するが、一五九〇年代と考えられる遺構や遺物があり、再興したと考えられる。

大友館と万寿寺の外郭に関する遺構変遷について、一六世紀後半を中心として確認した。その結果を表2および図4に示した。敷地面積は、大規模施設を一として比較すると一：三・一（大友館）：七・一（万寿寺）となり、大規模施設は最も小さい。一方で、一五七〇年代までの外郭を比較すると、万寿寺の北と西側の溝が最大ではあるが、大分川まで続き、町中へ物資を運ぶ舟入としての機能も想定されていることを加味する必要がある。大友館北外郭と大規模施設の溝を比較すると幅、深さとも一・八倍となり、大規模施設は敷地面積に比して、堅い防御性をみることができる。また、第二南北街路は、南西隅で遠見防止の折れ構造となっており、その防御性をさらに高めている。大型溝Bは、大型溝Aの形を踏襲していることから、街路を造成するにあたり、前段を踏襲しながら、町の再整備を行った可

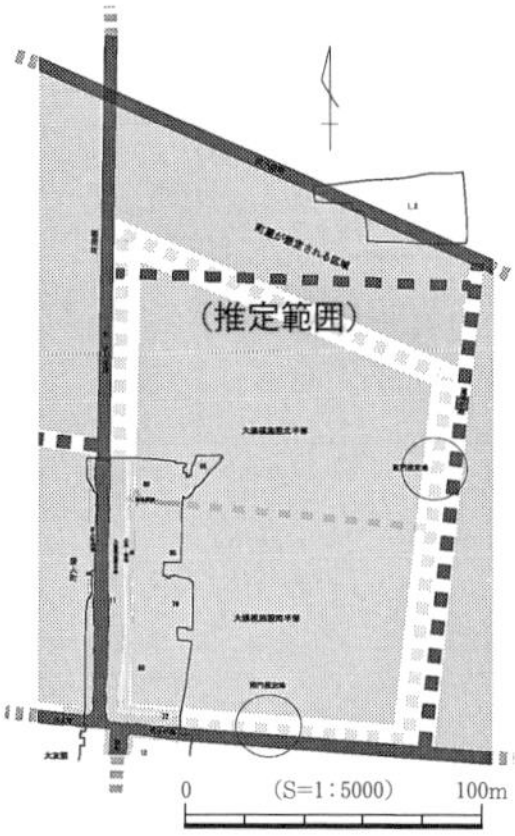

大規模施設

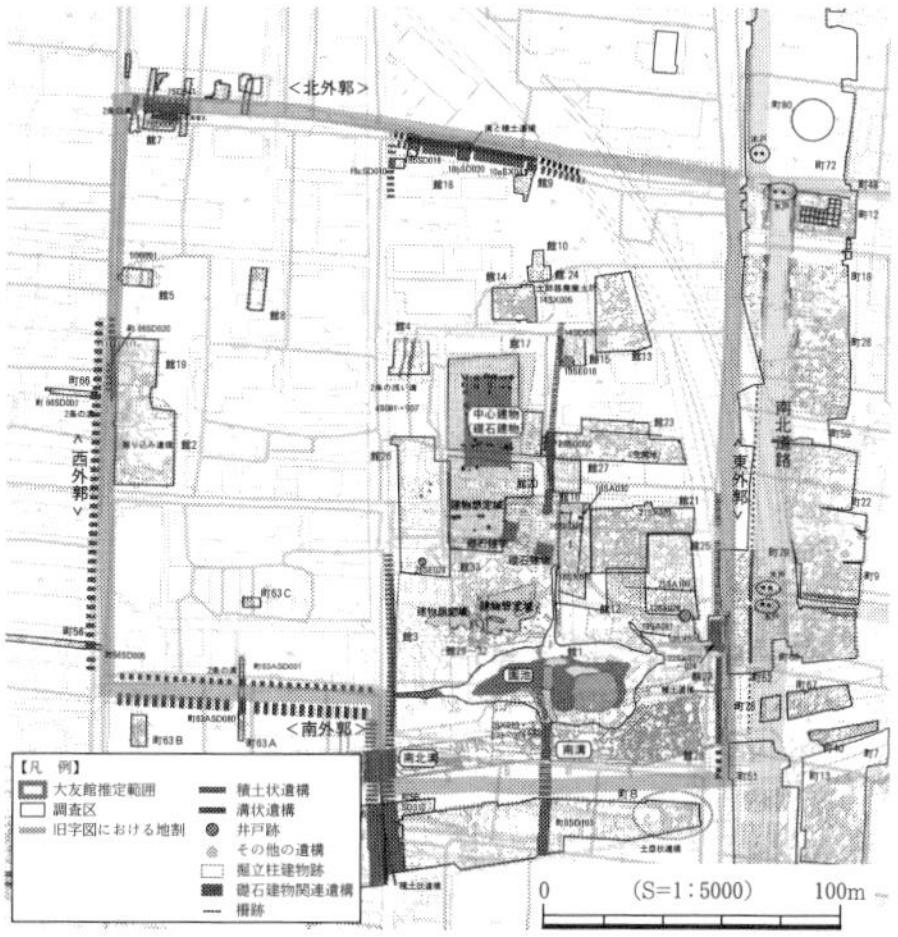

大友氏館跡

旧万寿寺

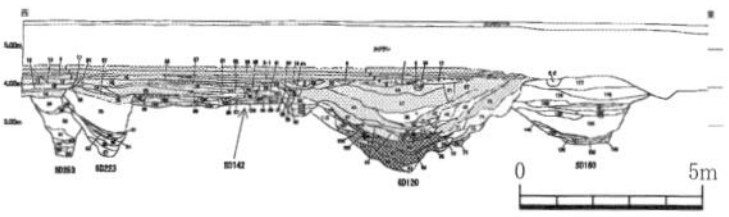

大規模施設（西辺の溝）

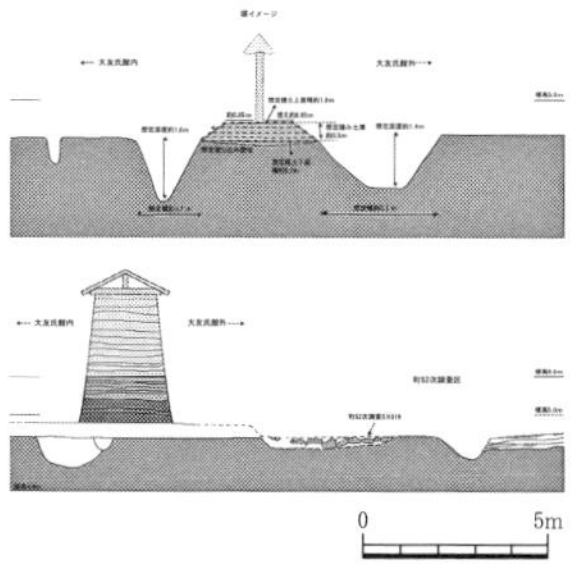

大友氏館跡（上：北外郭，下：東外郭）

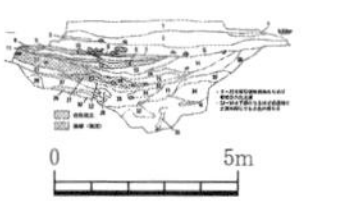

旧万寿寺（西辺の溝）

堀の大きさの比較

図4 大規模施設・大友氏館跡・旧万寿寺の比較（註(16)(12)(11)文献に一部加筆）

表2　大規模施設と各施設の比較

	規模			外郭施設(m)							
	東西(m)	南北(m)	面積(㎡)	外側溝			土塁	内側溝			計測位置
				幅	深さ	断面	幅	幅	深さ	断面	
大規模施設	95	120〜140	12,100〜13,300	5.6	2.4	V字	2	2.3	0.15	皿状	西辺
大友館	200	200	40,000	3.1	1.4	逆台形	3.2	1.7	1.6	V字	北外郭
万寿寺	260	360	93,600	8	2.5	V字〜逆台形	5	1.5	1	逆台形	西辺

能性を指摘することができる。以上のことから、一六世紀後半の豊後府内の中で大規模施設は、豊後府内で最も防御性に優れた場所の一つであったといえる。

2　出土遺物

大友館から出土する遺物は、その大半がロクロ目土師器や京都系土師器で、儀礼や儀式に用いられたことを裏付ける資料で、他の施設と一線を画すものである。それに加えて、中国元代染付の梅瓶や龍泉窯系の器台や酒海壺などの高級陶磁器、茶器として使用された備前焼などの国産陶器が出土していることが特徴である。大規模施設の溝から出土した金箔京都系土師器は、豊後府内で五点確認されており、二点が大友氏館跡、二点が大友氏館跡の南側の溝（町五次）から出土している。

3　小　括

一四世紀から一六世紀末までの称名寺とされる区域について、遺構・遺物の様相を概観するとともに、豊後府内の中心施設である大友館と万寿寺との比較を行った。

中世大友府内町跡の遺構の形成は一四世紀初めからで、大友館外郭線や旧万寿寺の区画溝が認められる。称名寺でもわずかながら井戸や土坑があり、最も古い段階から利用されている場所の一つといえる。一四世紀後半から一五世紀前半に都市の軸となる区画が形成される段階には、大友館では中心建物周辺の整備や万寿寺の北側の溝掘削があり、称名寺でも後の町を区画する第二南北街路の基準となる大型溝Aが開削される画期であり、豊後府内のまちづくりの基本となるプランに称名寺も大きな役割を果たしている。あわせて、内部の区画溝や掘立柱建物から敷地内の整備が進んだことがわかる。

一六世紀後半は、豊後府内が最盛期を迎え、府内古図にある姿になったと想定される時期である。坂本嘉弘氏や坪根伸也氏は、一六世紀後半に大友氏が拠点とした府内と臼杵にある四つの館を整理する中で、府内から臼杵への政治機能の移転や府内を中心として方形館を配置して防御性を高める「大府内」の形成を指摘する。[19] この段階で称名寺は移転し、大規模施設として利用されるとともに、前代の建物や敷地を踏襲しながら西側の敷地を拡張している。吉田氏は瓦の変遷から寺院の瓦葺建物が継続して利用されていたことを指摘している。[20] また、周囲には、大型溝Bが掘られ、溝に平行する第二南北街路は、南西角でつづら折れとなって遠見防止とするなど、府内で有数の防御性をもつ施設になる。坂本・坪根両氏は、大規模施設は大友氏館が方二町に拡張された時期とほぼ同じ時期であり、宗麟から義統に家督を譲った直後であることから、宗麟が臼杵から府内に来たさいの屋敷機能を想定している。[21] 本章で指摘したとおり、大友館の斜め向かいにあること、大型溝で囲まれた堅牢な施設であること、溝の埋土から京都系土師器がまとまった量出土していることから、武家屋敷であるとともに、京都系金箔土師器などからは、大友氏と関係の深い施設であることを示すと考えられる。さらに、大型溝が一五七〇年代以降の掘削であることや称名寺の寺伝などを踏まえると、先学が指摘するように臼杵に居住していた宗麟の府内での滞在場所としてふさわしい場所でもある。一方で、家督を継いだ義統は、天正八（一五八〇）年頃に臼杵から府内に政庁を移しており、三重野誠氏は、当該期に義統による宗麟の子（義統の異母兄弟）の謀殺が計画されるなど、宗麟と義統の関係は必ずしも良好ではないことを指摘する。[22]

大規模施設の使用方法や防御性については、これまでの領国内や対外的な動向に加えて、大友氏内部の緊張関係も視野に入れて検討する必要がある。最終段階である島津侵攻直前（一五八六年頃）には、大型溝Bは浅くなった大型溝Cとして機能し、島津侵攻を想定して行った溝の開削などは想定されていない。

島津侵攻により、豊後府内が灰燼と帰した後の復興では、大規模施設の西側は町屋となっている。称名寺の寺伝によれば、慶長元（一五九六）年頃に旧地に戻っているとされるが、これまで発掘調査をされた場所からは寺院に関わる遺構は確認されておらず、称名寺が復帰した箇所については、今後の調査が待たれる。

おわりに

称名寺が成立してから、大規模施設となり、町屋となるまでを概観し、とくに大規模施設は、一六世紀後半において、豊後府内でも有数の防御性をもった施設であることや出土遺物から武家地に類する使用方法であることを指摘した。発掘調査が敷地全体の約二五～三〇％という段階であり、推定の域を出ない部分もある。以前から称名寺という大友氏館に隣接した土地利用をさぐることで、戦国時代の大友氏の土地利用の一端を解明することができるのではないかと考えていた。本章の大半は先学の成果をなぞるような形となってしまったが、新たに他の施設との比較や遺物から大規模施設の性格について若干の言及を行うことができた(23)。また、四二次のように一六世紀前半までは武家地の様相であった箇所が、一六世紀後半には町屋となるなど、豊後府内における武家地のあり方については、今後検討すべき課題があると考えている。また、称名寺から大規模施設への変遷や内部空間の建物を検討するうえで、重要な鯱瓦や金箔付き鬼瓦については、十分に論究を行うことができなかった。それらを解明するためには豊後府内の東にある守岡やもう一つの拠点である丹生島（臼杵）と合わせて考える必要があり、今後の課題としたい。

註

（1）遺跡を指す場合は中世大友府内町跡、中世都市としての府内を指す場合は「豊後府内」とした。

（2）一遍はその生涯に一度も比叡山には登っていない私度僧であり、一遍の生涯を記した絵巻の題簽にも『一遍聖絵』とあり、本文中にも「一遍聖」や「聖」と記されている。一方で、『一遍上人絵詞伝』や一遍が上陸したとされる大分県別府市上人ヶ浜の地名のように、後世「上人」という名称も使用されている。ここでは、現在一般的に通称されている名称として、一遍上人を使用した。

（3）高野修『時衆教団史』岩田書院、二〇〇三年。

（4）狹間久氏は、府中の大友館と想定するが、根拠となる文書などは示されていない（狹間久「第六章　大友時代の文化」『大分市史』中、大分市、一九八七年）。

（5）前掲註（4）。

（6）狹間久「第五章　宗麟の栄光と没落」『大分市史』中、大分市、一九八七年。

（7）小泊立矢「豊後における中世時宗の展開」『史料館研究紀要』第二号、大分県立先哲史料館、一九七七年。

（8）吉田寛「豊後府内出土の金箔押し鬼瓦・鯱瓦の年代と問題点—中世大友府内町跡第一一次・第七二次調査出土の瓦史料の検討—」鹿毛敏夫編『大内と大友—中世西日本の二大大名—』勉誠出版、二〇一三年。

（9）前掲註（8）。大分県教育庁埋蔵文化財センター『豊後府内一七』第二分冊、二〇一三年。坂本嘉弘・坪根伸也「豊後　大友氏の最盛期を支えた二つの都市と四つの館」『新・清須会議資料集　守護所シンポジウム二』二〇一四年。

（10）木村幾多郎「研究ノート　府内古図の成立」『大分市歴史資料館年報—一九九二年度—』大分市、一九九三年。同「府内古図再考」『Funai　府内及び大友氏関連遺跡総合調査研究年報』Ⅸ、大分市歴史資料館、二〇〇一年。

（11）大分県教育庁埋蔵文化財センター『豊後府内を掘る』大分県、二〇一六年。

（12）大分市教育委員会『史跡大友氏遺跡保存管理計画』大分市、二〇一四年。

（13）前掲註（12）。

（14）大分市教育委員会『大友府内七』大分市、二〇〇四年。大分県教育庁埋蔵文化財センター『豊後府内一七』大分県、二〇一三年。

(15)　町跡第七二次調査で、大型溝AはSD〇二五B、大型溝B・CはSD〇二五Aに相当する。本文中に、「出土遺物は僅少で、第七二次調査ではSD〇二五Bの時期を判断する良好な遺物はなかった」とあることから、掲載された六六三点をすべて、SD〇二五Aに帰属するものとして扱った。
(16)　前掲註(14)大分県教育庁埋蔵文化財センター『豊後府内一七』。
(17)　前掲註(12)。
(18)　報告書では、「土囲廻屛」などの古文書から土囲（土塁）の上に塀を想定しているが、大規模施設の比較で必要な土塁の規模の記述に留めた。
(19)　前掲註(9)坂本・坪根論文。
(20)　前掲註(8)。
(21)　前掲註(9)坂本・坪根論文。
(22)　三重野誠「大友宗麟・義統の十六世紀末における動向」鹿毛敏夫編『戦国大名大友氏と豊後府内』高志書院、二〇〇八年。
(23)　坪根氏は、廃棄遺構出土遺物から土地利用ごとに消費・廃棄のパターン化を行っている。今後発掘調査により資料が増加すれば、称名寺の敷地利用について遺物からさらに検討が可能と考えられる（坪根伸也「豊後府内（中世大友府内町跡）出土陶磁器からみた消費と流通」佐々木達夫編『中近世陶磁器の考古学　第五巻』雄山閣、二〇一七年）。

〔附記〕　大分市教育委員会『大友府内二七』（大分市、二〇一八年）で、称名寺北西部の発掘調査成果が報告された。大規模施設北辺の堀北岸（稲荷町との境界）で町屋を拡張したときとされる石組護岸が確認されており、大型溝Cの性格を考える上で重要な遺構である。また、古川・辻之町筋の成立から横小路が古代官道を踏襲していた可能性を指摘している。称名寺の立地のみならず、豊後府内の成立や町割を考える上で、重要な指摘である。今後は、称名寺北東部や東辺の発掘調査が進展すれば、大規模施設の規模や性格がより明確になると考えられる。

第四章　大友義統の家督相続時期について

八木直樹

はじめに

大友義統は、大友宗麟（義鎮）の嫡男として永禄元（一五五八）年閏六月十八日に誕生した。(1)大友氏に最盛期をもたらした父宗麟に比して、宗麟が築き上げた領国を衰退させ、ついには豊臣秀吉により改易された義統に対するイメージは悪い。義統に関する基礎的事項についても、大友氏クラスの戦国大名家の当主にしては、不思議なほど不明な点が多い。(2)例えば、元服の年齢についてすらわかってはいない。(3)同様に宗麟から義統への代替りについても諸説ある。戦国大名大友氏の転換点となった天正六（一五七八）年十一月の耳川合戦時の当主が義統であったことは、一致した見解である。しかし、相続の時期については、義統の文書発給行為がみられはじめる元亀四（天正元・一五七三）年説がある一方で、イエズス会宣教師の書翰を根拠とする天正四年説も根強い。この見解の相違は、前者が相続安堵・偏諱授与・知行宛行など大友氏当主としての義統の文書発給を代替りの指標としたのに対し、後者は宗麟による後見期間を経た後の、義統への完全な実権譲与の時期を指標としたのである。新当主が誕生したにもかかわらず、前当主が

何らかの実権を握る政治体制は、二頭政治などと表現される。こうした二頭政治は多くの戦国大名でみられる現象であった。(4)

もっとも相続時期に関しては、それ以上に看過できない問題がある。詳しくは第一節にて検討するが、主要な研究同士が、他者の研究成果に言及することのないままに、この事柄が論じられてきた問題である。また、家督相続に関係する史料の年次比定についても再考する必要が生じてきている。本章では、大友義統の家督相続に関する先行研究・関係史料の見直しを行い、義統の家督相続時期について再検討していきたい。

一　家督相続に関する研究

本節では、義統の家督相続時期に関する主な先行研究を発表された順に確認していく。近世の編纂物に基づく俗説を除けば、①天正三（一五七五）年（木村論文）(5)、②元亀四（天正元・一五七三）年初め（福川論文）、③天正四年（外山著書）(6)の三説があげられる。まず、木村論文の天正三年説を検討してみよう。氏が根拠としたのは、「家督之祝儀」「家督祝儀」という文言がみえる三月二十四日付の問注所七郎宛大友宗麟書状と同日同人宛の大友義統書状である。(7)これらの文書の宗麟と義統の花押類型から、文書の発給年を天正三年と比定する。木村氏は、この「家督祝儀」を「ここでいう「家督」とは、大友氏の文書様式からみて大友氏の家督であり、宗麟から義統に譲られたことを示している」（一八一頁）と判断した。しかし、宗麟書状・義統書状の副状として、同日同人宛に出された大友氏年寄田原親賢副状写には、「為善聴《問注所》一跡連続祝儀言上之趣、具遂披露候処、重々以御書被仰出候」とある。(8)つまり、ここでいう「家督祝儀」とは、大友氏家督のことではなく、前年に亡くなった問注所善聴からその子七郎への家督相続安堵を指すものである。したがって、天正三年説の根拠はなくなる。なお、木村論文では、相続に前後して宗麟は「若い義統のいわば見習期間を共同統治的に通過」した後、宣教師の史料と義統発給文書の量の増加から、義統に権力が集中した時期を天正四年とする。

次に昭和五十六（一九八一）年に発表された福川論文の元亀四年初め説である。福川論文が参考にした外山幹夫氏の見解は、『大友宗麟』（吉川弘文館、一九七五年）のものである。ただし、外山氏は、昭和五十八年にそれまでの大友氏研究を『大名領国形成過程の研究』にまとめるが、『大友宗麟』発表時とは少し見解を修正している。昭和五十六年の福川論文も五十八年の外山著書も、同じ義統の家督相続について論じたものであるが、互いの研究成果に言及していないことには注意したい[9]。福川論文は、『史料綜覧』が天正元年十二月二十八日のこととしてあげた綱文「大友宗麟、家督ヲ子義統ニ譲ル、是日、宗麟、横岳鎮貞ノ祝儀物ヲ進ムルヲ謝ス」[10]の根拠となった「横岳文書」「藤崎八幡宮文書」の発給年を検討し、また義統発給の文書が集中的に認められる元亀四年初めを家督相続時期とした。

最後に外山著書の天正四年説である。氏は、『史料綜覧』天正元年十二月二十八日説の根拠となったであろう「横岳文書」を検討し、次の指摘をする。「この無年号十二月二十八日付宗麟書状は、これ以前に家督譲与が行なわれたことについて、横岳弥十郎が祝儀の品を送ったことに対し、この日これを謝したものであるに過ぎない。この件に関する宗麟の書状は、他にも同様の趣旨で、肥後藤崎宮司坊以下に宛てた年未詳五月一日付のものがある。また同種のもので、日付を異にする義統の書状もみられる。従って、天正元年十二月二十八日譲与説は、何ら根拠を有するものではない」（七〇八頁）。さらに、「「横岳文書」の先の年未詳十二月二十八日付の書状は、以上数多認められる同種のものの一つに過ぎない。何故『史料綜覧』が「横岳文書」のみを取り上げ、他を顧慮しないのか理解に苦しむ」（七一五頁）と天正元年説を否定した。そして家督相続に関する「当時の史料」として、次にあげるイエズス会宣教師の

書翰を最も重視した。(11)

〔史料1〕　一五七六年九月九日（天正四年八月十七日）付フランシスコ・カブラル書翰（三〇一頁）

……今国を治めつつある世子……

〔史料2〕　一五七八年十月十六日（天正六年九月十六日）付ルイス・フロイス書翰（三九三頁）

……今述べんとするは豊後の世子のことなるが、彼は当諸国の継承者にして二年来これを治めつつあり。……

この宣教師の書翰をもとに、「宗麟の家督譲与は天正四年、しかも年頭から八月十七日の間であったとせねばならない」（七〇八頁）と天正四年説を提示した。そしてこれ以前に義統発給の文書がみられる理由を、「宗麟が義統に、家督譲与に先立って一種の「業務見習」として事にあたらせた」「義統支配体制への推移を徐々に計り、家臣等もこれに馴致するよう考慮した」（七一〇頁）と位置づけた。

外山著書は、天正四年以前の義統を家督相続前と位置づけたが、天正四年説の根拠は〔史料2〕にある天正六年当時の宣教師の認識である。〔史料2〕に関しては、神田千里氏が「世上一般には、家督は既に義統にあるとの認識が、少なくとも天正四年迄には豊後では一般化していたと考えられる」と指摘するように、(12)義統の家督相続自体はこれよりも以前であったことは動かしがたい。天正三年五月二十八日付の戸次道雪譲状には、「於宗麟様御代」「義統様以御下知」とみえ、この時点にはすでに義統の治世と認識されていたことが確認できる。(13)やはり家督相続自体は、天正四年よりもさらにさかのぼる時期でなければならない。したがって、天正四年説も成り立たない。

ただし、外山著書はきわめて重要な問題を指摘している。第一に家督相続に関係する重要文書の年次比定を「年未詳」としたこと、第二に家督祝儀礼状は家督相続がそれ以前に行われたことを示す史料に過ぎないこと、第三に他にも多数ある同様な史料（第四節にて検討する）のうち、「横岳文書」の十二月二十八日付書状だけを取り上げることを問題としたことである。外山著書は、福川論文を直接批判したわけではないが、福川論文のもととなった『史料綜覧』説を否定したことにより、必然的に福川論文も見直さなければならない。

二　「横岳文書」の検討

本節では、福川論文にて家督相続の根拠としてあげられた「横岳文書」の再検討を行う。重要な問題であるので、煩をいとわず関係史料五点をすべてあげてみよう。

〔史料3〕「横岳家所伝文書写」一六八号（『佐賀県史料集成』古文書編六巻二七六頁）

為家督祝儀、太刀一腰金・厚板三端送給候、祝着候、①猶臼杵越中守《（鑑速）》可申候、恐々謹言、

十二月廿八日　義統《（朱書）「宗麟子大友豊後守」》

②横岳弥十郎《（鎮貞）》殿（傍線筆者、以下同じ）

〔史料4〕「横岳家所伝文書写」（『宗麟』四巻一五〇五号）

為義統《（朱書）「大友豊後守」》家督祝儀、太刀一腰・厚板一端送給候、祝着候、①猶臼杵越中守《（鑑速）》可申候、恐々謹言、

十二月廿八日　宗麟《（朱書）「大友義鎮入道」》

②横岳弥十郎《（鎮貞）》殿

〔史料5〕「横岳文書」七六号（『西国』二三巻九頁）

義統《（大友）》様御家督御祝儀言上、尤珍重候、御祝着之段、御銘々以　御書被　仰遣候条、千秋万歳候、然者、③去年御本領御訴訟之砌、以目録蒙仰候、於于今者、可為御失念与存候之処、只今銀子弐百五十目拝受候、誠御丁寧之至、

難述紙面候、併対鎮貞申致取合候故、請恨事不浅段、可有御察候、弥爰元相応之儀、何様不可有疎意候、殊④中国之儀、倍入目被成、奉対御当方懇望深重候、因茲、其境御静謐之御調儀、不可有御油断之間、可御心安候、猶御使者へ申候条、閣筆候、恐々謹言、

十二月廿八日　①（臼杵）鑑速（花押）

（横岳）鎮貞まいる　御返申給へ

〔史料6〕「藤崎八幡宮文書」四七号（『熊本県史料』中世篇三巻一〇三頁）

為家督祝儀、巻数一箱并嶋織物二端給候、令悦喜候、仍当社之儀、任前々之旨、不可有相違候之条、社家衆中申談、弥可被励懇祈事肝要候、猶①臼杵越中守（鑑速）可申候、恐々謹言、

五月一日　⑤（大友）義統（花押2）

宮司坊（他四名略）

〔史料7〕「藤崎宮文書」（『宗麟』四巻一五二〇号）

（大友）義統家督為祝儀、巻数一箱并嶋織物一端給候、令悦喜候、猶①臼杵越中守（鑑速）可申候、恐々謹言、

五月一日　（大友）宗麟（花押7）

宮司坊（他四名略）

福川氏は、まず〔史料6・7〕の発給年を傍線⑤にある義統二型花押の使用時期から天正二（一五七四）年に比定し、家督相続を天正二年五月以前のこととした。そして義統の一型花押が据えられた正月二十一日付蠣瀬弾正忠宛一字書出を初見に、元亀四（一五七三）年正月から義統の文書発給がみられるとする。さらに傍線②にみえる「横岳弥十郎」から中務太輔への官途名の変更を天正二年五月四日に、傍線①にみえる「臼杵越中守」鑑速の没年を天正三年

五月八日に比定し、その結果〔史料3・4・5〕の発給年を天正元年に比定した。

　しかし、これらの年次比定は、その後の研究の進展により修正すべき点が生じている。大友氏年寄であり肥前方分[14]臼杵鑑速の没年と、横岳弥十郎から中務太輔への官途名の変更年についてである。元亀三年に起こった肥前国人横岳・龍造寺・筑紫三氏の所領相論と、調停に応じない龍造寺隆信を天正二年三月に大友氏が誅伐を命じた経緯を検討した堀本一繁氏は、関係史料の検討から臼杵鑑速の没年を天正二年五月八日と確定した。[15]さらに別の論考で堀本氏は次の〔史料8〕をあげ、弥十郎から中務太輔への変更を天正元年とした。[16]

〔史料8〕「横岳文書」（『宗麟』四巻一五二二号）

　中務太輔所望之由承候、可存知候、恐々謹言、

　五月四日《（天正元年）》　　　　宗麟《（大友）》（花押7）

　　横岳弥十郎《（鎮貞）》殿

　大友氏は、天正二年の三月二十七日付の大友宗麟書状・大友氏年寄連署副状で龍造寺隆信誅伐を命じた。同日付の文書は複数確認されるが、横岳鎮貞宛の文書の宛名は「横岳中務太輔殿」とある。[17]横岳鎮貞は、龍造寺隆信が横岳氏の居城西島「要害」を攻撃した元亀三年に比定される卯月六日付の大友宗麟書状写では「横岳弥十郎」であった。[18]「至三根郡龍造寺山城守乱入」への対応を指示した同年九月十三日付の大友宗麟書状写でも「横岳弥十郎」の仮名が確認できる。[19]元亀三年段階では「弥十郎」であった横岳鎮貞は、天正二年には「中務太輔」へと官途名を変更している。したがって、福川論文は〔史料8〕を天正二年以降の発給と推定しているが、〔史料8〕は天正二年ではなく天正元年の発給となる。

　横岳鎮貞の弥十郎から中務太輔への官途名の変更が天正元年五月四日であり、臼杵鑑速の没日が天正二年五月八日

であったことが確定したことにより、義統の家督相続に関係する文書の年次比定はすべて見直さなければならない。〔史料3・4・5〕の発給は、元亀三年以前であったのである。さらにもう一つ重要な問題がある。それは、義統の二型花押の使用時期である。そもそも、福川論文は、次の〔史料9〕にみえる義統二型花押の使用時期から本文書を天正元年に比定し(20)、中務太輔への変更を天正二年以降としたのである。

〔史料9〕「横岳文書」四〇号（『西国』二二巻四八頁）

為歳暮祝儀、雁一折送給候、祝着候、①猶臼杵越中守（鑑速）可申候、恐々謹言、

十二月廿八日　義統（大友）（花押2）

②横岳弥十郎（鎮貞）殿

ここまでの検討から、〔史料9〕は、臼杵鑑速の没年以前であり、かつ「横岳弥十郎」の名がみえることから、元亀三年以前の発給となる。上限は、鑑速の前任の肥前方分吉弘鑑理の没日が元亀元年六月七日であるので、鑑速が肥前方分となった元亀元年以降の発給となる。義統二型花押は、〔史料6〕の「藤崎八幡宮文書」にもみえ、これまで天正二年頃に使用されていたと考えられてきた。ところが、〔史料9〕は、従来考えられていた天正二年を大きくさかのぼる元亀三年以前の発給であった。となると、〔史料3・4・5〕の義統家督相続に関する文書の発給年を明らかにするためには、義統花押の使用時期について検討する必要があろう。

三　義統花押の使用時期

福川花押論文によれば、義統は生涯で九種二〇型の花押・印章を用いている。家督相続直後に使用したのが、一型

花押・二型花押・三の一型花押・三の二型花押である。四型花押は、それまで父宗麟が使用していた宗麟七型花押を継承したものであり、天正三（一五七五）年五月には確実にその使用が確認される。本節にて検討したいのは、一型花押・二型花押・三型花押の使用時期についてである。

表1は、義統の一型・二型・三型花押が使用された文書を収集した一覧である。発給年が明らかなもの、あるいはその根拠を示すことができる文書を以下に示していこう。

〔史料10〕「田村文書」三一号（表1No.8）[21]

名字之事、以別紙認進之候、恐々謹言、

（元亀四年）二月廿一日　　義統（花押1）

田村七郎殿

この義統一型花押が据えられた二月二十一日付の大友義統名字状と一緒に出された次の〔史料11〕から、〔史料10〕は元亀四（一五七三）年の発給であることが判明する。

〔史料11〕「田村文書」三〇号

加冠名字事

源統順

元亀四年二月廿一日

義統一型花押については、発給年が確実に判明するのはこの〔史料10〕だけである。次に義統二型花押については、管見の限りその発給年の根拠を示すことができる史料は見出せなかった。しかし、研究史では、義統二型花押は一致して天正二年頃の発給とされている。そもそもなぜ義統二型花押は、天正二年の発給と比定されたのであろうか。

義統の花押について、その分類と使用時期を検討した最初の研究成果は、昭和三十（一九五五）年三月に刊行された『大分県史料』一〇巻に所載された「主要人物花押印章編年一覧」である。この大分県史編纂事業に従事した三木俊秋氏は、同年八月に義統花押に関する論文を発表している(22)。義統二型花押は、『大分県史料』では〔史料6〕の「肥後国藤崎文書」を典拠に「(天正二年）五月一日」と比定している。三木氏も「この花押様式は、五月一日の肥後国藤崎文書で天正二年に比定される」（二七頁）とする。しかし、〔史料6〕を天正二年に比定する根拠は、「藤崎八幡

内　　容	出　　典
八朔礼状	「古後」21 号『西国』28-p. 27
音問礼状	「牧」8 号『福岡市史』1-p. 1049
歳暮礼状	「横岳」40 号『西国』22-p. 48
相続安堵，一字授与	「長野」61 号『大分』11-p. 262
家督祝儀礼状	「藤崎八幡宮」47 号『熊本』3-p. 103
一字授与	「長野」13 号『大分』11-p. 229
祈禱巻数礼状	「鏡山」『増編大』23-223
加冠名字授与	「田村」31 号『武家文書』
一字授与	「蠣瀬」下―4 号『大分』8-p. 314
一字授与	「大友家文書録」『増編大』23-189
相続安堵	「平井」14 号『大分』13-p. 275
仮名授与	「大友家文書録」『増編大』23-199
兵船出兵について	「大友家文書録」2469 号『大分』34-p. 155
村上武吉への加勢	「村上」『宗麟』4-1527
一字授与	「上妻」26 号『福岡市史』1-p. 800
出庄を賞す	「梅津」『増編大』26-163
八朔礼状	「古後」19 号『西国』28-p. 25
八朔礼状	「古後」18 号『西国』28-p. 24
八朔礼状	「小代」74 号『熊本』1-p. 180
八朔礼状	「小代」75 号『熊本』1-p. 180
八朔礼状	「平井」15 号『大分』13-p. 276
音問礼状	「牧」7 号『福岡市史』1-p. 1049
土囲廻屏の馳走命令	「田北」6 号『熊本』4-p. 262
歳暮祈禱礼状	「太宰府天満宮」『大宰府』15-p. 362
天王寺屋道叱の一儀	「島井家資料」8 号『福岡市史』1-p. 819
贈答礼状	「帆足」『戦国文書聚影』13 号
賊船討果の感状	「竹田津」1 号『西国』37-p. 7
受領授与	「鞍手郡諸家古文書」
年頭祝儀礼状	「古文書纂」
領地安堵	「杉」94 号
当知行安堵	「麻生」4 号『大分』2-p. 173
当知行安堵	「麻生仁人」30 号
一字授与	「長野」14 号『大分』11-p. 229
歳暮祈禱礼状	「太宰府天満宮」『大宰府』15-p. 379
備中方面の情勢	「牧」5 号『福岡市史』1-p. 1048
贈答礼状	「牧参考」2 号『福岡市史』1-p. 1065
家督祝儀礼状	「問注所」34 号『西国』32-p. 47
官途授与	「問註所文書」

表1　大友義統花押1・2・3型使用文書一覧

No.	年　月　日	花押類型	受　給	文書にみえる人名
1	(元亀2ヵ)8.1	花押2影	古後兵右衛門尉	浦上左京入道
2	(元亀1ヵ・2ヵ)11.19	花押2	牧兵庫助	浦上左京入道
3	(元亀1ヵ・2ヵ)12.28	花押2	横岳弥十郎	臼杵越中守
4	(元亀2ヵ・3ヵ)2.18	花押2	長野藤次郎	
5	(元亀2ヵ・3ヵ)5.1	花押2	宮師坊ほか4名	臼杵越中守
6	(元亀2ヵ・3ヵ)7.16	花押2		
7	(元亀3以前ヵ)9.3	花押1	高良社大祝	奈多増王
8	(元亀4)2.21	花押1	田村七郎	
9	(元亀3ヵ・4ヵ)1.21	花押1	蠣瀬弾正忠	
10	(元亀3ヵ・4ヵ)1.25	花押1影	香志田弾正忠	
11	(元亀3ヵ・4ヵ)1.27	花押1影	平井四郎	
12	(元亀3ヵ・4ヵ)2.25	花押1	西甚三郎	
13	(元亀3ヵ・4ヵ)5.29	花押1影	鶴原掃部入道	
14	(元亀3ヵ・4ヵ)6.4	花押1	村上掃部頭	(村上)武吉，嶋源兵衛尉，平岡通資
15	(元亀3ヵ・4ヵ)6.22	花押1	上妻太郎	
16	(元亀3ヵ・4ヵ)6.26	花押1影	久阿	
17	(元亀3ヵ・天正1ヵ)8.1	花押1	古後兵右衛門尉	臼杵越中守
18	(元亀3ヵ・天正1ヵ)8.1	花押1影	古後兵右衛門尉	臼杵越中守
19	(元亀3ヵ・天正1ヵ)8.1	花押1影	小代	臼杵越中守
20	(元亀3ヵ・天正1ヵ)8.1	花押1影	小代	臼杵越中守
21	(元亀3ヵ・天正1ヵ)8.1	花押1影	平井弾正忠	
22	(元亀3ヵ・天正1ヵ)8.11	花押1	牧兵庫助	浦上左京入道
23	(元亀3ヵ・天正1ヵ)12.2	花押1	田北大炊助	
24	(元亀3ヵ・天正1ヵ)12.22	花押1	天満宮大鳥居	田原近江守
25	(天正2ヵ)1.14	花押3の2	(嶋井)宗叱	天王寺屋道叱，(井上)紹悦
26	(天正2ヵ)1.25	花押3の1	森弾正忠	臼杵越中守
27	(天正2ヵ)2.26	花押3の2影	竹田津源助	臼杵越中守
28	(天正2ヵ)4.13	花押3影	坂折新介	
29	(天正2ヵ)4.25	花押3の2	村上三良九郎	臼杵越中守
30	(天正2ヵ)8.5	花押3の1	杉孫三郎	田原近江守
31	(天正2ヵ)9.7	花押3	安心院美濃守	田原近江守
32	(天正2ヵ)9.17	花押3	麻生上野介	田原近江守
33	(天正2ヵ)10.3	花押3	長野八郎	
34	(天正1ヵ・2ヵ)12.24	花押3の1	天満宮留守職大鳥居	田原近江守
35	(天正3)1.30	花押3の1	牧兵庫助	浦上宗景，三村元親，田原近江守
36	(天正3ヵ)1.30	花押3の1	牧彦十郎	田原近江守
37	(天正3)3.24	花押3の2	問注所七郎	田原近江守
38	(天正3)3.24	花押3の2	問注所七郎	

内　　容	出　　典
官途授与	「関」『増編大』23-303
受領授与	「長野」62 号『大分』11-p. 262

男編『武家文書の研究と目録(上)』(お茶の水図書館，1988 年)，『西国』=『西
『熊本県史料』中世篇，『大宰府』=『大宰府・太宰府天満宮史料』，『戦国文書
纂」=「京都大学文学部所蔵「古文書纂」一七所収東郷重光所蔵文書」(土居聡
聡・村井祐樹「萩博物館寄託「杉家文書」」(『萩博物館研究報告』3 号，2007
料番号(もしくは頁数)と表記する。表 2 も同様である。
号 6171.91-39)によった。
した。
写真版，東京大学史料編纂所・九州大学文学部日本史学研究室・大分県立図書

宮文書」からは読み取れない。昭和三十八年刊行の『熊本県史料』は天正七年ヵとし、昭和六十三年の『大日本史料』では「本文書ノ義統ノ花押ハ、天正二年ニ使用セルモノナリ」と天正二年に比定、(23)平成五（一九九三）年の『新熊本市史』は天正二年ヵと比定している。(24)これまでの研究で共通しているのは、義統二型花押を天正二年の使用とする唯一の根拠は、「藤崎八幡宮文書」の〔史料6〕五月一日付大友義統書状だけである。しかし、〔史料6〕が天正二年の発給であることを示す根拠は全くない。義統二型花押を天正二年の発給とする根拠は、これまでそう比定されてきたという以上の根拠を誰も見つけてはいない。『大分県史料』の比定に全く疑問を抱くことなく無条件にしたがっていたのであろう。『大分県史料』がなぜ〔史料6〕を天正二年の発給としたのかは不明であるが、明確な根拠がない以上、〔史料6〕を天正二年の発給とするわけにはいかない。義統二型花押の使用時期は、ひとまず不明とせざるを得ない。

次に義統花押三の一型・三の二型についてである。福川花押論文では、三の一型と三の二型の使用時期を区分しているが、時期による明確な使い分けは見出せない。本章では、三の一型花押と三の二型花押の区別はしない。三型花押のうち、発給年が判明する文書は二件ある。まず正月三十日付の牧兵庫助に宛てた義統書状（表1 No.35）である。本書状と同日付で牧氏の主家美作国人の三浦次郎に宛てた大友宗麟書状がある。(25)内容は、義統書状と同様に、大友氏による「防長行」について約束し、浦上宗景・三村元親など近隣の反毛利氏勢力の連携を呼びかけている。書状の冒頭に「閏十一月十三日之御音問今月十六下着、具遂披閲候」とあることから、宗麟書

No.	年　月　日	花押類型	受　給	文書にみえる人名
39	（天正２ヵ・３ヵ）3．6	花押３の１	関弥三郎	
40	（天正２ヵ・３ヵ）3．15	花押３の２	長野右京亮	

・刊本の出典・略記は，『大分』＝『大分県史料』，『増編大』＝『増補訂正編年大友史料』，『武家文書』＝芥川龍
国武士団関係史料集』，『宗麟』＝『大友宗麟資料集』，『福岡市史』＝『新修 福岡市史』資料編中世，『熊本』＝
聚影』＝戦国文書研究会・渡辺澄夫・芥川龍男編『戦国文書聚影　大友氏篇』（柏書房，1974年），「古文書
朋「東京大学史料編纂所所蔵「村上文書」について」『四国中世史研究』8号，2005年，p. 84），「杉」＝井上
年），「麻生仁人」＝中山重記「豊前国宇佐郡麻生仁人文書」（『大分県地方史』84号，1976年）とし，巻号―史
・「鞍手郡諸家古文書」は福岡県立図書館所蔵写真帳，「問註所文書」は東京大学史料編纂所所蔵写真帳（請求記
・No.19・20の「小代文書」の義統書状写の花押影は，大分県立図書館所蔵「碩田叢史小代家文書」により確認
・義統の花押類型は福川花押論文により，各種刊本に記載された花押番号・一覧を参照するとともに，掲載の
館に所蔵の写真帳・影写本にて確認した。

状が前年の天正二年閏十一月十三日付の三浦氏側からの「御音問」に対する返書として天正三年に出されたことが判明する。したがって、同日付の正月三十日付の義統書状も天正三年の発給となる。

二件目は、天正二年に亡くなった問注所善聴からその子七郎に家督相続を安堵したことに対する「家督祝儀」礼状である、三月二十四日付問注所七郎宛の大友義統書状である（表1No.37）。同日に大友義統は「右馬頭」の官途を問注所七郎に認めている（表1No.38）。この二通の義統文書は、状況から考えて天正三年のものとみてよいだろう。

発給年が確実に判明するのは、一型花押が元亀四（一五七三）年の一通、三型花押が天正三年の三通という、非常に限られた文書だけである。その他に、発給年を推測できる情報としては、一型・二型・三型花押文書のすべてに天正二年五月八日に亡くなった「臼杵越中守」鑑速の名がみえることがあげられる。この「臼杵越中守」が鑑速の後継者である可能性は低い。鑑速没後、「臼杵越中守」の名前が確認できるのは、十月一日付大友義統書状写に「今度至筑後表、臼杵越中守以同心、従最前遂在陣」とある天正十二年の筑後出陣の史料である(26)。さらに大友氏当主の書状の文末にある「猶〜可申候」文言に名前が記された人物は、その件に関する担当者であり、それが年寄である場合は担当国の方分である可能性が高い。鑑速は、元亀元年六月七日に亡くなった吉弘鑑理の後任として、肥後・肥前の方分となった(27)。

〔史料6〕（表1№5）・〔史料9〕（表1№3）の「臼杵越中守」は、肥後・肥前方分として名前がみえるのである。したがって、これらの二型花押が使用された〔史料9〕は元亀元～三年の間の、〔史料6〕は元亀元～天正元年の間の発給となる。他の表1№17・18・19・20・26・27・29も臼杵鑑速没年の天正二年以前の発給となることから、二型・三型花押は、従来考えられてきた使用時期を大きくさかのぼり使用されていたのである。

義統花押三種の使用時期について、ここまでの検討を整理してみよう。三型花押は、これまで考えられてきたよりも一年ほど早く天正二年（あるいは天正元年末）から、天正三年三月頃まで使用されていた。問題は、一型花押と二型花押である。それぞれの花押のうち、その使用時期が最も早い文書は、一型花押が〔史料10〕（表1№8）の元亀四年二月二十一日付名字状、二型花押は元亀三年以前に発給された〔史料9〕（表1№3）の十二月二十八日付書状である。このことは、自然に考えれば、一型花押よりも二型花押の方が先に使用されていたことを意味する。

さらに一型花押の使用時期を考える重要な判断材料がある。「古後文書」（表1№17・18）と「小代文書」（表1№19・20）に二通ずつ現存する八月一日付の八朔祝儀に対する義統礼状である。これらの八朔祝儀の礼状が同一年に発給された可能性は低いので、これらの礼状は別々の年に発給されたと考えられる。したがって、義統一型花押は少なくとも二年以上にわたって使用されていたのである。その使用時期は、三型花押の使用開始時期と次節にて検討する義統の家督相続の時期から、元亀三年（あるいは元亀二年にさかのぼる可能性もある）・翌天正元年であったと考える。そして二型花押は、一型花押に先行する元亀二年（あるいは元亀三年まで使用の可能性もある）以前に使用されていたと考えたい(28)。

四　家督相続の時期

前節までの検討をふまえ、本節では〔史料3・4・5〕の「横岳文書」と〔史料6・7〕の「藤崎八幡宮文書」がいつ発給されたのか、換言すれば義統の家督相続はいつなのか、本章における結論を述べたい。〔史料3〜7〕は、義統の家督祝儀が献上されたことに対する礼状であった。同様な義統家督祝儀に関する礼状の一覧が表2である。表2No.7・8の「河原氏蔵古文書写」の二通は、前述した宛所の「問註所刑部入道《善聴》」の没年が天正二（一五七四）年であること、筑後国方分「田原近江守《親賢》」の方分任命が元亀二（一五七一）年以降であることから[29]、元亀二〜天正元年の間の発給と考えられる。表2No.9・10の「相良文書」の二通は、義統の四型花押の使用時期と肥後国方分「志賀安房入道《道輝》」の活動時期から[30]、天正五年か六年の発給と考えられる。問題は、次の筑後の国人三池氏に宛てた大友宗麟書状である。

〔史料12〕「三池文書」（『宗麟』四巻一五三四号、表2No.1）

義統《大友》家督為祝儀、太刀一腰金・嶋織物一端送給候、祝着候、猶戸次伯耆守《鑑連》可申候、恐々謹言、

七月廿日《元亀二年カ》　宗麟《大友》（花押7）

三池殿

本文書の年次比定を考える材料は二点ある。まず宗麟の七型花押の使用時期は永禄六（一五六三）〜天正二年の期間であるということ。次に「戸次伯耆守《鑑連》」の活動時期である。鑑連が出家するのは天正二年三〜五月頃である[31]。また大友氏当主書状の文末で「猶〜可申候」に名前を記された大友氏年寄は、その国の方分であったことは前述した。鑑連

の筑後方分の在任は、彼が筑前国立花城督として権力中枢を離れる元亀二年七月頃までである。となると、〔史料12〕は元亀二年以前の発給となるが、宗麟は、永禄十二年と翌元亀元年には長期間出陣している。[32]家督相続が、当主自ら出陣することがきわめて異例であった宗麟の国外出陣中に行われたとは考えがたい。〔史料12〕は元亀二年に発給されたと考えるのが最も妥当であろう。したがって、宗麟から義統への家督相続時期は、宗麟が国外出陣から帰陣した元亀元年末から元亀二年七月までのどこかであったと考えられる。

祝儀文言	出典
義統家督為祝儀	〔史料12〕
為家督祝儀	〔史料6〕
義統家督為祝儀	〔史料7〕
為家督祝儀	〔史料3〕
為義統家督祝儀	〔史料4〕
義統様御家督御祝儀言上	〔史料5〕
義統家督為祝儀	「河原氏蔵古文書写」『西国』33-p. 14
為家督祝儀	「河原氏蔵古文書写」『西国』33-p. 30
為御家督御祝儀	「相良」『増編大』24-94
為家督祝儀	「相良」『増編大』24-98

ここで注目すべき史料を紹介したい。元亀三年に比定される柳澤新右衛門尉宛の二月二十二日付足利義昭御内書写である。[33]義昭は、豊後で大友・毛利の和平成立のために奔走する「愚庵」（久我宗入）[34]からの報告を伝え、さらに「又大友老中共も代始如此申遣事、不及請儀も如何候由申候て、旁宜由候間、猶以国へ追々被仰出事候」と、「大友老中共」も「代始」であることから、義昭が進める豊芸和平の受諾に前向きな様子が述べられている。ここで「代始」と述べられていることこそが、宗麟から家督を相続した義統の「代始」を指すのである。従来の大友氏研究では言及されることがなかった史料ではあるが、非常に重要な史料であろう。

さて、家督相続に関する諸史料のなかで、最も多くの情報を記しているのが「横岳文書」の元亀三年以前の発給である〔史料5〕十二月二十八日付臼杵鑑速書状である。傍線③には「去年御本領御訴訟之砌、以目録蒙仰候」とある。前年に横岳氏が「御本領」に関する訴訟を大友氏に起こしたことがわかる。書

表２　義統家督祝儀礼状一覧

No.	年　月　日	署　　判	受　　給	「猶～可申候」
1	（元亀２ヵ）7.30	（大友）宗麟（花押７）	三池	戸次伯耆守
2	（元亀２ヵ・３ヵ）5.1	（大友）義統（花押２）	宮師坊ほか４名	臼杵越中守
3	（元亀２ヵ・３ヵ）5.1	（大友）宗麟（花押７）	宮師坊ほか４名	臼杵越中守
4	（元亀２ヵ・３ヵ）12.28	（大友）義統	横岳弥十郎	臼杵越中守
5	（元亀２ヵ・３ヵ）12.28	（大友）宗麟	横岳弥十郎	臼杵越中守
6	（元亀２ヵ・３ヵ）12.28	（臼杵）鑑速（花押）	鎮貞	
7	（元亀２～天正１）12.20	（大友）宗麟花押	問註所刑部入道	田原近江守
8	（元亀２～天正１）12.22	（大友）義統花押	問註所刑部入道	田原近江守
9	（天正５ヵ・６ヵ）8.11	（吉岡）鑑興（花押）	相良	
10	（天正５ヵ・６ヵ）8.23	（大友）義統（花押４）	相良	志賀安房入道

状には、鑑速が有利に取り計らったこともあり、横岳氏の望みが叶い鑑速に銀子が贈られた御礼が述べられている。元亀元年に比定される八月十三日付の大友宗麟知行預置状では、「於肥前国之内五百町分」が横岳氏に預け置かれ、その「五百町分」として永禄十三年十一月八日付の大友宗麟袖判所領坪付が発給されている。(35)この二通の文書が「去年御本領御訴訟」の結果、横岳氏が獲得した文書であった可能性も考えられる。ただし、この二通が発給されるまでに中心的役割を果たした取次は、鑑速の前任の肥前方分吉弘鑑理であった。(36)六月に亡くなった鑑理の後を引き継ぎ、実際に文書が発給されるまでの奔走を鑑速が行ったことは十分に考えられようが、永禄十三年十一月八日付の大友宗麟袖判所領坪付は肥前国人の江上氏・神代氏にも発給されている。(37)先の二通の宗麟文書と〔史料５〕の関係の有無は、なお検討が必要である。しかし、〔史料５〕の発給の上限は、臼杵鑑速の方分としての活動がみられる以降であることから、元亀二年であることは確定した。次に傍線④には「殊中国之儀、倍入目被成、奉対御当方懇望深重候」とある。「中国のことは、ますます「入目」になり、大友氏に対して「懇望」してきている」となろうか。「入目」とは、「引っ込み思案で、慎重で、臆病な（人）」という意である。(38)毛利方の情勢不利を言っているのであろうが、なかなか文意がとりづらい。元亀二年六月には毛利元就が死去し、大友宗麟は備前・美作の浦上氏・三浦氏などと毛利氏包囲網を形成し

ていた。翌三年初頭より大友氏は赤間関への軍事行動を企図し、七月には伊予に出兵するが、十月には毛利・浦上・宇喜多氏の和睦が成立する。(39)同時期に室町幕府将軍足利義昭と織田信長は「豊芸無事」の和平を進めていた。(40)状況から元亀二年の文書と考えられなくはないが、元亀三年の発給であってもおかしくはない。「横岳文書」の十二月二十八日付の三通の書状〔史料3・4・5〕は元亀二年か三年の発給としたい。また、「藤崎八幡宮文書」の五月一日付の二通の書状〔史料6・7〕も、元亀二年か三年と比定する。

おわりに

本章の成果は、第一に大友宗麟から義統への家督相続時期が元亀元(一五七〇)年末から元亀二年七月までのどこかであったことを明らかにしたこと、第二に義統花押一型・二型・三型の文書発給年を表1のごとく年次比定したことである。元亀二年時点では、義統はまだ数えで一四歳に過ぎない。この若年の義統に宗麟が家督相続を行った理由は、前々年・前年と宗麟自身が国外に出陣したことと関係がありそうであるが、その詳細はわからない。義統の家督相続時期がこれまで不明確であったのは、先行研究でも指摘されてきたように、家督相続後もいわゆる二頭政治期が存在したからである。それでは、宗麟が義統に実権を譲ったのはいつなのであろうか。その指標として重要なのが、つとに木村論文・福川花押論文も指摘する宗麟・義統の花押の変化である。宗麟がそれまで使用していた七型花押を義統に譲り、自らは朱印を使用しはじめると同時に、義統が宗麟花押を四型花押として使用しはじめたのは天正三(一五七五)年三~五月頃である。この花押の継承について、佐藤進一氏は「宗麟の花押は大友の家督たる地位のシンボルであって、宗麟は家督譲渡の象徴行為として、この花押を義統に襲用せしめたのである」と評した。(41)元亀二年七月以前に行われた家督相続に次ぐ大きな画期として、宗麟の花押が義統に継承された天正三年三〜五月頃を措定してもよいだろう。両者による二頭政治期の具体的検討は今後の課題としたい。

『大友宗麟資料集』の刊行により、発給文書の収集と花押類型の確認が容易になった宗麟とは異なり、義統文書については今後も新出文書の発見が期待できる。本章の結論に修正をせまる発見もあるだろう。天正年間の大友氏研究がさらに進展することを期待したい。

註

（1） 弘治四（一五五八）年の某覚書（「到津文書」四〇九号『大分県史料』〈以下『大分』〉二四巻六六頁）には、「同壬六月十八日、大友殿様若子御生□候」と記されている。

（2） 義統については、狭間久「大友氏の滅亡」（『大分の歴史』四巻、大分合同新聞社、一九七八年）の「統率力を欠く義統」の項（三二二〜三三八頁）が詳細である。なお、本章では、書名・論文名の副題は省略する。

（3） 福川一徳「大友義統の家督相続をめぐっての一考察」（渡辺澄夫先生古稀記念事業会編『九州中世社会の研究』第一法規出版、一九八一年、本論文を「福川論文」と称す）三一九頁は、義統の元服を元亀元（永禄十三）年初め頃とする。年未詳六月一日付の大友宗麟書状写（「小代文書」『大友宗麟資料集』〈以下『宗麟』〉四巻一三六一号）は、「長寿（大友義統）元服祝儀」に対する礼状であるが、その文末には「猶吉弘（鑑理）左近大夫可申候」と大友氏年寄吉弘鑑理の名がみえる。堀本一繁氏の研究によれば、鑑理は永禄十三年四月二十三日の手負注文では「伊予守」の受領名に変更しており、その没日は元亀元年六月七日であった（「大友氏加判衆吉弘鑑理の没日」『戦国史研究』三〇、一九九五年）。したがって、この書状は永禄十二年以前の発給である。義統の元服は、永禄十二年五月以前であったのである。

（4） 二頭政治については、多くの戦国大名発給文書を統計的に分析した山室恭子『中世のなかに生まれた近世』（講談社学術文庫、二〇一三年、初出は一九九一年）をはじめ、個別事例では、今川義元—氏真（有光友學「今川義元—氏真の代替り」同『戦国史料の世界』岩田書院、二〇〇九年、初出は一九八二年）、龍造寺隆信—政家（堀本一繁「龍造寺氏の二頭政治と代替り」『九州史学』一〇九、一九九四年）、北条氏康—氏政（山口博「氏康による「武榮」印判の使用」同『戦国大名北条氏文書の研究』岩田書院、二〇〇七年、初出は二〇〇三年）、毛利元就―隆元・輝元（岸田裕之『毛利元就』ミネルヴァ書房、二〇一四年。光成準治『毛利輝元』ミネルヴァ書房、二〇一六年）がある。

（5）木村忠夫「耳川合戦と大友政権」（同編『九州大名の研究』吉川弘文館、一九八三年、初出は一九七二年）。

（6）外山幹夫『大名領国形成過程の研究』（雄山閣出版、一九八三年）七〇五～七一六頁。

（7）「問注所文書」一九号（『西国武士団関係史料集』〈以下『西国』〉三二巻二八頁）、同三四号（同四七頁）。

（8）「河原氏蔵古文書写」（『西国』三三巻五二頁）。問注所善聴の死により息七郎鎮直に相続安堵がなされたことを、『大日本史料』第一〇編之二五、八六頁は、天正二年十一月一日のこととする。

（9）福川一徳「戦国期大友氏の花押・印章編年考」（拙編『豊後大友氏』戎光祥出版、二〇一四年、初出は一九八九年、本論文を「福川花押論文」と称す）でも福川論文の論旨は変わっていない。なお、大友義統・宗麟の花押類型とその使用時期については、本章ではこの福川花押論文によった。

（10）『史料綜覧』巻一一（東京大学史料編纂所、一九五三年）三三頁。なお、関係史料は、一九八八年に刊行された『大日本史料』第一〇編之一九、六五頁に収録されている。

（11）村上直次郎訳『イエズス会士日本通信』下、雄松堂書店、一九六九年。

（12）神田千里「大友宗麟の改宗」（『東洋大学文学部紀要　史学科篇』四〇、二〇一四年）八六頁。

（13）「立花家文書」（『増補訂正編年大友史料』二三巻三三三号）。この点に関しては、竹本弘文『大友宗麟』（大分県教育委員会、一九九五年）一〇二頁が指摘している。

（14）方分とは、権力中枢にある年寄が国単位で務めた領域支配担当者であり、担当国の国人に対する取次役を担った。拙稿「戦国大名大友氏の「方分」について」（『大分県地方史』一八八、二〇〇三年）を参照。

（15）堀本一繁「龍造寺氏の戦国大名化と大友氏肥前支配の消長」（『日本歴史』五九八、一九九八年）の註(四〇)。

（16）前掲註(4)堀本「龍造寺氏の二頭政治と代替り」の註(三〇)。

（17）「志賀文書」「横岳文書」「相良文書」「五条文書」（『宗麟』四巻一五一四・一五一五・一五一六・一五一七・一五一八号）。

（18）「横岳家所伝文書写」（『宗麟』四巻一四六六号）。

（19）「横岳家所伝文書写」（『宗麟』四巻一四八五号）。

(20) 後に発表した福川花押論文では、〔史料9〕を天正二年に比定している。

(21) 芥川龍男編『武家文書の研究と目録（上）』お茶の水図書館、一九八八年。

(22) 三木俊秋「大友義統の古文書」『大分県地方史』五、一九五五年。

(23) 『大日本史料』第一〇編之一九、六八頁。

(24) 「藤崎八幡宮文書」二一号（『新熊本市史』史料編二巻古代中世、六七三頁）。

(25) 「上利文書」（『宗麟』四巻一五四八号）。

(26) 「大友家文書録」一九七五号（『大分』三三巻一六八頁）。

(27) 前掲註(14)拙稿「戦国大名大友氏の「方分」について」。

(28) 次にあげる文書の年次比定によっては、義統一型花押の使用時期の見直しが必要になるかもしれない。「奈多増王」の名がみえる表1№7である。奈多増王は、奈多八幡宮の大宮司であり、大友氏の社奉行奈多鑑基の子鎮基のことである。増王の名の終見は、永禄十三（一五七〇）年二月二十六日付の奈多増王禁制である（「太宰府天満宮文書」『大宰府・太宰府天満宮史料』一五巻三一五頁）。鎮基の名の初見は、「永禄十二年」の付年号がある十二月九日付奈多鎮基書状写である（「永弘文書」二四七二号『大分』六巻三三二頁）。ただし、本文書の「永禄十二年」は、翌年二月段階で「増王」の名が確認されることから検討を要する。次に確認できるのは、永禄十三年四月十五日付奈多鎮基禁制写である（「小坂坊系図」『宇佐神宮史』一三巻三一五頁）。さらに「元亀三年」の付年号がある十月十日付の奈多大膳《（鎮基）》大夫宛の大友宗麟書状写中に「鎮基」と確認される以降は、確実に鎮基と名乗っている（「永弘文書」『宗麟』四巻一四八七号）。したがって、表1№7は元亀三年以前に、あるいはさらに古い段階で発給された可能性も考えられる。今後の検討課題としてここに記しておきたい。

(29) 元亀二年に比定の七月十三日付の大友宗麟書状（「吉弘文書」『宗麟』四巻一四四三号）によれば、このころ、田原親賢の前任の戸次鑑連は筑前国「立花西城督」となり権力中枢を離れている。

(30) 天正四年に比定される十二月二十六日付の大友宗麟朱印状（「相良文書」『宗麟』五巻一六六六号）では、「猶志賀安房守可申候」と志賀安房守親度が肥後国方分であったことが確認できる。志賀安房入道道輝は、これ以降の天正五年頃から史料に名前がみえる。

(31) 山田邦明「戸次道雪の花押について」（皆川完一編『古代中世史料学研究』下巻、吉川弘文館、一九九八年）五一五頁。

(32) 拙稿「戦国大名大友氏の軍事編成と合戦」(鹿毛敏夫編『大内と大友』勉誠出版、二〇一三年)を参照。
(33) 「巻二一柳澤靭負」五五号(『萩藩閥閲録』一巻五六〇頁)。
(34) 久我宗入の豊後下向については、金子拓「久我晴通の生涯と室町幕府」(同『織田信長権力論』吉川弘文館、二〇一五年、初出は二〇一四年)を参照。
(35) 「横岳文書」(『宗麟』四巻一三八八・一四二三号)。
(36) 拙稿「戦国期大友政権における取次と権力構造」(鹿毛敏夫編『戦国大名大友氏と豊後府内』高志書院、二〇〇八年)を参照。
(37) 「永野御書キ物抜書」(『宗麟』四巻一四二二号)、「武雄鍋島文書」(『宗麟』四巻一四二四号)。
(38) 土井忠生ほか編訳『邦訳日葡辞書』(岩波書店、一九八〇年)「Irimena・イリメナ(入目な)」項。
(39) 当該期の大友・毛利氏と周辺地域の政治・軍事情勢については、福川一徳「元亀―天正年間の大友・毛利氏の戦い」(『軍事史学』一〇四、一九九一年)、松原勝也「元亀年間における大友氏の政治的・軍事的動向」(『大分県地方史』一九四、二〇〇五年)、森脇崇文「天正初期の備作地域情勢と毛利・織田氏」(『ヒストリア』二五四、二〇一六年)に詳しい。
(40) 『大日本史料』第一〇編之六、一〇三頁。
(41) 佐藤進一『〔増補〕花押を読む』(平凡社、二〇〇〇年、初出は一九八八年)一七三頁。

〔附記〕 本研究は、JSPS科研費(JP一六K一六九〇七)の助成を受けたものである。

補論　「大友由緒姓名記」からみる吉統除国後の豊後国と大友氏

松原勝也

1　「大友由緒姓名記」とは

和歌山県高野山にある本覚院は、真言宗総本山金剛峯寺の子院である。本覚院は臼杵藩主稲葉氏が美濃国に住していたころから関係を結んでおり、稲葉氏が臼杵に移転して以降は臼杵藩領を檀那場として、豊後国内での活動も行うようになった。そのため本覚院には、歴代藩主からの書状や家臣の分限帳の写しなどといった、臼杵藩との関わりを示す近世史料が数多く残されていくことになる。また近隣には、戦国大名大友氏との密接な関係を有し、江戸時代も豊後国全体を統括したことから、「豊後坊」と称された西生院があった。しかし西生院は文化十一（一八一四）年の火災で伽藍を失い、以降は本覚院が住職を兼務することとなった。寺務の統合に伴い、西生院が有してきた歴史的機能は、伝来した史料とともに本覚院に受け継がれていく。こうして本覚院には、大友氏当主や家臣団から西生院に宛てられた書状など、数多くの大友氏関係史料も伝来していったのである。そして平成二十（二〇〇八）年、これら大友氏や豊後国に関わる二〇〇〇点近い史料群が、「高野山本覚院文書」として大分県立先哲史料館に寄贈され、整理・目録化された(1)。

この「高野山本覚院文書」の中に、寛政元（一七八九）年、豊後国鶴崎（大分市）の吉岡鼎寿が作成した「大友由緒姓名記」（以下「姓名記」と略記）と題する史料がある。(2) その表題から、旧大友家臣の末裔を記録した史料であることは容易に理解できるが、注目されるのは縦一五㌢、横四四㌢の横帳仕立ての中に、一七〇〇人近くにも及ぶ人名が列記されていることである。

では、その内容についてみてみよう。「姓名記」の最初の頁は、鼎寿が居住する「鶴崎」から始まり、「徳丸次郎右衛門」「手嶋才次」「友永由助」など、一二名が列記されている。続いて「高田　道園村」に居住する「丹生幸左衛門」「工藤市郎次」「小手川熊平」「平林長太郎」など一四名が記載される。以下、旧大友家臣の末裔の姓名が、それぞれ居住する町村ごとにまとめられている。たとえば府内城下（大分市）には「芦刈満左衛門」「稙田仁兵衛」の他、萱島、矢野、宗、高山などの名字を持つ四六名が、臼杵城下（臼杵市）には、「狭間佐源太」「加嶋弥平太」の他、高橋、久保、日高、野上など一四名が記載されている。人数が最も多いのは府内藩領の駄原村（現大分市）で、安部、渡邊、木本、二宮、植木、高倉などの名字を持つ者が一六二名記載されている。その他にも、城後田北や一万田、臼杵、志賀、若林、薬師寺などといった著名な大友家臣の末裔も確認できる。

これら旧大友家臣の居住地は、おおよそ藩領ごとにまとめて記載されている。最も多いのは熊本藩領（五一二名）で全体の約三〇％を占め、以下、府内藩領（三五二名）、臼杵藩領（三〇七名）、延岡藩領（二四五名）、幕府領（一二五名）、岡藩領（一〇三名）と続く。一方で、杵築藩領（六名）や日出藩領（二名）では、主に城下のわずかの人数だけしか確認できず、佐伯藩領についても、臼杵藩領と接する津久見村の「宇都宮喜惣右衛門」と「軸丸与左衛門」の二名だけしか記載されていない。森藩領に至っては、かつて玖珠郡衆と称され、大友氏権力下に組み込まれた中小規模の国衆が割拠していたにも関わらず、誰一人として記載されていない。

また、これを郡単位でみると、大分郡や津久見以北の海部郡に属する町村の記載が充実しており、その情報量は他の郡と比較すると歴然とした差がある。また大野郡や直入郡、速見郡については、笠良木や寺小路（臼杵市）、宇対瀬や中土師、安藤、木浦内（豊後大野市）、山浦や刈迫（桐迫ヵ、竹田市）、温湯や石松（由布市）などには多くの人数が記載されているが、それ以外の地域はごくわずかか、もしくは未記載である。国東郡は「安帰（安岐）荒巻」の「久保宗廣」と「二児（両子）沓掛村」の「小串柳助」のみしか記載がなく、日田・玖珠両郡と津久見以南の海部郡の町村は、全く記載されていない。

このように「姓名記」に記載された人々の居住地は、明らかに地域的な偏在がある。おそらく鼎寿も、豊後一円に存在する旧大友家臣の末裔の所在を、最初からすべて網羅しようと意図していた訳ではなく、自身が把握したデータが限定したものになることは織り込み済みだったと思われる。と同時に、「姓名記」を作成するさいに記載漏れした者や、あえてこの時期大友氏との関係性を主張していなかった者がいた可能性も想定しておく必要がある。とはいえ「姓名記」は、文禄二（一五九三）年五月に大友吉統（義統）が改易され、豊後除国となってから二〇〇年近く経った江戸時代後期に至ってもなお、中世以来の大友氏との関係性を受け継いできた旧大友家臣の末裔が、豊後国内に広範に存在していたことを具体的に示すきわめて興味深い史料だといえよう。

2 「姓名記」の作成とその背景

「姓名記」を作成した吉岡鼎寿は、熊本藩主細川家に仕え、鶴崎で医業を生業としていたとされる。もともと吉岡氏は鶴崎一帯を拠点とし、戦国時代には吉岡長増が大友義鎮（宗麟）の加判衆として、大友氏権力の中枢で活躍した。しかし孫の統増の代に、吉統が改易されたことで浪人となる。その後、元和七（一六二一）年に、統増の子の瀬兵衛が豊前国で細川忠利に出仕し、以降、幕末まで熊本藩士として続いた(3)。

このように鼎寿は大友氏の有力重臣・吉岡氏の末裔であり、自身も持つ大友氏との「由緒」を基に、「姓名記」の作成にあたったことがわかる。また「鼎寿改之」と記されていることは、寛政元（一七八九）年以前にも「姓名記」が存在し、鼎寿がこれに改訂を加えることができるほど、旧大友家臣の所在情報を幅広く把握しうる立場にあったことを示唆している。

では、鼎寿はなぜ旧大友家臣の所在情報を、「姓名記」という形で取りまとめるに至ったのか。そのカギを握るのが、「吉岡家文書」(4)に残る次の史料である。

由緒触頭之儀、御先代之通、不相替諸事宜御頼申上候也、

明治九年三月十三日　松野直友（花押）

吉岡仲達様

まず、この書状の差出者である松野直友とは、大友吉統の次男（三男とも）正照の末裔にあたる人物である。正照は吉統改易後、浪人となって松野を称し、慶長十七（一六一二）年に細川忠興に仕官して豊前国小倉に住した。その後、細川氏の熊本転封に従って熊本に移住し、以降、松野氏は幕末まで熊本藩士として仕えている。松野氏は豊後国内の熊本藩領を統括する鶴崎番代を務めることもあり、細川氏に仕えるようになって以降も、豊後国とのつながりを保持し続けていた。こうした関係もあってか、直友は明治時代になると伝来した古文書や宝物類を携えて大分に移住し、旧大友家臣と連絡を取り合いながら、先祖を祀る「大友祖霊社」の建設にも取り組んでいる(5)。

この史料で非常に注目されるのは、直友が吉岡仲達に求めた「由緒触頭」という役割である。しかもそれは「御先代之通、不相替」とあるように、松野氏が以前から鶴崎の吉岡氏を通して、旧大友家臣との関係を保持しようとして

いたことが窺えるのである。

松野氏と吉岡氏との関係については、寛永十(一六三三)年頃と考えられる年欠七月二十四日付け松野正鎮(正照)書状[6]によれば、供奉するために馳せ参じた吉岡久兵衛の「心懸」を正照は賞している。そして、そのまま久兵衛を召し置きたいが、まずは在所の鶴崎に戻るよう伝えている。また年欠十月九日付けの書状[7]では、正照は久兵衛に「金右衛門」の名乗りを認めている。

このように松野氏と吉岡氏との間には、似たような経緯を経て細川氏に仕えた後、中世における大友—吉岡間の主従関係を想起させるような緊密な関係が結ばれていた。たとえ同じ細川家臣となっても、吉岡氏からみて松野氏は、旧主大友宗家の正統な系譜を引く存在であることに変わりはなかったのである。吉統改易で途絶えた大友氏との縦の関係は、後に松野氏がそのポジションを引き継ぐことで再びリンケージされる。そして、そうした松野・吉岡両氏の関係性は、明治時代初期に至るまで維持・継続していったのである。

以上のように考えれば、吉岡氏は当初から松野氏の指示を受け、豊後国内の旧大友家臣との連絡を取りまとめる「由緒触頭」のような役割を担っていた可能性が十分想定できよう。戦国期において大友氏の最有力重臣の一人であった吉岡氏は、松野氏がそうしたポジションを任せるに十分な家格や実績を有しており、旧大友家臣側からみても相応しい存在だったのである。近世豊後国内において、松野—吉岡—旧大友家臣という緩やかな縦の関係性がしだいに創出されるに至って、松野氏が吉岡氏に期待したのが、旧大友家臣との連携とその実態把握だった。「姓名記」とは、こうした背景の下で長年にわたって自家が積み重ねた知識や経験、情報を受け継いだ鼎寿が、寛政元年段階での旧大友家臣の所在情報を取りまとめたものだったと位置づけることができよう。

また鼎寿が居住する鶴崎は、豊後国内に点在する熊本藩領の中心であると同時に、臼杵藩領や岡藩領、延岡藩領や幕府領が錯綜する大野川河口部に位置している。これらの藩領域は、それぞれが参勤交代や年貢集積に利用する港湾地として確保した場所であり、大野川河口部はまるで「フリーポート」のような様相を示す地域であった。それぞれの藩領域を越えて様々な情報が双方向に飛び交い、必要な情報がデータとして集積されていくという鶴崎の地域的特質も、鼎寿が「姓名記」のような性格の記録を作成することができた背景の一つだったといえよう。

3　「姓名記」の伝来と中世への追憶

では、鼎寿が作成した「姓名記」が、なぜ高野山本覚院に伝来したのだろうか。それは、「姓名記」が薄墨色の宿紙に記されていることに関係があると思われる。

西生院と大友氏との関係については先に述べたが、「高野山本覚院文書」内には、江戸時代に高家となった大友氏当主が、西生院に宛てた発給文書も複数確認できる。吉統の改易によって大友氏による豊後国支配が終焉を迎えて以降も、両者の関係は近世を通して継続していたのである。それは西生院の側からみても、中世以来の大友氏との関係は、西生院が豊後国内で活動を継続していく正統性を保証するためには、ぜひとも保持し続けておきたいものだったと推測できよう。そのために西生院に求められたのが、歴代大友氏当主の冥福を祈って行う法要や読経であった。「高野山本覚院文書」内には、歴代当主の没年月日や戒名をまとめた書上が複数存在している。大友家の供養を誠実に勤め続けていくことは、西生院にとっては決して欠かすことのできない責務だった。

以上を踏まえれば、西生院は大友家の供養を名目とした奉加金を募るために、旧大友家臣の下を効率的に廻るための名簿として「姓名記」を入手し、記載された所在情報を利活用したのではなかろうか。また「姓名記」の裏表紙には、「天保六未年四月　此帳面名前書出差下有之　豊後由緒中へ」と記されている。寛政元（一七八九）年に鼎寿が取りまとめ、改訂を加えた「姓名記」の情報は、それから四六年後の天保六（一八三五）年には、豊後国内に所在する旧大友家臣の元にも伝えられていった。西生院が「姓名記」の情報をいつ、どのような経緯で入手したかについては断定し難い。しかし西生院にとって、少なくとも一七〇〇名近い旧大友家臣の所在情報は、大友家の供養などを通じて旧大友家臣との関係を充実・深化させていく重要かつ魅力的なデータとなったのは間違いなかろう。

一方で、これほど多くの旧大友家臣が「姓名記」で把握されたという事実は、彼らの側にも大友氏との由緒を意識し、大友宗家の流れをくむ松野氏や高家大友氏との関係性を維持しようとする機会が、吉統改易から二〇〇年近く経ってもなお存在し続けていたということになる。大友家の供養は、そのような機会の一つだった。文政十一（一八二八）年、高家大友氏の丹次郎義路は初代能直の六〇〇年忌法要を、菩提寺の府内万寿寺と能直の墓所がある大野郡藤北（豊後大野市）の常忠寺で挙行した。現在も常忠寺には能直六〇〇年忌の石碑が残されているが、その石碑を法要に先立って文政五年に建立したのは、「岡領内御由緒之者共申合、御碑銘建立仕」とあるように、大野郡菅田（豊後大野市）の「椎原五郎助」や藤北の「阿南栄五郎」を中心とする岡藩領の旧大友家臣だった。[8] 彼らは高家大友氏家臣の斎藤勇蔵より、「古御氏神加来善神王宮」を江戸の大友屋敷に勧請する意向があることを聞くと、普請に充てるための寄附金も献納している。また松野氏も、熊本藩領竹中村の勝光寺で能直六〇〇年忌法要を行っており、幕府領直入郡の旧大友家臣へも周知が行われていることが確認できる。[9]

能直六〇〇年忌法要以外にも、大友氏に関係する寺社の普請や廟所の代参を行うにあたって、高家大友氏や松野氏は旧大友家臣と連絡を取り合っていた。[10] こうした神事や仏事を通して、歴代大友当主や祖先が生きた中世社会への追憶といった心情を両者が共有し、改めて相互の関係性を確認し合うことが、容易に消えることのない中世大友氏の「影」を近世豊後国内に残し続けていく背景の一つだったと考えられよう。

4　新たな大友氏研究の視点と可能性

従来の大友氏研究では、吉統が改易された文禄二（一五九三）年以降の豊後国と大友氏との関係については、ほとんど言及されることがなかった。それは家を滅ぼした吉統への根強い「低評価」と、鎌倉期以降続いてきた豊後国支配の終焉によって、文禄二年が大友氏研究の最終到達地点となってしまったからである。しかしこれまで述べてきたように、その後も松野氏や高家大友氏が旧大友家臣と関係を維持する「中世的世界」が、近世豊後国内に残り続けていた。とくに松野氏については、旧大友宗家になぞらえられた松野氏の下、吉岡氏が旧大友家臣を取りまとめる緩やかな縦の関係性が作られていたのである。

ただ、松野氏も吉岡氏もともに細川氏家臣である以上、こうした関係性や秩序が依然として自らの支配領域内に残存し、しかもそれが少なからず機能していることに、上位権力者である細川氏が無策であったはずがない。長年支配し続けた戦国大名大友氏に代わり、新たな豊後地域の「支配者」となった近世大名にとって、様々な支配の場に残る中世大友氏の「影」への対応は、非常に重大な課題だったからである。

それについては、吉統改易後、近世大名として最初に豊後国に入った中川氏の対応が示唆的である。中川氏は旧大友家臣を村落支配者に任じ、領内統治に活用した。それは中川氏にとって、安定的な地域支配を円滑かつ速やかに実現するために、また大友氏という後ろ盾を失った旧大友家臣にとっては、在地社会での地位を安定させるために、両者の利害や思惑が一致したためであったとされる(11)。

松野—吉岡—旧大友家臣という関係性に、細川氏が具体的にどうコミットしたかについて、現段階で明らかでない。しかし、松野氏や吉岡氏以外にも数多くの旧大友家臣を召し抱え、宇佐宮の復興にも見受けられるように、既存の秩序を自らの地域支配に組み込もうとしていた細川氏にとって、このような関係性に何らかのメリットを認めていたからこそ、それが「姓名記」や「由緒触頭」のような形で顕在化したのではなかろうか。細川氏による豊後領支配の展開と松野や吉岡、そして旧大友家臣との関係性については、近世豊後藩政史研究上からも、速やかな実態解明が待たれる重要な研究課題となろう。

一方で旧大友家臣の側にも、大友氏との由緒を意識するだけでなく、在地社会や家内部で自らの立場や地位を確保・維持するために、松野氏や高家大友氏との関係を積極的に利活用した場面が少なからずあったと推測される。これについては、大友氏との由緒を語る偽文書や先祖の功績を飾る系図や家譜類といったものが、近世に数多く創作されることとおそらく密接な関連性があると考えられる。それを具体的に検証していくには厳しい史料的制約が待ち構えているが、近世成立の記録類や地域に伝わる「記憶」などに加え、従来の研究過程では切り捨てられてきたこれらの「創作物」も改めて精査し、より幅広い視野からこの問題を追究していくことが求められる。

近世豊後国における大友氏の「影」の実態解明については、まだ緒についたばかりである。今後具体的な事例検証を積み重ねつつ、中世大友氏権力の断絶と連続の両面に迫ることで、従来とは違ったアプローチから、その実像に迫ることもできるのではなかろうか。

註

（1）櫻井成昭「解題」大分県立先哲史料館『収蔵史料目録九』二〇一五年。村上博秋「高野山本覚院と豊後臼杵藩の関係」『大分県立歴史博物館研究紀要』一七、二〇一六年。
（2）「高野山本覚院文書」G22。
（3）『戦国大名家臣団事典　西国編』新人物往来社、一九八一年。
（4）「吉岡家文書」の閲覧にあたっては、現所蔵者および大分県立先哲史料館のご高配を賜った。

（5）甲斐素純「大友祖霊社建設計画と大友松野文書の行方」（『大分県地方史』一三六、一九八九年）、長田弘通「大友松野文書の行方2――西寒田神社文書の調査」（大分県地方史古代中世史部会報告レジュメ、二〇〇五年）など。
（6）『増補訂正編年大友史料』二九―二〇八。
（7）『増補訂正編年大友史料』二九―二〇九。
（8）『増補訂正編年大友史料』二九―三二〇。
（9）『増補訂正編年大友史料』二九―三四三。
（10）『増補訂正編年大友史料』二九―三〇一、三三六他。
（11）芦刈政治「中川氏と旧大友領民――庄屋層の場合」『大分県地方史』九〇、一九七八年。入江康太「岡藩政の成立過程――中川秀成の領内政策を中心に」竹田市歴史資料館企画展「岡藩誕生～四〇〇年前の国づくり」解説図録所収、二〇一三年。

Ⅲ　戦国大名領国論

第一章　大友氏の在京代官・在京雑掌
――対幕府政策（関係）の担い手の検出――

山田貴司

はじめに

以前に筆者は、中世後期における「西国の地域権力の特質」の一端を明らかにすべく、豊後守護大友氏と室町幕府の関係の通観を試みたことがある。(1)所在がどこであれ、京都との関係を視野に収めた方が、的確な地域権力像を描けるであろうという見通しにもとづく作業である。そして、そこで得た結論は、それまで「室町幕府―守護体制」の埒外とみられていた大友氏も、(2)中央政局や幕府の動向・意向と無関係であったわけではなく、実際のところ両者間のやり取りは、むしろ戦国時代前期にかけて厚みと双方向性を増していく、というものであった。東アジアに強い求心性を有し、領国支配にあたっては独自の制度設計や家臣団編成を進めていたとはいえ、幕府との関係は、やはり重要な政治的要素となっていた。

ところで、こういった作業を進めるにあたり、興味深く感じていたのは、大友氏と幕府のやり取りを担い、京都周辺で活動していた実務担当者の存在である。彼らは、上杉氏や大内氏をフィールドに、人的側面とその移り変わり、役割などが解明されてきた在京代官・在京雑掌とおそらく同類。(3)各地の地域権力が京都に設置した、①「京都を中心とした畿内各地域の動向に関する情報の本国への注進」、②「朝廷・幕府・宗教界の影響力を期待し、その力をもって主家の立場を最大限有利な方向に展開させようとする活動」、③「使節・使者としての役目」、④「当代文芸の大名領国内への伝播をも可能とした」「文芸的な交流」を担う人々であり、(4)室町時代以降はほとんど在京することのなかった大友氏が、幕府や朝廷、文化人らとどうやって関係を取り結んでいたのか（取り結べたのか）、という謎を解き明かすキーパーソンと考えられる。ただし、これまで大友氏に即した専論はみあたらず、(5)人物像や役割、史的展開の様相は明らかにされていない。

そこで本章では、史料上にみえる「在京代官」「雑掌僧」「御雑掌」といった文言と、他の地域権力をフィールドに先学が示してきた機能・役割を基準としつつ、大友氏の在京代官・在京雑掌の検出を進める。対幕府政策（関係）の担い手を把握するための、基礎的な作業である。

一　南北朝時代から室町時代前期にかけて

1　鎌倉時代以来の京都との関係

本節では、南北朝時代から室町時代前期にかけてみられた在京代官・在京雑掌の動向に注目しよう。

本論に入る前に、議論の前提として、鎌倉時代以来の大友氏と京都の関係を簡単に洗い直しておく。もともと大友氏は、遠祖にあたる中原親能以来、京都とゆかりの深い一族である。公家の源雅頼に仕え、後白河院にも出入りしていた親能は、京都の政界に太いパイプを有した人物。その養子となった能直もまた、京都と鎌倉を往来し、活躍した人物であった。(6)

そういうこともあり、早い時期から大友氏は京都に活動拠点を持っていた。能直は「六波羅」に住居を有しており（『吾妻鏡』『新訂増補国史大系』建保元年五月二十二日条）、「大谷」には「先祖墓所、宿所地等」があった（「大友家文書」『大分県史料二六』〈大友文書〉一巻六号）。鎌倉時代の半ば、大友頼泰の代に豊後へ下向・定着した後は、京都との往来は減じていったが、これらはそのまま引き継がれたとおぼしく、永徳三（一三八三）年に提出された所領注文には、「京都佐女牛・大和大路屋敷地六ケ所」「大谷地二ケ所、曩祖宿所也」と記されている（「大友家文書」〈大友文書〉二巻七号）。「大和大路屋敷地」は六波羅のことと思われ、「大谷」ともども鎌倉時代以来の屋敷地と考えてよいだろう。

なお、南北朝時代末期から室町時代前期にかけて活躍した大友親世は、明徳三（一三九二）年と応永元（一三九四）年、同十七年に上洛を企画し、応永十七年のときには将軍足利義持を自邸に迎えているが、その舞台はいずれかの屋敷地であったと思われる。(7)

2　南北朝時代にみられた在京代官・在京雑掌

鎌倉幕府の滅亡後に成立した建武の新政と、南北朝の動乱にともなう軍事紛争の展開により、大友氏当主はこの間しばらく上洛の機会を得ることになった。とりわけ、多々良浜合戦を経て九州から東上する足利尊氏に供奉した大友氏泰の在京期間は長く、建武三（一三三六）年四月の出発以来、暦応二（一三三九）年十二月に下向指示を与えられるまで、京都周辺での活動が続いた（「大友家文書」四巻二一号）。

そして、こうした大友氏当主の在京は、一族や家臣の動向にも大きな影響を与えたと思われる。政局の展開にともない生じた軍勢催促や政治的要請に対応すべく、彼らもまた上洛・在京せざるをえなくなったのである。たとえば、建武四年から翌年にかけて京都周辺で発生した軍事紛争には、「大友孫太郎氏泰代出羽左近大夫将監泰貞」や「惣領大友式部丞氏泰代出羽三郎蔵人師宗」が「大友一族狭間大炊四郎入道正供」らを率いて参陣（「大友家文書」一五巻一五～一七号）。また、北朝の益仁親王（崇光天皇）の立太子経費を賦課された大友氏は、建武五年八月に「御奉行所」を通じて「御倉」にこれを納めたが、このとき京都で収納実務にあたったのは「式部丞氏泰代宗運」という家臣であった（「大友家文書」六巻七号）。

ちなみに、この「宗運」は、その後も在京し続けていた可能性が指摘される。地頭職を保有していた美濃仲村庄の年貢納入をめぐり、鎌倉時代後期より大友氏は領家近衛家の預所と訴訟を繰り返すが(8)、暦応二年から翌年にかけて起こった訴訟のおり、（おそらく京都で）大友氏側の主張を言上したのは「大友式部丞氏泰代宗運・興喜」であったのだ（「大友家文書」九巻一号、同一四号など）。ここで登場する「宗運」は、右に示した立太子経費収納事例の「宗運」とおそらく同一人物。かかる想定が間違っていなければ、彼は氏泰の帰国後も京都に残留し、関係諸方面との連絡・交渉実務を担っていたと考えられる。あるいは、そうした存在が、これからみていく在京代官・在京雑掌の先がけに位置づけられるのかもしれない。

このように、南北朝の動乱にともなう大友氏当主の上洛により、一族や家臣もまた在京することとなり、軍事・政治的な実務を担うようになっていた。そして、かかる状況は、当主不在時における対幕府政策（関係）を担う人材の恒常的設置にやがて繫がったものと考えられる。一三四〇年代に入り、史料上に「御雑掌」「在京代官」といった文言が登場しだすのである。

管見の限り、その初見は、大友一族の志賀頼房が軍忠を書き上げ、「京都御吹挙」と「御雑掌」への転送を求めた康永元（一三四二）年九月日付言上状写である（「大友家文書録」『大分県史料三一～三四』五三号。以下、同書については「文書録」と略記）。宛先は記されていないけれど、事書に「預御吹挙、言上于京都」とみえること、文中で大友一族としての働きが強調されていることから、惣領の大友氏泰へ提出されたものと考えられる。そうすると、転送先とされた「御雑掌」は、京都で本件を幕府へ「申達」する役割を期待されていた大友氏の関係者、すなわち、在京雑掌ということになろう。

「在京代官」文言の初見は、（貞和四〈一三四八〉年）八月二十八日付大友氏泰書状写（「阿蘇家文書」『大日本古文書家わけ第一三之二』〔阿蘇文書写〕二〇四～二〇五頁）。肥後の阿蘇大宮司に対し、（相談を受けていた）健軍社領の「京都御左右之程」については、「在京代官」に申しつけた、と回答した文書である。また、（観応元〈一三五〇〉年ヵ）六月二十九日付大友氏泰書状写（「同」〔同〕二〇五頁）によると、その後も大友氏は阿蘇大宮司から「当社領等安堵御下文」の申請取り次ぎを依頼され、「公方」に「吹挙」し、「在京代官」に申し付けた、と返事している。

これらの事例が示すように、一三四〇年代には、国許から伝えられた大友氏当主の意向や案件を幕府に申請・報告するなど、都鄙間で生じるやり取りを担う「御雑掌」「在京代官」が京都に置かれていた。すなわち、先学が解明してきた在京雑掌と同様の役割を担う人々を、大友氏も早くから設置していたわけだ。そして、文言は違えど、期待される役割的に「御雑掌」と「在京代官」は、おそらく同一の存在と考えられる。

それでは、こういった役割を担ったのは、どういう人々なのであろう。基本的な論点だが、史料的制約が大きく、この時期の担い手についてはあまり手がかりがない。ただし、足利直冬の九州下向にともない、同地で彼に従う面々が続出した観応元年十月頃に、大友氏もこれになびき、「大友京都代官二人」が「少弐代官」ともども「逐電」したとの噂が広まった事例をみる限り（「園太暦」『史料纂集』観応元年十月十六日条、「祇園執行日記」『八坂神社記録　上』同十七日条）、その実態は、室町時代にみられた五山禅僧のごとき第三者的人物というより、むしろ直接的な関係者（主従関係にあった家臣）であったように思う。

なお、いまのところ可能性を指摘しえる具体的人物は、田北学が指摘している沙弥観恵くらい（『増補訂正編年大友史料七』四一四号（註））。観恵は、日向の畠山直顕や薩摩の島津貞久の動向に関する幕府の問い合わせに答えたり（「薩藩旧記二四」『南北朝遺文　九州編』三五一二号）、大友氏の仲介で幕府が阿蘇惟村を肥後守護に任じたおりに、その補任状の通達に関わる一方（「阿蘇家文書」『大日本古文書　家わけ第一三』一七二号）、宇佐弥勒寺領の豊前宇佐郡「三箇名」に対する違乱停止を命じる奉書も発給するなど（「山城八幡善法寺文書」『同』三六六〇号）、京都と国許の双方で活動した大友家臣と考えられる。

3　室町時代前期にみられた「雑掌僧」

一三四〇年代に確認されはじめた大友氏の在京代官・在京雑掌の活動だが、一三七〇年代に入ると、しばらくみられなくなる。史料的制約が大きな要因と思われるが、今川了俊の九州探題就任により、室町幕府とのやり取りが彼のもとに収斂されていったことにもよるのであろう。了俊はもとより、その後任となった渋川氏もまた、在京代官・在京雑掌を置いて京都と連絡をとり、九州の地域権力と幕府を繋ぐ役割を担っていた（「阿蘇家文書」〈阿蘇文書写〉三六八～三六九頁、三七二～三七七頁など）。

大友氏の在京雑掌の動向がはっきりわかる次のタイミングは、永享年間（一四二九～四一）に起こった大内氏との軍事紛争のおり。将軍足利義教による筑前御料所化と大内盛見の代官就任をきっかけに、永享二年に本格化した大内・大友両氏の軍事紛争は、それぞれの家督相続争いを内包し、さらには近隣の地域権力まで巻き込むという複雑な対立構図を呈するが、その舞台は北部九州に留まらず、室町幕府の支持獲得をめぐり、京都で両氏の在京雑掌の「ロビー活動」が繰り広げられたのである。(9)

そういった様子は、醍醐寺三宝院の満済の日記に詳しい。「満済准后日記」『続群書類従補遺一』永享四年二月十三日条によると、当時「大友雑掌僧」を務めていたのは「超書記」(なお、大友氏の関係史料の場合、「在京代官」「京都代官」といった文言は、室町時代に入るとみえなくなる)。家臣が派遣され、在京していたとおぼしき南北朝時代と異なり、彼は「五山之上」に列した南禅寺の禅僧である。その人物像はよくわからないが、大友氏は鎌倉時代末期から禅宗を受容しており、(10)とりわけ大友貞親・貞宗兄弟は熱心であった。貞宗に至っては、南禅寺塔頭聴松院で最期を迎えている。あるいは、そういった縁も背景となり、超書記は任用されたのかもしれない。

それでは、超書記はどのような役割を担っていたのであろう。「満済准后日記」における登場場面は二度。最初は、永享四年二月四日に、大内氏に与する肥後守護菊池氏の筑後「押領」を訴えた「大友方注進」を満済のもとへ持参した、という事例である(「満済准后日記」同日条)。二度目はその九日後、将軍義教の指示で軍事紛争への対応について幕閣へ意見聴取がなされ、調整が図られた結果、「無為御成敗」のために満済から大友氏に「罰状」提出を促す書状を遣わすことになったおり、超書記と「彼使者僧陽仙」が呼び出され、これを渡された、という事例(「同」永享四年二月十三日条)。すなわち、在京雑掌超書記の役割は、幕府関係者と面会し、大友氏の主張を伝えたり、逆に幕府の意向や文書を国許へ通知することであった。

ちなみに、超書記のかかる動向は、国許と京都の関係に、あるいは今回の軍事紛争にどれほど影響を与えるものであったのだろう。その程度を示すのは容易ではないけれど、活動の重要性は、大内家臣の内藤智得の策略によく示される。すなわち、右記のごとき動向を超書記が示す半年ほど前に、当主大内盛見の戦死という緊急事態に直面した智得は、劣勢を挽回すべく「三ケ条事」を満済に申し入れたが、そのひとつに「大友・少弐雑掌可被放京中」という要請が含まれていたのだ（「満済准后日記」永享三年八月九日条）。これは、大友・少弐両氏の「雑掌」を追放することで幕府とのやり取りを妨害し、劣勢挽回の一手にしようという狙いを持つもの[11]。当主が在国している状況では、在京雑掌の働きが幕府の支持獲得を左右する重要な要因であり、それをうまく取り付けることができれば、場合によっては幕府の軍勢催促を受けた近隣勢力の軍事支援まで期待しえたからである（なお、その後、幕府の支持を獲得した大内氏は、安芸・石見・伊予の諸勢力の軍事支援を得て持直を追いつめる。詳細は、前稿を参照）。

結局、「大友・少弐雑掌」追放の申し入れは認められなかった。ただし、重要なのは事の成否ではあるまい。こうした要請の存在が、在京雑掌の働きの重要性を示すあかしなのである。

二　三聖門派禅僧の在京雑掌への起用

1　大友親繁による斯立光幢の起用

前稿で整理したように、永享年間（一四二九〜四一）に勃発した大内・大友両氏の軍事紛争は、在京雑掌の働きにより室町幕府の支持を得た大内氏サイドの優勢に進み、同氏の画策による大友親綱の豊後守護就任と、近隣の地域権力を動員した大内勢の攻勢にともなう大友持直一派の没落という形で幕をおろす。その結果、親綱から大友親隆の時代にかけての大友氏の対幕府政策（関係）は、大内氏の影響を強く受けるものとなった。たとえば、親綱が親隆への家督譲与を幕府へ申請したおり、そのやり取りには、大内氏の在京雑掌安富定範がかかわっている（「文書録」三一〇〜三一一号）。そして、大友氏の在京雑掌の活動は、この間に所見を得ることができないのである。

そうした状況に変化がみられたのは、親隆の跡を継いだ大友親繁の時代に入ってからだ。家臣の平井親真を上洛・在京させ、長禄の土一揆に際してはその鎮圧に出動させたり（「文書録」三三八〜三三九号）、東福寺の三聖門派禅僧斯立光幢と関係を築き、対外活動や対幕府政策（関係）の担い手として起用したりするのである。[12] ちょうど同じころに、ライバルの大内氏と幕府の関係が不安定になったこともあり、親繁は対幕府政策（関係）のてこ入れを試みていた。とりわけ重要なのは、斯立光幢との関係である。その初見は、享徳二（一四五三）年に派遣された遣明船の大友船への搭乗。すなわち、両者の関係はこれ以前にさかのぼる。

関係の前提は、建長年間（一二四九〜五六）に禅宗寺院となり、東福寺派に連なった三聖寺が、豊後大野荘の領家職を保有していた事実なのであろう。同寺の領有は鎌倉時代から確認され、戦国時代の天正年間（一五七三〜九二）まで存続する。[13] 加えて、南北朝時代の康永四（一三四五）年には、三聖寺の住持も務めた浦雲師棟が、大野荘内に所在した大友能直菩提寺、三聖寺末寺の勝光寺の「院主職」を得ている（「志賀文書」『熊本県史料　中世篇第二』一八二号。なお、同寺は室町時代後期までに大分郡竹中へ移転したという）。三聖門派と豊後、そして大友氏の結びつきは、経済的な面のみならず、人的な往来にも及んでいた。

こういった経緯を踏まえ、「斯立和尚伝」（『東福寺誌』思文閣出版、一九七九年復刻）に記された「依豊州刺史大友氏請、薫師席萬年山勝光寺、遊明誉聞輦下、奉勅入内、賜金襴伽梨」という一文を解釈すると、浦雲師棟の孫弟子にあたる斯立光幢は、豊後大野荘と三聖寺の関係もあり、入明以前に大友氏から勝光寺に招聘され、その縁により同氏の遣明船に搭乗することになった、と考えられる。そして、両者の関係は、遣明船の帰国後も継続する。長禄二（一四五八）年九月、斯立光幢は新たに「豊後海蔵寺」（臼杵に所在した禅宗寺院、後に大友政親の菩提寺）の公帖を得ているのである（「蔭凉軒日録」『増補続史料大成』長禄二年九月二十七日条）。

こういった関係を有する斯立光幢を、親繁は在京雑掌に起用した。史料上に「雑掌」「在京代官」といった文言で表現されているわけではないけれど、都鄙間の連絡を担った役割的にそう捉えられるのだ。そのことは、寛正六（一四六五）年十月に斯立光幢が京都から豊後へ送付した次の一通に明らかである（「大友家文書」〔大友記録〕三六号。なお、文中に付した○番号は筆者註）。

（包紙ウワ書）「進上　本庄新右衛門尉殿　　宝勝院光幢」

①九月廿三日御連署、十月十三日到来、令拝見候訖、

②一、筑後闔国　御判・御教書、路次無為無事下着之由、注進誠以目出度候、

③一、生葉延寿寺城以来、至麦生・鷹執・四ヶ所村・溝口・山崎・三池・白木・鴟形・辺春・黒木合戦、如御注進状幷注文令披露候、於于今一国可属無為候間、目出候、

④一、闔国　御判成下候上者、以後堺目等事、少も自敵方侵掠之子細候てハ、京都聞不可然候、弥無御油断、三池・溝口辺可有御成敗候、

⑤一、先年罷下候時、故丹州被申候、於于筑後国者、溝口御方ニ候者肝要之由、連々物語候つる間、彼仁当方へ参候、可然存候、御入部以後時義承候ニ、彼仁肝要在所候間、弥被加御勢、在所踏静候者、可然存候、

⑥一、就生葉・鰺坂・瀬高等事、自本所被注申分、度々申候、無御返事候、万一自本所他方へ契約候義共候てハ、不可然候歟、内々左様沙汰共承候間、度々令啓候、先以当方御請地ニ被成置候てこそ可然存候へ、如今候てハ、六借御事可出来候と存計候、但不可過御了簡候、為以後候間、細砕申入候、

⑦一、若君様御礼事、于今延引候、早々御申可然候、人躰上洛事、延引候者、此礼計ハ先要脚を被上候て、早々御申可然候、とても政親（大友）次目御礼可有御申候間、其時人躰御上洛可然候、其も早々御用意候て、御上洛可然候、

当方事、是程忝　上意成下候刻、御礼共延引候てハ、不可然之由被申候、
⑧一、探題様（渋川教直）御請書、以好便御上可然候、今度も自探題様御合力共候哉、承度候、千葉・秋月辺よりも御合力候哉、
⑨一、御要脚共早々御上候て、借銭等返弁可然候、其謂ハ、利分可積候と申、又ハ以後急度之御用時、人ニ用を申候も大事候と申、又ハ如今者、路次海陸共ニ不可輙候様ニ承候間、早々以飛脚要脚御上可然候、
⑩一、御使節柄人躰事承候、如何にも始中終可然御方を被仰付、早々御上可然候、都鄙御取合之様共如何に候も、故実候する御方可然存候、自是無申及候、
⑪一、両国（豊後・筑後）中忠節方々へ御奉書とも申沙汰候て可然事候者、承候て、其段奉行所へ可申達候、委細尚此皇華ニ申含候、可得御意候、恐惶謹言、

十月十七日　光幢（花押）

岐部山城守殿

本庄新左衛門尉殿　御宿所

右の文書は、菊池氏と紛争を繰り返していた筑後に関することと（②〜⑥、⑧、⑪）[14]、将軍足利義政の後継者として還俗した足利義視への「御礼」に関することを話題としたものである（⑦、⑩）。斯立光幢の役割として、まず注目されるのは、親繁を筑後「闔国」守護（それまでは半国守護）に補任する「御判」発給への関与。②に記された「御判」は七月三十日付（「文書録」三四七号）、「御教書」は八月十三日付だが（「同」三四八号）、その受領を報告する九月二十三日付「御連署」が斯立光幢に届いていることからみて（①）、関係文書の発給と送付には彼がかかわっていた。また、国許から届いた菊池勢との紛争については、「御注進状幷注文」のとおり幕府へ披露している（③）。かかる動向は、まさに大友氏と幕府を繋ぐ在京雑掌としての働きといえよう。

加えて興味深いのは、筑後支配について、溝口氏を味方にすることや（⑤）、筑後国内の「生葉・鯵坂・瀬高等」の荘園を大友氏の「御請地」にしておくべきこと（⑥）、義視への「御礼」を急ぐべきで、せめて「要脚」だけでも献上すべきこと（⑦）、上洛させる「使節」は「故実候する御方」がよいこと（⑩）、などが記されている点である。勝光寺や海蔵寺に兼住した斯立光幢は、往来する中で国許の事情にもある程度通じていたとおぼしく（⑤）、都鄙両方の状況を踏まえた政策的助言も行なっていたのである。

2　三聖門派禅僧による在京雑掌の継承

大友親繁が起用した斯立光幢は文明六（一四七四）年二月に死去するが（「斯立和尚伝」）、その後、在京雑掌の役まわりは彼の法系に継承されていく。ここでは、その様子をたどってみたい。

最初に注目されるのは、文明八年にみられた栖岩徳肖のかかわりである。「栖岩和尚慈像賛」（「名僧行録四」東京大学史料編纂所所蔵）によると、彼は「幢斯立的子」で、豊後の生まれ。はじめは海蔵寺で学んだという。やがて斯立光幢が開創した東福寺塔頭宝勝院へ移り、「豊之勝光」の住持を兼ね、大友氏の「大明日本通交之書契」を「司」ったとされる（「東福寺諸塔頭幷十刹諸山略伝」東京大学史料編纂所謄写本）。ただし、「通交之書契」の実態についてはよくわかっていない。(15)

栖岩徳肖がみせた在京雑掌としての活動は、応仁・文明の乱の余波により大内氏に抑留されていた応仁度の遣明船「御荷物」が、和平交渉の進展にともない返還されるにあたり、その「路次警固」を命じた室町幕府奉行人連署奉書を大友氏へ詳報する添状発給である（「文書録」三八七・三八八号）。この事例が示すように、彼もまた、都鄙間の意思伝達にかかわっていた。

一方で、ちょうど同じころから都鄙間交渉の史料に頻出しはじめ、永禄年間（一五五八～七〇）までみられ続けていくのが、「勝光寺」という寺院名で呼ばれた人物の活動である（以下、人名呼称としての「勝光寺」には「　」を付して表記）。その在京雑掌としての確実な初見は、いまのところ（文明八年）七月十日付遊佐長直書状写。親繁からの代替わりにあたり、「御家督之御祝儀」を幕府関係者に献上した大友政親への礼状に、頻繁に「猶勝光寺可有御申候」などと登場するのだ（「文書録」三七六号など）。大友能直の菩提寺勝光寺の住持職を有するのであろうこの人物は、これ以後、大友氏の在京雑掌として活動し、しかもその存在は、機能面から在京雑掌と把握されるのみならず、ライバルの大内義興に「雑掌勝光寺」と呼ばれており、史料文言としても確認される（「文書録」六六四号）。すなわち、室町時代後期から戦国時代にかけての大友氏の在京雑掌の実態は、「勝光寺」と呼ばれた人物の性格と活動の分析にかかっているのである。

それでは、文明八年から登場しはじめ、大友氏の都鄙関係を担った「勝光寺」とは、どういう人物なのであろう。江戸時代初期に編纂された「大友家文書録」の綱文記事を根拠に（「同」三九八号など）、これまで『大分県史料』や『増補訂正編年大友史料』といった史料集は、「勝光寺」を栖岩徳肖の法嗣圭甫光瓚に比定。先行研究のほとんどと、そして筆者もまた、その理解を踏襲してきた。ただし、圭甫光瓚の没年は天文三（一五三四）年十二月（「東福寺歴世」『東福寺誌』）。文明八年に登場した「勝光寺」を彼とみなすと、活動時期は六〇年におよぶ。完全否定はできないが、再検討の余地を残す人名比定と指摘されよう（したがって、この点については前稿にも修正が必要である）。

文明年間から延徳年間（一四八九～九一）にかけて活動した「勝光寺」に該当しそうな人物を探すと、可能性を有するひとりは、先述した栖岩徳肖である。「勝光寺」と呼称されていた確証は得られていないが、斯立光幢の法嗣であり、「豊之勝光」に兼住したとされる。しかも、彼の在京雑掌としての活動事例と「勝光寺」の登場時期はぴたりと一致する（文明八年）。これらを勘案すると、栖岩徳肖が「勝光寺」であった蓋然性は高い。

ただし、延徳年間から天文年間初頭にかけて活動所見を示す圭甫光瓚の時代までに、「勝光寺」と称して在京雑掌を務めた人物は、栖岩徳肖だけではないのかもしれない。斯立光幢の法嗣のひとりで、やはり「豊之勝光」に兼住したという芳郷光隣や（「東福寺諸塔頭幷十刹諸山略伝」）、延徳二年二月十一日に亀泉集証から政親への「返章」を携え、東福寺宝勝院に「勝光寺」を尋ねた「昌子」と面会した大徹光通といった三聖門派禅僧もまた（「蔭凉軒日録」延徳元年十二月二十七日条、同二年二月十一日条）、可能性を有する人物ではある。

3　顕著な活動がみられた圭甫光瓚と蘭圃光秀

在京雑掌としての「勝光寺」の活動がもっとも顕著に確認されるのは、明応年間（一四九二～一五〇一）から永禄年間にかけての時期。前稿で明らかにした大友氏の対幕府政策（関係）の活発化と、まさに軌を一にする傾向である。そして、この間に在京雑掌を担ったのは、前出の圭甫光瓚と、芳卿光麟の法嗣蘭圃光秀であった（「東福寺歴世」）。

先学では、文明八年以降に頻出する「勝光寺」に人名比定されてきた圭甫光瓚だが、改めて検討すると、そこまで活動開始時期が早いとは思えない。管見の限り、その初見は「自大友豊前守方音書到来、副以十緡、宝勝之珊蔵主持之来」と記した「蔭凉軒日録」延徳元年十二月二十七日条。「蔭凉職」亀泉集証のもとへ、大友政親の書面と贈答品を持参した事例である。かかる動向は、圭甫光瓚がこの時点ですでに在京雑掌として活動していた可能性を示唆する。ただ、翌年二月十一日に亀泉集証が政親へその「返章」を発したおり、それを預かり、東福寺宝勝院に「勝光寺」を尋ねた「昌子」と面会したのは、先述のごとく大徹光通であり（「同」延徳二年二月十一日条）、この時点で圭甫光瓚が「勝光寺」と呼称されていたかは確定的ではない（たまたま圭甫光瓚が不在だっただけかもしれないが）。

いずれにせよ、在京雑掌としての圭甫光瓚の活動は、遅くとも明応三年にはスタートしている（「文書録」四八八号、「大友家文書」〔大友書翰〕六号―七）。明応の政変で失脚し、北陸へ落ち延びていた足利義材や、彼に味方した河内の畠山尚順と大友氏の連絡交渉に従事し、越中や越前にも出向いているのだ（「大友家文書」〔大友書翰〕一八号など）。その後、圭甫光瓚の動向は、分裂した将軍権力の対立と盛衰、それに応じて変化する大友氏の政治的判断に即して推移し、明応年間（一四九二～一五〇一）末から永正五（一五〇八）年にかけては足利義高政権との（「大友家文書」〔大友書翰〕七号―三など）、永正五年以降は義材政権との（「文書録」六六四号など）、大永年間（一五二一～二八）から天文年間初頭にかけては足利義晴政権とのやり取りを担っていく（「大友家文書」〔大友記録〕三五号など）。活動拠点は東福寺塔頭宝勝院や兼住していた三聖寺にあり（「三聖寺棟梁銘」『東福寺誌』）、晩年には「宝勝院長老」とも呼ばれている（「大舘記（四）〈御内書并私状等案〉」『天理図書館報ビブリア』八三号、八六頁など）。また、永正十五年四月から七月にかけては、短期間ながら東福寺一九七世として出世（「幻雲疏藁」『大日本史料　九編七冊』七三二頁など）。最期は、天文三年十二月に宝勝院で死去した（「東福寺歴世」）。

圭甫光瓚の死後、若干のタイムラグを経て登場するのが、天文年間から永禄年間にかけて活動をみせた蘭圃光秀である（もっとも、両者の間にもうひとり「勝光寺」が存在した可能性も想定される）。その確実な初見は、彼の豊後下向が話題とされた（天文五年）六月二十二日付大友義鑑書状写（「文書録」八八七号）。文中で義鑑は、「珪甫任御約諾」せて蘭圃光秀と「無隔心申談」と述べており、両者の関係がこの間に構築された様子を示唆している。

豊後下向から約半年後、天文六年二月に蘭圃光秀は「公儀御礼」のために上洛し、大友氏と幕府のやり取りの「御用」を担いはじめた（「文書録」九一七・九二〇号など）。その一方、彼は弘治元（一五五五）年十二月に東福寺二一一世として出世し、永禄元年九月まで本寺の経営にもあたっている（『東福寺誌』など）。

蘭圃光秀の動向を追うほどの紙幅は残されておらず、詳細は別の機会に譲りたいが、ひとつ興味深いのは、彼の場合、京都で幕府関係者とのやり取りを担うに留まらず、都鄙間をたびたび往来していた様子が判明することである。その死後、弟子たちの依頼を受け、相国寺鹿苑院の仁如集堯が蘭圃光秀の頂相に寄せた賛に「入西州伝官命之厳、則依俙仲淹鎮西夏而民畏老子将」という一文が記され、幕府のメッセンジャーでもあった面が強調されているのは、そういう動向の反映なのであろう（「縷氷集」『信濃史料一三』五五三〜五五五頁）。

整理すると、先述のごとく天文五年半ばに豊後へ下向し、翌年早々に上洛した後は、将軍義晴の上洛要請を伝えるべく同十二年にふたたび下向（「文書録」一一〇一・一一〇八号など）。やがて上洛し、しばらく在京を続けるが、将軍足利義輝の意を伝えるために永禄三年にみたび下向すると（「大友家文書」〔大友書翰〕九号―三など）、今度は同十二年まで長期滞在した。この間の永禄五年、北部九州の覇権をめぐり毛利氏と対立していた大友義鎮は、同氏が将軍義輝の「御前」で「邪之批判」を展開しても取り上げぬよう、三聖門派「御同宿」を通じて幕府関係者にそれを訴え、蘭圃光秀の上洛も予定したのだが、彼はにわかに豊後を離れなかったのである。義鎮は「当時勝光寺依無在洛、京都之儀然々無其聞候」と述べ、幕府関係者へひとしきり困惑の旨を伝えている（「文書録」一五二一〜一五二七号）。

しかし、最終的に蘭圃光秀は、在京雑掌としてもう一度上洛する。将軍義輝を暗殺した三好氏や松永氏を排し、政権を握った将軍足利義昭と織田信長が、永禄十二年に大友氏と毛利氏の和平を斡旋するにあたり、長く都鄙間のやり取りを担ってきた「勝光寺」ルートを利用し、それを打診してきたためである。このとき、将軍義昭は「勝光寺」宛にも御内書を発給し、「閣私意趣、可和与可被異見」ことを求めている（「文書録」一五〇八号）。そして、関連文書を携えて豊後へ下向し、斡旋の意向を伝えたのは、東福寺塔頭松月軒の三聖門派禅僧月渓聖澄であった（「同」一五一四号、「縷氷集」二九九頁）。

これを受け、蘭圃光秀は久しぶりに上洛し、永禄十二年十一月二十三日に「御帰寺」。和平交渉の情報収集・交換などに従事する（「文書録」一五六〇～一五六一号）。ただし、和平はすんなりまとまらず、やがて蘭圃光秀は豊後へ下向。元亀三（一五七二）年十二月、勝光寺で死去したという（「縷氷集」五五三～五五五頁など）。

豊後に在国し続けた晩年の動向をみると、蘭圃光秀自身は、在京雑掌としての使命を終えた心もちであったのかもしれない。ただし、実際のところ、彼を通じたやり取りが途絶えてしまったわけではない。京都における交渉や情報収集に問題が生じていたとはいえ、月渓聖澄といった「同宿」の禅僧が往来して在京雑掌の不在をフォローすることにより、都鄙間のパイプはなんとか繋がり続けていた。

すなわち、室町時代から戦国時代にかけての大友氏の対幕府政策（関係）を支えたのは、在京雑掌として把握される人々の活動だけに留まらない。それに加え、信仰の面、あるいは経済的な面などで利害を共有し続けていた（と思われる）三聖門派と大友氏の深いかかわりも、これに作用していたとみられるのである。(16)

おわりに

本章では、大友氏が設置していた在京代官・在京雑掌の検出に努めてきた。不明な点が少なからず残りはしたけれど、南北朝時代から戦国時代にかけて、大友氏が対幕府政策（関係）の実務担当者を京都にもうけていた様子は明らかにできたと思う。当主がほとんど在京せず、「室町幕府―守護体制」の埒外とみられてきた大友氏が、実際には戦国時代まで室町幕府、あるいは京都の人々と連絡交渉を継続しえていたのは、彼らの働きゆえなのであろう（ただし、中央政局や大友氏を取り巻く状況、担当者本人の事情により、離京したり、活動がみえない時期も発生しており、その推移には注意が必要）。とりわけ、斯立光幢の法系に連なる禅僧が起用されはじめてからは、その人的基盤は安定化の様相を示す。大友親繁の時代以降、在京雑掌の役割は、「勝光寺」と呼ばれる三聖門派禅僧により担われたのである。

ただし、在京代官・在京雑掌の検出に注力したために、本章では、彼らが担った役割については断片的な検討に留まり、三聖門派禅僧が在京雑掌を担い続けた理由についても、ほとんど触れえなかった。また、他の地域権力の事例との比較も、追究すべき課題として残されている。これらについては後日を期すより他ないが、最後に二点目の問題について少しだけ卑見を述べ、擱筆するとしたい。

三聖門派禅僧が在京雑掌を担った背景には、どういった要因があったのだろう。まず指摘されるのは、先述したように、豊後大野荘の領家職を三聖寺が保有していた事実である。この関係は天正年間（一五七三〜九二）まで確認され、しかも、永禄年間（一五五八〜七〇）の末から元亀三（一五七二）年までに三聖寺領「大野庄四ケ村」は大友氏の請所になっている（「天理図書館蔵三聖寺文書」『豊後国荘園公領史料集成七（上）』〈大野荘史料〉三一八・三二〇〜三二二号）。そして、圭甫光瓚が三聖寺の住持を兼ねていたように（「三聖寺棟梁銘」）、三聖門派禅僧は三聖寺と深いかかわりをもっていた。寺領の維持を視野に入れつつ、彼らが大友氏のために働いていた蓋然性は高い。

加えて、寺院としての勝光寺は、大友氏の保護を受ける特別な立場にあった。明応年間（一四九二〜一五〇一年）半ばから永正年間（一五〇四〜二一年）前半にかけて当主を務めた大友親治は、国中平均に「諸郷庄点役」が賦課されていないことを憤り、「点役免許のよし申候ハんする仁」の注進を踏まえ、以後「わひ事」は取り上げない方針を打ち出したが、あわせて、十刹に列した豊後府内の万寿寺と勝光寺の寺領は例外的に免許すると決しているのである（「志賀文書」二六八号）。そして、当時在京雑掌として活動していたのは、「勝光寺」と称された圭甫光瓚であった。すなわち、大友氏と「勝光寺」、そして三聖門派禅僧たちは、経済的な面でも深い結びつきを有していた。

また、大友氏は「勝光寺」の「出世」も支援していた。たとえば、（年未詳）九月八日付大友（政親ヵ）宛書状写（「文書録」四五六号）で亀泉集証は、「去年秋」の「尊札」と「千疋」の御礼を述べたうえで、「勝光寺御瑞世事、上意之通御面目之至、定可有御祝着候」と報告。[17]「勝光寺」の「御瑞世」には、大友氏の口添えがあったとみられる。また、天文十三（一五四四）年以前に大友義鑑は、「蘭圃出世之事」を東福寺塔頭龍眠庵の叔龍東興に相談している。天文年間初頭に起きた大内氏との軍事紛争の和睦調停のおり、幕府から豊後へ派遣され、大友氏との縁を得ていた叔龍東興はこれに応え、最終的に「忝被請　上意」たという（「文書録」一一二八号）。

かかる動向の背景には、在京雑掌に箔をつけようという大友氏の目論みが見え隠れする。しかし、結果的に推挙を得られた「勝光寺」や蘭圃光秀にとっても、決して悪い話ではなかったはずだ。室町時代後期以降に限定されることではあるが、大友氏の対幕府政策（関係）を担った人的基盤は、こうした持ちつ持たれつの関係により支えられていたのである。

註

（1）拙稿「西国の地域権力と室町幕府―大友氏の対幕府政策（関係）史試論―」（川岡勉編『中世の西国と東国　権力から探る地域的特性』戎光祥出版、二〇一四年。以下、前稿と呼称）。なお、本章中でもしばしば用いる「対幕府政策（関係）」という言葉の意味あいについては、こちらを参照いただきたい。

（2）「室町幕府―守護体制」論の概要と、そこにおける九州の地域権力の位置づけについては、川岡勉『室町幕府と守護権力』（吉川弘文館、二〇〇二年）、須田牧子「書評　川岡勉著『室町幕府と守護権力』」（『史学雑誌』一一四編一号、二〇〇五年）を参照。

（3）各地の地域権力が設置していた在京代官・在京雑掌については、湯山学「山内上杉氏の在京代官判門田氏」（同著『関東上杉氏の研究』岩田書院、二〇〇九年。初出は一九八六年）、貝英幸「地域権力の雑掌僧とその活動―大内氏の対幕府政策と興文首座―」（『鷹陵史学』二五号、一九九九年）、須田牧子「大内氏の在京活動」（鹿毛敏夫編『大内と大友　中世西日本

の二大大名』勉誠出版、二〇一三年）、萩原大輔「中世後期大内氏の在京雑掌」（『日本歴史』七八六号、二〇一三年）、小林健彦『越後上杉氏と京都雑掌』（岩田書院、二〇一五年）などを参照。

（4）小林健彦「越後上杉氏の京都外交」（前掲註（3）同著書所収、初出は二〇〇〇年）。

（5）大友氏の在京代官・在京雑掌の存在は、田北学『増補訂正編年大友史料』（一九六二〜七一年）などで早くから指摘されており、その担い手についても、先学の触れるところではある（たとえば、外山幹夫『大名領国形成過程の研究―豊後大友氏の場合―』〈雄山閣出版、一九八三年〉本論第二編第四章「大友氏の領国支配体制」や、伊藤幸司「地域権力の外交文書起草と禅僧」〈同著『中世日本の外交と禅宗』吉川弘文館、二〇〇二年。初出は一九九八年〉など）。ただし、いずれも在京代官・在京雑掌という見地からそれを掘り下げ、実像に迫った研究ではない。また、近年発表された八木直樹「戦国期九州における情報伝達と外交交渉―大友氏の使僧真光寺を中心に―」（『九州史学』一六六号、二〇一四年）は、大友氏と各地の地域権力の情報伝達や外交交渉を担った「使僧」の存在にスポットをあてた貴重な成果だが、残念ながら京都との関係は検討対象とされていない。

（6）中原親能・大友能直父子の動向については、渡辺澄夫『増訂　豊後大友氏の研究』（第一法規出版、一九八二年）第一章「豊後大友氏の出自について」、芦刈政治「東国武士団の土着と発展」（『大分県史　中世篇Ⅰ』大分県、一九八二年）などを参照。

（7）大友親世の上洛については、前掲註（1）拙稿、堀川康史「今川了俊の探題解任と九州情勢」（『史学雑誌』一二五編一二号、二〇一六年）を参照。なお、前稿で筆者は、「島津家文書」『大日本古文書　家わけ第一六』三二七号を根拠に、親世の上洛を応永十五年と考えていたが、堀川康史「中世後期における出雲朝山氏の動向とその役割―室町幕府の地域支配との関連を中心に―」（『日本歴史』八二三号、二〇一六年）により、同文書の発給年は明徳三年に再比定された。堀川の見解は妥当と思われ、この点について前稿は修正されなければならない。

（8）美濃仲村荘をめぐる訴訟については、網野善彦「濃飛両国の荘園の概観と国衙領・皇室領・摂関家領荘園」（『岐阜県史通史編　中世』岐阜県、一九六九年）を参照。

（9）とりわけ、大内氏の在京雑掌にそういう面が顕著のように思う。なお、軍事紛争の推移も含め、そのあたりの詳細については、前掲註（1）拙稿および前掲註（3）須田論文を参照。

(10)　大友氏の禅宗受容については、最新の成果として三谷紘平「中世豊後における禅宗の展開―大友惣領家・庶子家の禅宗受容と門派のかかわり―」（『大分県地方史研究』二一七号、二〇一三年）を参照。
(11)　この事例については、前掲註(3)須田論文も同様の見解を示している。
(12)　対外活動における斯立光幢の動向については、前掲註(5)伊藤論文、伊藤幸司「日明交流と肖像画賛」（東アジア美術文化交流研究会編『寧波の美術と海域交流』中国書店、二〇〇九年）などを参照。
(13)　三聖寺と豊後大野荘の関係については、前掲註(6)渡辺著書第三章「大友志賀氏の在地領主制の展開―豊後国大野荘を中心として―」、前掲註(10)三谷論文などを参照。
(14)　筑後をめぐる大友氏と菊池氏の対立については、中村知裕「筑後における菊池氏の権力形成と大友氏の領国支配」（『福岡大学大学院論集』三二巻一号、二〇〇〇年）を参照。
(15)　なお、前掲註(5)伊藤論文は、「書契」という表現から、「日本国王名義による大友氏の朝鮮通交」に用いる「遣朝鮮国書」作成を手掛けていた可能性を視野に入れている。
(16)　ちなみに、蘭圃光秀の死後には、月渓聖澄が豊後へ下向して大友氏の「大明日域通信之書」の作成を担い、天倫光澤（蘭圃光秀の法嗣）が「豊之勝光」に兼住したという（「東福寺諸塔頭幷十刹諸山略伝」東京大学史料編纂所謄写本など）。前掲註(5)伊藤論文が指摘するように、右のごとき対外活動へのかかわりについては検討の余地が残るが、彼らが豊後へ下向し、大友氏と接触していたことは確実である（前掲註(13)渡辺著書第三章など）。
(17)　なお、『大分県史料』は、本文書の発給年次を文明十一年に比定する。ただ、亀泉集証が「蔭涼職」を継承したのは文明十六年十月十三日（「蔭涼軒日録」同日条）である。この点を踏まえると、本文書はそれ以降の発給と考えるべきであろう。

〔附記〕　本章は、科学研究費補助金・基盤研究（B）「中世後期守護権力の構造に関する比較史料学的研究」（一五H〇三二三九、研究代表者／川岡勉）による研究成果の一部である。

第二章　大友氏の日明・日朝交流

橋　本　雄

はじめに

本章では、大友氏の対外交流のうち、対明・対朝鮮関係について概観する。

大友氏は豊後守護職を基本的に継承し、肥後・筑後などにも進出をくり返し、大内氏・菊池氏・島津氏などと九州に覇を競った。なおかつ、建武政権期に大友貞宗が博多息浜を宛がわれてから、博多とのつながりを重視してきた。いうまでもなく、博多は朝鮮半島や中国大陸への玄関口であり、また瀬戸内海や日本海を通じて畿内ともつながる、国際的流通の一大拠点だったからである。

室町政権初期に九州探題渋川氏の没落による混乱期を経、永享元（一四二九）年七月頃、大友氏は博多息浜の支配をようやく回復した。その根拠のひとつが、当時の大友持直による対朝鮮通交開始にある。ただし、その後の大友氏名義の対朝鮮通交については一部疑念もあるため再検討を加えたい。

また大友氏は、宝徳度および天文・弘治年間（一五三二〜五八年）の遣明船に経営者として参加した。大友氏の日明貿易への参画は散発的だが、それはおそらく、宝徳度船の経営がさほどの成功をみなかったこと、明朝側の朝貢制限が強化されたことによるだろう。その事情や経緯、結果について論じてみたい。そして最後に、一六世紀中期の天文・弘治年間の遣明船における、大友氏の関わりを扱って本章を締めくくる。

一　大友氏の朝鮮通交と博多支配

1　大友持直の博多「掌握」

永享元（一四二九）年七月、「日本国豊州太守源持直」の名義で、朝鮮に通交する使節が現れた(1)。自身が国際貿易港博多を押さえ、朝鮮の「官船」（通信使の朴瑞生・李藝ら(2)）を安全裡に赤間関まで送ることが可能だと喧伝する内容だ。その護送と引き換えに、寺院を建てるので大般若経などの「法器」を援助してほしいとも要請する（大般若経一部が回賜された）。果たしてこれを真使と見なしてよいのか。応永三十二（一四二五）年のいわゆる「三角畠の乱」以降、大友氏内部の混乱が収まって間もない時期のことでもあり、経済的・軍事的余力があったとは一見考えがたい。実情をつかむためにも、直前の情況から考え直してみよう。

応永二十七年、九州探題の職が、渋川道鎮（満頼）から義俊に引き継がれた。同年、はじめて道鎮と義俊とが朝鮮へ同時派船し(3)、同年冬には義俊名義で二〇〇〇斤もの硫黄を朝鮮にもたらしたことが注目される(4)。以後、両者が同時または別々に朝鮮に派遣したことが知られ、前朝鮮国王を「先考皇帝」と持ち上げて室町幕府への通信使派遣を要求したり(5)、渋川氏の系図にはみえないが道鎮の弟を名乗る「日本国関西道九州府石城式部小輔源俊臣」の使者が現れたりするなど(6)、怪しげな通交使節が登場する。

また、応永三十一年には渋川道鎮が京都に帰るものの（『海東諸国紀』）、「九州前節度使」や「九州前都元帥」などの肩書きで道鎮名義の通交は続けられた。いずれも博多あたりで仕立てられた偽使ではないか。その後の渋川氏の通交名義は、「九州都元帥／節度使」系統（在博多の義俊を騙る）と「右武衛殿」系統（在京都の道鎮を騙る）とに分裂し、通交を展開するが、その詳細をうかがうと、いずれも偽使と考えざるをえない（少なくとも博多商人の側に大幅な主導権を認めるべき）。

まず、「九州都元帥」系統の「源義俊」名義の通交は、応永三十二年を終見とする。同年の通交事例では、朝鮮に帰国する回礼使朴安信・李藝を手厚く護送しつつ、硫黄三〇〇〇斤・銅一〇〇〇斤など大量の献上品を持ち込んだ（『朝鮮世宗実録』七年正月丁丑条）。同日に博多商人として著名な宗金の遣使も記録されている点に注目すると、[7]こうした貿易品の背景に、彼ら博多商人が深く関与していたことはおそらく間違いない。ところが、この系統の通交は、遅く文明元（一四六九）年の「九州節度使源教直」までいったん途絶える。

次に、「九州前節度使」を名乗った「右武衛源道鎮」通交の終見は、永享元年六月である。[8]ここでも、博多の宗金ばかりか、対馬の海賊首魁早田六郎次郎が同時通交している。なお、「道鎮の後」として、文正元（一四六六）年から翌年にかけて「京城渋河源朝臣義堯」を名乗る使節が現れた。[9]朝鮮王朝はこの系統を「右武衛殿」と一括し、いわゆる「王城大臣使」のひとつと考えた。明らかに博多商人の関与した偽使なのだが、事情も知らぬ朝鮮側は、やがて「右武衛殿」を日朝牙符制（後述）の対象名義と見なす。

以上みてきたように、「九州都元帥」系の「義俊」のみならず、博多を離れた「右武衛殿」系の「道鎮」ですら、博多商人が貿易のために利用した通交名義であった蓋然性が高いと判断される。まさしくそのあとを継ぐかのように、永享元年七月、くだんの大友持直使節が朝鮮に現れたのである。とくに、右武衛源道鎮の通交終見の翌月に現れたという点は、単なる偶然とは考えがたい。

もちろん、この大友持直の使節を偽使ではないかと不審に思う向きもあろう。実際、次項にみるように、この後の通交で偽使とおぼしき例も存在する。しかし、博多商人の立場に立ってみると、これまで通交を成就させてきた右武衛道鎮や九州都元帥義俊の通交名義を容易に手放す謂れはない。むしろ、朝鮮側の一定の信頼を得てきた通交名義は、大切に継続したかったはずである。それゆえ、渋川氏名義の通交から、大友氏名義の通交へ切り替えねばならぬような事情がこのころに生じたとみるのが自然である。

だとすれば、九州探題から大友氏への、博多（とくに息浜）支配の転換が本格的に始まり、通交名義の詮議が行なわれた可能性は想定できないだろうか。つまり、大友氏が息浜を支配するに当たって、関税徴収などのために、博多商人たちの交易活動を何らかのかたちで点検・把握した可能性である。

ただ最大の問題は、本当に大友持直が永享元年までに博多を掌握できたのかという点であろう。これよりも早く、応永三十二年、菊池兼朝・少弐満貞が大内氏と戦端を開き、まもなく大友持直が少弐氏に与同、永享三年には大内氏当主の盛見が戦死する。この後、大内氏の内紛に大友持直が絡んで戦局は泥沼化するが[10]、まさしくこうした時期に大友持直の朝鮮通交が始まった。とくに、博多商人たちにとって、博多支配の帰趨が大内・大友・少弐のどこに転ぶのかは一大事であったろう。博多商人の宗金が、朝鮮礼曹に対し、「いま、九州地方に重きをなすのは大友と大内の両氏であって、今後もし遣使なさるのであれば、誰よりも先にこの両氏に好《よし》みを通わすべきです。さすれば両氏ともに朝鮮に親しみを覚え、使行の安全も保障されるでしょう[11]」と語ったのは、まさに象徴的である。

筆者は、以上のような情況の推移にかんがみて、大友持直の朝鮮通交の開始は、従前述べられてきた通り[12]、歴史的な事実であったと考えたい（その翌年の通交例も同様か[13]）。ただし、大友氏の息浜代官である宗金ら博多商人の裁量権が[14]

強い、間接的統御に近い状況であったとみられる。(15)偽使派遣体制のなかで大友氏の通交を考えるにはまだ早いが、しかし大幅な裁量権の分付は、容易に偽使の登場を招くことになったのではないだろうか。

2　大友氏名義の偽使の登場

永享元・二年と連続して大友持直の遣使がみられたわけだが、その後、永享八年まで持直の通交は途絶してしまう。(16)この背景には、永享三年以降、室町幕府の介入により本格化した〝大友持直（一二代）＋少弐満貞・嘉頼父子＋宗貞盛〟対〝大友親綱（一一代親著の息）＋大内持世〟の対立抗争がおそらく関係していた。この戦乱は、永享八年六月の姫嶽（海部郡）陥落により、持直派の敗退がほぼ決し、同十一年には親綱から親隆（持直弟だが常に親綱派）に家督が継承されることで一応の解決をみた。

さて、大友名義の朝鮮通交に関してまず不思議な点は、永享八年の通交名義は持直と親重（のち親繁）とであり、同時に使人を送っていることである（親重は正持ら三人、持直は連浄ら五人を遣わす）。戦火を交えている彼らが同時に遣使することは通常ありえないだろう。次に、翌年にも親重は朝鮮に遣使しているが、そのときの肩書きは「豊・筑両後州太守」だった（『海東諸国紀』）。ときの家督および豊後守護は親綱であり、筑後守護は菊池持朝である。要するに、これらは僭称・詐称とみるほかない。対立する二勢力の名義を騙って双方の偽使が現れる例は、日朝関係では枚挙に暇がない。(17)

持直名義の通交はその後も永享十一年まで継続し、空白期を挟んで康正元（一四五五）年に復活する。(18)これも、すでにある程度の信用を得た通交名義は使い続けられるという、日朝間の偽使派遣体制に頻見される傾向と合致する。しかも、大友氏諸系図をみる限り、持直の死去は文安二（一四四五）年正月と考えられるため、この康正元年の通交例は、少なくとも名義詐称の偽使とみるほかない。

さらにこの康正元年という年は、対馬守護の宗成職によって組織的な偽使派遣体制が本格的に始動する時期でもあった[19]。畠山や左武衛（斯波）などの幕閣名義を用いた〝王城大臣使〟ほか、多くの偽使が対馬・博多から繰り出されたのである。こののち、三浦の乱（永正七〈一五一〇〉年）が起こるまで、偽使の通交は続けられたが、大友氏名義の通交貿易も、おおむね偽使とみるのが妥当であろう[20]。仮に真使だとしても、使行のイニシアティヴや事実上の運用・経営は、博多商人および対馬宗氏が握っていたに相違ない。

さて、康正元年前後に偽使の大量派遣が始まる背景として、日朝関係に即していえば、いわゆる対馬宗氏の歳遣船年間派遣数が五〇隻に制限される、癸亥約条（一四四三年）の影響がまず想起される。だが、もう少し視野を広げ、とくに博多との関係に注意すると、足利義政期の宝徳度・応仁度遣明船の帰趨がかなり影響を与えていた可能性がある。これについては、節をあらためて検討を加えよう。

二　大友氏の遣明船参加と博多の情況

1　宝徳度の遣明船

足利義政代初めの遣明船が宝徳度船である。大友氏が初めて勘合貿易に参加した通交例としても重要であろう。室町幕府は文安四（一四四七）年十一月以降、南禅寺請経使文渓正祐を朝鮮王朝に遣わし[21]、倭寇情報を餌に、口頭で対明朝貢の事前斡旋を朝鮮に要求した。ソウル到着は翌年六月のことで[22]、朝鮮政府がこの要求に応じ[23]、その結果としてこの宝徳度船は実現をみた。したがって、派遣計画の成立時期はこの文安四年末頃とみてよい。そして、この半年前の七月には天龍寺（京都五山第一位）が焼亡しており、先の幕府遣朝鮮使文渓は、明朝への「天龍寺船」派遣を前提に遣わされたわけである。

ところで、この宝徳度遣明船の特徴の一つとして、公方船がまったくみられない点が挙げられる。すでに幕府財政が遣明船の経営をも許さないほど逼迫していたためであろう。(24) 当時の幕府は、嘉吉の乱・土一揆による京都の荒廃のほか、内裏の再建という重荷を背負っていた。新将軍足利義政にとってきわめて重要な任右大将の儀が控えていたが、その拝賀儀礼を執行すべき土御門内裏が、いわゆる「禁闕の変」により焼亡していたのである。幕府にとって、実に多難な時期なのであった。

宝徳度の遣明船は、天龍寺三隻を含む九艘、総勢一二〇〇名で構成された（従前の倍近くの編成）。しかも、洛西嵯峨の天龍寺を除けば、ほかには九州探題（実質的には大内氏）や大友氏、伊勢法楽舎など、荒廃いちじるしい京都から離れた勢力を選んでいる。一見、幕府は、内裏再建よりも天龍寺再建を優先させたかのようだが、幕府は、九隻分の勘合、つまり九枚の勘合を各地の諸勢力にばらまくことによって、巨額の勘合礼銭（勘合支給に対する幕府への御礼）を手にしたはずである。当時のレートからすれば、幕府はこれだけで三〇〇〇～四〇〇〇貫文を確保できたであろう。天龍寺については三隻の貿易で自力復興を期待し、むしろ勘合礼銭を元手に幕府は内裏再建を企図していたのではないか（ただし実際には不足して造内裏段銭を各守護に課すこととなる）。しかし、中国側の経済事情の低迷と相俟って、宝徳度船はさほどの利益を上げられなかった。それどころか、帰国時には、一〇年一貢・三隻・三〇〇名に貢船を制限する「景泰約条」を突き付けられてしまったのである。(25) おそらくこうした貿易不振は西日本の商人らに打撃を与えたに違いなく、ために博多周辺の商人はこれを挽回すべく、宝徳度船帰国の翌年から朝鮮への偽使通交を肥大化させたのであろう。

以上をみるに、この宝徳度船は、大内氏・大友氏双方にとって、確かに幕府や幕閣の牛耳る遣明船貿易に参加できる、千載一遇のチャンスであった。とりわけ、ようやく文安元年に親繁が家督を継ぎ、家中内紛が収まったころのことである。博多息浜商人や豊後府内商人の歓心を買い、経済都市支配を強化するためにも、こうした大規模貿易は魅力的に映ったはずだ。しかし、宝徳度船の貿易は、全体として振るわなかった。大友氏にとっては、ややほろ苦いデビュー戦だったろう。このあと、一六世紀中葉まで大友氏の遣明船経営はみられないが、大友家中の混乱もあって、端から参加を断念していたのではなかろうか。

2　応仁度の遣明船

とはいえ、自らが経営に乗り出さなくとも、朝貢品となる硫黄の供出や遣明船警固などの面で、大友氏は遣明船事業に協力を続けた。それが自国の領国支配の強化につながるのみならず、幕府との友好な関係を結ぶ機縁となったからだろう。本項で取り上げる応仁度の遣明船でも、大友氏は硫黄の供出を行なっていた（『戊子入明記』）[26]。

この応仁度の遣明船は、遅くとも康正元（一四五五）年正月までに派遣が決定していたものである。根本的には、幕府の財政難のために出発が遅れ、大内氏から一〇〇〇貫文の借金をしたり、実際の諸経費を副使兼一号船居座に任じた天龍寺僧紹本都寺に負担させたりして[27]、ようやく幕府は公方船を仕立てることができた。貿易船（公方船・大内船）の二隻も大内氏がチャーターしたものだから、全体として応仁度船の主導権は大内氏側にあったとみてよい[28]。

そして、まさしく応仁・文明の乱（一四六七〜七七年）のさなかに往来した遣明船であるだけに、その影響を完全には避けられなかった。それは、大内船の帰着先に現れている。通常であれば、奥堂氏などの博多商人が参画していたのだから、まず博多に入港したとみるのが筋であろう。

だが、現実には、大内船は博多ではなく、赤間関に帰着したようである。最近紹介された文明八（一四七六）年（ヵ）の幕府政所執事伊勢貞宗あて大内政弘書状案[29]によると、「応仁二（一四六八）年正月に出発した一号船（公方船）が、翌年七月に赤間関に帰着しました。すぐにお知らせすべきところで、世上混乱（応仁の乱）により、今まで遅延してしまいました。お預かりしている「御物」（回賜品。新しい成化勘合一〇〇枚を含む）は別紙の通りですので、室町殿（義政）に披露してください」とある。要するに、かねて二号船（細川船）と堺に帰着したと考えられてきた公方船は、三号船（大内船）とともに赤間関に直行・入津し、大内氏に抑留されていたのである。

では、公方船・大内船が博多に入港できなかった要因は何か。ここに大友氏が関係してくる。細川氏の工作によって、大友氏が豊前に侵入したのが応仁三年四月。少弐氏と宗氏が対馬から筑前へ渡海し博多を占領したのは、同年七月だった[30]。応仁度の遣明船が博多に入港したならば、戦火に巻き込まれるか、少弐氏・宗氏に掠奪される可能性が高かったであろう。ましてや、大友氏の進軍が順調に進んでいたら、息浜支配を名目に、応仁度一号船・三号船を大友側が差し押さえることすらできたかもしれない。大内氏が、一号船（公方船）を（おそらく博多に入港させず）赤間関に抑留した理由の一つは、当時、北部九州で起こっていた、反大内政弘勢力による博多制圧が背景にあったと考えられる。

最終的に、一号船の積荷は大内氏から足利義政のもとに届けられ、勘合も一式、幕府の蔵に収まった。この積荷問題が応仁・文明の乱終結交渉時の重要な切り札となったことは疑いない[31]。大友氏にとっては残念な結果に終わったわけだが、しかし、意外な人物が大友氏のもとに舞い込むきっかけともなった。

その人物とは、画僧雪舟等楊であった。彼は、帰国後まもなく豊後に到達している。この事績を明確に伝える史料が、呆夫良心の著した『天開図画楼記』である。[32] 雪舟と「同舟」して入明した呆夫が、帰国後、豊後府内の雪舟のアトリエに寄せて文明八年にしたためたものだ。この呆夫良心、実は医僧であり、博多息浜商人宗茂信（宗金の嫡孫）と連携して日朝貿易にも参画していた。[33]

3　雪舟、豊後へ行く

良心は、もともと応仁度一号船（公方船）に「千貫文衆」として乗り込む予定だったが（『戊子入明記』）、一号船の大破に伴い三号船に振り替えられ、そのために雪舟と同船することになったらしい。[34]「千貫文衆」とは、一〇〇〇貫文分（米価比で現在の一億円あまり）の輸出品を積み込むことのできる商人を意味する。もちろん、良心が全額支出した確証はないが、ともかくもそれだけの金額を動かせる資力豊かな商人的僧侶であったことは間違いない。[35]

加えて、この良心は、博多商人が創作・運営する「管提畠山義勝」なる朝鮮向け偽使にも参画していた（管提も畠山義勝も実在せず）。とくに、文明二・五・六・十二年と四度にわたり朝鮮に現れた畠山義勝使送のうち、第二回において彼は主導的役割を果したようである。[36] そして、第四回遣使の書契（外交文書）においては、良心の死亡が朝鮮に通報されている。――「再度遣明船に加わった良心が帰途に済州島に漂着し、故なく官吏に捕縛されてしまった。良心は命からがら逃げ出したものの、最後には帰国できぬまま死んでしまった。……同じく明に朝貢する「敵国」「列国」（対等な国家）として、遣明使節の往来に道を貸すのは古今の通義でないか」と。ただし、史料上の制約から、良心の真実の動静は判然としない。[37]

興味深いことに、このときの書契には、「宗金嫡孫宗茂信」が登場する。宗金は従前述べた通り、博多息浜の有力商人で、大友氏の代官を務め、朝鮮王朝からの信頼も篤かった。[38]くだんの書契には、朝鮮国王の「臣」たる「畠山義勝」と「大内君」（大内氏）が協同し、「西主」の「義見」（義視に仮託した偽名ヵ）の遣わす「大明進貢船」の「総船主」を担う予定の宗茂信を、「今回は畠山義勝の副使として差し遣わすので、今後は（良心のようにならないように）辺備を徹底してもらいたい」とも記す。要するに、この使行でもっとも利益を享受するのは、この宗茂信本人だったのである。[39]そして、この書契の内容に明らかなように、宗金一族ら息浜商人たちは、本来の主君大友氏から、文明十年以降、博多に安定的な支配を築いた大内氏に鞍替えしたことも明瞭だろう。さらにいえば、良心の死を関知するほど、宗金一族は彼とのつながりを有していたとみられる。おそらく良心は、博多周辺に拠点をもつ、商人的禅僧だったのではないか。

さて、前述の『天開図画楼記』は、豊後府内にて、文明八年三月に記された。良心が大隅・薩摩から文明八年度遣明船に乗り込んだとすれば、彼は本当に道中死去したのかもしれない。[40]あるいは、『天開図画楼記』を記した直後に亡くなり、その訃報を宗茂信が窺知していた可能性もあろう。

ともかくも、応仁度の三号船（大内船）に「同船」入明した雪舟と良心とが、帰国後、府内にて居合わせたのである。のみならず、大内船の土官（貿易責任者の一人）を務めた桂庵玄樹（長門赤間関出身）も、彼の『島隠漁唱』によれば、文明八年六月に「豊城の欄を避けて」筑後に向かっている。[41]つまり、応仁度の大内船に同乗した桂庵（儒僧）・呆夫（医僧）・雪舟（画僧）の三人が、文明八年の春にはなべて豊後府内にいたことになる。これを単なる偶然と見なす方が不自然というものだろう。

桂庵と雪舟との接点については、雪舟が北京まで上洛できた事実から比較的容易に想像がつく。すなわち、桂庵が貿易責任者の土官であった以上、唐物・唐絵目利を帯同することが不可欠であった。要するに、雪舟こそがその役を担ったとみるべきである。上京可能人数には限りがあるが、使節の主要メンバーの従僧であれば上京も不可能ではない。しかも、道中や北京（会同館開市）での交易も存在したから、目利は絶対に必要であった。そして、雪舟は、近年発見された史料により、早ければ宝徳元（一四四九）年、遅くとも康正二年には京都から周防山口に移り住んでいたことが明らかである。つまり、一〇年以上、大内氏の蔵の唐物・唐絵をみて、彼は審美眼を鍛えることができた。雪舟は大内氏から「仕入れ」を任され、土官桂庵とともに入明したとみるのが妥当ではなかろうか。(42)

以上を勘案すると、やはり、彼らが同時期に豊後府内に居合わせたことを偶然とは見なしがたい。大友氏側が学芸の上手を欲した蓋然性も否定できないが、それ以上に、大内氏による敵情視察や講和摸索、といった政治的使命をまず念頭に置くべきだろう。おそらく、博多息浜商人と関係をもつ呆夫良心が、大友氏への接近の窓口となったのではないか。(43)雪舟はこの後の文明十三年以降、美濃や駿河（富士山）、越後、能登、丹後（天橋立）などをめぐるが、これも単なる物見遊山ではなく、東西日本の境界領域の視察や政治的交渉が目的だったとされている。(44)美濃の土岐氏のもとに旧西幕府勢力の足利義視—義材父子が寄留していたことを考えれば、西軍の主力、大内氏の政略として、さほど不自然ではあるまい。雪舟の豊後行きも同様に考えてよいのではなかろうか。

三　一六世紀、大友氏の日朝・日明通交

1　〝二人の将軍〟と外交権の分裂

一五世紀中葉以降、足利義政は、自家のコレクション、「東山御物」を取り崩すほどの困窮に陥っていた。(45)そうしたなか、偽物の「日本国王使」が往来したことを承けて、文明六（一四七四）年以後、室町幕府—朝鮮王朝間に新た

な符験制（日朝牙符制）が設けられる。義政の通交貿易独占志向の表れと見なせよう。

この牙符とは、象牙製の小さな割符で、表に「朝鮮通信」、裏に「成化十年甲午」と篆書され、第一〜第十の番号が付されていた。左片が朝鮮側、右片が日本側に置かれ、幕府の遣朝鮮使船（日本国王使）が朝鮮に渡るたびに、番号順でもたらされ、チェックを受ける仕組みだった。[46]

幕府将軍家が外交用の符験を政治的に利用する機会は、義政没後、徐々に増大していく。明応二（一四九三）年、管領細川政元のクーデタによって将軍足利義稙（旧名義材・義尹）が廃され（明応政変）、幕府将軍家が〝足利義稙―義維系〟と〝義澄―義晴系〟とに分裂すると、[47]〝二人の将軍〟は、自身の保身や勢力拡大のために勘合や牙符を各方面に積極的にばらまいたからである。日明勘合については、おおむね新しい正徳勘合が大内氏（のち毛利氏）へ、旧い弘治勘合が細川氏や大友氏へ（大友氏の一枚はさらに相良氏へ）移管され、日朝牙符に関しては、大友氏が第一〜第三牙符を、大内氏が第四牙符を獲得し、おそらくいずれも対馬宗氏へ貸し出された。以下、大友氏の日明・日朝交流を軸に、勘合・牙符の四散する様子を辿ってみることとしよう。

第一段階＝明応〜文亀年間――足利義稙対義澄の時期　延徳元（一四八九）年、足利義稙は、嗣子義尚を喪った義政の跡を襲うべく、かつて応仁・文明の乱中に義政と対立していた父義視（義政弟）とともに美濃から上洛した。京都を長く離れていた旧西軍の義視―義稙父子に、幕府内与党は少なかった。細川・大内の角逐が本格化する明応度遣明船の準備過程に、それは如実に表れた。細川氏と幕府政所執事伊勢氏との策謀により、すでに勘合を獲得していた大内氏の経営参画が阻止されてしまったのである。

その後、京都では、細川政元が足利義稙を追放し、義澄（旧名義遐・義高）を新将軍として擁立した。反義稙派に属する伊勢貞宗もこれに主体的に協力している。この新政権が足利義稙―大内氏ラインに対抗すべく目をつけたのが、従前、博多などをめぐって大内氏と争ってきた、大友氏なのであった。

義澄―細川政元ラインは大友親治―義長父子を自陣に組み込むべく、文亀元（一五〇一）年、大内義興治罰綸旨の発給と併せて約二〇年後の遣明船経営を大友義長に許可し、九州探題領も預け置いた。さらに、義稙―大内氏側との戦闘を勧めるべく、文亀三年、明応度遣明船が持ち帰った最新の弘治勘合を一〇〇〇貫文で売却し、約二〇年後の遣明船派遣を改めて確約したらしい(48)。さらに同年、義稙―大内氏ラインの保持する日朝牙符を無効化するため、京都の義澄政権は日朝牙符の更新を朝鮮王朝に要請(49)、そこで得た新しい牙符の複数個（第一～三ヵ）を大友氏に付与した(50)。以後、三〇年ほどの「日本国王使」の顔ぶれをみると、前後の博多聖福寺系・臨済宗幻住派僧とは異なるので、おそらく大友氏の息のかかった禅僧たちがとくに選ばれ朝鮮に遣わされたのであろう。

興味深いことに、新造の牙符は、旧符とは反対に、左片が日本側、右片が朝鮮側に置かれた(51)。これで、旧牙符を用いた偽の日本国王使や王城大臣使の通交は原則として不可能となった。また、大友氏に渡された牙符は、史料上、三種類しか確認できない（第一～第三ヵ）。これらは、王城大臣使よりも対価や給付の大きい、偽日本国王使に優先的に利用されたのだろう。大友氏の新牙符も、対馬に貸し出され、一回の渡航ごとに厳格に使用料を徴収しようとしていたことがわかっている(52)。

第二段階＝永正～享禄年間――足利義稙対義晴の時期　永正五（一五〇八）年、義稙は大内義興とともに上洛し、細川高国と結んで将軍に復帰した（永正政変）。大内氏が大友氏と和睦していたことも重要だろう。天文十一（一五四二）年以降の日朝交流で大内氏が使用した新牙符第四は、このころに義稙から貰い受けたものと思われる。大内義興は義稙政権の主柱であったから、永正十三年頃には、日明正徳勘合の永代使用権を義稙から認められている(53)。もっとも、この最新の正徳勘合はすべて永正度遣明船の帰途に大内氏によって押収されていたから(54)、実際には事態の追認に過ぎなかった。

ただし、幕府にはまだ未使用の旧い弘治勘合も存在する。それを携えた遣明船も後に現れた（後述）。それでは、なぜ大内氏は天文年間（一五三二〜五五年）に遣明船経営を（結果的にせよ）独占することができたのか。

大永五（一五二五）年、大内氏はまず朝鮮に偽日本国王使を送り、「寧波の乱時に弘治（旧）勘合を携行した細川船こそ、幕府の蔵から弘治勘合を盗み出した奸賊の船（偽使）であり、奸賊を勾引していた袁璡を送還したいので明朝に取り次いで欲しい」（『朝鮮中宗実録』二十年四月乙巳条）と伝えた。その一方で、同年には明朝側が琉球経由で京都の足利義晴―細川高国政権に接近した。おそらく明朝は、寧波の乱の主犯を大内氏とみていたのであろう。義晴政権としても積極的にこれに応じ、「寧波の乱の張本たる大内船の正使（謙道宗設）こそ偽使であり、正徳（新）勘合はかつて大内方へ奪われた」と明朝に報じた。そして併せて、戦乱で失われた金印および新勘合の賜給を要請している。これに対して明朝は、金印・勘合要求をすぐには容れず、宗設の擒献と辺将袁璡の送還にこだわった。明朝は、義晴の表文・咨文をもたらした(55)享禄三（一五三〇）年琉球進貢使（蔡瀚）に対して、そうした明朝側の意向を幕府へ伝えるよう命じている。(56)

2　天文年間の展開

通説のごとく、天文二十年、大内義隆（義興嫡男）の滅亡によって勘合貿易船の通交が終焉を迎える。だが、しょせんそれは結果論に過ぎない。実は、天文・弘治期（一五三二〜五八年）には大友氏や相良氏、大友氏から大内氏に入って新たに当主となった大内義長が独自に遣明船を仕立てており（弘治勘合を所持したものもある）、その通交が明朝に公認されれば、まったく別の流れが生ずる可能性もあった。もちろん、入貢が認められなければ、密貿易をするまでである。[57]そういう意味で、この時期以降の遣明船は、後期倭寇と表裏一体の関係にあったということができよう。[58]

天文十三年に寧波に現れた遣明二貢（合・号）船＝二号船（使僧寿光）はおそらく大友氏、十四年の三貢船＝三号船（使僧僊俅）[59]は相良氏、十五年の新一合船[60]＝一号船（使僧清梁〈梁清とも〉）は大友氏の経営にかかり、文亀初年に大友氏が義澄政権から貰い受けた弘治勘合三枚を使用したものと思われる。[61]つまり、この三隻の遣明船は、颶風のため相前後して到達することとなったが、もともとは一つの船団なのであった。結局、この使節団は「貢期に合わない」ことを理由に、明朝から入貢を拒否される。しかし、二号船も三号船も、寧波の至近に位置する密貿易の拠点、舟山列島内の双嶼あたりで商取引を行なって帰国した。

とくに二号船の帰途には、のちに後期倭寇の首領となる王直が乗り込んでいた（『籌海図編』巻八「寇踪分合始末図譜」）。彼が密貿易の手引きをした可能性も否定できまい。こうして双嶼の密貿易集団に加わることになった王直は、さらに種子島に来ていた博多商人助才門をも引き込み、一五五〇年代の嘉靖大倭寇を現出させることとなる。そして、倭寇の基地、双嶼が明朝の官憲から掃討されるや、王直は日本の五島や平戸に拠点を移し密貿易を継続した。

こうした経緯に照らせば、くだんの大友氏遣明船団は、公的な通交から華人中心・諸民族混在型の密貿易への転換を、みずから演じてみせたということができるだろう。[62]

なお、天文年間以降、朝鮮に現れた日本国王使は、すべて対馬宗氏が主体的に作り出した偽使と目される。すでに当時、宗氏は大友・大内両氏から日朝牙符（第一〜四ヵ）を借り出し、事実上押領していたからである。そして一五五〇年代に入ると、貿易制限を強める朝鮮王朝に対して、対馬宗氏は畠山殿・京極殿など王城大臣使の図書（銅印）求請に乗り出し、徐々に通交復活に成功していった。[63]

おわりに

大内義隆の滅亡後も、遣明船派遣の試みは継続した。失敗や不運もあるが、それなりに旨みのある事業だったからだろう。天文二十二（一五五三）年には、大内義長（大友氏二〇代義鑑の次男）家中の吉見正頼が遣明使として渡海し（あるいは遣使し）、暴風のため朝鮮の済州島に漂着している。[64]詳細不明の遣明船である。

さらに、弘治二（一五五六）年大友氏の使僧清授、弘治三年同使僧徳陽・善妙、永禄元（一五五八）年「日本国属周防国」（前年死去の大内義長ヵ）使僧熙春龍喜（臨済宗聖一派）は、王直を詔諭するために派遣されてきた明人鄭舜功や、蔣洲および王直本人の帰国にあわせて大内義長・大友義鎮兄弟が派遣したものだった。ところが、王直と浙直総督胡宗憲とが通じているとの讒言により、まさかの通貢拒否に遭ってしまう（表向きは「日本国王」号を名乗らず、大内義長の名義を用いたことが失点とされた[65]）。

要するに彼らは、王直と行動をともにする、一種の倭寇集団と見なされたわけである。[66]とくに弘治三年の徳陽・善妙らはその後、舟山の岑港で攻防戦を展開し、船を焼かれたものの、驚くべきことに当地で新船を建造する。福建省の浯嶼に移動して密貿易を行ない、日本に帰国したものか。この倭寇的遣明船団は、近年、「弘治四年」という旗号の存在が判明した、『倭寇図巻』のモチーフとなった可能性すら指摘されている。[67]

註

（1）『朝鮮世宗実録』十一年七月甲戌条。以下、大友氏の朝鮮通交や政治情勢については、とくに断らない限り、外山幹夫『大名領国形成過程の研究――豊後大友氏の場合』（雄山閣出版、一九八三年）本論第一編第五章「大友氏の対鮮貿易」、および、佐伯弘次ほか「『海東諸国紀』日本人通交者の個別的検討」（『東アジアと日本――交流と変容』三号、二〇〇六年。とくに大塚俊司氏執筆の「豊後州」の項）などを参照。

（2）朝鮮から日本への回礼使・通信使については、拙著『中華幻想――唐物と外交の室町時代史』（勉誠出版、二〇一一年）第Ⅶ章参照。

（3）『朝鮮世宗実録』二年五月丙戌条。

（4）『朝鮮世宗実録』二年十一月己丑条。

（5）『朝鮮世宗実録』五年二月丙辰条。

（6）『朝鮮世宗実録』五年五月戊戌条。

（7）博多宗金については、佐伯弘次「室町期の博多商人宗金と東アジア」（『史淵』一三六輯、一九九九年）参照。

（8）『朝鮮世宗実録』十一年六月戊子条。

（9）『海東諸国紀』・『朝鮮世祖実録』十三年正月乙亥条。

（10）須田牧子『中世日朝関係と大内氏』（東京大学出版会、二〇一一年）第一章。

（11）『朝鮮世宗実録』十年十二月辛卯条。

（12）佐伯弘次「中世都市博多の発展と息浜」川添昭二先生還暦記念会編『日本中世史論攷』文献出版、一九八七年。

（13）『朝鮮世宗実録』十二年正月戊午条。

（14）なお、もう一人の大友氏の博多息浜代官である田原貞成は、『正任記』にも登場するため実在人物であるが、その朝鮮通交の実績を鵜呑みには出来ないこと、大友氏の息浜支配が安定したものであったと素朴に見なせないことについては、伊藤幸司「大内氏の外交と大友氏の外交」（鹿毛敏夫編『大内と大友――中世西日本の二大大名』勉誠出版、二〇一三年）参照。

（15）伊藤幸司「日朝関係における偽使の時代」『日韓歴史共同研究報告書（第Ⅰ期）第二分科篇』（同委員会、二〇〇五年）一一三頁。

（16）『朝鮮世宗実録』十八年七月辛丑条。

（17）拙著『中世日本の国際関係――東アジア通交圏と偽使問題』（吉川弘文館、二〇〇五年。以下『国際関係』）二九一頁以下。

（18）これは、朝鮮に現れた〈偽琉球国王使〉の通交名義の使用方法に顕著な現象である。前掲註(17)拙著『国際関係』第二章、同『偽りの外交使節――室町時代の日朝関係』（吉川弘文館、二〇一二年）など参照。

（19）前掲註（17）拙著『国際関係』第一章、長節子『中世 国境海域の倭と朝鮮』（吉川弘文館、二〇〇二年）第二部、荒木和憲『中世対馬宗氏領国と朝鮮』（山川出版社、二〇〇七年）第一部第二章など。

（20）大塚俊司氏の考証によれば、師能・親常・国光・茂実など豊後州からの通交名義には、本姓の誤りや死没年との齟齬など、不審な点が多い（前掲註（1）佐伯弘次ほか『『海東諸国紀』日本人通交者の個別的検討』九九～一〇〇頁）。詳細は省くが、いずれも偽使の通交名義と見て差しつかえなかろう。なお、実名に架空性乏しいものの、逆に肩書きなどに不審点が多いのは一四五五年に登場した王城大臣使の「第一波」に通底する。註（17）拙著『国際関係』第一章参看。

（21）『建内記』文安四年十一月二十六日条。

（22）『朝鮮世宗実録』三十年六月壬戌条。

（23）『朝鮮世宗実録』三十年九月甲申条。

（24）拙稿「遣明船と遣朝鮮船の経営構造」（『遙かなる中世』一七号、一九九八年）四三頁。

（25）以上、拙稿「遣明船の派遣契機」（『日本史研究』四七九号、二〇〇二年）参看。

（26）鹿毛敏夫『アジアのなかの戦国大名――西国の群雄と経営戦略』吉川弘文館、二〇一五年。

（27）竹田和夫『五山と中世の社会』（同成社、二〇〇七年）参照。居座や土官については、オラー＝チャバ「居座・土官」（村井章介ほか編『日明関係史研究入門――アジアのなかの遣明船』勉誠出版、二〇一五年）参照。

（28）須田牧子「大内氏の外交と室町政権」川岡勉・古賀信幸編『日本中世の西国社会3　西国の文化と外交』清文堂出版、二〇一一年。伊藤幸司「大内教弘・政弘と東アジア」『九州史学』一六一号、二〇一二年。

（29）『相良武任書札巻』年欠（文明八年）十二月三日付け伊勢貞宗あて大内政弘書状案。前掲註（28）両論文および山田貴司・高橋研一「宮内庁書陵部蔵「相良武任書札巻」の紹介と翻刻」（『山口県史研究』一八号、二〇一〇年）参照。

（30）佐伯弘次「大内氏の筑前国支配」川添昭二編『九州中世史研究』第一輯、文献出版、一九七八年。前掲註（17）拙著『国際関係』第四章。

（31）前掲註（28）須田牧子「大内氏の外交と室町政権」参照。

（32）呆夫良心については、先行研究も含めて、前掲註（17）拙著『国際関係』第一章を参看。

(33) 前掲註(17)拙著『国際関係』五二〜五四頁。
(34) 熊谷宣夫「戊子入明と雪舟（上）」（『美術史』二三号、一九五七年）三一頁。
(35) 前掲註(24)拙稿「遣明船と遣朝鮮船の経営構造」参照。
(36) 前掲註(17)拙著『国際関係』第一章。
(37) 朝鮮政府が正使治部に渡した返書には、囚禁事件などはじめからなく、情報そのものが誤りだったと記される（『朝鮮成宗実録』十一年八月戊午条）。なお、文明八年度遣明船に関する史料じたいが乏しく、船団構成も、①公方船、②嵯峨勝鬘院船、③不明、としかわからない。
(38) 前掲註(7)佐伯弘次「室町期の博多商人宗金と東アジア」参照。
(39) ところが、次の文明十五（一四八三）年度遣明船はすべて堺商人の請負になってしまったので、博多商人の宗茂信が次期遣明船の「総船主職」となることはなかった。
(40) そうだとすれば、公方船ないし嵯峨勝鬘院船に乗ったはずなので、大内方の息浜商人宗茂信とは袂を分かっていたか。
(41) 渡邊雄二「『島隠漁唱』に読む桂庵玄樹の動向と雪舟」（前編）『天開図画』六号、二〇〇六年。桂庵はその後、筑後の瀬高に移り、当地の二尊寺住持（曹洞宗）と赤間関での旧交を温め、また近くに中心□忠という、周防の名僧以参周省（大内教弘息、臨済宗夢窓派）の弟子が隠棲していたと記す。大内氏のネットワークが筑後に確実に伸びていたことを知る。
(42) 拙稿「雪舟入明再考」『美術史論叢』三三号、二〇一七年。なお、雪舟は、遅くとも文正元（一四六六）年までに、赤間関永福寺住持の桂庵玄樹と合流している（桂庵『島隠漁唱』）。
(43) 従来、桂庵の属した東福寺派ネットワーク、たとえば同派の勝光寺（鎮田の滝の近くに所在）などが注目されてきた（伊藤幸司「雪舟の旅と東福寺派のネットワーク」島尾新編『朝日百科日本の国宝別冊　国宝と歴史の旅11　天橋立を旅する』朝日新聞社、二〇〇一年）。大友氏とかねて縁のある息浜商人（宗金一族）との関係を想起すれば、この呆夫良心もかなり重要な役割を果たしたとみるべきではないか（一山派か聖一派の禅僧とおぼしい）。なお、鹿毛敏夫『戦国大名の外交と都市・流通——豊後大友氏と東アジア世界』（思文閣出版、二〇〇六年）第三部第二章も参照。
(44) 今泉淑夫「文明十三年雪舟美濃行について」『天開図画』三号、二〇〇〇年。高橋範子「雪舟の前半生期の一考察」『芸術論究』二九号、二〇〇二年。前掲註(43)島尾新編『天橋立図を旅する』。

(45) 桜井英治『贈与の歴史学――儀礼と経済のあいだ』中央公論新社、二〇一一年。

(46) 以下、前掲註(17)拙著『国際関係』第五章、および拙稿「東アジア世界の変動と日本」（桜井英治ほか編『岩波講座 日本歴史8 中世3』岩波書店、二〇一四年）、拙稿「天文・弘治年間の遣明船と種子島」（『九州史学』一七一号）など参照。

(47) 末柄豊「細川氏の同族連合体制の解体と畿内領国化」（石井進編『中世の法と政治』吉川弘文館、一九九二年）、家永遵嗣『室町幕府将軍権力の研究』（東京大学日本史学研究室、一九九五年）、山田康弘『戦国期室町幕府と将軍』（吉川弘文館、二〇〇〇年）など参照。

(48) 『大友家文書録』五五九・五八七・六三三号文書。実際の派遣時に必要となる進物（朝貢品）調達などにかかる経費は、別途、事後に幕府から請求されることになっていただろうが、詳細は不明。

(49) 『続善隣国宝記』一三号文書（文書番号は、田中健夫編『〈訳注日本史料〉善隣国宝記・新訂続善隣国宝記』〈集英社、一九九五年〉による）。

(50) 『由比文書』年未詳（大永二〈一五二二〉～同五年）十二月十三日付け大友氏加判衆連署状。

(51) 『憂亭集』巻四。

(52) 前掲註(50)『由比文書』。対馬がごまかして同じ牙符を二度使用したことを、大友氏側が論難している。牙符の運用は対馬に任せつつも、上分は確実に取ろうとする姿勢が看て取れる。前掲註(17)拙著『国際関係』二〇〇～二〇一頁。

(53) 『室町家御内書案』（上）所収永正十三年四月十九日付け幕府政所奉行人連署奉書、『鹿児島史料 旧記雑録 前編二』巻四二―一八二一号文書など。

(54) 栢原昌三「日明勘合貿易に於ける細川大内二氏の抗争（四）」『史学雑誌』二六編二号、一九一五年。

(55) 『続善隣国宝記』二四・二五号。

(56) 『明世宗実録』嘉靖九年三月甲辰条。

(57) 前掲註(28)須田牧子「大内氏の外交と室町政権」、オラー＝チャバ「天文八年の「大内氏」日本使節とその貿易活動」（前掲註(14)鹿毛敏夫編『大内と大友』）、前掲註(14)伊藤幸司「大内氏の外交と大友氏の外交」など参照。

(58) 前掲註(17)拙著『国際関係』二三一～二三二頁。前掲註(43)鹿毛敏夫『戦国大名の外交と都市・流通』二五八～二六五頁。岡本真「堺商人日比屋と一六世紀半ばの対外貿易」中島楽章編『南蛮・紅毛・唐人――一六・一七世紀の東アジア海域』思文閣出版、二〇一三年。

(59)『全浙兵制考』附録「日本風土記」巻二（朝貢）には「長門僧人福師」ともみえる。大内氏配下の仏僧か。

(60)伊川健二『大航海時代の東アジア――日欧通交の歴史的前提』（吉川弘文館、二〇〇七年）第二部第二章。

(61)私見では、政治的理由から大友氏が三号船経営者の相良氏に勘合一枚を融通したと考える。なお、今回検討できなかったが、最近、岡本真氏によって、この遣明船団の構成が①細川船、②細川船、③大友船であったとの見方が提示された（「天文年間の種子島を経由した遣明船」『日本史研究』六三八号、二〇一五年）。相良氏の遣明船を同船団とは無関係の一船（密貿易船）と見なす理解であり、興味深い。また、堺商人が参加していたことは『鉄炮記』からも確実なので、細川氏が何らかのかたちで関わっていた蓋然性はきわめて高く、大友氏が得た勘合の枚数（註(48)参照）が三枚か否かも含めて、詳細は後考に付したい。

(62)村井章介『日本中世境界史論』（岩波書店、二〇一三年）第Ⅲ部第二章。

(63)米谷均「一六世紀日朝関係における偽使派遣の構造と実態」『歴史学研究』六九七号、一九九七年。

(64)『朝鮮明宗実録』八年六月丁亥条。

(65)結局、蔣洲は下獄、王直は捕縛のすえ五九年に斬首された。須田牧子「「蔣洲咨文」について」『東京大学史料編纂所研究紀要』二三号、二〇一三年。山崎岳「船主王直功罪考」（前・後篇）『東方学報』（京都）八五・九〇冊、二〇一〇・一五年。

(66)鹿毛敏夫「「弘治」年旗倭寇船と戦国大名水軍」須田牧子編『「倭寇図巻」「抗倭図巻」をよむ』勉誠出版、二〇一六年。

(67)東京大学史料編纂所編『描かれた倭寇――「倭寇図巻」と「抗倭図巻」』吉川弘文館、二〇一四年。前掲註(66)須田牧子『「倭寇図巻」「抗倭図巻」をよむ』。

第三章　豊後府内「唐人町」を考古学する

吉田　寛

はじめに――豊後府内「唐人町」とは？

「府内古図」[1]は戦国時代末期の豊後府内を描いたとされる古絵図である。

ここに描かれている府内の町は天正九（一五八一）年頃から同十四年までの状況[2]と推定されており、その歴史的な背景として、「天正元年（一五七三）に義統（大友宗麟の嫡子…筆者註）が家督を継ぎ、天正六年（一五七八）に政庁を臼杵から府内に再移転する背景のなかで、大友館と町場の大改造が行われ[3]」たとの指摘がなされている。

この古図の中には、一六世紀段階に存在した豊後府内の町名が約四〇箇所記されているが、その中のひとつに「唐人町」がある。この町は道路を挟んで大友館跡の北側に隣接し、間口をメインストリートである第二南北街路に向ける。その所在地は府内の中でも一等地に位置する場所であるといってよいだろう（図1）。

天正十四年（一五八六）の豊薩戦争時、豊後府内は戦火によって大きな打撃を受けたが、唐人町もその例外ではなかった。しかしながら、町の一部は数年で一定の復興がなされたといわれている。その根拠となる史料が『天正十六年参宮帳』（以下、参宮帳と略称）である。当該史料は伊勢神宮の御師福嶋大夫が天正十六～十九年の間に豊後・肥後方面から伊勢参宮を行った人名を書き記したものだが、この中に唐人町の住民の名前が認められる。史料のうち、必要部分を以下で提示した（太字は、中国系と思われる住民の名前）。

〔史料〕『天正十六年参宮帳』（大分県史料二五所収）

天正十七年三月一三日／豊後符中衆六人　たう人まち（唐人町）／**ゑんはい**　同与三郎　**けんさん**　同新四郎殿／ゐなり（稲荷）町　石井新次郎殿／（中略）

天正十七年卯月一日／豊後大分之郡符内　来迎寺宗純／たうちん（唐人）町／伯井善助殿／（中略）

天正十九年二月三日／豊後符中　ゐなりまちしゅ（稲荷町衆）六人／唐人まちしゅ二人／喜衛門殿　伝左右衛門殿　新大郎殿　彦五郎殿　権左右衛門殿／又唐人まちのしゅ　**ふくまん**　かけゆ殿／（中略）

天正十九年卯月七日／豊後符中　桜町　同唐人町四人つれ／**月山**　桜町吉田弥四郎殿　善周坊／渡邊彦四郎殿

これまでの研究(4)で、この参宮帳の記載内容から、以下のことが指摘されている。

①伊勢参宮を行った人物が住む町名と「府内古図」に記された町名とが一致するものがある。このことは江戸時代以降に描かれたとされる古図の内容が、同時代史料により検証できることとなり、府内古図の内容がある程度信頼できるとする根拠となる。

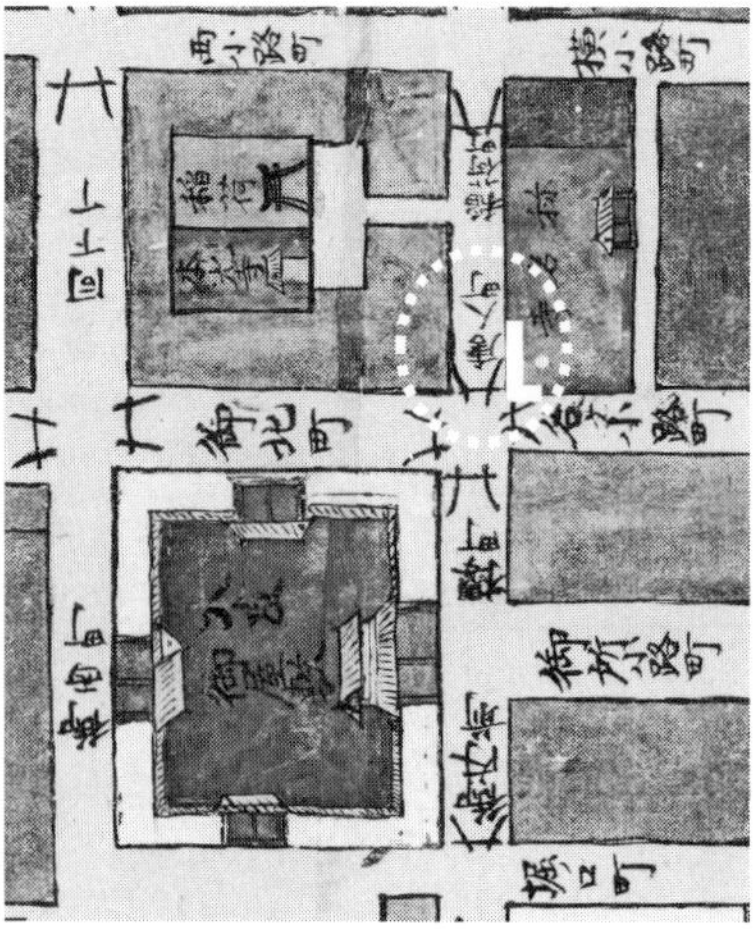

図1　府内古図B–1類（大分市歴史資料館蔵）にみえる「唐人町」　大友御屋敷（大友館）の北東に「唐人町」の文字が見える。L字形の白ヌキは発掘調査で確認した称名寺跡地の堀。

②天正十四年の戦乱後、わずか数年で府内に住む住民の一部が、伊勢参宮が可能となるまで復興をなしとげていたことがわかる。

そして、次の点が本章で最も注目したい点である。

③参宮を行った唐人町の住民に、「ゐんはい」「けんさん」「ふくまん」「月山」という中国系と思われる人物の名前がある。これに加えて「与三郎」「新四郎」など、純粋な日本人と思われる名前も認められる。

つまり、③から唐人町は日本人と中国系住民が混住する、現代風にいえば「チャイナ・タウン」といったイメージで語られるような町だったと推定されるのである。(5)

一　中世大友府内町跡における「唐人町」とその周辺の発掘調査

唐人町の領域で実施された発掘調査は、大分市教育委員会が行った中世大友府内町跡（以下、府内町跡と略称）第一四次調査(6)の一地点に留まる。当該地点では調査面積こそ狭かったが、多量の陶磁器や骨牌などの特殊な遺物の出土が注目された。

さらに、大分県教育委員会が国道一〇号線の改良工事に伴って実施した調査（府内町跡第一一次・七二次・八〇次・八八次）で興味深い所見が得られた。(7)この地点は唐人町と第二南北街路を挟んで東に位置する「称名寺」という寺院が存在したと考えられている場所で、一五七〇年代頃に掘削された大規模な堀が発見された。称名寺は永禄年間（一五五八～七〇）頃に大友家によって調査地点である名ヶ小路町より沖の浜へ場所を移転させられたとする伝承があり、堀が掘削された一五七〇年代以降には寺院がその場所に存在していなかった可能性がある。(8)したがって、発掘調査で

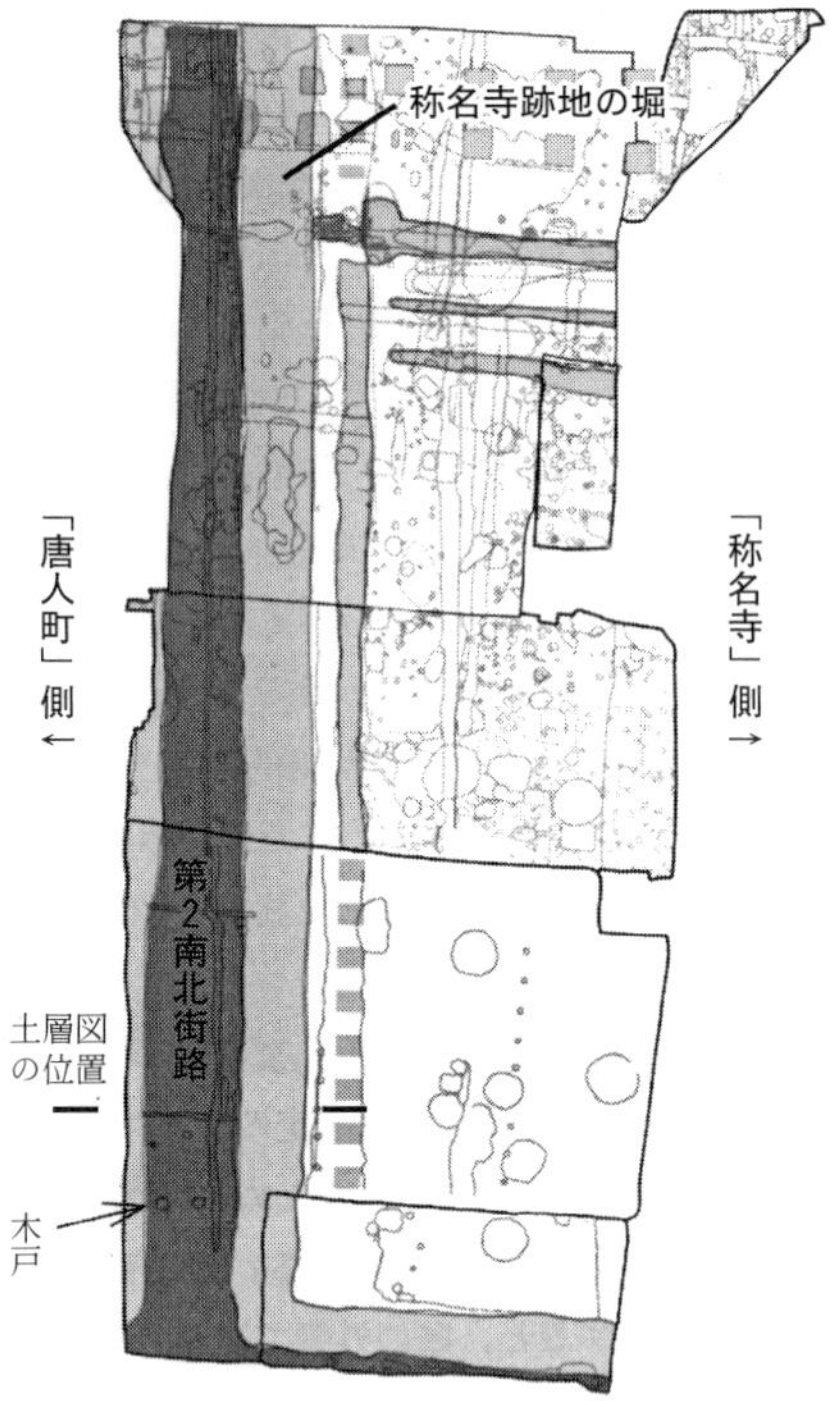

図2　「称名寺跡地の堀」遺構配置略図（中世大友府内町跡第11・72・80・88次調査。報告書掲載図面を改変）

確認された堀を以下では「称名寺跡地の堀」と呼称することにしたい（図2）。

堀からは土器・陶磁器や木器などの生活用品をはじめ、食料として消費された貝殻や動物骨など、大量の遺物が出土した。内部に堆積した土層の検討により、遺物については称名寺側から流入したものも認められたが、その大半は唐人町側から投棄されたものと推定された（図3）。また、華南三彩鶴形水注など、実際に唐人町の町屋の建物付近から出土した破片と堀からの破片が接合するものもあった。つまり、一六世紀後半に掘られた称名寺跡地の堀はゴミ捨て場としても利用されていた実態があり、唐人町の住民は通りの向こう側に掘られていた堀に、道をまたいでわざわざゴミを捨てに来ていたのである。

以上のことから、堀の内部や堀に隣接する道路（第二南北街路）上から出土する遺物の大半は、もともと唐人町の住民が所有・使用していた生活物資であり、消費した食料の一部である可能性がきわめて高い。したがって、これらの遺物の内容を検討することで、唐人町の住民に関わる歴史的な特質が明らかになると考えられる。

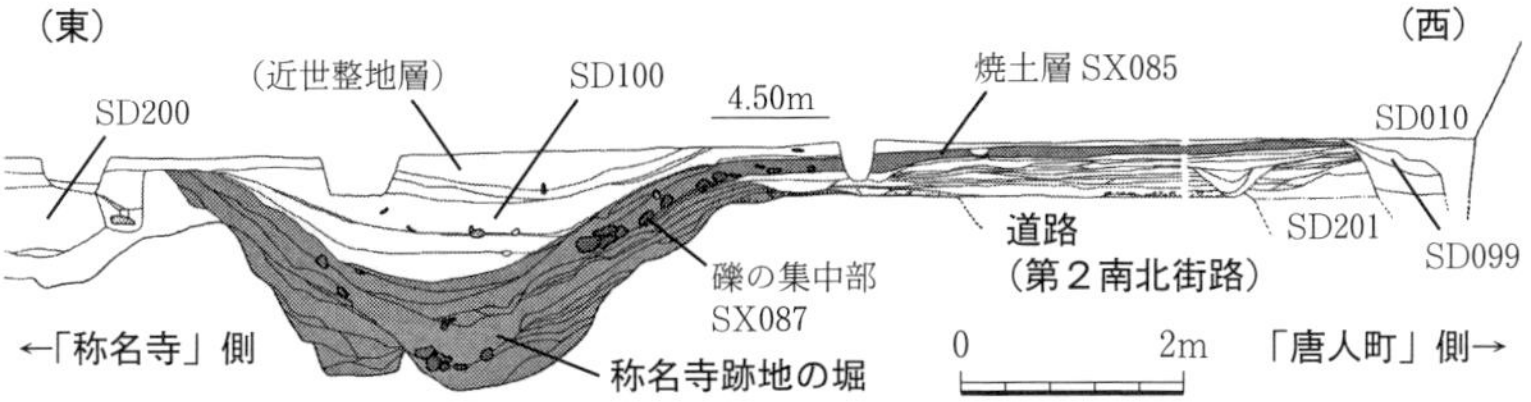

図３ 「称名寺跡地の堀」の土層堆積状況（報告書掲載図面を改変） 堀には掘り返しがあり，道路側（「唐人町」側）からの流入土が認められる。したがって，堀からの出土遺物の大半は唐人町の住民によって捨てられたものである可能性が高い。

二 中国系住民がいた!!——考古学からの傍証

先に掲げた文献史料の参宮帳より、唐人町にはその名のとおり「唐人」（中国系住民）が居住していたことが窺える。それでは、考古学の発掘成果からはどうであろうか。

唐人町やその周辺で実施された発掘調査で、次のような注目すべき遺物が出土している。

１ 「鎹接ぎ」のある陶磁器

唐人町前面の道路、つまり豊後府内のメインストリートである第二南北街路の路面上から、割れた陶磁器の破片を鉄製の「鎹」で修理した痕跡がある青花碗の破片が出土した（図４）。この痕跡は小型の鎹を用いた陶磁器の修理方法で、「鎹接ぎ」と呼ばれるものである。日本に伝来する伝世品では、北宋代（一二世紀）の龍泉窯系青磁碗である「馬蝗絆」（東京国立博物館蔵）がこの技法で修理された茶碗として著名であり、「鎹接ぎ」は中国大陸で一般的に行われていた技法であった。その一方、日本では割口に漆の接着剤を付けて、破片どうしをつなぐ「漆接ぎ」の方法が普通だった。陶磁器の中でも威信財となるような高級品には、ごくまれに「鎹接ぎ」で修理されたもの

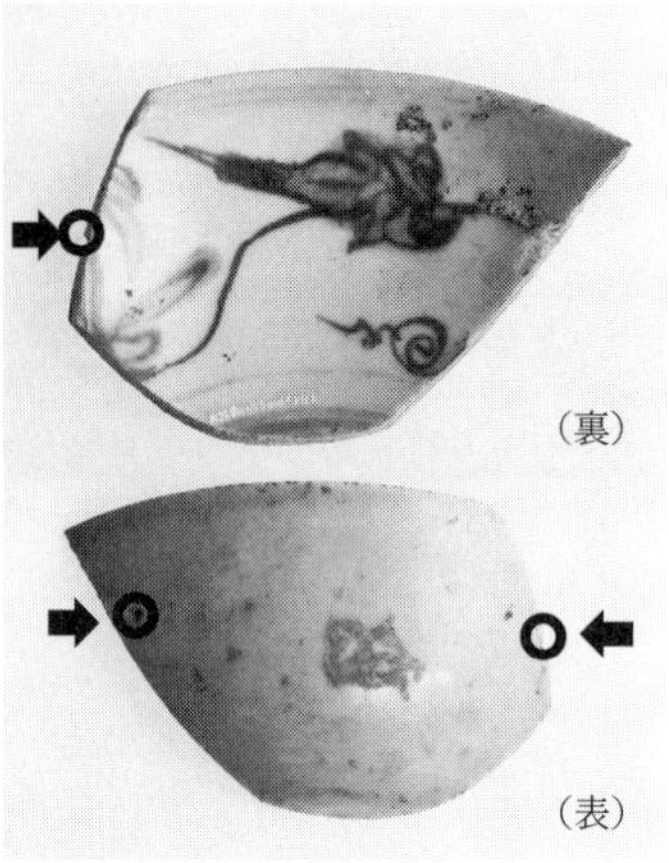

図4　「鎹接ぎ」のある陶磁器（報告書掲載写真を改変）　矢印の小孔に「鎹」が留められていた痕跡が残る。中世大友府内町跡第80次調査。

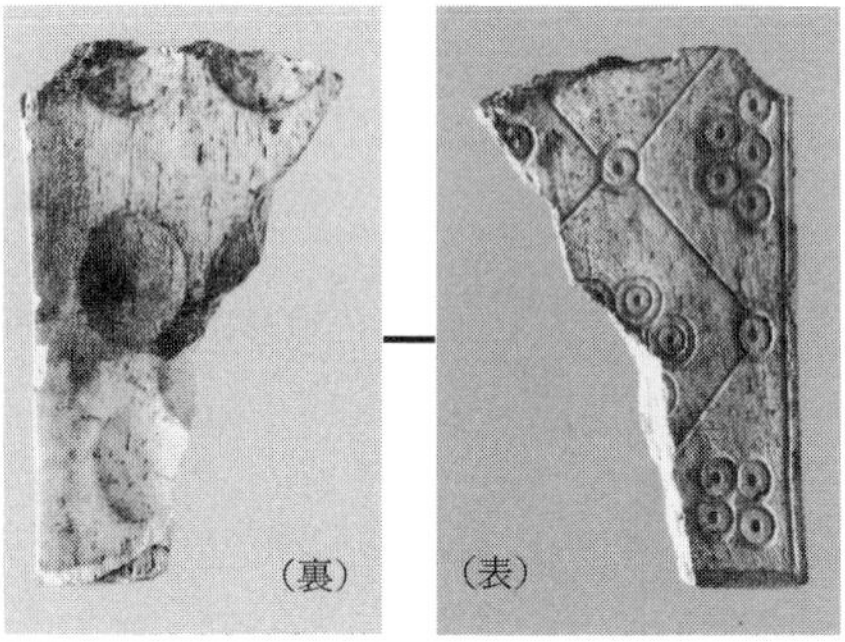

図5　骨　　牌（報告書掲載写真を改変）　中国式のゲームに使われた牌（最大長2.5 cm，最大幅1.6 cm），中世大友府内町跡第14次調査。

があるが[9]、府内で出土した破片は高級品ではなく、日常雑器であることが逆に注目される。つまり、この「鎹接ぎ」がみられる青花碗は、日本ではなく、中国で補修されたと推定する。さらに推測を重ねると、この青花碗はおそらくは唐人町に住む中国系の住民が、府内に来る前に愛用の品を中国で修理し、それをそのまま日本に持ち込んだと解釈するのである。

2　骨　牌

「骨牌」と呼ばれる札（カード）または牌（タイル）状の骨角製品が、唐人町の町屋で出土した（図5）。この遺物は用途不明であったが、大分市教育委員会の高畠豊氏は、これが「牌九（パイガオ PaiGo）」というゲームで使用された遊戯具で、「牌九牌」または「天九牌」と呼ばれるものであることを明らかにされた。(10)「牌九」は現在も中華圏で広く行われているゲームであるが、日本には定着しなかった。中世大友府内町跡では現在まで三地点で五個体の出土事例があり、唐人町のほか、大友氏館跡の門前に位置する桜町や甕倉遺構が発見された横小路町からも発見されている。(11)

豊後府内において、中国系の住民が中国式のゲームで使用した遊戯具であろうと推定できる。(12)

3　食用にされたウシやブタの骨

称名寺跡地の堀より多量の動物骨や貝類が廃棄された状態で出土し、この大半が唐人町の住民が消費した食料であった可能性がきわめて高いことは前述した。これらの中にウシやブタと思われる個体が目立つことが注意される。

称名寺跡地の堀から出土した動物遺存体の特性(13)を明確にするために、この遺構の南約三〇〇㍍の地点に位置する万寿寺跡北側の堀から出土した動物遺存体とを比較してみよう。この遺構は豊後府内最大の禅宗寺院であった万寿寺の北側境界部に設けられた堀(14)で、掘削開始年代は称名寺跡地の堀と同時期の一五七〇年代頃と推定される。堀には周辺の町屋からの生活用品や食物残滓が大量に捨てられており、一五八〇年代初頭頃には完全に埋没している。埋没年代は万寿寺北側の堀の方が、称名寺跡地の堀よりもやや早いものの、両者はほぼ同時に併存していた遺構である。しかしながら、二つの堀から出土する動物遺存体の様相には大きな違いがある。

称名寺跡地の堀と万寿寺北側の堀から出土した動物遺存体の中でも、とくに哺乳類の割合に注目したものが、図6である。すなわち、万寿寺北側の堀からはニホンジカの出土が多く、イノシシ属がそれに次ぐが、イノシシ属の中にブタと断定できるものはみられない。それに対して、称名寺跡地の堀ではウシの出土数が多量に認められ、その割合は全体量の四割を占める。また、イノシシ属がニホンジカの出土を上回り、イノシシ属の中にはブタと判別できるも

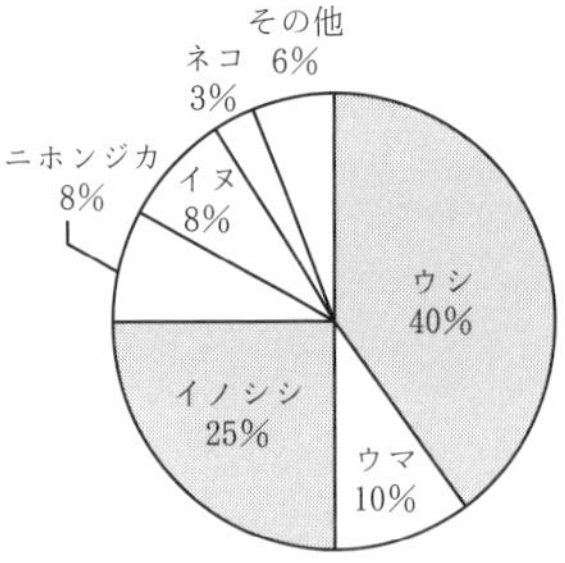

「称名寺跡地の堀」出土の哺乳類

ウシが多いことが特徴。また，イノシシ属がニホンジカを上回り，イノシシ属の中にブタと判別できるものがある。

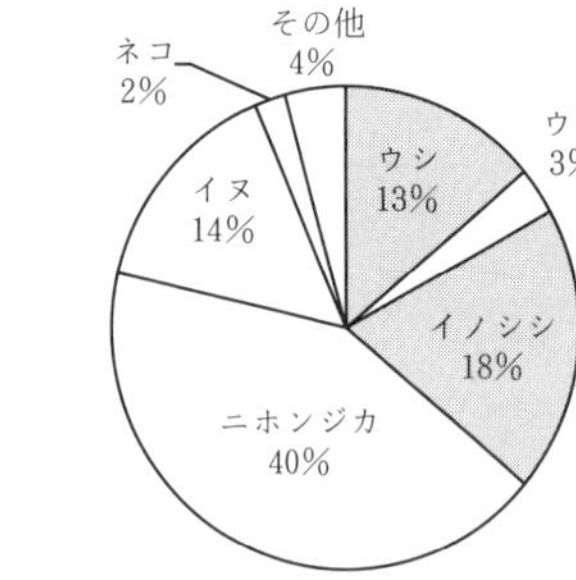

「万寿寺北側の堀」出土の哺乳類

ニホンジカが多く，イノシシ属がそれに次ぐが，イノシシ属の中にブタと断定できるものがない。

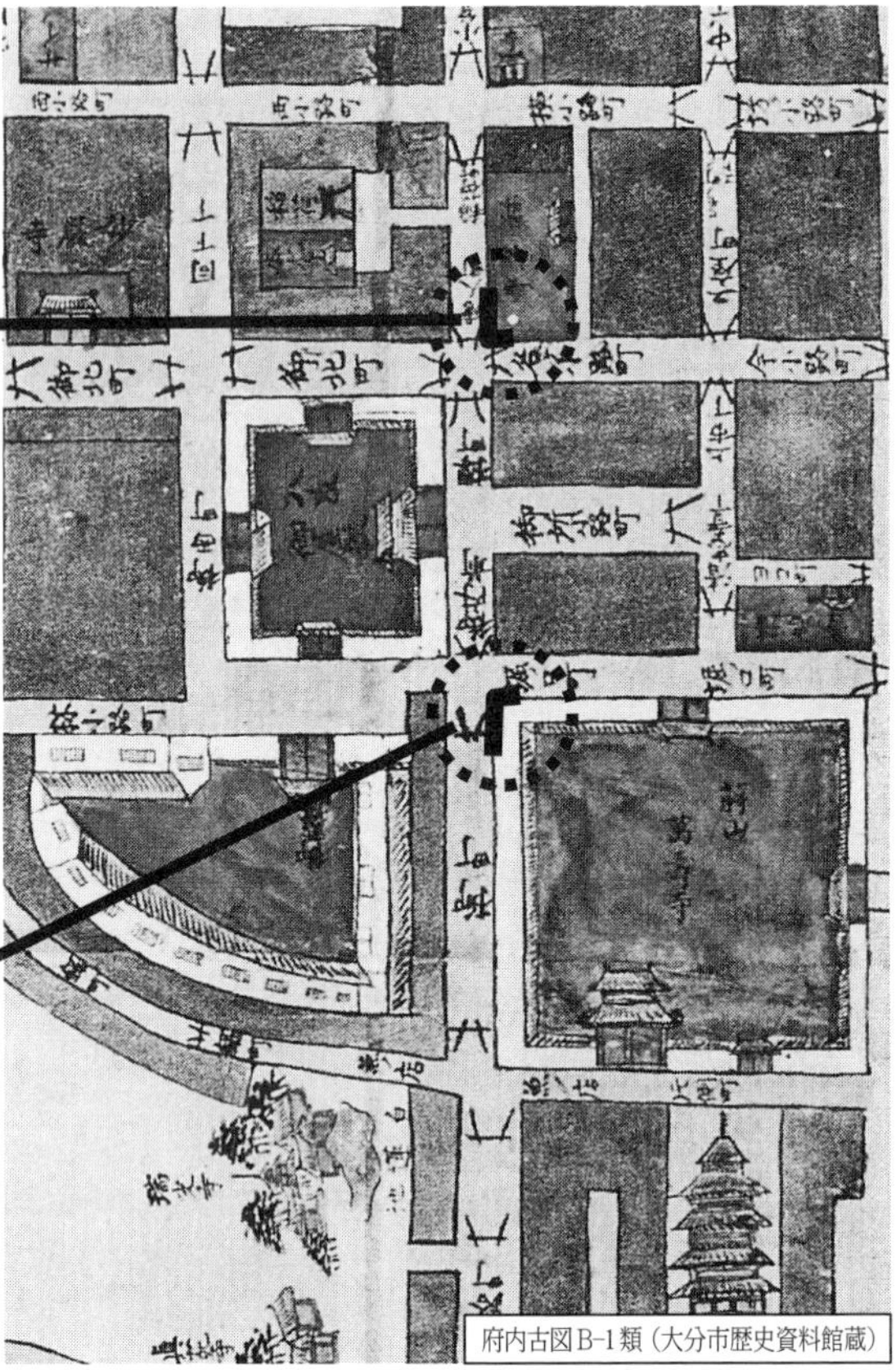

図6　1570〜80年代における2つの堀からの動物遺存体（哺乳類）

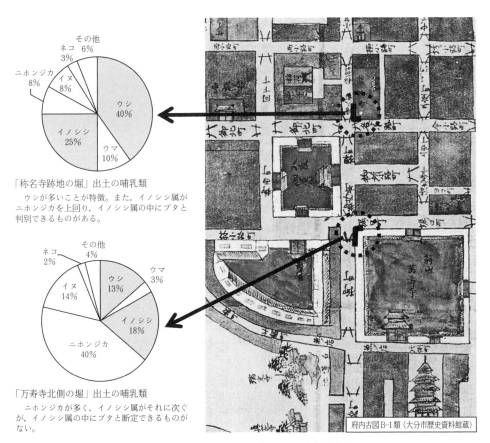

のが少なくないのである。さらに、称名寺跡地の堀から出土したブタには、安定同位体分析の結果から、窒素の値が高いため人間によって飼養されていた可能性が高い個体や酸素同位体比の値が高いため日本より温暖な地域で成育された可能性がある個体、さらには骨のサイズが小型（東南アジアなどの外国産ブタの特徴）の個体などが存在することが明らかになっている。つまり、ブタは家畜として飼育され、しかもその一部は東南アジア産のものであった可能性が高いのである。

同じ豊後府内の地で、ほぼ同時期に存在していた堀から出土する動物遺存体に上記のような様相の違いが認められる。これは唐人町の住民が、他の町の住民とは異なる食生活を行っていたことを物語る。戦国期において、ウシやブタを消費することは通常の日本人の食生活にはないとされているため、これらの動物は中国系の住民やその影響下で消費された可能性がきわめて高いと考える。

以上、1から3項で掲げた遺物はすべて状況証拠に留まるものの、中国系の住民によって持ち込まれたり、形成されたものである可能性が高い。このように発掘調査の成果からも、唐人町における中国系住民の存在を傍証することができたと考えるのである。(15)

三　唐人町に住んだ人たちの生業

次に唐人町の住民は、豊後府内において、どのような生業を営んでいたのであろうか。これについても、称名寺跡地の堀からの出土遺物に手がかりとなるものがある。

生業を推定する考古学的な証拠としては、次の遺物が注目される。

1　窯道具や色見・溶着した陶磁器破片
2　大型坩堝や炉蓋
3　骨製笄・骨細工や角細工の素材や廃材
4　頭頂部に穴を開けられた動物（ウシ・イヌ）の頭蓋骨
5　唐枕やガラス製杯

1の窯道具（図7）は製品の下に置く円盤状の台で、六個体が出土している。これを使用せずに窯内に未焼成の製品を置くと、焼成時に割れや歪みが生じる恐れがある。これらは中国景徳鎮の窯場で使用されたもので、日本ではこの種の窯道具を「ハマ」などと呼ぶ。色見（図8）には、漳州窯系青花の皿が使用されている。底部に意図的に穴が開けられているために皿としての機能を果たせず、その断面にも釉がかかっている。この穴に鉄棒などを引っ掛けて焼成中に取り出し、焼物の焼き加減をみる試験標本として使われる。この種の製品は、火見またはテスト・ピースと呼ばれることもある。以上のような窯道具や色見の製品は、通常の消費地遺跡からは出土しない遺物である(16)。

また、溶着した陶磁器破片（図9）が複数出土していることも注意される。これらは小片となっており、たとえ完形状態であったとしても、商品としては売り物にならない不良品である。これらの青花片はすべて漳州窯系の製品である。

上記で指摘した窯道具や溶着した陶磁器破片は、陶磁器を扱う商人が中国の窯場から陶磁器を大量に買い付けるさいに混入したものであろう。窯道具は景徳鎮の製品、色見や溶着した陶磁器は漳州窯系の製品であることも興味深い。このような状況から、唐人町には〝陶磁器流通に関わった商人〟が居住していた可能性が高い(17)と考えられる。

2の大型坩堝や炉蓋（図10）は、堀跡の一画（府内町跡八八次）からまとまった状態で出土しており、さらにその周辺には幅約一㍍、長さ約五・二㍍の範囲にわたって銅滓が分布していた。遺物や銅滓の分布範囲は堀の西側（唐人町側）に片寄っており、唐人町の住民が廃棄したものであることは明らかである。大型坩堝の内面には緑色の金属滓が付着しており、これらは蛍光エックス線分析により、銅・スズ・鉛を中心とする組成であることがわかった。つまり、坩堝などを使用した唐人町の住民は、〝青銅の加工に関わった職人〟であったことが確実視される。坩堝のサイズは直径約八㌢、高さ約一〇㌢と大型で、この種の大型坩堝は一六世紀後半以降に出現するといわれていることに対しても注意を払いたい。

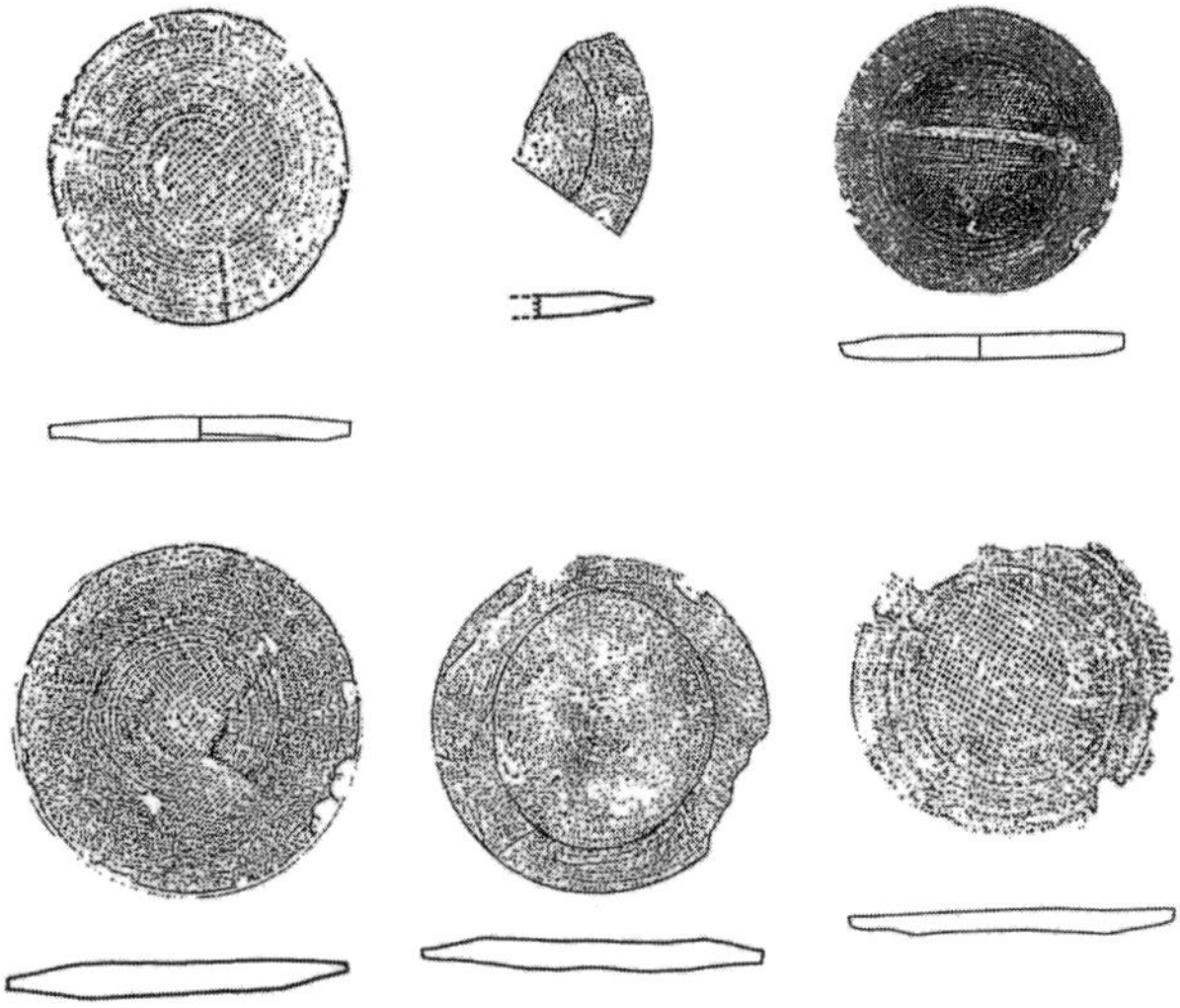

図7　窯　道　具（ハマ）　上段左は第2南北街路出土。他は堀出土。

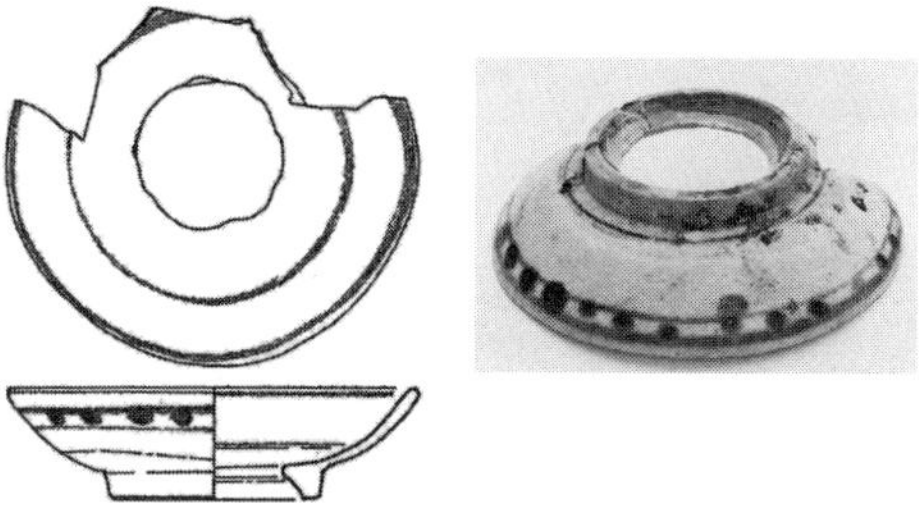

図8　色　　見　底部に孔が開けられ，釉がかかっている。

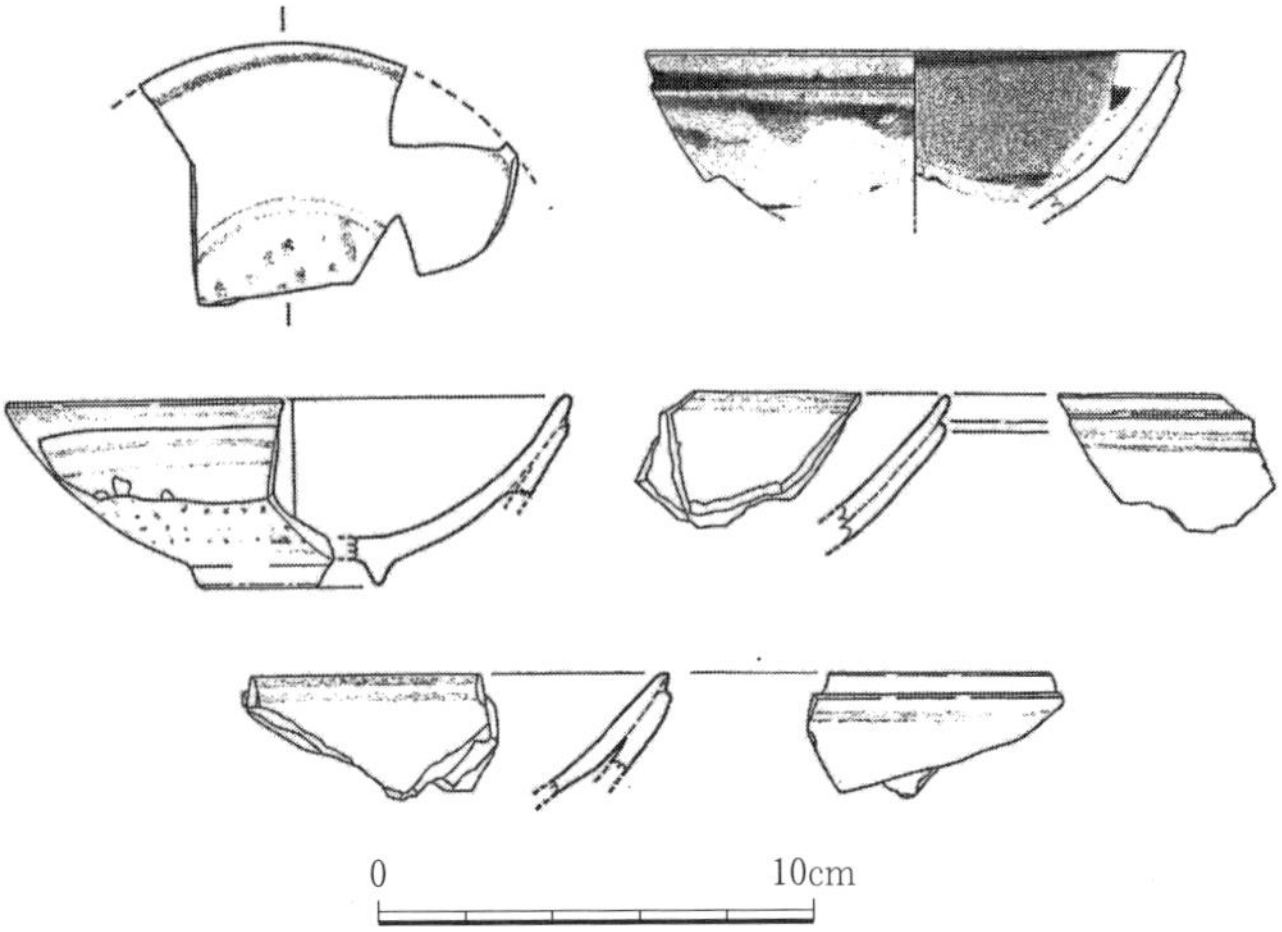

図9　溶着した陶磁器

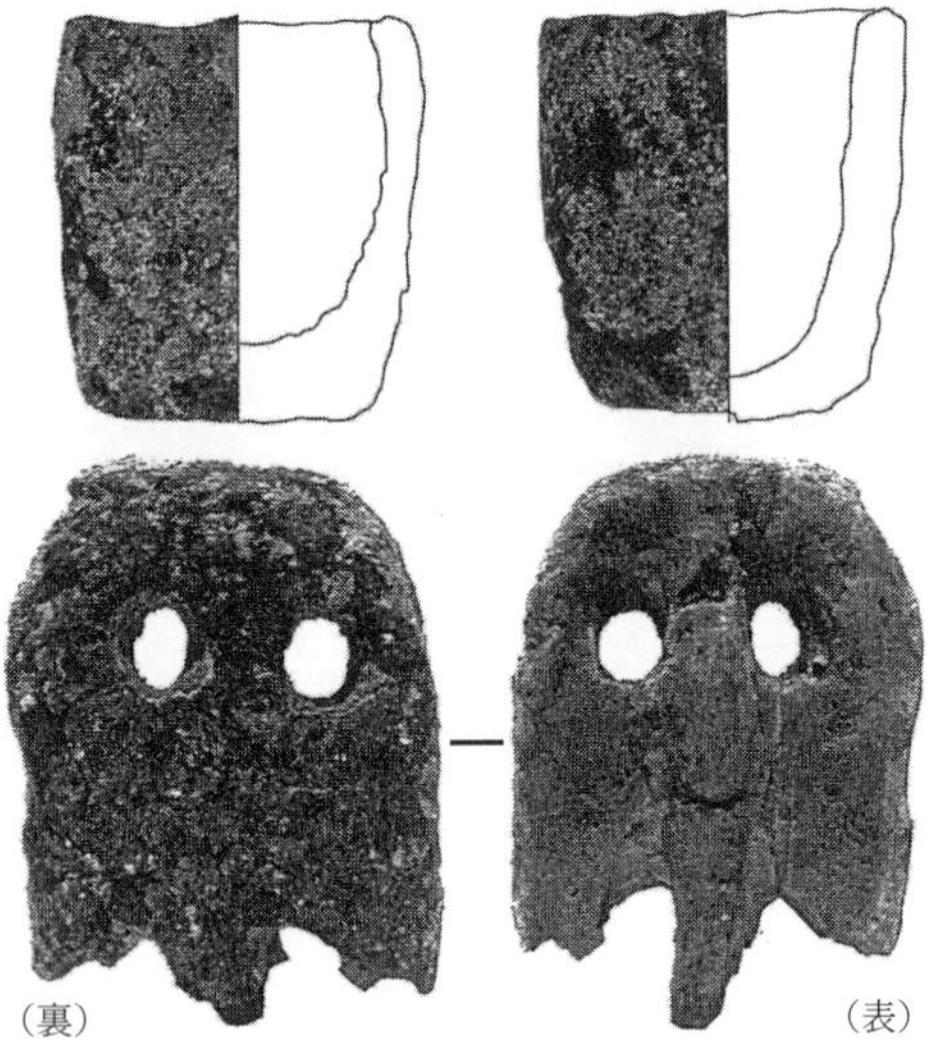

図10　大型坩堝・炉蓋

3の骨製笄はシカの中手骨を加工したものである。長さは一二〜一五㌢を測り、一方の先端を尖らせ、他の先端には耳掻きを設ける(図11)。府内町跡一一・八〇次で五点の出土があり、総数こそ多いとはいい難いが、この種の笄の出土は中世大友府内町跡ではこの地点に限られ、他の地点では出土事例がない。

また、同じ地点からは鋸で切断されたウマの橈骨の骨幹部や切断されたニホンジカの中手骨、鋸引きされた鹿角なども出土しており、これらは骨細工・角細工の素材や廃材である可能性が高いと考えられている。このような遺物の

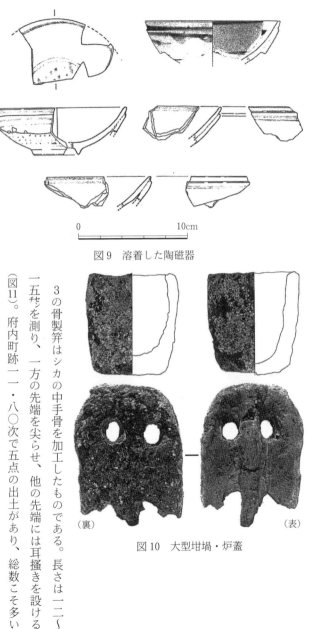

存在から、唐人町には〝骨・角細工の職人〟がいたことが想定される。

4の頭頂部に穴を開けられた動物の頭蓋骨については、府内町跡一一・七二次でウシ、同八八次でイヌの出土事例がある。前者は屠殺のさい、後者は食用のさいに生じた痕跡であるとも考えられるが、その他の可能性として、頭骨から取り出された脳が「革鞣し」に使われたとする指摘[18]がある。とくにイヌの頭蓋骨には、脳頭蓋に意図的に大きな穴が開けられていることが観察できる。[19]これらの指摘が妥当である場合、唐人町に〝革鞣し職人〟の存在が想定できるのかもしれない。

5であげた唐枕・ガラス製杯について、その概要を記す。

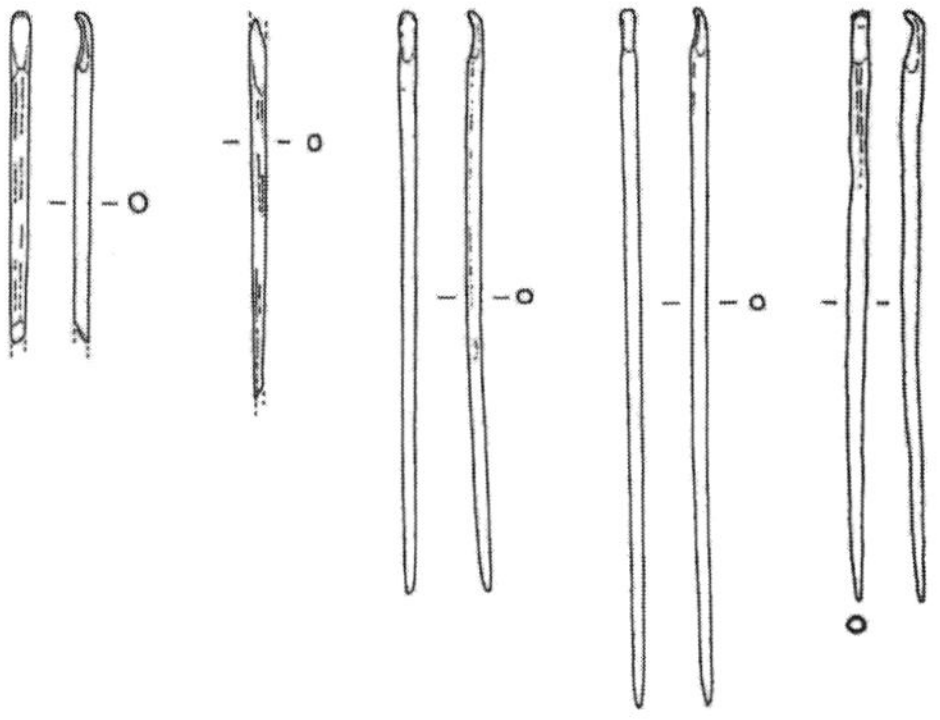

図11 骨製笄

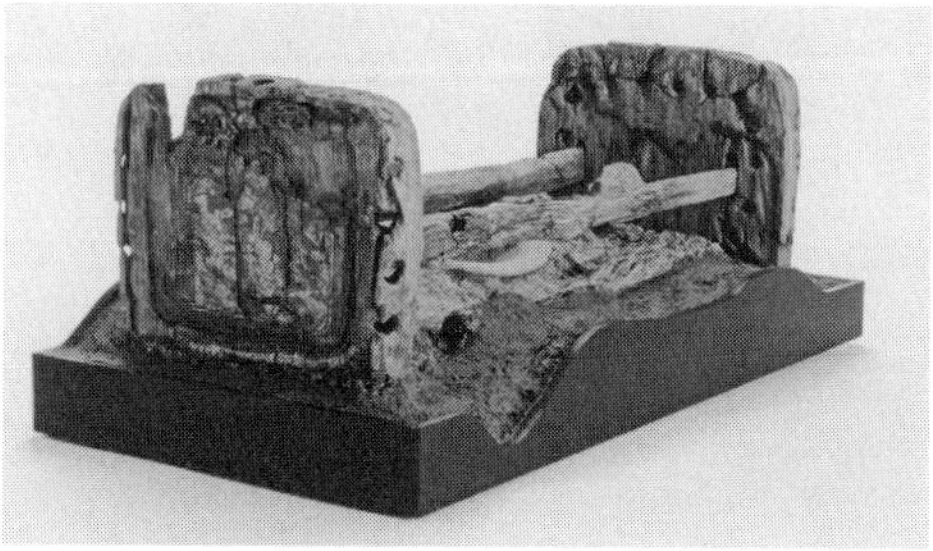

図12 鎗金唐枕

唐枕（図12）はその名のとおり、中国明代に製作された「枕」で、木材と布・漆が使用されている。枕の側板には鎗金（専用の刀を使用して文様を描き、そこに金箔や金粉を押し込む装飾技法）の技法で、朱漆の面に楼閣や騎馬人物などが描かれている。

ガラス製杯（図13）は深緑色のガラス地に黄色のスレッド（斜線）を入れて装飾したものである。吹きガラスの手法で製作され、蛍光エックス線分析によると、原料のガラスはナトリウム成分が多く含まれる珪

図13　ガラス製杯

酸塩ガラスであった。このようなガラスは植物灰ガラスの一種に分類され、当時の中国や北西ヨーロッパ産のガラスとは成分が大きく異なるという。植物灰ガラスは一六世紀にはヴェネチアを含む南ヨーロッパに生産の中心があり、当該資料も南ヨーロッパ産と推定される。中世大友府内町跡の出土品の中で、確実にヨーロッパ産と断定できるのは、この遺物が唯一のものである。

唐枕やガラス製杯は当時としても貴重な舶載品であり、これらは対外貿易によって豊後府内にもたらされた唐物や西洋製品である。これらを使用したのは唐人町の住民であり、その背景には唐物や西洋製品を取り扱った〝貿易商人〟の存在が想定できるのである。

以上のように、発掘調査による出土遺物から、唐人町の住人には陶磁器流通に関わった商人、青銅の加工に関わった職人、骨角細工の職人、革鞣し職人、貿易商人が存在していたことを想定した。

注目しておきたいのは、豊後府内の唐人町には、後の近世城下町で一般的にみられる「鍛冶屋町」や「大工町」など、一定の職種に限定した職能民のみが集住していたのではなさそうだ、ということである。唐人町にはいろいろな生業を営んだ住民がおり、この中には豊後府内のさまざまな生産・商業に携わるとともに、唐物の輸入や南蛮貿易に関係した商人が存在したのであろう。

おわりに

以上、本章での検討によって、豊後府内「唐人町」には文献史料の検討から知られていたように、日本人とともに中国系住民が居住していたことを、考古学の発掘資料から傍証した。考古学的な証拠としては、「鎹接ぎ」のある陶磁器、骨牌、食用にされたウシやブタの骨などを提示した。また加えて、出土遺物から唐人町の住民の生業を推定し、この地に多様な職能をもつ職人や商人がいたことを考古学的に論証した。

豊後府内の発掘調査に従事する調査員の間で、「唐人町」とその周辺には多様な出土遺物が認められ、とくに貿易陶磁器は量・質ともに突出する傾向があることが話題になっていた。坪根伸也氏は、豊後府内の火災処理遺構などで出土する貿易陶磁の出土量が他の生活廃棄遺構に比して圧倒的で「府内での消費のみで消化できる量ではなかった」とし、これらの貿易陶磁器が瀬戸内海を介して瀬戸内沿岸や関西圏に流通したことを指摘する。そして、豊後府内の商人たちによる商圏が瀬戸内沿岸や関西圏に広がったことを背景に、大量の備前焼や犬形土製品・黒楽系の軟質施釉陶器碗など、瀬戸内・関西方面を産地とする製品が府内の地にもたらされるようになったとする。[20] 一六世紀後半の豊後府内を「集散地遺跡[21]」として位置づける重要な見解であり、唐人町の商人もこの商圏拡大に寄与する役割の一端を担ったのであろう。

本章で検討したように、唐人町をはじめとした国際色豊かな豊後府内の住民が、さまざまな生産・商業に携わる中で貿易や交易活動を推進していった姿が垣間見える。そして、彼らの活動こそが一六世紀後半から末葉における豊後府内の活性化を促した大きな要因であるに違いないと考えるのである。[22]

註

（1）府内古図については、木村幾多郎氏の論考参照。また、近年、大分市歴史資料館により、現存する古図すべてが集成され、細分類が行われている。
　木村幾多郎「研究ノート府内古図の成立」『大分市歴史資料館年報　一九九二年度』一九九三年。同「府内古図再考」『Funai　府内及び大友氏関連遺跡総合調査研究年報』Ⅸ、大分市歴史資料館、二〇〇一年。大分市歴史資料館「平成二八年度テーマ展示Ⅲ・THE 府内古図　中世豊後府内のまち」『大分市歴史資料館ニュース』一一四、二〇一七年。
（2）武富雅宣「府内古図にみる光西寺」（『光西寺史』真宗大谷派四極山光西寺、二〇〇六年）四九頁。
（3）玉永光洋「戦国都市豊後府内　空間構造と府内再移転を中心にして」『臼杵史談』第一〇三号、二〇一三年。
（4）渡辺澄夫「戦国時代の府内の消長」『増訂　豊後大友氏の研究』第一法規出版、一九八二年。橋本操六「旧府内城下図の信憑性」『大分縣地方史』第九四号、一九七四年。秦政博「宗麟時代の府内と臼杵」芥川龍男編『大友宗麟のすべて』新人物往来社、一九八六年。
（5）中・近世において、「唐人町」は日本列島内の対外交渉が盛んであった複数の地域に存在した。唐人町をテーマとした論考は多数に上るが、本章では汎列島的な視座で唐人町を検討した小葉田淳氏の学史的な論文と豊後府内唐人町について特に参照した下記の文献を掲げるに留める。また、豊後府内では唐人町以外にも、文献史料（「陳文書」『大分県史料』一二所収）や金石文（岡山県余慶寺梵鐘銘）によって中国系住民の存在が知られているが、これについては本論に直接関係しないので触れていない。鹿毛敏夫氏や坂本嘉弘氏の論考を参照されたい。
　小葉田淳「唐人町について―近世初期の中国人来住帰化の問題―」・「近世初期中国人の渡来・帰化の問題―唐人町研究の一齣―」同『金銀貿易史の研究』法政大学出版局、一九七六年。坂本嘉弘「豊後「府内」の都市構造と外国人の居住」小野正敏・五味文彦・萩原三雄編『中世の対外交流―場・ひと・技術―』高志書院、二〇〇六年。鹿毛敏夫「中世「唐人」の存在形態」『アジアン戦国大名大友氏の研究』吉川弘文館、二〇一一年。
（6）大分市教育委員会『大友府内六』二〇〇三年。
（7）大分県教育庁埋蔵文化財センター『豊後府内一七』二〇一三年。
（8）称名寺の歴史や出土遺物からみた遺跡の性格については、下記文献で検討したことがある。吉田寛「豊後府内出土の金箔押し鬼瓦・鯱瓦の年代と問題点―中世大友府内町跡第一一次・第七二次調査出土の瓦資料の検討―」鹿毛敏夫編『大友と大内―中世西日本の二大大名―』勉誠出版、二〇一三年。

（9）小野正敏「さまざまな「伝世」、そして修復」『貿易陶磁研究二八』二〇〇八年。鈴木重治「出土陶磁器にみる修復方法」『考古学と生活文化』同志社大学考古学シリーズV、一九九二年。

（10）高畠豊氏が平成二十六年三月一日に開催された大分市教育委員会主催の講演会『戦国時代三都市講演会―府内・臼杵／博多／山口―』で初めて指摘。なお、牌九のルールや札の種類などは、インターネットのフリー百科事典「ウィキペディア」でも詳述されている。

（11）大分市教育委員会『大友府内六―中世大友府内町跡第一四次発掘調査報告書―』（二〇〇三年）七二頁第七六図四八二（唐人町出土の骨牌）。同『大友府内五―中世大友府内町跡第三次発掘調査報告書―』（二〇〇三年）三七頁第二九図二二二～二二四（横小路町出土の骨牌）。大分県教育庁埋蔵文化財センター『豊後府内四―中世大友府内町跡第九次・第一二次・第一八次・第二二次・第二八次・第二八次調査区―』（二〇〇六年）第二分冊五九頁第六八図三（桜町出土の骨牌）。

（12）宮崎県都城市の柳川原遺跡では、「中国将棋の駒」が出土している。当該資料は中国産の白磁製で、両面に「兵」という文字が刻まれている。柳川原遺跡が所在する地域一帯は、江戸時代における都城島津家領の「唐人町」が置かれた場所である。中国将棋も日本国内では定着しなかった盤上遊戯であり、白磁製の駒は唐人との関係を示唆する考古学的な遺物であると評価されている。豊後府内出土の骨牌と類似する性格の遺物であることから、参考資料として掲げておきたい。宮崎県都城市教育委員会『都城島津家領の唐人町周辺の遺跡―柳川原遺跡（第四・五次調査）、中町遺跡（第五次調査）・天神遺跡（第一・三・四・五次調査）―』（二〇〇四年）一二頁図一二―七九。佐々木綱洋『都城唐人町―一六～一七世紀の南九州と東アジア交流史―（増補改訂版）』（みやざき文庫六〇、鉱脈社、二〇一三年）一八～二〇頁。

（13）以下の記述は、松井章・丸山真史ほか「大友府内町跡から出土した動植物遺存体」（『豊後府内一七』第二分冊、大分県教育庁埋蔵文化財センター、二〇一三年）三九〇～四三六頁による。

（14）府内町跡第五一次調査ＳＤ二〇〇。大分県教育庁埋蔵文化財センター『豊後府内一五』二〇一〇年。

（15）その他、唐人町における中国系住民の存在を示す考古学的な証拠として、可能性を含めて、以下の二点を追加しておきたい。

・「王」字銘の漆器椀…府内町跡八八次調査で外底部に「王」の文字を墨書した漆器椀が出土した。この文字は吉祥句である可能性もあるが、所有者の名前を記したとする考えもある。後者を妥当とした場合、この漆器は唐人町に居住する「王（Wang）」の姓をもつ中国系の住民のものだったことになる。「王」が人名を意味しているものかどうかは、慎重に考えたい。

・唐人町の領域である府内町跡一四次調査で検出された井戸に、「サンワ土」を使用したものがある。このような特徴を有する井戸は、他には大友氏館跡第一二次調査で確認されているのみで、豊後府内の中では事例が少なく特異な遺構であるため、大陸系の技術である可能性も考えられる。長直信氏が指摘するが、これも今後の検討課題としたい。長直信「豊後における都市と集落―中世大友府内町跡南部と周辺遺跡との比較を中心に―」『中世後期における検出遺構からみた三都市の様相―博多・山口・大分三都市研究会第6回研究集会―』（二〇一六年）二四頁。

（16）　渡辺芳郎氏は消費地遺跡から窯道具が出土する事例を検討し、これらを「窯場から陶磁器が直接運び込まれた場所」と解釈する。そして、窯道具が出土する消費地遺跡の性格を〝①窯場近傍の一般消費地〟…消費地が窯場の近傍にあり、途中に商人などを介さずに、窯場から直接購入する場合（「近接消費地」）、〝②窯場への直接注文〟…窯場から遠方であるが、窯場に直接注文し、消費地に運び込まれる場合（「直接注文」）、〝③物資流通の結節点〟…ある場所で、窯場から陶磁器を運んだ商人が梱包を解き、一般消費地へと流通させる場合（「物流結節点」）の三類型に分類する。豊後府内唐人町の場合は、「物流結節点」である③に属し、ここに陶磁器を扱う商人が介在していたことを示唆するものである。渡辺芳郎「消費地遺跡出土の窯道具について―近世鹿児島を事例として―」『鹿児島考古』第四三号、二〇一三年。

（17）　一一～一二世紀の博多でも、窯道具（ハマ・トチ）や匣鉢の破片、溶着した陶磁器、「空かない合子」など、通常の消費地遺跡では出土しない遺物の存在が認められ、大庭康時氏はこれを陶磁器を扱う貿易商人が存在した考古学的な証拠とされている。大庭康時「集散地遺跡としての博多」『日本史研究』四四八、一九九九年。

（18）　松井章氏は、とくにウマの脳が革鞣しに利用されたことを指摘する。松井章『環境考古学への招待』（岩波新書、二〇〇五年）一三四～一三九頁。

（19）　大分市歴史資料館『日本犬聞録―イヌと人の歴史―』（平成二十七年度特別展〈第三四回〉図録、二〇一五年）四一頁解説にて指摘。ただし、取り出されたイヌの脳が食用だけでなく、革鞣しにも利用されたという可能性はさらに検討を要する。

(20) 坪根伸也「南蛮貿易都市豊後府内における交易と流通—出土遺物からみた豊後府内の特性—」(『考古学と室町・戦国期の流通—瀬戸内海とアジアを結ぶ道—』高志書院、二〇一一年)二六五〜二六六頁。

(21) 矢田俊文「中世水運と物流システム」『日本史研究』四四八、一九九九年。

(22) 本章は、大分県教育庁埋蔵文化財センター『豊後府内を掘る—明らかになった戦国時代の都市—』(二〇一六年)に掲載した「豊後府内のチャイナタウン—「唐人町」を考古学する—」および「出土遺物一〇選」(本書はその性格上、分担執筆の文責を明記していないが、当該部分は吉田が原稿を作成した)を基本にし、大幅に加筆・改訂を加えて作成した。

第四章　使者としてのイエズス会士

――戦国期九州情勢と布教活動――

窪田頌

はじめに

代表的なキリシタン大名といえば、まず大友宗麟の名が挙がるように、大友宗麟のイメージとキリスト教とは分かちがたく結びついている。このイメージは、昨今の豊後府内発掘における貿易陶磁・キリシタン遺物の大量出土(1)や、海域アジア史研究の進展(2)もあって、ますます影響力を増している。ここで描かれる大友氏の姿とは、南蛮貿易を積極的に行い、アジアやヨーロッパと盛んに交流する姿である。

キリスト教界も豊後を重視する。たとえば天正七（一五七九）年に来日した東インド巡察師アレッサンドロ・ヴァリニャーノ（Alessandro Valignano）司祭は、日本を三布教区に分割するに及んで豊後一国のみを豊後教区となし、その後教皇庁も司教座を府内に置いた。

他方で、つとに岡本良知氏は「府内に於ける外国貿易は永禄の中頃に終った」と述べ、その原因として、嘉靖の大倭寇終息にともなう中国船渡来の減少とともに、「ポルトガル船の方では……豊後へは一五六〇年（永禄三年）限りで来なくなつたこと」を指摘する。[3] すなわち早い段階で府内が貿易港である段階は終わっており、ポルトガル人たちにとって府内は、純粋な貿易港としての重要性を減じている。

この一見矛盾する状況をとらえるには、府内の主である大友氏と、ポルトガルの交易活動を左右するイエズス会と、両者の関係を交易や布教の側面以外から見直す必要があろう。よって本章ではイエズス会による領主間交渉[4]への介入に注目する。イエズス会関係史料からは、イエズス会士が領主の依頼を受けて使者となる事例や、独自に対領主交渉を行う事例を見いだせる。本章では、とくに九州地域での活動に注目したい。

さて、戦国期日本の使者研究については、古く僧侶によって領主間交渉が担われたという新城常三氏の指摘があるものの、[5] 低調なまま現在に至っている。[6] その中で、著しい成果を挙げたのが山田邦明氏である。[7] 氏は、領主間交渉に携わる使者が、実際に交渉も行う「使者」と、領主の書状を預かるだけの「飛脚」とに分類されることを指摘し、戦国期権力は「使者」も「飛脚」もその調達に苦慮したことを論じる。また大友氏に関しては八木直樹氏の研究がある。[8] 氏は山田邦明氏の所論を踏まえ、飛脚調達に九州の地域権力も苦労したことや、大友氏の使僧真光寺が領主との関係により交渉を成功させることを論じ、北部九州における他地域同様の問題の所在を明らかにした。

これらの研究は、戦国期の領主間交渉における使者の実態を詳細に示しており、研究史的意義は大きい。他方で八木直樹氏が述べるように、「使者・使僧の具体的な活動実態を示した史料があまり残されていない」のも事実であろう。現在日本に残された古文書の多くは、使者の交渉の結果として作成され、使者によって運ばれた史料である。ゆえに交渉の過程や運搬の実態が記録されることは少ない。黒田日出男氏が述べるように、古文書史料による検討には限界の存在は否めず、他種の史料に基づく検討が求められる。

ゆえに、イエズス会関係史料に基づく戦国期使者の実態解明は、大きな意義を有する。イエズス会士の書翰は使者本人の記した「報告書」であり、使者自身が使者活動・領主間交渉のありようを詳細に記録した史料となる。イエズス会士は僧侶同様の「宗教者」であり、僧侶の使者活動を考える上でも、資することがあろう。

以上の研究史を踏まえながら、本章ではイエズス会士の使者活動・領主間交渉の実態を明らかにする。その上では、イエズス会の動向や九州情勢の変容も視野に入れ、大友氏との関連を軸に、ザビエルの来日以来、天正六年高城・耳川合戦までの時期を考察範囲としたい。なお、本章では引用史料について適宜略称を用いる。(9)

一　イエズス会士の使者活動

まず領主間交渉にイエズス会士が関与する事例を、論点ごとに逐次紹介する。

事例1――元亀元（一五七〇）年、有馬・大村両氏と大友氏との和睦交渉(10)

最初に掲げるのは、大友氏と大村・有馬両氏との間での交渉にイエズス会士が関与する例である。この事例は、使者となったルイス・デ・アルメイダ（Luís de Almeida）修道士(11)が詳しい事情を記しており、当時の情勢も踏まえ、その記述に沿って簡単にまとめる。

永禄十二（一五六九）年、大友氏は安芸毛利氏を北部九州の大半から逐って筑前・豊前をほぼ制圧し、さらに肥前制圧も企図した。この情勢激変の中、これまで毛利氏に「便宜を計っていた」肥前西部に拠る有馬・大村両氏は対処を迫られることとなった。(12)

ここで大村純忠が頼ったのがイエズス会である。純忠は領内にいたイエズス会日本布教長のコスメ・デ・トーレス

(Cosme de Torres)司祭に「豊後国主に親密になれるよう計ること」を請うた上で、「もし(国主が)それをよしとするならば、彼は戦さにおいて己れの兵を挙げて助力するであろう」と伝えている。有馬義貞も同様の文言をトーレスに伝え、両氏ともイエズス会を通して大友氏と交渉している。

この要請を受けて大友義鎮との交渉にあたったのがアルメイダである。アルメイダは、トーレスの書翰を携えて日田在陣中の義鎮のもとへ赴き書状発給を受けた。その上で前線の陣中にある「軍勢の大将にして統治者なる三人」[13]のうちのひとりのもとへと向かい、「ドン・バルトロメウ【大村純忠】が豊後国主の家臣となってこの度の戦さで国主に助力し、度々彼のもとに人を遣わすことをどれほど望みながら、私が彼に述べたような或る不都合のために行なえず、これをたいそう残念に思っている」と伝えた。この結果として、有馬・大村両氏は豊後国主と親交を取り結べたため、イエズス会は深く感謝されたという。

この事例では、アルメイダが有馬・大村両氏の意志を大友氏へ伝達し、両氏の要求を代弁している。イエズス会士が対大友氏交渉の使者として活動する事例といえよう。大友氏へ敵対的行動をとった有馬・大村両氏が大友氏と交渉する上では、イエズス会が重要な窓口であった。実際にイエズス会を通すことで交渉がうまくいっており、少なくともこの場面では、イエズス会を交渉の使者として起用し成功しているのである。

事例2――元亀元年、天草氏と大友氏との交渉[14]

有馬・大村両氏の取りなしに奔走していたアルメイダであるが、ほぼ同時に天草氏と大友氏との間の交渉も行っていた。この事例もアルメイダの書翰からまとめておこう。

永禄十二年、アルメイダは天草鎮尚のもとを訪れて天草領での布教を開始し、多くの信者を得た。しかしこれをきっかけに鎮尚の弟たちが反乱し、周辺の領主も巻き込んだ争乱となった[15]。これに対し鎮尚は、自らが有利になるような書状を大友義鎮から発給してもらえるよう、イエズス会に頼んでいる。この旨を受けた布教長トーレスは、アルメイダを大友義鎮のもとへ遣わし、天草の反乱者の支援を断ち切って鎮尚を支援すべき、という旨の書状を天草鎮尚や周辺の領主に送るよう求める。この指示を受けたアルメイダが日田に向かうと、義鎮は直接面会してその場で九通もの書状を発給した。その結果、鎮尚は勢力の回復に成功し、以後も天草ではキリスト教布教が行われていく。

この事例も、天草鎮尚の意志を大友氏に対してアルメイダが伝えており、イエズス会が領主間交渉の使者として活動する事例である。鎮尚にとってイエズス会は、対大友氏交渉を有利に運びうる存在として認識されたのである。もうひとつ興味深いのが、このときの義鎮書状の文言をアルメイダが訂正していることである。すなわち領主間交渉においては、使者の交渉によってその結果が左右されるのである。このことは、領主間交渉の結果が単純に領主同士の利益と妥協との産物ではなく、使者の利益も加味された結果であることを示唆する。(16)

事例3——天正六（一五七八）年ごろ、有馬氏と大村氏の和睦交渉(17)

イエズス会の領主間交渉介入は対大友氏に限らない。その事例として有馬氏と大村氏との交渉に介入する事例をあげよう。かねてから龍造寺氏に圧迫されていた有馬鎮純は、このころ大村純忠と婚姻によって和睦することで龍造寺氏と対抗しようと画策し、仲介を在大村のガスパール・コエーリョ（Gaspar Coelho）司祭に頼んだ。コエーリョは、島原での布教再開と鎮純の改宗を条件に受諾し、純忠と交渉を行っている。この事例は、フロイス『日本史』にしか記述がなく、以後の状況がわからない。しかし有馬鎮純にとって、大村純忠と交渉するチャンネルとしてイエズス会士という選択肢があり、それによって交渉成就がかなり期待されていたことはうかがい知ることができる。

ここまでイエズス会士が、領主間関係の仲介として関与する事例を挙げた。ここから、イエズス会がどこかの領主に所属し、その影響下で活動したわけではないのは明らかである。戦国期の使者には様々な形態があるが、イエズス会士は第三勢力として様々な領主から依頼され、実際に交渉を行う、山田邦明氏のいう「使者」であった[18]。問題は大友氏がイエズス会士を使者として用いることはあったのか、という点であるが、それについては次の事例が興味深い事実を伝える。

事例4――永禄六年、有馬氏と近隣領主の紛争調停[19]

これは永禄六年、有馬氏と近隣領主との紛争へイエズス会が介入する事例である。このときもアルメイダが当事者であり、その書翰から概要をまとめる。

永禄六年七月、府内にいたアルメイダは、横瀬浦の布教長トーレスより書翰を受け取った。その内容は「戦争状態にある有馬国主【有馬義貞】と他方の貴人に宛てた【二通の】書状を豊後国主【大友義鎮】から是非とも【われわれイエズス会が】貰い受けるように[20]」という指示であった。これを受けてアルメイダが臼杵へ出向くと、義鎮は自ら面会し、その場で仲裁のための貴人（fidalgos）派遣を約束し、同時に「彼が即座に和睦を間違いなく管理する旨」を記した「司祭【トーレス】宛ての書状一通」を「その場で」作成してアルメイダに渡している。

この事例でまず指摘しておきたいのは、当事者に対する義鎮書状を求めたトーレスに対し、義鎮が貴人を派遣して紛争仲裁することを確約し、その旨を記したトーレス宛の書状も発給する一方で、当事者たちへの書状を直接アルメイダには渡していない点である。すなわち、義鎮は自らの意図を伝える使者として大友家臣を別に立てており、イエズス会士を起用しないのである。必ずしもイエズス会にすべてを委ねるわけではない点、大友氏とイエズス会との距離感を知る上では重要な事例であろう。

本事例では当事者からの要請の有無が不明である点にも注目したい。これは、イエズス会が有馬氏の依頼によらず自らの判断で領主間紛争の調停を画策した可能性を示す。実際、イエズス会は独自の判断で領主間関係に介入することがあった。それを次に掲げる。

事例5――永禄十二年、大友氏から天草氏への文書発給(21)

この事例もアルメイダが当事者のもので、その書翰から概要が知りえる。前述したように、永禄十二年にアルメイダが天草に入って布教を始めると、反キリスト教の動きが現れて天草領内が混乱することとなる。ここにいたってアルメイダには「私には悪魔がこれをもって終わりとするようには思われず、……一人のキリシタンに書状を託して豊後国主【大友義鎮】のもとに派遣し、(私が)同地に滞在しており、その地の領主に宛てた国主の書状を必要としていることを伝えさせた」。義鎮はすぐに天草鎮尚に対して「領内に遍くデウスの教えを弘めるよう強く求める」書状を発給し、これによって天草鎮尚は義鎮の指示を大義名分に、キリスト教保護を推進することになる。この事例では明確に、アルメイダが独自の判断によって、義鎮から鎮尚宛の書状を発給させている。アルメイダは、独自の判断で大友氏と天草氏との関係を構築しているのである。

領主間交渉を通して布教状況を好転させる事例は、事例3も同様である。このときコエーリョは、有馬―大村の和睦交渉を行う見返りに、有馬鎮純から本人の改宗と島原地域での布教再開の確約を要求している。使者活動もまた、布教拡大という利益が前提であった(22)。

布教地開拓・拡大において領主間交渉の介入が武器になりうることは、イエズス会も早い段階で認識していた。そのことを示すのがフロイス『日本史』にある次の事例である。

事例6――永禄六年ごろ、有馬氏の対大友氏交渉(23)

永禄六年ごろ、有馬晴純入道仙巌は、何らかの理由で仏僧・安養寺を大友氏のもとに派遣し交渉を行っていた。しかし交渉が長引いた結果、安養寺は臼杵において資金不足に陥ってしまう。当時、府内に駐在していたアルメイダは、教会の資産を運用する権利をトーレスより与えられていたため、これを知ると安養寺に対して教会の資産を提供し、安養寺の対大友氏交渉が成功するよう支援した。この結果、安養寺は晴純に対して「教会はその好意によって殿に対し、その用務において進んで援助するところがあったのですから、同様に殿は伴天連方を庇護なさらなければなりませぬ」と伝え、有馬氏がキリスト教を受容するきっかけのひとつになったという。(24)

アルメイダが領主間交渉成功のためならば、仏僧さえ支援したことは興味深い。イエズス会にとって、仏僧は教義的にもっとも対立する相手であった。しかし有馬氏の対大友氏交渉を成功に導き、有馬氏に大きな恩を売ってキリスト教への好意を得ることは、教義上の矛盾を犯すに足るとアルメイダは判断したのである。イエズス会は、戦国期九州における領主間交渉がそれだけ重要な意味を持っていたことをすでに認識し、そのためならば宗教的対立を棚に上げることも辞さなかった。のちのち領主間交渉に直接干渉するのも、こうした認識の延長といえよう。

これらの事例は、領主間交渉への関与・仲介の見返りとして布教拡大という利益を獲得する事例である。しかし領主間交渉の結果それ自体が、イエズス会にとって利益になる場合もあり、事例2がそれにあてはまる。このときイエズス会は天草鎮尚より要請されて、天草鎮尚支援を大友義鎮に頼んでいる。その結果、天草鎮尚は劣勢を挽回して所領を再度安定させ、それによってイエズス会もまた天草の信徒を守り布教を継続できた。つまり、イエズス会は自ら領主間交渉へ介入することによって、自らにとって有利な状況を創りだしたのである。

ここまで論じてきたことをまとめておこう。イエズス会は、各領主から請われて領主間交渉の使者を務め、その内実にも関与したと考えられる。またイエズス会士独自の判断で領主間関係を左右することもあった。これらの活動は、布教拡大というイエズス会の利害に基づくものである。使者活動の見返りに布教保護を求めるほか、領主間交渉を通じて布教に好意的な領主の支援をはかるなど、交渉結果を通じて布教に有利な政治情勢の創出も行った。イエズス会は、自ら九州情勢を変容させる存在であったのである。

このように考えたときに問題となるのは、イエズス会がなぜこのようなことをなしえたのか、という問題である。よって次節では、この点について検討していきたい。

二　イエズス会と九州諸領主

これまで掲げてきた例は、いずれもイエズス会が領主間関係へ介入する事例である。これらのうち事例3を除くと、いずれも大友氏が大きく関与することは指摘しておきたい。イエズス会士は、大友氏への使者を頻繁に務めている。このことは、イエズス会がとくに大友氏との交渉を通して、領主間関係へ介入したことを示す。以上の点から、まずは大友氏の九州西岸に対する影響力について簡単に検討しておきたい。

大友氏の影響力を端的に示すのが事例5である。このときアルメイダの独自の判断に基づく要請によって、大友義鎮から天草鎮尚宛に布教保護を求める書状が発給される。その書状をアルメイダからみせられた鎮尚は、「仏僧らに対しては、豊後国主に従わざるを得ないと言って弁解し」[25]て、キリスト教布教を容認したのである。このことは天草の僧侶や領民のレベルでも、大友氏の権威の高さが共有されていたことを示す。

同様の状況は次の事例にもみられる。永禄五（一五六二）年、松浦隆信の右筆（Secretario, & escrivão do mesmo senhor de Firándo）が告解を受けることを決心し、密かに司祭のいる豊後へと向かった。しかし隆信はこれを認めずに家臣に追わせ、諫早に滞在するのを見つけると、領主・西郷純堯に依頼して右筆を捕らえさせた。これを知ったトーレスは、義鎮に宛てて書状を送り、その右筆を豊後に送るよう純堯へ命じる書状を発給してもらった。その結果、純堯は右筆を豊後へ送り届け、彼は無事に告解を受けることができた。[26] 大友氏は、平戸松浦氏の主従関係にもある程度の口出しが可能だったのである。

大友氏の影響力の強さは、天草氏の内訌（事例2）においても見出しうる。このとき、大友義鎮の書状は島津本宗家や相良氏らの行動を一定程度掣肘したと考えられ、[27] 九州西岸においても大友氏を味方に付けることで政治的優位を獲得しえたことが窺える。[28]

ここで重要なのは、こうした大友氏の影響力をイエズス会が利用した点である。松浦隆信の右筆の事例にせよ、天草鎮尚への義鎮書状発給の事例にせよ、いずれもイエズス会士が独自の判断で大友氏のもとへゆき、文書を発給してもらっている。このことは、大友氏の文書があればイエズス会の希望するように、九州西岸の諸領主が反応を示すことを、イエズス会がきちんと認識していることを意味する。つまりイエズス会は、大友氏を動かしうることを自らの能力のひとつであると自覚し、それをテコにして九州西岸での布教環境をととのえたのである。

次に問題になるのは、イエズス会がなぜ大友氏を動かしえたか、という点である。イエズス会が大友氏へ書状発給を頼むのも、大友氏が動くはずという期待ができるからである。諸領主から使者活動を頼まれるのも、領主側がイエズス会に大友氏を動かす能力を期待したからである。となれば、その期待が何に由来するか考える必要があろう。

イエズス会も、大友氏との影響力を利用する以上、大友氏との関係が重要であることを理解していた。そのことを示す事例として修道院における饗応を挙げたい。イエズス会は日本の領主をしばしば修道院に招いて饗応しているが、[29] ここで重要なのは、イエズス会が大友義鎮をとくに重んじていた点である。永禄五年の晩餐会では義鎮の嗣子義統も呼ばれた上で、ヴィオラによる演奏も供され、食事も日本式・西洋式の二種類を用意されたという。[30] 天正九（一五八一）年、在日イエズス会士の間で今後の布教方針について協議会が行われたさいには、日本の領主に対して銀の食器を用いるべきか、西洋式の食事マナーを導入するか、肉食を容認するか、などが問われ、ここではいずれも「一般には禁止だが、すでに供している大友義鎮には例外的に許可すべきではないか」と提言され、この提案をうけた東インド巡察師ヴァリニャーノも許可している。[31]ひとつに大友義鎮が西洋式の食事マナーや肉食に慣れてしまうほどに修道院での晩餐会を経験していたのだろう。このことは、すでに永禄五年の段階で一年に一度義鎮を修道院での晩餐に招くことが慣習化していることからも明らかである。また銀食器の利用を義鎮にのみ認めるということは、イエズス会にとって大友義鎮がとりわけ重視する対象であったことを意味していよう。

前述した永禄五年の晩餐会では、アルメイダがホストの一人となって義鎮を歓待している。こうした私的な関係は、領主間交渉においても大きな意味を持ったと考えられる。イエズス会が交渉の成功を期待しうる状況にあるのは、こうしたイエズス会側の意識的な大友氏優遇と関係があろう。イエズス会の大友氏優遇は、単純に豊後国内布教や、大友義鎮のキリスト教への興味のみではくくりえない側面を持っている。

以上のようにイエズス会は大友氏と密接な関係を築いていたが、加えて領主間交渉にたえうる素質も持ち合わせていたことも指摘しておきたい。事例3では、コエーリョが信徒から日本における交渉のあり方を聞き、その情報をもとに有馬・大村両氏との交渉を行っている。一般に、イエズス会士は交渉に際して、信徒となった上級武士らからの支援も受けられたのだろう。また、たびたび使者として活動するアルメイダは「日本の貴人の風習や礼法にいとも精通し習熟」していたことが知られており、領主への対応や領主との交渉といったフォーマルな場にも問題なく出られたものと考えられる。[32]イエズス会士が領主間交渉における使者としての資質を兼ね備えていることは、常日頃より使者不足に悩まされる領主たち[33]にとって、無視しえない大きな意味を持ったと推測される。

安全に移動できることも使者活動の上では重要である。たとえば北条氏綱が出羽山伏を越後へ送る使者に用いていたのは、敵である山内上杉領国を避ける秩父の山道に山伏が詳しかったからである(34)。大友氏も使者通行のさいには路次通行の許可を現地の領主に求めることなどが行われており(35)、領主側にとっても使者が安全に移動できるかどうかが大きな関心事となっていた。九州西岸から豊後に行く場合でも、海賊の横行など決して路地が安全とはいえず、移動中のアルメイダが海賊に襲われて身ぐるみ剥がされることもあった(36)。

こうした状況下で、イエズス会はとくに九州西岸から豊後に至る交通路の安全を確保できる状況にあった。たとえば、府内より九州西岸へ向かう道の一泊目にあたる朽網には、領主朽網鑑康の庇護のもとで布教が行われ、教会が置かれている(37)。有明海に面しており、島原へ渡航するさいに利用する港町である肥後高瀬でも、この時期にはキリスト教共同体が形成されている(38)。つとに川村信三氏は、宣教師が頻繁に往来する豊後から九州西岸に至る帯状のルートを「キリシタン・ベルト」と呼称し、地域的関連の重要性を説く(39)。イエズス会は豊後から九州西岸にアクセスするルートに沿って、布教地を広げていた。

このことが、イエズス会士移動の安全保証に繋がったと考えられる。永禄五年、府内から九州西岸へ移動しようとしたアルメイダ一行は、府内出立が遅れて朽網の一里手前で日が暮れてしまった。するとアルメイダ一行の様子を聞いた朽網の信徒たちはわざわざ出迎え、朽網出立のさいにも一里ほど同行している(40)。アルメイダが海賊に襲撃されたときも、間一髪難を逃れたアルメイダを救いに来たのは高瀬にいた信徒であり、口之津へアルメイダを届けたのもキリシタンの大船であった(41)。イエズス会士は、九州西岸から豊後への間を移動するに際しては、散在するキリスト教徒から支援・保護を受けることができ、他者に比して安全な移動が可能だったと考えられる。このことは、九州西岸の領主にとってイエズス会士を使者として起用するに十分な理由となっただろう(42)。

ただし大友氏との密接な関係にせよ、九州西岸―豊後の移動の便にせよ、イエズス会は使者活動を目的として得たものではない点は注意すべきであろう。イエズス会は、あくまで布教の便を目的として大友氏との関係を構築し、交通路の安全も確保した。使者活動は、布教の過程で得たものを活用し、それによってさらなる教線の拡大をはかる、副次的な活動にすぎないことには留意しておきたい。

最後に、大友氏の九州西岸への影響力が、イエズス会の布教方針にも影響した可能性を指摘しておきたい。イエズス会では平戸松浦氏との関係悪化から、永禄六年に大村純忠領横瀬浦へ拠点を移した。興味深いのは、同時に豊後府内の布教も再度拡大することである。アルメイダの書翰によれば「豊後では修道士とキリシタンはすでに一年近くもの間、ミサを聴かず、告白もしていなかったし、また国主【大友義鎮】も領内に司祭がいないことを不満に思っていた」ようで、そのためにアルメイダは府内へと派遣された。そこで「私は、当修道院がこの七年間補修を受けておらず幾分傷んでいたので、マルタの仕事【活動的生活】に取り掛かった」と述べる。つまり弘治二（一五五六）年の教会建設以来、府内の修道院はろくに修理されることもなく、また司祭も置かれていなかったことが明らかとなる。その府内での布教は、横瀬浦開港とともに再開され、横瀬浦開港交渉に尽力したアルメイダが派遣されていることは示唆的である。イエズス会は大村・有馬への布教拡大に合わせて府内布教も再拡大して大友氏との関係を密にし、大友氏の九州西岸における影響力を利用することも考えたのかもしれない。

この節で述べたこともまとめておこう。イエズス会士による使者活動の背景には、布教活動の過程で獲得した大友氏との密接な関係や移動の安全の確保がある。イエズス会士はこれらの利点を利用することで、領主間交渉へ介入し、さらなる布教拡大を実現しえる情勢を自ら作り上げた。その前提となったのが、九州西岸での大友氏の影響力である。イエズス会はこの政治情勢を把握しており、巧みに利用して布教を行っていたのである。

おわりに

ここまで述べてきたように、イエズス会士はとくに対大友氏交渉の使者として活動し、また領主の意図を超えて独自に交渉を行って領主間交渉を左右した。この交渉介入はあくまで、布教拡大という自らの利益を目的とした。イエズス会は大友氏の影響力を認識・利用して九州の地域情勢を左右し、自己の利益を実現したのである。この点を踏まえると、イエズス会とは、使者という立場から九州情勢を変容させる政治プレイヤーであったといえよう。領主とは異なる側面から九州の政治情勢を変化させうる力を持っていた。

このイエズス会の領主間交渉介入の事例は、使者が「運ぶ」「伝える」だけの役割ではなかったことを示唆する。領主間交渉においては使者の利益も組み込まれながら交渉が行われ、使者自身の意向によってもその結果が左右された。戦国期の政治情勢を考えるさいにも使者が誰で、何を求めているのか、など検討することが重要となろう。

この事例は、戦国期九州情勢を考える上でも興味深い。イエズス会の領主間交渉介入は、いずれも大友氏の影響力を前提とする。つまりイエズス会は、大友氏が大きな影響力を持つという地域情勢を深く理解した上で布教活動を展開し、自らの活動を通して地域情勢をより有利な方向へと変容させるのである。このことは、戦国期九州情勢把握の上でも、イエズス会の活動把握が重要であることを意味する。すでに、戦国期西肥前の特質としてポルトガル勢力の地域情勢への関与を指摘する市村高男氏の見解があるが(43)、この点はその見解の重要性を改めて示している。同時に、イエズス会も利用する大友氏の影響力についても考慮することが重要であろう。大友氏は、九州西岸域へ直接「支配」の手を伸ばしているわけではない。そのことも踏まえつつ大友氏「権威」のあり方を示すことが重要と考える。

最後に、今後の展望を示して擱筆としたい。

ひとつは、戦国期使者論の深化である。イエズス会の使者活動は、布教活動の中で獲得した様々な属性を利用して行われた。このことは、他の宗教勢力すなわち寺社勢力などについても同様の事情が想定されることを意味する。寺社の使者活動もイエズス会同様に独自の利益を求めて行われ、交渉過程で自らの利益を確保した可能性もあろう。寺社が、自らの利益によって領主間関係、ひいては地域情勢を左右した可能性もあり、これらの検討は大名や領主に視点が行きがちな戦国期政治史の再検討にも繋がりえる。

ふたつめに、キリスト教布教史と戦国期九州史との関連性の検討である。天正七（一五七九）年、東インド巡察師ヴァリニャーノの来日によって、イエズス会の布教制度が大きく改変された。その中でイエズス会による軍事介入もしばしば行われるようになったとされ、やがて豊臣政権の伴天連追放令へと繋がることになったという評価もある。(44)

ここで思い起こしたいのが、前年十二月（天正六年十一月）の高城・耳川合戦における大友氏の大敗である。この合戦を画期に龍造寺氏が飛躍的に拡大して大友領国を蚕食し、島津氏も「九州守護」に仰がれながら北上していく。すなわち、イエズス会が九州西岸において利用していた、大友氏の影響力が失われていく時代にあたるのである。

以上の点を踏まえると、イエズス会がヴァリニャーノの来日以後、大村氏や有馬氏に対し武器の支給や敵への艦砲射撃などの軍事支援を行うのは、九州情勢に対する適応であったとも考えられる。従来であれば、使者活動をはじめとする大友氏との交渉によって布教に適した情勢に改変しえたものが、高城・耳川合戦以後は不可能となり、より直接的な軍事支援という手段に頼らざるをえなかった、と考えられるのである。ヴァリニャーノの布教方針が、前代の日本布教長フランシスコ・カブラル（Francisco Cabral）司祭の方針を大筋で引き継いでいたとする高橋裕史氏の見解(45)を踏まえても、天正七年以降の布教方針変化を、ヴァリニャーノの革新性にのみ帰することはできない。より戦国期の九州情勢を踏まえる形で、イエズス会の布教についても考えていく必要があろう。

註

（1）たとえば玉永光洋・坂本嘉弘『大友宗麟の戦国都市』新泉社、二〇〇九年。大分県教育庁埋蔵文化財センター編『豊後府内を掘る』大分県教育庁埋蔵文化財センター、二〇一六年など。

（2）たとえば桃木至朗編『海域アジア史研究入門』岩波書店、二〇〇八年。

（3）岡本良知「戦国時代の豊後府内港」同『キリシタンの時代』八木書店、一九八七年、初出一九五六年。

（4）本章では、対外交渉との混淆を防ぐためにも、日本の領主間交渉をさして「外交」の語は用いない。

（5）新城常三『戦国時代の交通』畝傍書房、一九四三年。

（6）戦国期使者論については、黒田日出男「戦国の使者と外交」同『『甲陽軍鑑』の史料論』二〇一五年、初出二〇〇八年や八木直樹「戦国期九州における情報伝達と外交交渉」『九州史学』一六六号、二〇一四年において詳細な整理がされており、多くこれを参照した。

（7）山田邦明『戦国のコミュニケーション』吉川弘文館、二〇一一年、初出二〇〇二年。

（8）前掲註(6)八木論文。

（9）『十六・十七世紀イエズス会日本報告集Ⅲ期』は『報告集』とし、適宜エヴォラ版『日本書翰集』で確認した。ルイス・フロイス『日本史』は、主に松田毅一・川崎桃太訳の中公文庫版を用いるが、訳注については旧版を参照している。また Fróis, L. *Historia de Japam*. Lisboa: Comissão Nacional para as Comemorações dos Descobrimentos Portugues. 2002. より原文も確認した。章立ては原著のものと松田訳版のものとを併記する。なお（ ）が原訳注、【 】が引用者注である。また史料引用中の傍点・斜体は引用者による。

（10）一五七〇年十月二十五日付ルイス・デ・アルメイダ書翰（『報告集』四巻一〇八号）。

（11）本章で掲げる事例の多くにアルメイダが関与する。アルメイダは、新キリスト教徒（改宗ユダヤ人）出身の海商からイエズス会に入会した異色の経歴を持ち、アルメイダの個性の影響の大きさも考えられる。他方でアルメイダの書翰は、書状の授受を他の宣教師より詳しく記録しており、個人の関心に基づく史料偏差による可能性も指摘しておきたい。アルメイダの個人属性との関わりや、宣教師ごとの史料の性質の分析については、後考を期したい。アルメイダについての研究は数多いが、ひとまず若桑みどり『クアトロ・ラガッツィ』一章、集英社文庫、二〇〇八年、初出二〇〇三年を掲げる。

(12) 大村純忠は、南蛮船が横瀬浦・平戸に着岸して大友氏らに物資が渡ることを警戒し、福田・戸町・口之津あたりへの南蛮船着岸を求めている（五月二日付大村純忠書状写「福田文書」一四七号〈外山幹夫『中世九州社会史の研究』吉川弘文館、一九八六年〉）。大友氏側も肥前武雄の後藤貴明に対して、大村氏・有馬氏らの攻撃を撃退したことを賞しており（九月三十日付大友宗麟書状「武雄後藤文書」〈『大分県先哲叢書　大友宗麟資料集』一四一二号〉）、有馬・大村両氏が必ずしも政治的に大友方ではなかったことが窺える。

(13) “aos capitães & gouernadores do exercito que saõ tres”（前掲註(10)アルメイダ書翰、エヴォラ版二九四葉表）。このとき加判衆の吉弘鑑理・臼杵鑑速・戸次鑑連の三人が総大将として出陣する（八木直樹「戦国大名大友氏の軍事編成と合戦」鹿毛敏夫編『大内と大友』勉誠出版、二〇一三年）ことから、彼ら三人のことを指すことは明らかである。

(14) 前掲註(10)アルメイダ書翰。

(15) 永禄十二年にはじまる天草の内紛・争乱については、別稿を予定している。

(16) 大友氏の文書発給とアルメイダの活動とについては、別稿を予定している。

(17) フロイス『日本史』第一部一一五章（松田訳一〇巻三四章）。

(18) 安野真幸氏は、イエズス会士が豊後大友氏の「官僚」「権力末端」として西肥前支配に力を尽くしていたとするが、その指摘はあたらない。安野真幸「ポルトガル豊後同盟の研究」『文化紀要』一二巻一号、一九七八年。

(19) 一五六三年十一月十七日付ルイス・デ・アルメイダ書翰『報告集』二巻四八号。

(20) 前掲註(19)アルメイダ書翰には“*ouvesse mos* del rei de Búngo duas cartas suas pera elrei de Arima, e pera outro senhor, que andauaõ em grandes guerras”（エヴォラ版一二八葉裏）とあり、この二通の書状を貰い受けるのは「我々」イエズス会であることが明らかである。

(21) 一五六九年十月二十二日付ルイス・デ・アルメイダ書翰（『報告集』三巻一〇五号）。

(22) さらにいえば、イエズス会にとってマカオとの連絡路であり生命線である九州西岸を反キリスト教である龍造寺氏が占領することは、イエズス会にとって避けたい情勢だったはずである。そのためにも、大村氏と有馬氏との関係が改善し、共同で龍造寺氏に対抗する情勢を形成されることが、イエズス会にとっても望ましかったと考えられる。

(23) フロイス『日本史』第一部四九章（松田訳九巻七章）。この記事は一五六三年条にあるが、本事例が一五六三年の出来事であったかは不明である。

(24) アルメイダは一五五五年にイエズス会へ入会したさい、全財産をイエズス会へ寄付している。あるいはこのときの教会資産もアルメイダの寄付によるものだったのかもしれない。

(25) 前掲註(21)アルメイダ書翰。

(26) 一五六二年十月二十五日付ルイス・デ・アルメイダ書翰（『報告集』四三号）。右筆を捕らえた領主をアルメイダは「他の領主」と記すが、フロイス『日本史』一部三一章（松田訳六巻二二章）は「伊佐早（o Ysafai）」とする。

(27) 大山智美「戦国大名島津氏の領域支配と「幕下」関係」同『戦国大名島津氏の領国支配と権力構造』九州大学博士論文、二〇一五年、初出二〇〇三年。

(28) すでに堀本一繁氏は、邦文古文書より肥前の領主たちが大友氏への従属姿勢を取っていたことを明らかにしている。堀本一繁「龍造寺氏の戦国大名化と大友氏肥前支配の消長」『日本歴史』五九八号、一九九八年。

(29) 井手勝美訳「一五八一年日本イエズス会第一回協議会と東インド巡察師A・ヴァリニアーノの裁決」同『キリシタン思想史研究序説』ぺりかん社、一九九五年。

(30) 前掲註(26)アルメイダ書翰。

(31) 前掲註(29)井手訳議事録。この協議会は、臼杵・安土・長崎で計三回行われた後、議事録が一つに集約され、ヴァリニャーノが決を下す形式を取った。すべての在日イエズス会士はいずれかの協議会に必ず参加している。前掲註(29)井手訳の解説参照。

(32) 『日本史』第一部四四章（松田訳九巻三章）。アルメイダは商人出身であり、交渉能力や日本の慣習への習熟は、入会以前の経験にも由来するのかもしれない。前掲註(11)も参照。

(33) 前掲註(7)山田著書、前掲註(8)八木論文。

(34) 前掲註(7)山田著書。

(35) 前掲註(8)八木論文。

(36) 前掲註(10)アルメイダ書翰。
(37) 一五六二年十二月十日付バルタザール・ガーゴ書翰（『報告集』二巻四一号）など。
(38) たとえば一五六四年には布教長トーレスが高瀬に滞在し、キリスト教布教を許可する高札が大友義鎮より発給されている（一五六四年十月十四日付ルイス・デ・アルメイダ書翰〈『報告書』二巻六一号〉）。
(39) 川村信三「「キリシタン・ベルト」のアウトライン」大石一久編『日本キリシタン墓碑総覧』南島原市教育委員会、二〇一二年。
(40) 前掲註(26)アルメイダ書翰。
(41) 前掲註(10)アルメイダ書翰。
(42) 一五七〇年には、大友勢陣中に書状を申請しにいったアルメイダが、キリシタン武将の陣に宿泊することで安全を確保している（前掲註(10)アルメイダ書翰）。そもそも信徒に保護してもらえる、という点が宗教者としてのメリットとして存在したと推測しえる。
(43) 市村高男「中世東アジアの中の西海地域」同他編『石が語る西海の歴史』アルファベータブックス、二〇一六年。
(44) 高瀬弘一郎「キリシタン宣教師の軍事計画」同『キリシタン時代の研究』岩波書店、一九七七年。川村信三「アレッサンドロ・ヴァリニャーノ日本宣教政策決定の評価」同編『超領域交流史の試み』上智大学出版、二〇〇九年。
(45) 高橋裕史「東インド巡察師アレッサンドロ・ヴァリニャーノの日本布教施策の諸相について」『キリシタン文化研究会会報』一〇〇、一九九二年。

〔附記〕　本章は平成三十年度公益財団法人高梨学術奨励基金若手研究助成による研究成果の一部である。

補論　豊後府内における非鉄金属生産

沓名貴彦

1　金属生産の工程と豊後府内における金属生産

中世末の戦国期、各地の大名は国力増強のため金銀銅をはじめとする非鉄金属の入手手段として鉱山開発に力を入れた。甲斐の武田氏により積極的に開発が行われた金山を中心とする産金地や、大内氏が支配し世界に銀を供給した石見銀山など、戦国期に開発が始まったとされる鉱山は、全国各地に存在する。鉱山から供給された金属を用いて大名の本拠地では様々な貨幣や金工品（金属製品）が制作され、その一端は伝世により現在では文化財としてみることができる。近年では、都市開発に伴う発掘調査によって様々な遺物が出土し、その中には貨幣や金工品だけでなく、廃棄された製造途中の半製品や地金、道具や鉱滓などが確認され、当時の金属生産技術を知る手がかりが見つかってきている。

本論では、出土した金銀銅を中心とする非鉄金属生産に関連する遺物や金工品から、戦国期の豊後府内における金属生産の様相を考える。

では、金属や金工品はどのように生産されるのであろうか。まずはその流れを説明する。

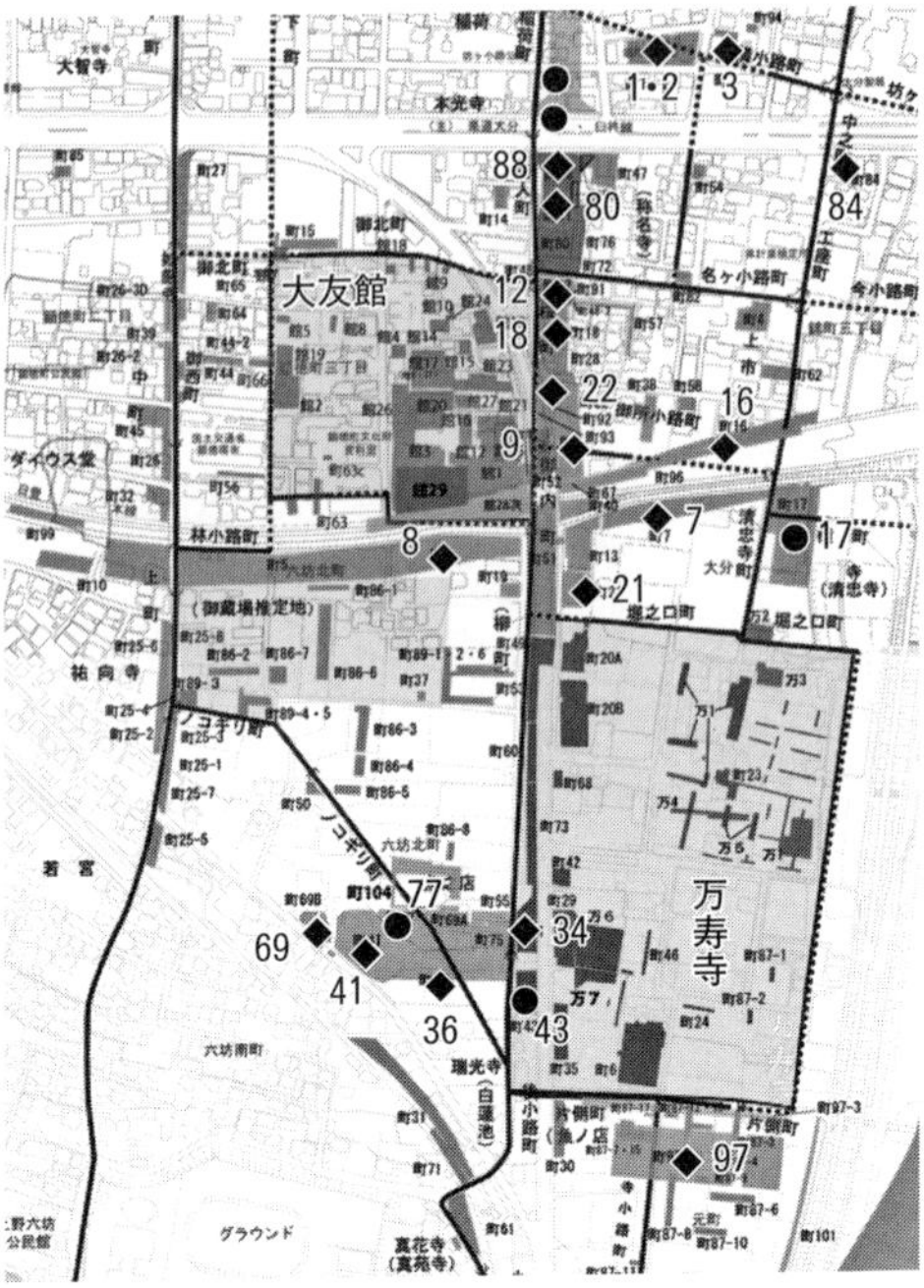

図1　豊後府内における非鉄金属生産関連遺物・遺構の出土分布状況（◆主要な非鉄金属生産関連遺物出土地区，●主要な非鉄金属生産関連遺物・遺構出土地区，＊数字は調査次数）

金属はそのものの状態で存在することは限られ、酸素や硫黄などと結びついた鉱物の状態で存在し、多様な金属の鉱物が混在する場合も多い。目的とする金属の鉱物を多く含む岩石が鉱石であり、金属生産は鉱石の入手から始まる。この作業は採鉱と呼ばれ、得る場所が鉱山となる。初期には露頭と呼ばれる山肌の表面に鉱石が露出する場所から掘り出し、その後鉱石の部分（鉱脈）を掘り進んでいったと考えられている。鉱石には不要な岩石部分が含まれるため鉱物部分を選び出す作業（選鉱）を行い、次に火力を用いて不純物や結合する酸素や硫黄などから金属の分離・抽出を行う製錬と呼ぶ作業が行われ、分離できなかった不純物を含む粗い金属が得られる。その粗金属に含有する不純物を分離し金属純度を高める精錬作業を行い、目的とする金属を得る。

生産した金属には、そのまま地金とする事例、加工性や強度、色調などの調整のため他金属と熔融して合金化を行い地金とする事例がある。地金から金工品への加工では、主な方法として石や土などで鋳型を作り地金を熔解させ鋳型に流し込む鋳金（鋳造）や、地金を金槌などで叩いて成形加工を行う鍛金（鍛造）が挙げられる。その後、鏨を用いて表面に文様を彫り込む彫金工程や鍍金や色付といった表面処理を行い、金工品が完成する。

豊後府内では、現在までに一〇〇次を超える発掘調査が行われ、様々な場所から金属生産に関わる遺物の出土が知られている。図1に、豊後府内における金属生産関連遺物や遺構が確認された主な地区を示す(1)。ここで注視する生産関連遺物は、金属生産で利用された坩堝や鞴羽口、鋳型などの土製品であり(2)、遺構では炉跡などである(3)。坩堝や羽口は、一点程度であれば府内の数多くの地区で出土するため省略したが、府内の各地区で生産関連遺物が確認されることは、戦国期の府内における活発な金属生産活動が想起される。図2では、材質に注目した主な金属製品とその出土地区を地図中に示した。金属製品は、国内各地や海外から持ち込まれた可能性もあり注意が必要なものの、様々な材質の製品の存在が府内における特徴といえる。

図1および2において金属生産関連遺物や金属製品が集中する地区は、大友館と万寿寺を結ぶ第二南北街路周辺、万寿寺隣接のノコギリ町周辺であった。出土した生産関連遺物や金属製品の一部は、平尾良光氏らや分析調査受託会社(4)、沓名などにより自然科学調査が実施され(5)、材質や用途、産地などが明らかとなっている。以降その様相を詳しくみていくことにしたい。

2　金属生産関連遺物からみた豊後府内

大友館に隣接する七や八、一二次調査では、数多くの坩堝や羽口などの金属生産関連遺物が出土した。これら地区での出土関連遺物の時期比定は、土坑など時期がある程度特定可能なものから包含層など確定できない状況もあり注意が必要だが、一六世紀中頃から一七世紀初頭に当てはまるようである。顕微鏡や蛍光エックス線分析などを用いた詳細調査から、一部の遺物表面に金や銀粒子をはじめ、金と銀、金と銅が同一遺物表面に付着する状況を確認し、金や銀の熔解や金銀合金、金銅合金や銀銅合金など金工品用地金の製造に使用した坩堝と考えられた。また銅合金では、銅と亜鉛の合金真鍮の生産に関わる遺物が蛍光エックス線分析で確認された。とくに八次では、真鍮生産のさいに坩堝とともに亜鉛の蒸発低減のため使用したと推定される土製の蓋を確認し、分析から坩堝片では銅と亜鉛と鉛、蓋では亜鉛と鉛を検出した。詳細は後述するが、府内では真鍮製品を多数確認していることから、生産関連遺物の確認により府内での真鍮製品の製造が示唆され、当時の真鍮生産技術の解明が期待される。

　大友館と万寿寺からほぼ同等距離の東部に位置する大分川近くの一七次では、羽口や坩堝とともに炉跡を確認している。炉跡ＳＸ〇二五は一六世紀後半から末と考えられ、この炉の近隣では坩堝や羽口が炉と同時期の一六世紀後半から末を基準とする廃棄土坑から出土しており、その関連が指摘されている。

　二五次から七七次と数回に分けて調査が行われた万寿寺の西に隣接するノコギリ町周辺地区では、金属生産に関連する遺構の確認や小型の坩堝を中心とする大小坩堝が多数出土している。七七次では大小坩堝が多数出土した礫敷遺構ＳＸ四七五や湯玉状の銅細粒や炭層とともに床面が硬化し炉跡と考えられる土坑ＳＫ一〇四が確認され、両者は一㍍と離れないことから共に金属生産に関わる遺構と考えられている。小型坩堝への調査では金や銀粒子の付着が確認され、蛍光エックス線分析による調査から金の熔解や合金の製造、銀では不純物を含む銀の精錬作業や銀銅合金の生産が推定された。遺物に付着する銀粒子周辺で確認する不純物元素では、ヒ素や亜鉛など鉱石由来とみられる元素の確認事例がある。銀の産地を考慮した場合、大分県周辺で中世まで開発が遡る銀山では、大分・宮崎県境の祖母山周囲に存在した尾平鉱山、木浦鉱山、土呂久鉱山などが知られ、主に錫やヒ素、亜鉛などの鉱石の産出で知られるが、大友氏との関係は定かではなく憶測の域を出ることはない(6)。他に七七次出土の小形坩堝では、錫‐鉛合金の使用事例を一点確認しており、製品との関わりが期待される。

　三六次では銀生産で重要な技術である灰吹法で用いたと考えられる大型の完形坩堝や坩堝片が出土している(7)。灰吹法は、天文二（一五三三）年に朝鮮から石見銀山へもたらされた記録が残る鉛を用いた銀製錬技術であり、石見銀山遺跡では灰吹に用いた鉄鍋の出土事例が知られ、時期は一六世紀後半と考えられている。[8] 三六次の坩堝と比較して若干小型の灰吹に用いたと考えられる坩堝が、府内とも縁の深い博多遺跡群において息浜に位置する六〇次調査の一六世紀後半から一七世紀前半の層で出土している。[9] この博多遺跡群出土灰吹坩堝と三六次出土坩堝は似た様相がみられることから、灰吹での利用が推測される。発掘調査で町屋を確認したノコギリ町は、職人町として豊かな金工品生産が行われていた可能性が生産関連遺物への科学調査からも裏付けられたといえよう。

3　金属製品と豊後府内

次に、府内で出土した金属製品の材質に着目して検討したい。[10]

金製品では、大友館跡一二次調査から金色の薄板状破片二点が出土しているが、未分析のため色調から推定されている。府内町跡では五次調査から円形小金板が一点出土しており、分析で金が主成分と確認された。銀製品では九七次出土の指輪一点が確認されているのみであり、蛍光エックス線分析からも銀の純度が高いことが裏付けられている。

銅製品を俯瞰すると、七三次出土遺物では蛍光エックス線分析で金や銀を約五％弱含む不明銅製品を各一点確認し、金銀が銅に意図的に添加されていると考えられることから、銅金合金の赤銅や銅銀合金の可能性が示唆される。他に豊後府内でとくに注視すべき銅合金の材質は、銅‐亜鉛合金である真鍮（黄銅）である。

府内では、茶道具の灰匙、鍵や錠前に真鍮が数多く確認され、目貫や小柄などの刀装具類にもみられる。亜鉛の比率により色調が金と見間違えるものもあり、金の代用としたのであろう。真鍮について日本での利用は古代まで遡り、正倉院御物の金工品にその存在が知られる。[11] その後の歴史の中では真鍮の利用は不明確となり、暗黒の中世を経て江戸時代まで使用事例は下ると考えられていた。近年になり平安後期から鎌倉期の金字経において真鍮泥としての使用事例[12]や、一六世紀初頭の滋賀県夏見城遺跡の出土遺物に真鍮製品が確認され[13]、その状況が変化している。しかし断片的な情報であり、日本における真鍮利用の歴史は未だ明確ではない。さらに真鍮利用の問題には、素材である真鍮インゴットの輸入と国内での素材生産の問題があり、真鍮素材の製造方法についても大きく二分類できる。一つは銅と亜鉛鉱物を混合させ真鍮を得る方法である。亜鉛鉱物の炉甘石[14]（水亜鉛土）を銅に添加すると、水や二酸化炭素を分解して亜鉛が生成することで真鍮となる。[15] 古代の金工品における真鍮は、本技術による生産とみられている。もう一

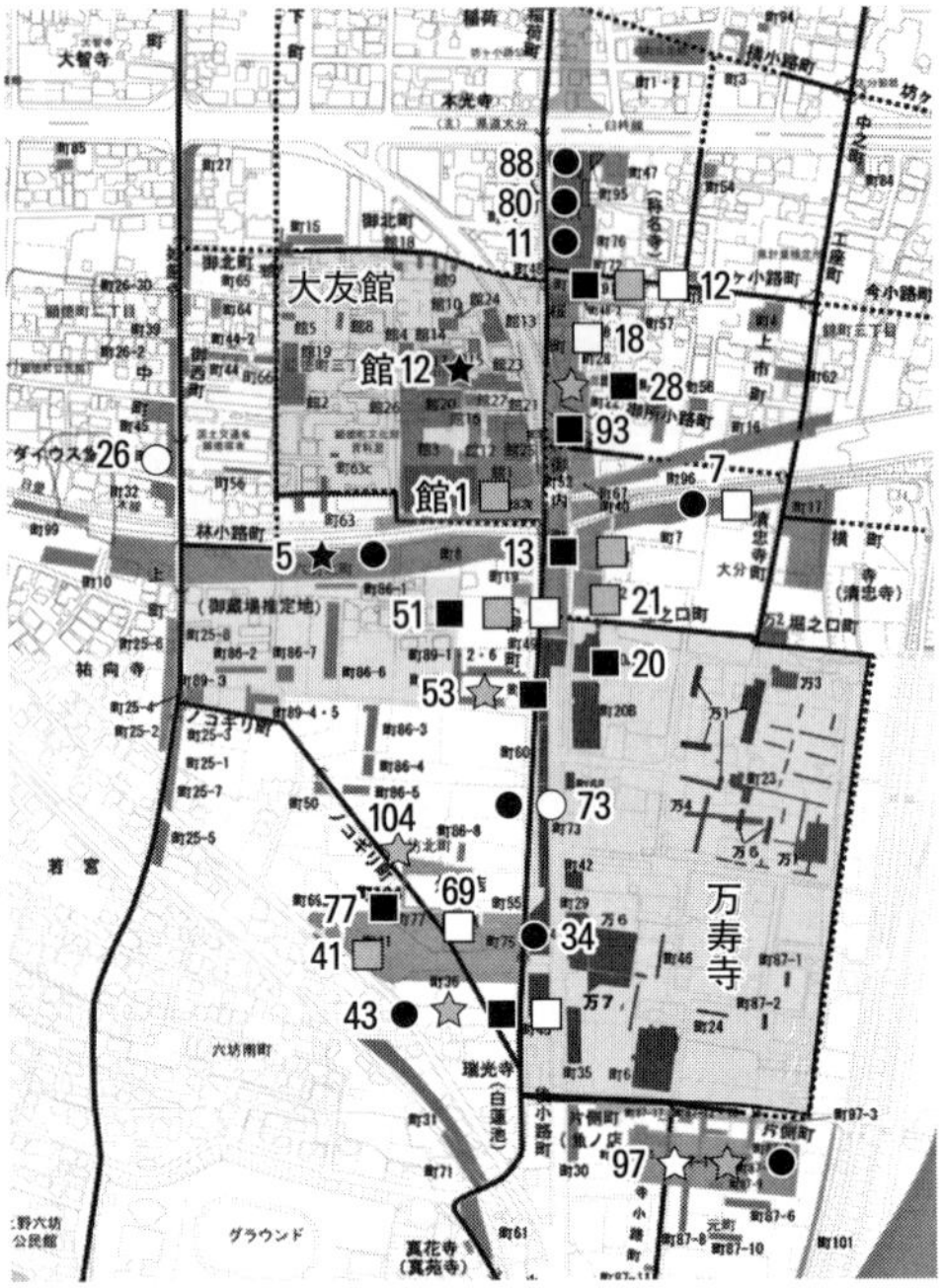

図2　豊後府内における特徴的な金属製品の出土分布状況（★金製品出土地区，☆銀製品出土地区，☆錫－鉛製品出土地区，○赤銅製品出土地区，●主な真鍮製品出土地区，■鉛メダイ出土地区，■錫－鉛メダイ出土地区，□銅・銅合金メダイ出土地区，＊太数字は調査次数）

つは銅と金属亜鉛による合金製造であり、江戸時代に金属亜鉛は鉳丹《トタン》と呼ばれ中国から輸入されていた。(16)

金属亜鉛の生産は、他の歴史的な金属に比べて非常に新しく、一二世紀頃のインドで安定した生産が開始されたと考えられ、インド西部Zawarの遺跡では製錬遺構や遺物が確認されている。(17)中国では、一五〇〇年代半ば頃に亜鉛生産が本格化したとみられ、『天工開物』には亜鉛生産の様子が描かれており、(18)また当時の亜鉛生産遺構や坩堝などの遺物、インゴットが出土している。(19)一方日本における亜鉛の工業化は、明治二十九(一八九六)年頃小坂鉱山で始まったとされている。(20)

改めて戦国期の真鍮生産を考えると、前述の夏見城遺跡より下る福井県一乗谷朝倉氏遺跡では刀装具や仏具などに真鍮製品が数点確認されており、(21)大友氏と関係の深い山口県の大内氏関連町並遺跡では真鍮塊、(22)福岡県博多遺跡群においても真鍮製品が確認されている。(23)生産関連遺物では、亜鉛と銅の付着を確認した坩堝片が岐阜県の鷺山仙道遺跡(24)や大坂城跡(25)などで報告されており、今後も真鍮を巡る遺物の増加によりその様相が明らかとなることを期待したい。

4　金属製品から南蛮貿易を探る

最後に、府内の特徴である南蛮と関係のある金属製品を取り上げる。(26)その中心的な製品に、キリスト教の信心具であるメダイが挙げられる。メダイは府内の各所から確認され合計三〇点を数えるが、なかでも図2に示すように第二南北街路に集中する。メダイには、キリスト像と幼いイエスを抱く聖母マリア像が両面に刻まれたヴェロニカのメダイが一点みられる以外はすべて無紋のメダイであり、基本円形だが形状は数タイプに分類され総称して府内型と呼んでいる。メダイの材質調査は平尾らにより蛍光エックス線分析が行われており、鉛製が最も多く一七点、次に鉛と錫との合金では鉛‐錫合金二点と錫‐鉛合金三点、鉛‐ヒ素合金では二点、純銅四点、真鍮(鉛を亜鉛と同量程度含有)

と青銅（多量に鉛を含む）製各一点となっている。国内でのメダイの出土例の中で大友氏と関わりの深い地域の事例を考えると、博多遺跡群の一一一次調査ではメダイ二点と十字架・メダイの鋳型が出土している。出土メダイは、一点がA面キリスト半身像とB面マリア半身像の図像を有し、一点は無紋の府内型である。材質をみると文様を有するメダイは鉛‐錫合金、府内型は銅‐鉛‐亜鉛合金とのことであり、府内出土のメダイの材質と共通する。(27) 一一一次地区は息浜中央の博多小学校に位置し、前述の灰吹坩堝をはじめとする生産関連遺物や金属製品が多数出土した四二次や六〇次調査と近いことから、注視する必要がある。

他の金属製品では、指輪を取り上げたい。前述の銀製指輪以外では、四三次調査で出土の一点が知られる。この指輪には方形の台座があり、当時の日本には存在しない装身具から輸入品の可能性が想起される。指輪の材質はメダイの材質にもみられる錫‐鉛合金であり、錫と鉛の合金は、その成分比からハンダやピューターと呼ばれる。この材質に着目すると、前述の七七次出土小型坩堝が挙げられるが、この材質は豊後府内で特異的に確認する材質であり、同時期の国内他地域では管見の限り確認できていない。府内でも事例は限られており、現時点で一〇点程度である。

府内における出土遺物として前述のメダイに代表される鉛製品では、特殊な形状の鉛インゴットが着目されてきた。日本での鉛インゴットでは棹鉛が知られるが、このインゴットは直径約五㌢の円錐形である。同形の国内出土事例は、長崎県万才町遺跡と和歌山県城山遺跡、静岡県駿府城跡から各二点、高知県岡豊城跡と長崎県山見沖海底遺跡で各一点と現時点では一〇点未満と限られる。平尾氏らによる鉛同位体分析では、府内出土の鉛製品はこれまでのデータでは当てはまらないN領域と呼ぶ区分に当てはまるものが、府内でいくつか確認されていた。メダイがその代表例であり、府内出土三〇点のうち一二点がN領域に当てはまる。前述の円錐形鉛インゴットも豊後府内を含む国内出土九点すべてがN領域を示し、調査の結果タイのソントー鉱山産出の鉛であることが判明した。ソントー鉱山の現地調査から同形状の土製鋳型が確認されており、円錐型インゴットはソントー鉱山から日本へもたらされた状態のままであることが明確となった。現時点における鉛製品では、長崎県島原の原城跡出土の十字架で七点、国内各地出土鉄砲玉では原城跡や熊本県の和仁城跡（通称田中城跡）出土のかなりの割合の鉄砲玉がソントー産であることが判明するなど、事例が増加している(28)。

他にも南蛮貿易の繋がりを示す金属製品では真鍮製の鎖なども出土しており、陶磁器やガラスとともに今後も注視されるべき遺物といえよう。

以上、豊後府内における非鉄金属生産について概観した。府内では数多くの地区で金工品生産が行われていたことが出土遺物からも明らかとなったが、製品がどのように利用されたのであろうか。府内で消費されたのか、国内外各地へ運ばれたのか。また、どのようなものが製造されたのであろうか。さらには、原料となる金属材料はどこからもたらされたのであろうか。それらを取り巻く時代背景とともに、豊かな豊後府内の様相が今後より一層明らかとなることは、日本と世界を繋げる大きな一助となるであろう。

註

（1）本論で紹介する遺物や遺構などの詳細情報については、各発掘調査報告書を参照されたい。

（2）報告書では、「取瓶」「トリベ」の記載例もみられるが、管見では基本的に「坩堝」とみられ、〝ルツボ〟も報告書では「坩」などの記載もみられたが、本論では「坩堝」表記で統一する。

（3）報告書では、鍛冶遺構と記載されているものも含む。

（4）平尾良光氏らや分析調査受託会社による調査結果は、各発掘調査報告書に掲載されている。

（5）沓名貴彦「中世大友府内町跡出土金属加工関連遺物の非破壊分析」（『国立科学博物館研究報告』E類、二〇一四年）四三〜五〇頁、および未発表データが含まれる。

（6）斧石林勝見先生遺稿刊行会『斧石　林勝見先生遺稿』一九六〇年。
（7）完形遺物の出土時期は一六世紀中～後半、破片は一六世紀末以降とみられている。
（8）島根県教育委員会・大田市教育委員会『石見銀山遺跡発掘調査報告1』一九九九年。
（9）沓名貴彦・比佐陽一郎「博多遺跡群出土坩堝の利用方法について」（日本文化財科学会第三四回大会研究発表要旨集、二〇一七年）九二～九三頁。
（10）豊後府内における金属製品の出土状況についてまとめた事例では、後藤晃一「中世大友府内町跡出土の金属製品」（『広島大学大学院文学研究科　考古学研究室五〇周年記念論文集』二〇一六年）四九九～五一四頁。
（11）成瀬正和「正倉院宝物に見える黄銅材料」（『正倉院紀要』二九号、二〇〇七年）六二～七九頁。
（12）西山要一・東野治之「東アジアの真鍮と紺紙金銀字古写経の科学分析」（『文化財学報』三三集、二〇一五年）一～三三頁、鳥越俊行ら「八桙神社所蔵紺紙金泥法華経の科学調査」（文化財保存修復学会第三九回大会研究発表要旨集、二〇一七年）二四六～二四七頁。
（13）滋賀県文化財保護協会『夏見城遺跡ほ場整備関係遺跡発掘調査報告書』（二〇一一年）八四～九一頁。
（14）益富寿之助・山崎一雄「炉甘石について」（『生薬学雑誌』六巻一号、一九五三年）二三～三四頁。
（15）島尾永康『中国化学史』朝倉書店、一九九五年。
（16）宮下三郎『長崎貿易と大阪―輸入から創薬へ―』清文堂出版、一九九七年。
（17）P.T. Craddock (1985) A History of the Distillation of Metals, pp. 3-25, 10, Bulletin of the Metal Museum. J.S. Kharakwal (2011) INDIAN ZINC TECHNOLOGY, Pentagon Press.
（18）宋応星『天工開物』（東洋文庫一三〇）平凡社、一九六九年。
（19）Liu Haiwang et al. (2007) *Preliminary multidisciplinary study of the Miaobeihou zinc-smelting ruins at Yangliusi village, Fengdu country, Chongqing*, pp. 170-178, METAL AND MINES, Archetype Publications.
（20）神戸大学経済経営研究所「新聞記事文庫・中外商業新報」金属品製造業（02-065）。
（21）福井県立一乗谷朝倉氏遺跡資料館『第一七回企画展「金工の技と美」展示図録』二〇〇九年。
（22）山口市教育委員会『大内氏関連町並遺跡8』二〇一四年。

(23) 例えば、福岡市教育委員会『博多一〇四　博多遺跡群一四四次調査報告』二〇〇五年。

(24) 伊藤幸司「鋳造関連遺物の自然科学分析」(『鷺山遺跡群　第5分冊　分析・総括』二〇一二年)八一~九五頁。

(25) 大阪市文化財協会『大坂城跡Ⅶ』二〇〇三年。

(26) 後藤晃一『キリシタン遺物の考古学的研究』(溪水社、二〇一五年)、および各分析成果を基に作成。

(27) 福岡市埋蔵文化財センター比佐陽一郎氏のご教示による。

(28) 平尾良光・飯沼賢司・村井章介編『大航海時代の日本と金属交易』思文閣出版、二〇一四年。

終論　本書の狙いと今後の展望

坪根伸也

本年は大友氏の館が発見されてから二〇年という節目の年である。この二〇年で何がどこまで明らかになったのか。本書では、中世の九州で数百年にわたって政治的権力と経済的富強を誇った武家、大友氏の特質の一端を明らかにすることを目的とし、今後に引き継がれるべき課題にはどのようなものがあるのかを提示した。ここで本書における成果を整理することで結語とし、各論考に垣間見えた今後の展望についても合わせて紹介する。

第Ⅰ部の「戦国大名居館論」では、以下の諸点が明らかとなった。

大友館の建物そのものの検討については、昨年刊行された大友館研究会の編集による『大友館と府内の研究—「大友家年中作法日記」を読む—』（東京堂出版、二〇一七年）によって、具体的な復元案が示された。これは、戦国末期の大友家の年中行事を記した文献史料の解読を基に、発掘調査資料を照合・検討したものである。本書においては、こうした先行研究を踏まえつつ、時代的に先行する守護館の検討、最新の発掘調査資料を駆使した館周辺の状況把握とその背景の検討、戦国末期の守護館内における権威表徴としての庭園の検討、そして館内の室礼に関連する稀少陶磁器の様相検討をそれぞれ行っている。加えて、館内を舞台に繰り広げられたと考えられる茶の湯を媒介とした大友氏と中央との文化的、政治的な関係性を検討する。

第一章（鹿毛論文）では、『木砕之注文』と名付けられた室町・戦国期の木割書を読み解き、同史料の守護大名館に関する記述の考証を行った。とくに文明八（一四七六）年の記載に注目し、第一五代親繁による一〇〇年ぶりの単一直系による家督継承にさいした館主殿の普請に触れ、それまで質素で淳朴な邸宅として知られていた大友氏の館から、政権の円熟に伴い大規模に新造された守護大名期（一五世紀）における館の実態を具体的に明らかにした。そこには、最新の建築様式が取り入れられ、親繁自身が造詣の深かった芸術文化面の要素もふんだんに付加されたものであったことが想定されている。

第二章（五十川論文）は、近年発掘調査の進む各地の戦国大名庭園の事例との比較を試み、大友館の庭園構造の特質を明らかにした。その特色とは、建物と観賞用庭が近接する空間と、建物と観賞用でない広庭などの空間が同一空間に存在する点であるとし、これは大友館の庭で採用された独自の構造とする。また、最終段階の園池に関して、新出の戦国大名庭園に見られる新たな要素を取り入れつつも、伝統的な守護大名館園池の様相も継承する融合形態であるとし、これを大友氏のアイデンティティの表出とみる。

第三章（柴田論文）は、権力の中枢である館から出土した特殊な陶磁器である元様式青花瓷梅瓶と青瓷器台について、全国事例の中で比較検討を行い、大友館での出土内容が、数、器種ともにきわめて突出した様相を示すことを明らかにした。

第四章（荒木論文）は、これまでの文化史的視点からの研究に加え、「名物記」や「茶会記」の内容を詳細に検討することで、宗麟の茶の湯が大名領国における政治と文化との関係性を探る資料となることを明示した。いわゆる茶の湯サロンが、中央との交渉において茶人を通じて重要な役割を果たしたことを具体的に示すとともに、茶の湯という文化的な営みの盛衰が、政治史の画期と整合することを明らかにした。さらに、茶の湯文化が大友領国内での政治と文化との関係性を考察する際の有効な手段となる点を強調する。

第五章（佐藤論文）は、これまでの発掘調査成果に基づき、大友館の最新の時期変遷を示し、加えて、一六世紀後半にキリスト教会とその関連施設が設置される、府内の最も西側の南北街路（第四南北街路）沿いの発掘調査成果を丹念に整理した。これにより、国際貿易都市豊後府内の、先進的な空間として評価される第四南北街路沿いの遺構変遷に基づく構造変化から、先行する一五世紀段階から特別な機能を果たしていた場であったことを明らかにした。また、西洋文化需要の窓口となったこの街路は、大友館の西側背面にあたっており、沿道には多くの寺社が占地する。さらに、もう一つの大友館である「上原館」に通じることから、権威的空間と位置づけられていた地域でもある。

次に第Ⅱ部とした「戦国大名権力論」では、次の諸点が明らかとなった。主に戦国大名大友氏の権力構造に関する事象を中心とする論考により構成している。

第一章（林田論文）では、大友氏権力における年寄合議の所領配分「雑務」について検討し、大友氏の権力構造について考察している。具体的には、高城・耳川合戦での敗戦を機に年寄機構が弱体化したにも関わらず、義統が年寄合議の所領配分「雑務」の立て直しをはからず、大きな混乱を生じたこと、さらに、豊臣政権への恭順後も家臣団統制を実現できなかった点から、演繹的に大名権力の存立における年寄機構の重要性を明らかにした。年寄合議の所領配分「雑務」は、大友氏による公的権力の基盤的な役割を担っていたのである。

第二章（長論文）は、土器から権力の形成過程を読み取ろうとする試みであり、大友氏の土器様相の特性を整理し、武家儀礼受容のアイテムの一つである土器の変遷を通して、中央権威の借入による地域支配の正当性を担保していくというプロセスを追求した。その結果、大友氏における在地土器の多法量化と京都系土師器の導入事象は、全国的にも珍しく、その過程は大内氏の土器様相にきわめて酷似するものである点を明確にした。これは鎌倉時代からの伝統的な守護を出自にもつ西国大名の類型の一つとして整理できるとする。また、こうした論を展開する中で、大内氏の京都的な土器が、館とその周辺の分布に留まるのに対し、大友氏の場合は早期に城下町全域に拡大する現象に触れ、これを土器からみた大友氏の個性の一つと理解する。

第三章（越智論文）は、大友館の北東隣接地に占地する時宗寺院である称名寺の発掘調査成果に基づき、その変遷過程から、一六世紀後半に豊後府内でも有数の防御機能をもった施設へと変貌し、出土遺物内容からも武家地に相当する内容であることを指摘した。寺院から大規模施設と仮称される施設への変貌時期が、大友館ならびに府内中枢部の再整備の時期に一致し、また、寺伝にある、永禄のころに府主の命により沖ノ浜に移転されるという記載とも一致する点が注目される。さらに、柴田論文により検討された大友館内から出土した元様式青花瓷梅瓶などが、当該施設の堀内からも出土し、両者が接合する事実は、大規模施設の整備が、大友館の再整備と密接な関係性をもって同時期に行われた可能性を示唆している。

第四章（八木論文）は、大友氏の最盛期である一六世紀後半における宗麟から義統への権力の移譲を具体的に示す家督相続の時期を再検討した。検討の結果、家督相続時期が元亀元（一五七〇）年末から二年七月までのどこかであったことを明らかにし、あわせて花押の再検討から、義統の花押年代の一部について、新たに年次比定を行った。従来の諸説とは異なるこれらの成果は、各種の年代比定の再検討を促すものとなろう。

さらに第Ⅲ部の「戦国大名領国論」に関しては、以下の諸点が明確になった。

第一章（山田論文）は、豊後守護大友氏と室町幕府（京都）との関係性の視点が地域権力像の解明には重要である点を強調し、在京しない大友氏においても、中央政局の動向には並々ならぬ関心を示しており、戦国時代前期にはその厚みと双方向性を増していくという結論を前提として、「在京代官」「雑掌僧」「御雑掌」といった京都周辺で活動していた実務担当者の活動を丁寧に検出し分析した。その結果、南北朝時代から戦国時代にかけて、大友氏が対京都政策（関係）の実務担当者を京都に配置していた様相を明らかにし、大友親繁の時代以降、在京雑掌の役割は「勝光寺」と呼ばれる三聖門派禅僧により担われていたことも指摘している。また、三聖門派禅僧が在京雑掌を担った点については、豊後国内に存在した寺領の維持を視野に入れた活動であり、大友氏と経済的な面で深い結び付きを有していた背景に基づくものである可能性にも言及した。さらに大友氏が彼らの「出世」の支援を積極的に行い、それが大友氏の対京都政策（関係）を担った人的基盤の安定化に強く作用していたとも指摘する。

第二章（橋本論文）は、東アジアにおける一五世紀から一六世紀の大友氏の対外交渉について論じた。大友氏の遣明船参画の初出となる宝徳度船の派遣に関して、派遣の経緯、また、そこから派生する諸問題について検討している。分析の中では、応仁度遣明船の大内船に同乗していた桂庵玄樹、呆夫良心、雪舟等楊の三人の豊後府内への同時期滞在の意味に言及するなど、彼らと大内氏との深い関係性を考察した。その目的に関しては、大内氏による敵情視察や講和の摸索などの政治的案件を想定し、大友氏と大内氏との博多息浜の覇権を巡った闘争がその背景にあったとする。また、天文年間以降の対明、対朝鮮交流についても整理を行い、当該期の遣明使節の変遷を明示した。こうした考察を通じ、一五世紀中頃から一六世紀後半におよぶ大友氏の日明・日朝交流について、国内の政治動向との関係性も合わせた立体的な東アジア交流史を提示した。

第三章（吉田論文）は、府内の町の大友館の北側隣接地に配置された唐人町の住人について、発掘調査による出土遺物から、陶磁器流通に関わる商人、青銅の加工に従事する職人、骨角細工の職人、革鞣し職人、貿易商人の存在を想定した。さらに、考古遺物の様相などから、唐人町には一定の職種に限定した職能民のみが集住していたのではなく、唐物の輸入や南蛮貿易に関係した商人をはじめとする様々な生業を営んだ住民が居住していたと論証した。

第四章（窪田論文）は、ポルトガルの交易活動を左右する日本イエズス会にとって、大友氏の拠点である豊後の地が特別な位置づけであったことを踏まえ、イエズス会士の使者活動、領主間交渉の実態を明らかにした。具体的には、イエズス会士が大友氏の影響力を前提として対大友氏交渉の使者として活動するとともに、領主の意図を超えて独自に交渉を行い、領主間交渉を左右した点を明らかにした。その本質は、自己利益の実現であり、自らの活動を通して地域情勢をより有利な方向へと変容させることを目的としていたとする。

本書に掲載した三本の補論についても触れておこう。坪根論考は、調査の進む豊後府内の成果に基づき、当該期の道路構造や施工計画、道路敷設後の維持・管理といった各段階における領主権力の影響の変化を読み解こうと試みたものである。松原論考は、近世の豊後においても旧大友家臣と関係を維持する「中世的世界」が残り続けていたことを明らかにし、新たな大友氏研究の視点と可能性を提示した。また、沓名論考は、豊後府内から出土した金銀銅を中心とする非鉄金属生産に関連する遺物や金工品の理化学分析から、戦国期の豊後府内における金属生産様相の一端を明らかにした。今後の研究の進展に大きな期待を抱かせる内容となっている。

最後に本書の意義と今後に残された課題・展望について述べよう。従来の研究史において、「権力論」は様々な視点によるアプローチがなされてきた。とくに近年は、考古学と文献史学、歴史地理学などとの学際的研究が盛んであり、なかでも都市史研究において大きな成果を挙げている。その中でとくに明確化してきたのが、地域個性に基づく都市の姿の多様性である。これは政治・経済・文化といったあらゆる分野におよぶ。本書の編集と構成にあたっては、こうした問題意識を少なからず考慮し、それぞれの分野で西日本における典型的な守護・戦国大名である大友氏の権力構造に基づく個性の一端を提示できたと考えている。その一方で、「他の大名権力との相対化」に基づく「豊後府内モデル」あるいは「大友氏モデル」といった構築までには至っておらず、今後はより体系的な研究の深化と成果が求められよう。これは裏を返せば、豊後府内、大友氏研究の潜在力の大きさを示している。国内外の文献史学、考古学、歴史地理学、民俗学といった様々な分野を統合した学際的研究の進展を促すことで、研究方法論においても新しい視点・視角に基づく「豊後府内モデル」の提唱が可能なフィールドであるといえるだろう。本書がそうした今後の展開のマイルストーンの一つとなれば、望外の喜びである。

あとがき

戦国大名大友氏の館の遺構が発見されてから今日までの二〇年の経緯は、私たちの文献・考古融合研究の歩みそのものでもある。

かつて、大友氏研究の先学渡辺澄夫氏は、古稀を機にまとめた著書『増訂 豊後大友氏の研究』（第一法規出版、一九八二年）の「はしがき」にこう述べた。

私は大友氏の研究は、まず既存の伝説を打破して、確実な史料を基礎とした、科学的研究から再出発しなければならないことを痛感した。これはいいかえると、大友氏を伝説の世界から歴史の世界へ、迷信の世界から科学の世界に蘇生させることに他ならない。これなくしては、大友氏の研究は、昔日の郷土史の世界から脱出することはできないであろう、と考えた。

大正元（一九一二）年生まれの先学のこの言葉を、昭和三十八（一九六三）年生まれの私たちが、文献史学と考古学それぞれの分野で果たしてどの程度実践できたか心許ない限りであるが、三〇歳代の若い時期から五〇歳代の現在に至るまで、絶えず分野を超えた情報交換と研究交流を重ね、「科学的研究」を目指して切磋琢磨してきた年月は自負に足る。平成九（一九九七）年に逝去された渡辺氏に、この学際研究の過程と成果を披露できないのが心残りであるが、氏はきっと「一歩進歩したな」と声をかけてくれるに違いない。

とはいえ、渡辺氏のいう大友氏に関する「伝説の世界」と「迷信の世界」はいまだ根深く、それを打破するにはこの先も数十年の時間を要しそうだ。のちの江戸時代に意図をもって編纂・脚色された『大友記』『西治録』等の物語が描く、義鎮（宗麟）が酒宴乱舞・好色に浸って「いろよき女」に財宝を与え傾国に至る逸話や、「邪宗門」に入信して「仏家・僧坊・宗廟・神社、一々破却」させるストーリーは、いまだ現代の「女好き」「キリスト教かぶれ」の大友義鎮像に継承されている。

大友氏研究の難しさは、こうした後世の二次的編纂物による流言の根深さのみならず、一六世紀東アジアでの布教活動の成果を本国に伝える意図で作成されたイエズス会関連諸史料の扱いとも関わる。宗教というバイアスがかかった史料の記述をそのまま鵜呑みして書かれた概説書や時代小説によって、混迷せるキリシタン大名＝大友義鎮という悩ましいイメージが定着してしまった。また、「凡庸」で「統率力を欠く」と形容される義統の評価についても、秀吉に改易された最後の当主という、歴史の結果を知る現代の研究者が演繹的に導いた解釈の面が少なくない。

本書の執筆陣には、こうした伝説や迷信の一つひとつを考証して、大友氏研究を確かな史料による史実に導こうとする歴史科学者が出揃った。人選に際しては、五〇歳代の研究者から二〇歳代の大学院博士課程学生まで、特定の世代に偏ることのないように留意し、各世代が描く歴史像のバランスにも配慮した。さらに、大友氏を専門としない多くの研究者にも執筆の労を執っていただき、客観的な外部の目からも史料を分析したことで、お国自慢的な「郷土史の世界」とも一線を画すことができた。

大友氏をめぐる研究と活動は、これから次なる一〇年に入る。大分市教育委員会は、館の大規模庭園の復元・整備を進め、二年後の二〇二〇年に一般公開する予定である。民間では、NHK大河ドラマ「大友宗麟」の実現に向けた誘致推進協議会や「大友氏顕彰会」の活動が活発化している。発掘調査や整備工事の進展に伴い、現地におけるガイダンス機能を担う暫定的施設の新設も進んでいるが、将来的には大友時代四〇〇年の歴史を総合する大規模なミュージアム施設の建設が欠かせないであろう。イエズス会による教会や病院、コレジオ等の諸施設の遺構を掘り当てて、東アジア最初のキリスト教考古遺跡としての世界文化遺産の登録を目指そうとの目標も語られている。

歴史研究者は、社会の人々が抱く歴史へのイメージに責任をとらねばならない。この二〇年の学際研究の営みが、科学的研究の一歩たりえたとしても、史実に近づく道程は果てしなく遠い。さまざまな可能性を秘めた大友氏の歴史遺産を、分野や世代を超越したチームとして調査・分析していく歩みを続けていきたい。

なお、本書は、平成三十年度科学研究費補助金（研究成果公開促進費）［JSPS科研費：課題番号JP18HP5087、代表者鹿毛敏夫］の助成を受けて刊行するものである。

平成三十（二〇一八）年八月十日

鹿毛敏夫
坪根伸也

執筆者紹介（生年／現職）―執筆順

鹿毛敏夫（かげ　としお）→別掲

五十川雄也（いそがわ　ゆうや）一九七六年／大分市教育委員会文化財課主査

柴田圭子（しばた　けいこ）一九六二年／愛媛県埋蔵文化財センター副課長兼第一係長

荒木和憲（あらき　かずのり）一九七八年／国立歴史民俗博物館准教授

佐藤道文（さとう　みちふみ）一九七三年／大分市教育委員会文化財課主査

坪根伸也（つぼね　しんや）→別掲

林田崇（はやしだ　たかし）一九八二年／長崎県島原市役所総務部主査

長直信（ちょう　なおのぶ）一九七九年／大分市教育委員会文化財課主査

越智淳平（おち　じゅんぺい）一九八一年／大分県立歴史博物館主任研究員

八木直樹（やぎ　なおき）一九七八年／大分大学福祉健康科学部准教授

松原勝也（まつばら　かつや）一九七一年／臼杵市歴史資料館史料専門員

山田貴司（やまだ　たかし）一九七六年／熊本県立美術館学芸課参事

橋本雄（はしもと　ゆう）一九七二年／北海道大学大学院文学研究科准教授

吉田寛（よしだ　ゆたか）一九六二年／大分県立埋蔵文化財センター調査第二課長

窪田頌（くぼた　しょう）一九八九年／京都大学大学院人間・環境学研究科博士後期課程

沓名貴彦（くつな　たかひこ）一九七三年／国立科学博物館理工学研究部科学技術史グループ研究主幹

編者略歴

鹿毛敏夫

一九六三年　大分県に生まれる

二〇〇五年　九州大学大学院人文科学府博士後期課程修了

現在　名古屋学院大学国際文化学部教授

〔主要編著書〕

『アジアン戦国大名大友氏の研究』（吉川弘文館、二〇一一年）

『戦国大名の土木事業―中世日本の「インフラ」整備―』（編著、戎光祥出版、二〇一八年）

坪根伸也

一九六三年　大分県に生まれる

一九八五年　鹿児島大学法文学部卒業

現在　大分市教育委員会文化財課政策監

〔主要論文〕

「豊後府内（中世大友府内町跡）出土陶磁器からみた消費と流通」（『中近世陶磁器の考古学　第5巻』雄山閣、二〇一七年）

「中・近世移行期の施錠具と真鍮生産にみる外来技術導入をめぐる諸問題」（『国立歴史民俗博物館報告』第二一〇集、国立歴史民俗博物館、二〇一八年）

戦国大名大友氏の館と権力

二〇一八年（平成三十）十一月一日　第一刷発行

編　者　鹿《か》毛《げ》敏《とし》夫《お》
　　　　坪《つぼ》根《ね》伸《しん》也《や》

発行者　吉川道郎

発行所　株式会社　吉川弘文館
郵便番号一一三―〇〇三三
東京都文京区本郷七丁目二番八号
電話〇三―三八一三―九一五一〈代〉
振込口座〇〇一〇〇―五―二四四番
http://www.yoshikawa-k.co.jp/

印刷＝株式会社 理想社
製本＝株式会社 ブックアート
装幀＝山崎　登

ISBN978-4-642-02951-3